PUTTING GOD TO THE TEST

A Biblical View on The Purpose & Benefits of Tithing

TIMOTHY GLEATON

*The **90**-Day Tithing Challenge*

Foreword by Bishop Jerry F. Hutchins

© 2013 Timothy Gleaton Ministries

Published By:
Timothy Gleaton Ministries
P.O. Box 1318
Conyers, GA 30012

All rights reserved. No portion of this book may be reproduced, stored in a retrieval system, or transmitted in any form or by any means- electronic, mechanical, photocopy, recording, scanning, or other- without the prior written permission of the publisher.
Printed in the United States of America.

ISBN: 978-1480212978

Used by permission. Excerpt taken from *The New American Commentary: Haggai, Malachi, Volume 21A* by Richard A. Taylor and E. Ray Clendenen © 2004 B&H Publishing Group.

Scripture taken from the New King James Version® (NKJV). Copyright © 1982 by Thomas Nelson, Inc. Used by permission. All rights reserved.

Scripture quotations taken from the New American Standard Bible® (NASB), Copyright © 1960, 1962, 1963, 1968, 1971, 1972, 1973, 1975, 1977, 1995 by The Lockman Foundation. Used by permission (www.Lockman.org).

Scripture quotations are taken from the NEW INTERNATIONAL VERSION (NIV). Copyright © by International Bible Society. Used by permission. All rights reserved.

This book is available at **special quantity discounts** for bulk purchases. For more details email: info@believersauthority.net.

For ***Jesus Christ***, *my Beloved Savior,*
whose love has never failed me.

Angela, *my love,*
who has loved, stood by, and believed in me as a husband, father, and pastor.

Timothy*, *Taylor*, *Tyler*, *and Tia,
my four children,
who have sacrificed so much for their dad.

Martha Gleaton, *my mother,*
whose love and support I'll always be indebted too.

Pastor Gregory H. Smith, *my spiritual father,*
whose mentorship has helped me to become the man that I am.

*Lastly, to **Bishop Jerry F. Hutchins**, my friend who has supported this project,*
I am grateful.

Contents

Foreword

    Bishop Jerry F. Hutchins 7

Introduction ...…..….. 11

1.   "There Has To Be A Better Way!" 15

2.   The Story of Israel 19

3.   The 3-Fold Tithe & Its Purpose Defined 29

4.   The Benefits of Tithing 55

5.   The 90-Day Tithing Challenge 71

Meditation Scriptures 77

Bibliography 89

Foreword

    Researches have reported that less than nine percent of the Christian community gives a tithe of their income to a local church. Tithing has been the topic of debate by both the Christian and non-Christian community. Some say that it was an Old Testament law which is not mandated by the New Testament and should not be imposed upon the Christian Church. Others have said that the practice of tithing preceded the Old Testament Law using Abraham as the example. They further argue that tithing was during the law using Moses and the entire Jewish community as the example. Even further, they argue that tithing was after the law as the New Testament provides evidence that Jesus addresses its practice. Those opposed to the teaching of tithing argue that tithing was a law imposed upon the Jewish community for the support of the tabernacle and that the practice of that law ended with the ministry of Jesus.

Timothy Gleaton has spent time studying the arguments both for and against. He firmly believes, and I agree, that tithing remains a responsibility of those who are citizens of the Kingdom of God. He challenges the reader to Put God To The Test. The challenge is not simply one posed by Gleaton. God himself says "prove me now in this".

After providing a brief but yet thorough study of the subject, Gleaton invites the reader to participate in a 90 day tithing challenge. I am convinced that Pastors, Churches, and individuals will see a difference in their Church and the lives of individuals as they accept the challenge and Put God To The Test.

- Bishop Jerry F. Hutchins

Introduction

Tithing is one of the most controversial topics in the church today. There are so many questions that are posed when it comes to the tenth. Should we tithe? How much should we tithe? Who should receive the tithe? What is the tithe and does the promises of God still apply today?

These very same questions ran across my mind as a young Christian. The Holy Spirit challenged and taught me a great lesson at a time when I was a father of two and making minimum wage as a janitor. Money was always an issue for our family and we, like many Americans now, were living paycheck to paycheck. When God began to deal with me concerning the tithe, fear and doubt came quickly. If I tithe, what was going to happen to my family? Would we have enough to survive? We could barely make it on what I was bringing home and here comes the God who is All-Sufficient asking me to give up ten percent.

Honestly, at the time, this was the hardest thing that I had ever done. Truth is, I thought, if the earth is the Lord's and fullness thereof, why does He need my measly ten percent? I thought I was doing great by fasting, praying, and attending church regularly. Does not the Omnipotent understand that I have bills? Does not this God who is Omniscient know we are in a recession and the unemployment rate for America still hovers around eight percent? Why should I pay my tenth and does the tithe really tie me into the blessing?

As I began my investigation of the tithe and its meaning, I realized that it was not so much what it cost me to tithe but more what it cost when I did not. Through the Word of God, coupled with prayer and practice, I discovered the tithe unlocks and ties us into the blessing. As you begin this journey of *Putting God To The Test*, my aim is to fortify

> As I began an investigation of the tithe and its meaning, I realized that it was not so much what it cost me to tithe but more what it cost when I did not.

your faith as you live in expectation of the blessing that God releases upon the tither.

Putting God To The Test has been designed to benefit the Body of Christ worldwide. In this book, we will investigate the tithe, define its 3-Fold purpose, examine the six benefits of tithing, and embark upon a 90-day tithing challenge that unleashes these six benefits.

"There Has To Be A Better Way!"

One

There has to be a better way! This thought ran through my head constantly while mopping the floors for one of the most prestigious country clubs in Georgia. I never complained about my job. I believe in everything that we do, it should be done as unto God Himself. I worked very hard and received many accolades and rewards from the General Manager. These compliments and awards also came from people of many levels, including a former head coach for a NFL team. Even though it felt good as a young man to receive this recognition, I knew in my heart that God had something else waiting for me. But nothing could prepare me for what was about to happen.

As I prepared to vacuum the floor during the fall of 1996, an audible voice spoke something so clearly to me that changed my life. The words spoken were *"Put Me To The Test"*. Honestly, I had no idea what to make of this; especially considering Moses said, "do not put the Lord our God to the *test*" (Deuteronomy 6:16 NIV). What was I to make of this? After all, Jesus the Son of God, echoed this same message declaring that, "It is also written: Do not put the Lord your God to the *test*" (Matthew 4:7 NIV). I must say that I was totally confused until I discovered that these words did not contradict Moses or Jesus. In fact, these were the words Malachi the Prophet spoke to a disobedient people, more specifically, the nation of Israel. Malachi declared, "Bring the whole tithe into the storehouse, so that there may be food in My house, ***and test Me*** now in this," says the Lord of hosts, "if I will not open for you the windows of heaven and pour out for you a blessing until it overflows" (Malachi 3:10 NASB).

But what does it mean to "Put God To The Test"? Is the Prophet presenting the case that today's believer can test (*prove*) the Lord in the area of their money, particularly, the tithe? Or does Malachi suggest that this test is exclusively for the postexilic community known as Israel and is no longer applicable to the twenty-first century audience? After interrogating this statement thoroughly, I have determined that God does give us the green light to put Him to the test and that this test only applies in one area, *the tithe*.

The Story of Israel

Two

"Thus says the Lord of hosts: "Consider your ways! Go up to the mountains and bring wood and build the temple, that I may take pleasure in it and be glorified," says the Lord. You looked for much, but indeed it came to little; and when you brought it home, I blew it away. Why?" says the Lord of hosts. Because of My house that is in ruins, while every one of you runs to his own house. Therefore the heavens above you withhold the dew, and the earth withholds its fruit. For I called for a drought on the land and the mountains, on the grain and the new wine and the oil, on whatever the ground brings forth, on men and livestock, and on all the labor of your hands" (Haggai 1:7-10 NKJV).

The book of Haggai is central to the book of Malachi because it stresses the relevancy of temple worship for the postexilic community. Historically, the rebuilding of the temple was a major issue in the books of Haggai and Zechariah. And although Israel had just been released from Babylonian captivity, the initial task of rebuilding the temple was not a demand or priority. Interestingly enough, Haggai's interrogation concerning the rebuilding of the temple may be viewed from this angle: "He does not deny the spiritual realities of the people's relationship with God." This is evident when he rebuked the leaders and people because of their wrong priorities (1:2, 4, 9), and sinful negligence in the rebuilding the temple (1:2-11; 2:15-17).[1] Needless to say, the real danger for the postexilic community was that they had become accustomed

---

[1] Pieter A. Verhoef, *The New International Commentary on the Old Testament: The Books of Haggai & Malachi* (Grand Rapids, MI: William B. Eerdmans Publishing Company, 1987), 36.

to being without a temple and thus spiritualized their religion. Against this background, Haggai delivered his message and urged the people to combine the spiritual realities of their covenantal relationship with commitment to the rebuilding of the temple.[2]

Although God would use the Prophet Haggai to bring about the restoration of the Jewish community in Palestine and rebuild the temple, Malachi, however, "would command Israel to return to the Lord by renewing their commitment to his instructions."[3] A nation that is prepared to serve God with *four inexcusable offerings* that they will not dare to offer to their governor (1:8, 14) is a

---

[2] Verhoef, *The Books of Haggai & Malachi*, 36.
[3] Richard A. Taylor and E. Ray Clendenen, *The New American Commentary: Haggai, Malachi, Volume 21A* (Nashville, TN: Broadman & Holman Publishers, 2004), 232.

nation that has lost its perspective on God as their Father and Lord (1:6) Malachi would mark. Moral deterioration and religious lethargy characterized and plagued Malachi's day. There were problems with not honoring God (1:6), covenant breaking (2:8-10), divorce and mixed marriages (2:11, 13-15), harsh words (2:17; 3:13), and of course, *the failure to bring the tithes* (3:6-12).[4] To add insult to injury, the priest was charged with failing to respond in this way to God's provisions and blessing at His "table" (1:7). Their carelessness in teaching God's ways truthfully (2:6-7) and in overseeing Israel's worship had so corrupted the sacrificial code of worship that it was complete mockery. Their treatment of His blessings gave

---

[4] Taylor and Clendenen, *Haggai, Malachi*, 232.

them no right to ask for or expect God's favor (1:9).[5]

Without question, Malachi was dispatched to expose Israel's unfaithfulness towards a Faithful and Loving God. "Israel's disloyalty toward God is shown in their opening question in Malachi. 1:2 (*"How have you loved us?"*) and throughout Malachi demonstrated that they were suffering and considered God to blame."[6] They were whining because God was not reacting favorably to their offerings (2:13), particularly, four inexcusable offerings: *blind (1:7), lame (1:7), sick (1:8), and stolen (1:13).* "God never denies in Malachi being the immediate cause of Israel's troubles, but He places the blame on their shoulders. He was Israel's

---

[5] Taylor and Clendenen, *Haggai, Malachi*, 232.
[6] Ibid., 233.

Father in that He had begotten them, and thus He became their Master (1:6; 2:10)."[7]

In the final segment, Israel had ceased bringing their tithes to the sanctuary out of thankfulness to God for His blessings. They had in fact concluded that God had ceased to bless the obedient and faithful and that He delighted in those that execute evil (2:17; 3:13-15).[8] Despite the self-destructive nature of their behavior, they continued inviting the divine curses of Deuteronomy 28:15-68 by plundering the divine storehouse. The painful experiences were a reflection of the two-fold curse that Israel was undergoing (*"you are cursed with a curse"* [2:1; 3:10]); if they would adhere to God's Word through the prophet Malachi and bring their

---

[7] Taylor and Clendenen, *Haggai, Malachi*, 233.
[8] Ibid., 238.

tithes in faithfulness to the Lord, God would exhibit His faithfulness to them.[9]

"Malachi speaks to the heart of a troubled people whose circumstance of financial insecurity, religious skepticism, and personal disappointments are similar to those God's people often experience or encounter today. The book contains a message that must not be overlooked by those who which to encounter the Lord and His wonderful blessings."[10] "Its message concerns God's loving and holy character and His unchanging and glorious purposes for His people."[11] In his relentless pursuit to make known God's unquestionable love, Malachi further explains how our God calls His

---

[9] Taylor and Clendenen, *Haggai, Malachi*, 421.
[10] Ibid., 238.
[11] Ibid.

people to genuine worship, to fidelity both to Himself and to one another, and to expectant faith in what He is doing and says He will do in this world and for His people.[12]

"The greatest theological concept that dominates Malachi is the unfulfilled postexilic restoration promises given in Deuteronomy 30:1-10. Although the Jews had been allowed to return from exile and rebuild the temple, several discouraging factors remained: 1) Their land remained but a small province within the Persian empire, 2) the glorious future announced by the prophets (including the other postexilic prophets, Haggai and Zechariah) had not (yet) been realized, and 3) their God had not (yet) come to His temple

---

[12] Taylor and Clendenen, *Haggai, Malachi*, 238.

(3:1) with majesty and power (as celebrated in Ps 68) to exalt his kingdom in the sight of the nations."[13] **Doubting God's covenant love (1:2) and no longer trusting His justice (2:17; 3:14-15)**, the Jews of the restored community began to lose hope. So their worship degenerated into a listless perpetuation of mere forms, and they no longer took tithing seriously.[14]

For the reader who has followed Malachi's argument to this point, 3:6-12 of Malachi presents no great mystery. The people must return to God by returning the tithe in the storehouse, and the Lord

---

[13] Stephen J. Bramer, *Old Testament Prophets: Malachi Page One* (Dallas, TX: Dallas Theological Seminary), Summer 2010.
[14] Bramer, *Old Testament Prophets: Malachi Page One* (Dallas, TX: Dallas Theological Seminary), Summer 2010.

would turn to his people by releasing to them six specific blessings.

The 3-Fold Tithe & Its Purpose Defined

Three

*"And **all the tithe** of the land, whether of the seed of the land or of the fruit of the tree, **is the Lord's**. **It is holy to the Lord**"* (Leviticus 27:30 NKJV).

Before we examine the purpose of tithing let me provide you with four clear definitions of the tithe. Leviticus 27:30 affirm that: 1) the tithe belongs to the Lord, and 2) the tithe is ***a holy or sacred thing*** that is to be dedicated (set apart) unto the Lord. More specifically, the tithe, derived from the Hebrew word *ma`aser*, simply means "a tenth". However, beyond these simple definitions I would further define tithing as the practice of giving ten percent of one's earnings for the service and benefit of God's ministers/servants, God's house, and His people, which includes you, the tither.

> The tithe, derived from the Hebrew word *ma`aser*, simply means "a tenth". However, beyond these simple definitions, I would further define tithing as the practice of giving ten percent of one's earnings for the service and benefit of God's ministers/servants, God's house, and His people, which includes you, the tither.

From this definition, two things are suggested about the tithe: First, tithing is the practice of giving ten percent of your income to the Lord and secondly, tithing is for the service and benefit of God's ministers/servants, God's house, and His people, which includes you, the tither. Since this definition is Biblically accurate, that means tithing is **3-Fold** (*comprising three parts or aspects*). **The 3-Fold Tithe** consists of:

> **1.** The Tithe for God's Ministers/Servants (*Genesis 14:16-20; Numbers 18:20-24, vv. 30-32*);
>
> **2.** The Tithe for God's House (*Genesis 28:16-22; Nehemiah 10:32-38*); and
>
> **3.** The Tithe for God's People (*Deuteronomy 14:22-24, 26:12; Malachi 3:10-12*).

I must admit that in all my years of teaching and paying tithes I have never heard of a **3-Fold Tithe**. But after thoroughly investigating the scriptures, I have discovered that the Bible validates my claim that tithing is indeed **3-Fold**.

The Tithe for God's Ministers/Servants:
The First Tithe

*"**He brought back all the goods**, and also brought back his brother Lot and his goods, as well as the women and the people. And **the king of Sodom went out to meet him** at the Valley of Shaveh (that is, the King's Valley), after his return from the defeat of Chedorlaomer and the kings who were with him. Then Melchizedek king of Salem brought out bread and wine; he was the priest of God Most High. **And he blessed him and said**: "Blessed be Abram of God Most High, Possessor of heaven and earth; And blessed be God Most High, Who has delivered your enemies into your hand." "And he gave him a tithe of all"* (Genesis 14:16-20 NKJV).

Although Cain and Abel are the first to present offerings unto the Lord (Genesis 4:1-7), Abram is the first Biblical example of tithing. In Genesis 14:16-20, the Bible affirms that Abram gave tithes to a priest named Melchizedek. Returning from the slaughter of the kings with spoils of war, he was met near Jerusalem by a kingly priest, Melchizedek, who brought to Abram bread and wine and to whom Abram offered a tenth of all his spoils. Here we have an instance of tithe paying which occurred about 1900 B.C, and this has ordinarily been regarded, as previously noted, as the earliest recorded instance of the payment of tithe.[15] This offering of tithes was not a new thing. In his Babylonian home, Abram, must have been familiar with the practice. The cuneiform inscriptions of Babylonia contain frequent reference to it.[16] It went back to the pre-Semitic age of Chaldaea, and the great

---

[15] Henry Lansdell, *The Tithe In Scripture: Being Chapters From "The Sacred Tenth" With A Revised Bibliography On Tithe-Paying And Systematic And Proportionate Giving* (Nabu Public Domain Reprint, Original Work Published Before 1923), 15.
[16] Lansdell, *The Tithe In Scripture*, 16.

temples of Babylonia were largely supported by the *esra* or tithe, which was levied upon prince and peasant alike. That the god should receive a tenth of the good things which, it was believed, he had bestowed upon mankind was not considered to be asking too much.[17]

When gazing through the lens of this Genesis: 14 account, Moses constructs three essential facts about Abram, the Priest Melchizedek, and the tithe:

1. Abram has many spoils from battle (v.16);

2. Melchizedek the priest meets Abram after battle (v.17); and

3. Abram provides a tenth (the tithe) of the spoils to Melchizedek from the battle (v.20).

---

[17] Lansdell, *The Tithe In Scripture*, 16.

In response to his trust and allegiance to God, Abram paying tithes to Melchizedek indicates four things: 1) Abram's unselfishness, 2) Melchizedek's superior priesthood, 3) Abram's recognition that God had given him the victory,[18] and 4) tithing was a principle/practice *before* the Mosaic/Leviticial Law.

With respect to Genesis: 14, Numbers 18:20-24, vv. 30-32 is another Biblical reference that validates the claim that the tithe was given to support God's ministers/servants. The text states, *"Then the Lord said to Aaron: You shall have no inheritance in their land, nor shall you have any portion among them; I am your portion and your inheritance among the children of Israel. Behold, I*

---

[18] Genesis 14:20.

have given the children of Levi all the tithes *in Israel as an **inheritance in return for the work which they perform**, the work of the tabernacle of meeting. Hereafter the children of Israel shall not come near the tabernacle of meeting, lest they bear sin and die. But the Levites shall perform the work of the tabernacle of meeting, and they shall bear their iniquity; it shall be a statute forever, throughout your generations, that among the children of Israel they shall have no inheritance.* ***For the tithes of the children of Israel***, *which they offer up as a heave offering to the Lord,* ***I have given to the Levites as an inheritance***; *therefore I have said to them, 'Among the children of Israel they shall have no inheritance. Therefore you shall say to them: 'When you have lifted up the best of it,* *then the rest shall be accounted to the Levites as the produce of the threshing floor and as the produce of the winepress. You may eat it in any place, you and your households, for **it is your reward for your work in the tabernacle of meeting. And you shall bear no sin because of it**, when you have lifted up the best of it. But you shall not profane the holy gifts of the children of Israel, lest you die."*

The Levites, who were in charge of the ministerial functions such as the chambers/treasuries, serving vessels, furnishings, the fine flour, wine, oil, incense/spies, and opening the of the house of God every morning (1st Chronicles 9:26-32), were descendants of priests deposed by the Deuteronomic code. Their main functions nonetheless included making music at the temple and performing subordinate duties, such as helping the priests vest, preparing books for reading, cleaning and policing the temple. In Numbers 18:20-24, vv. 30-32, Moses points out four important details about the tithe and Levites:

1. The tithe was given by God to the Levities (v.24): ***The Ministers/Servant of God***

2. The tithe was an inheritance for the Levities (v.24): ***The Ministers/Servant of God***

3. The tithe was a reward for Levities' service (v.31): ***The Ministers/Servant of God***

4. The Levities possessing the tithe is not sin (v.32): ***The Ministers/Servant of God***

By giving the tithe, the Israelites, were essentially acknowledging: 1) the Lord who had *prospered them,* 2) the validity of the priests and Levites role as God's representatives, and 3) the priests and Levities right to receive support for the spiritual service they performed on their behalf.[19]

In today's modern church, the Levities would be those individuals who work to maintain the church's day-to-day functions. For example, administration, maintenance, musicians, education and other vital positions needed for the church to operate effectively, could be seen as a duty of a Levitie.

---

[19] E.E. Carpenter, *The International Standard Bible Encyclopedia, Volume Four: Q-Z*, ed. Geoffrey W. Bromily (Grand Rapids, MI: William B. Eerdmans Publishing Company, 1987), 862.

The Tithe For God's House:
The Second Tithe

"Then Jacob awoke from his sleep and said, "Surely the Lord is in this place, and I did not know it." He was afraid and said, "How awesome is this place! **This is none other than the house of God**, *and this is the gate of heaven." So Jacob rose early in the morning, and* **took the stone that he had put under his head and set it up as a pillar and poured oil on its top.** *He called the name of that place* **Bethel**; *however, previously the name of the city had been Luz. Then Jacob made a vow, saying,* **"If God will be with me and will keep me** *on this journey that I take, and will* **give me food to eat and garments to wear**, *and* **I return to my father's house in safety**, *then the Lord will be my God.* This stone, which I have set up as a pillar, will be God's house, *and of all that You give me I will surely give* **a tenth to You**" (Genesis 28:16-22 NASB).

Genesis 28:16-22 is the first indication that suggests the tithe *would be given* to the House of God. It must be remembered that Abram lived till Jacob was in his boyhood; and that at Bethel God conferred to Jacob and his posterity all the promises He made to Abraham. What, then, could be more natural than that this Jacob, the son of Abraham, should avow himself ready to practice his father's religious observances.[20]

Jacob's vow to tithe all of the increase was obviously predicated upon the supposition that God would care for him and prosper his way; the Lord would be Jacob's God, and he would give a tenth to confirm that fact. The tithe that went to support "God's House," symbolized by *the pillar* (v.22), demonstrated a major scope of the tithe in later Israel, namely, the care of God's house as recorded in the Minor Prophets.

---

[20] Lansdell, *The Tithe In Scripture*, Nabu Public Domain Reprint, 17.

Without question, this Genesis: 28 account exemplifies three facts about Jacob, the tithe, and the House of God:

1. Jacob anoints a stone with oil (v.18). The stone that Jacob anoints symbolizes **the House of God** (*"This stone, which I have set up as a pillar, will be God's house"*);
2. Jacob calls the place of this God-Encounter Bethel. Bethel, derived from the Hebrew word *bēth 'ēl*, means **House of God** (v.19); and
3. Jacob vows that if God would be with him, give him food to eat, cloths to wear, and return him to his father's house in safety, he *would* give **a tenth** (the tithe) to **the House of God** (vv.20-22).

Moreover, Jacob's vow to give God the tithe illustrates four things:

1. Jacob's trust and allegiance to God;

2. Jacob's unselfishness;

3. The tithe *would be given* to the House of God; and

4. Tithing was a principle/practice *before* the Mosaic/Leviticial Law.

Particularly, Nehemiah 10:32-38 is another Biblical reference that informs us how the House of God ought to be supported via the tithe. Scripture reports,

"Also we made ordinances for ourselves, to exact from ourselves yearly **one-third of a shekel** *for <u>the service of the house of our God</u>: for the showbread, for the regular grain offering, for the regular burnt*

offering of the Sabbaths, the New Moons, and the set feasts; for the holy things, for the sin offerings to make atonement for Israel, and <u>all the work of the house of our God</u>. We cast lots among the priests, the Levites, and the people, for bringing the **wood offering** *into <u>the house of our God</u>, according to our fathers' houses, at the appointed times year by year, to burn on the altar of the Lord our God as it is written in the Law. And we made ordinances to bring* **the firstfruits** *of our ground and* **the firstfruits** *of all fruit of all trees, year by year, to <u>the house of the Lord</u>; to bring the firstborn of our sons and our cattle, as it is written in the Law, and the firstborn of our herds and our flocks, to <u>the house of our God</u>, to the priests who minister in the house of our God; to bring* **the firstfruits** *of our* *dough, our offerings, the fruit from all kinds of trees, the new wine and oil, to the priests, to <u>the storerooms of the house of our God</u>; and to bring* **the tithes** *of our land to the Levites, for the Levites should receive* **the tithes** *in all our farming communities. And the priest, the descendant of Aaron, shall be with the Levites when the Levites receive* **tithes**; *and the Levites shall bring up* **a tenth of the tithes** <u>to the house of our God</u>, **to the rooms of the storehouse**" (Nehemiah 10:32-38 NKJV).

The four methods, by which *the staff and services of the House of God* were to be maintained, are provided in clear detail:

1. A third part of a shekel (v.32);
2. The wood offering (v.34);

3. The first-fruits (vv.35-37); and
4. ***The tithe*** (vv.37-39).

According to Nehemiah, the tithe of the land's produce was to be brought to the Levities; then, the Levities were to bring a tenth of the tithes to *the House of God* at Jerusalem **for the provisions of the priests** (*please refer to Numbers 18:25-29*). Sadly, the consequences of the practice of tithing had been neglected of late and the covenant obligations spelled out in Nehemiah 10:35-39 left unfulfilled. Because the people had failed to return the *tithe* to **the House of God**, the Levities were so poorly cared that they were forced to abandon their sacred duties to which God had called them and become farmers in the fields (Nehemiah 13:10).

Personally, I have always argued that the *church* and its *administrative leadership* are only as strong as *the tithe*. If the *storehouse tithe* is neglected, then obviously, the church's administration and its people cannot be supported; and if the church's administration and its people are not supported, then the church loses its influence to become an effective witness to humanity.

I find the term **meat** in Malachi 3:10 most interesting when translated from the *King James Version* (*"Bring ye all the tithes into* **the storehouse***, that there may be* **meat** *in mine house"*). Meat is a vital source of protein. Protein is used to build muscles and also gives us strength and stamina. When Malachi informs his audience to bring the tithe into the *storehouse* in order for there to be *meat* in God's House, the Prophet is affirming that for the House of God to possess *strength*, it must first possess the vital protein of *meat*, which only the tithe provides. In a roundabout way, Malachi has given his audience an artistic view that suggests the *House of God is only as strong as its tithe.*

The Tithe For The People of God:
The Third Tithe

Although the tithe for the service of God's house is the most common among God's people, the tithe for *the Lord's Feast and The Year of The Tithe* were given to support God's people. These two tithes were designed to feed the people of God during joyous and hard times.

The Tithe for the Lord's Feast

"You shall surely tithe all the produce from what you sow, which comes out of the field every year. You shall eat in the presence of the Lord your God, at the place where He chooses to establish His name, the tithe of your grain, your new wine, your oil, and the firstborn of your herd and your flock, so that you may learn to fear the Lord your God always. If the distance is so great for you that you are not able to bring the tithe, since the place where the Lord your God chooses to set His name is too far away from you when the Lord your God blesses you," (Deuteronomy 14:22-24 NASB).

Known as the tithe for the Lord's Feast, this tithe was designed to feed the people of God during the joyous occasion of the Lord's Feast. Rabbinical teachings suggest that in addition to the normal tithe given to the Priests/Levities, and God's house, there was a third tithe consisting of *a festival meal* eaten by the offerer and his guests at the sanctuary (vv.22-27).[21]

Deuteronomy 14:22-29 interestingly presents information about this tithe that is not recorded in Leviticus and Numbers. The deposition of the yearly tithe for the Lord's Feast was as follows: 1) the yearly tithe was to be eaten in God's chosen place, before the Lord, so that Israel would reverence God (v.23); 2) "when the chosen

---

[21] Carpenter, *The International Standard Bible Encyclopedia*, 863.

sanctuary was far away, the worshipper could convert the tithe of various goods into money for the journey and then buy and consume whatever he desired at the proper place (vv.24-26); and 3) the Levities were not to be forgotten in all of this but were still to be cared for (v.27)."[22]

---

[22] Carpenter, *The International Standard Bible Encyclopedia*, 862.

The Year of the Tithe

*"When you have finished laying aside all the tithe of your increase in the third year—**the year of tithing**—and have given it to the Levite, the stranger, the fatherless, and the widow, so that they may eat within your gates and be filled"* (Deuteronomy 26:12 NKJV).

Known as The Year of the Tithe, this tithe was dispensed in the person's hometown to be consumed by the local landless inhabitants- Levites, foreign, residents, the fatherless, and widows. Specifically, ***The Year of the Tithe***, administered every three years, was to benefit:

1. The poor;[23] and
2. The landless;[24]

---

[23] Deuteronomy 26:12b.
[24] Deuteronomy 26:12b.

Thereby showing love to both God and neighbor.[25] Distinctly, *the tithe for the Lord's Feast and The Year of The Tithe* in Deuteronomy differs from that of the other two tithes of Leviticus and Numbers which says nothing about the worshippers eating a portion of the tithe.[26]

---

[25] Carpenter, *The International Standard Bible Encyclopedia*, 862.
[26] Ibid.

The Benefits of Tithing

Four

*"Bring all the tithes into the storehouse, that there may be food in My house, and **try Me** now in this, Says the Lord of hosts, "If I will not **open for you the windows of heaven**[1] and **pour out for you such blessing**[2] that there will not be room enough to receive it. And **I will rebuke the devourer**[3] for your sakes, so that he will not destroy the fruit of your ground, **nor shall the vine fail to bear fruit for you in the field,**[4] Says the Lord of hosts; **And all nations will call you blessed,**[5] for you will be **a delightful land,**[6] says the Lord of hosts"* (Malachi 3:10-12 NKJV).

If you are like me, you love benefits, especially the ones that come from God. Benefits are usually seen as something that helps promote or enhances the well-being of an individual. For example, an insurance or vacation package offered through an employer.

As previously noted, one of Israel's requirements regarding the sacrificial code of worship was to avoid presenting four inexcusable offerings (*blind, lame, sick, and stolen*) and to return unto God that which rightfully belonged to Him, the tithe. Once Israel's obedience was initiated, God would turn His Favor by unleashing six specific benefits that included:

1. A Window Opened in Heaven (v.10).
2. A Bountiful Blessing (v.10).
3. A Rebuked Devourer (v.11).
4. A Right Blessing at the Right Time (v.11).
5. A Name Change (v.12).
6. A Delightful Land (v.12).

A Window Opened In Heaven: *Benefit One*

"If I will not open for you the windows of heaven," (Malachi 3:10).

Genesis 7:11 is the first place that the phrase "windows of heaven" is used in the Bible. Unfortunately, due to the *sins* and *wickedness* of mankind, God instructed Noah to build an ark and he, his entire house, every seventh clean beast (male and female), and fowls of the air, entered for protection. Upon entrance, God opened *the windows of Heaven* and caused it to rain upon the earth for forty days. The results of sin, unfortunately, caused God to open *the windows of Heaven* and pour out judgment upon the sins and wickedness of humanity.

However, Malachi's version of the *windows of Heaven* slightly differs. The Bible affirms that when Israel returns that which rightfully belongs to God, the tithe, He would open the windows of Heaven. *Heaven's open windows are open opportunities that only God can give.* This statement can be substantiated on the premise that for the postexilic, unlike the pre-exilic, no miracles attended their emigration such as plagues or the parting of a sea. As far as we know, the postexilic was not fed with manna from heaven or supplied supernaturally with water from a rock. The land:

1. Had been demolished; and
2. Jerusalem still laid in ruins.

Their glorious expectations of a lavish lifestyle (Haggai 1:4-6) was frustrated by a harsh reality.[27] But God in His unquestionable love for Israel (Malachi 1:2), would *open opportunities* that only He could provide after they would obediently return the tenth to Him.

---

[27] William Sanford LaSor, David Allan Hubbard, and Frederic William Bush, *Old Testament Survey: The Message, Form, and Background of the Old Testament, 2nd ed.* (Grand Rapids: Wm. B. Eerdmans Publishing Company, 1996), 391-392.

A Bountiful Blessing: *Benefit Two*

"And pour out for you such blessing that there will not be room enough to receive it" (Malachi 3:10).

"A blessing that you don't have room to receive," is what Malachi characterizes as the second benefit to tithing. This is in total contrast to the way Israel was living according to the Prophets Haggai and Malachi. Previously, everything Israel gathered resulted in little (Haggai 1:6, 9). Their lack of water and clothing kept them destitute and impoverished (v.6). Their prosperity was hindered due to their neglect of the temple (v.9). Heaven's dew was withheld (v.11). And the two-fold curse was enforced (Malachi. 3:9). According to Malachi, when the tithe is brought back to the storehouse,

God promised to pour out a blessing that His children would not have room to receive.

A Rebuked Devourer: *Benefit Three*

"And I will rebuke the devourer for your sakes," (Malachi 3:11).

Locusts, "also known as *the devourer*, were commonly known as "things" which destroy the fruit of the land. Locusts, in many cases accompanied droughts (Joel 1:1-12)."[28] "During a very long dry spell the eggs of the locusts remained in the sand, until the first rains. After the initial rain, the locusts would appear and devour everything that they could digest."[29] The obedience of the people would lead to God rebuking a foe that would prevent the devastation of crops and fruits. A careful examination of the text obviously shows us

---

[28] Verhoef, *The Books of Haggai & Malachi*, 308.
[29] Ibid.

that the devourer is already present (*"And I will rebuke the devourer"*) due to Israel's disobedience to return what rightfully belonged to God. Although Israel's disobedience paved the way for the devourer to gain entry, God promised to ***rebuke this foe*** upon the return of the tithe.

A Right Blessing at The Right Time: *Benefit Four*

"And the vines in your fields will not drop their fruit before it is ripe, says the Lord Almighty" (Malachi 3:11 NIV).

Obviously, fruit has to undergo a tremendous amount of transformation before it can be seen as ripe. Consumers spend a great deal of time picking through apples and oranges, trying to determine what fruit best fit their needs. Some are able to know if the fruit is ready by sight, some by smell and some simply by touch. It is not uncommon for us to pick through piles of fruit just to find the right one *because we know that it is only when the fruit is ripe, that the fruit is right*. Another glance at Malachi 3:12 shows us that the tithe releases the right blessing at the right time. Instead of your fields producing immature fruit, the Lord has declared that when you return that which rightfully belongs to Him, the tithe, He would cause you to bear a right blessing (harvest) at the right time.

A Name Change: *Benefit Five*

"And all nations will call you blessed," (Malachi 3:12).

Clearly, the Bible offers many classical examples of name changing. For example, during the establishment of the Abrahamic Covenant, Abram is renamed Abraham. Having wrestled with an angel all-night according to the Genesis: 35 account, Jacob was no longer seen as a trickster but renamed Israel. Likewise, when you return that which rightfully belongs to God, the tithe, *all nations or ethnicities* will call you "Blessed". Notice, the once dishonoring (1:1), covenant-breaking (2:2), and cursed people (3:9) are now called "Blessed".

> **When you return that which rightfully belongs to God, the tithe,** *all nations or ethnicities* **will call you "Blessed."**

The expression *all nations*, that is, the nations in their "entirety" (v.10), is sometimes used in a hyperbolic sense to denote Israel's neighboring countries. Malachi affirms that the same nations who have ridiculed, opposed, and harassed the returned exile will be obliged to proclaim them a nation which is being blessed by God.[30]

---

[30] Verhoef, *The Books of Haggai & Malachi*, 309.

A Delightsome Land: *Benefit Six*

"For you will be a delightful land," (Malachi 3:12).

From open windows overflowing with bountiful blessings, a rebuked devour, a right blessing yielding at the right time, Malachi concludes with the promise of the Israelites becoming a delightsome land. Despite Israel's ambiguous financial obscurity, the two-fold curse (*"ye are cursed with a curse"*), closed windows (*"I will open you the windows"*), and the presence of a devourer (*"I will rebuke the devourer"*), God, in His gracious kindness, has promised to make them a valuable place of purpose and promise upon the return of the tenth.

The blessing in the tithe was not just in the sense of obedience to the divine decree, but it took material form in God's reply. *"Return unto Me, and I will bless you,"* God said in essence. When such evidence of blessing comes to pass, the manifestations are clearly within view: a window opened in Heaven (v.10), a bountiful blessing (v.10), a rebuked devourer (v.11), a right blessing at the right time (v.11), a name change (v.12), and the promise that Israel would become a delightsome land (v.12).

Although the curse was enforced under the Old Covenant, those who refuse to tithe are not subject to such penalties under the New Covenant because Jesus' death nullifies/abolishes the curse (*Galatians 2:13*). However, I would argue that when today's believer reject the principles of tithing, the *six specific blessings* that tithing brings will not be readily available when they need them. Remember my friend, God is no respecter of persons but He is a respecter of principles, specifically, the principles of tithing.

The 90-Day Tithing Challenge

Five

A number of people have doubtlessly experienced God's blessings when they applied the principles of tithing and on the contrary, many have given up too swiftly because they allowed their financial condition **to dethrone their faith** in God's promises. Like Israel, many of us dishonor God weekly, bi-weekly, and monthly because we substitute the tithe for inexcusable offerings. Nevertheless, *our obedience to tithing should be based on four uncompromising truths*:

1. We tithe because we love God;

2. We tithe because we desire to serve God;
3. We tithe because He has instructed us; and
4. We tithe because the tenth belongs to Him.

If you agree that the tithe is holy and belong to God, and its purpose is for servicing God's ministers/servants, God's house, and His people, *which includes you, the tither*, then you are ready for this 90-Day Tithing Challenge. For the next twelve weeks, this challenge will require that you take *ten percent* of your payroll check and give it to your local church. Listed below are further instructions for the 90-Day Tithing Challenge:

Step 1: Set aside ten percent of your earnings.

Step* 2:** Site the confession found in ***step four. *"You will also declare a thing, And it will be established for you"* (Job 22:28 NKJV).

***Step* 3:** Take the tithe to your local church. *"Bring all the tithes into the storehouse"* (Malachi 3:10 NKJV).

Step* 4: *If possible, during the time of giving, ask your pastor if he or she, or their designee can recite the confession below with the entire congregation.

"Father in the Name of Jesus, Your Word declares, that obedience is better than sacrifice. Therefore, I come to You in expectation and boldness, knowing if I obediently return the tenth, You will open the windows of Heaven, pour me out a blessing, rebuke the devourer, give me the right blessing at the right time, cause all nations to call me Blessed, and make me a delightsome land. I faithfully commit to this 90-day tithing challenge because I love You, because I desire to serve You, and because the tenth belongs to You. I thank You in advance that the blessing of increase and favor rest upon my life, my family, my church, and my employment. In Jesus Name, Amen.

***Step* 5**: Live in expectation of what God has promised. He is able to bring it to pass. *"And Try Me now in this, Says the Lord of hosts, If I will not open for you **the windows of heaven**[1] and **pour out for you such blessing**

that there will not be room enough to receive it[2]. And I will **rebuke the devourer**[3] *for your sakes, so that he will not destroy the fruit of your ground, nor shall the* **vine fail to bear fruit for you in the field**[4], *Says the Lord of hosts; And all nations will* **call you blessed**[5], *for you will be* **a delightful land**[6], *says the Lord of hosts"* (Malachi 3:10-12 NKJV).

Meditation Scriptures

Genesis 14:17-20 (NKJV)

After Abram returned from defeating Kedorlaomer and the kings allied with him, the king of Sodom came out to meet him in the Valley of Shaveh (that is, the King's Valley). Then Melchizedek king of Salem brought out bread and wine. He was priest of God Most High, and he blessed Abram, saying, "Blessed be Abram by God Most High, Creator of heaven and earth. And praise be to God Most High, who delivered your enemies into your hand." Then Abram gave him a tenth of everything.

Genesis 28:16-22 (NIV)

When Jacob awoke from his sleep, he thought, "Surely the Lord is in this place, and I was not aware of it." He was afraid and said, "How awesome is this place! This is none other than the house of God; this is the gate of heaven." Early the next morning Jacob took the stone he had placed under his head and set it up as a pillar and poured oil on top of it. He called that place Bethel, though the city used to be called Luz. Then Jacob made a vow, saying, "If God will be with me and will watch over me on this journey I am taking and will give me food to eat and clothes to wear so that I return safely to my father's household, then the Lord will be my God and this stone that I have set up as a pillar will be God's house, and of all that you give me I will give you a tenth."

Leviticus 27:30-34 (NIV)

"A tithe of everything from the land, whether grain from the soil or fruit from the trees, belongs to the Lord; it is holy to the Lord. Whoever would redeem any of their tithe must add a fifth of the value to it. Every tithe of the herd and flock—every tenth animal that passes under the shepherd's rod—will be holy to the Lord. No one may pick out the good from the bad or make any substitution. If anyone does make a substitution, both the animal and its substitute become holy and cannot be redeemed."
 These are the commands the Lord gave Moses at Mount Sinai for the Israelites.

Numbers 18:20-24 (NKJV)

Then the Lord said to Aaron: "You shall have no inheritance in their land, nor shall you have any portion among them; I *am* your portion and your inheritance among the children of Israel.

Tithes for the Support of the Levites

Behold, I have given the children of Levi all the tithes in Israel as an inheritance in return for the work which they perform, the work of the tabernacle of meeting. Hereafter the children of Israel shall not come near the tabernacle of meeting, lest they bear sin and die. But the Levites shall perform the work of the tabernacle of meeting, and they shall bear their iniquity; *it shall be* a statute forever, throughout your generations, that among the children of Israel they shall have no inheritance. For the tithes of the children of Israel, which they offer up *as* a heave offering to the Lord, I have given to the Levites as an inheritance; therefore I have said to them, 'Among the children of Israel they shall have no inheritance."

Numbers 18:30-32 (NIV)

Say to the Levites: "When you present the best part, it will be reckoned to you as the product of the threshing floor or the winepress. You and your households may eat the rest of it anywhere, for it is your wages for your work at the tent of meeting. By presenting the best part of it you will not be guilty in this matter; then you will not defile the holy offerings of the Israelites, and you will not die."

Numbers 23:19 (NKJV)

God *is* not a man, that He should lie, Nor a son of man, that He should repent. Has He said, and will He not do? Or has He spoken, and will He not make it good?

Deuteronomy 12:5-7 (NIV)

But you are to seek the place the Lord your God will choose from among all your tribes to put his Name there for his dwelling. To that place you must go; there bring your burnt offerings and sacrifices, your tithes and special gifts, what you have vowed to give and your freewill offerings, and the firstborn of your herds and flocks. There, in the presence of the Lord your God, you and your families shall eat and shall rejoice in everything you have put your hand to, because the Lord your God has blessed you.

Deuteronomy 12:17-18 (NKJV)

You may not eat within your gates the tithe of your grain or your new wine or your oil, of the firstborn of your herd or your flock, of any of your offerings which you vow, of your freewill offerings, or of the heave offering of your hand. But you must eat them before the Lord your God in the place which the Lord your God chooses, you and your son and your daughter, your male servant and your female servant, and the Levite who *is* within your gates; and you shall rejoice before the Lord your God in all to which you put your hands.

Deuteronomy 14:28-29 (NIV)

At the end of every three years, bring all the tithes of that year's produce and store it in your towns, so that the Levites (who have no allotment or inheritance of their own) and the foreigners, the fatherless and the widows who live in your towns may come and eat and be satisfied, and so that the Lord your God may bless you in all the work of your hands.

Deuteronomy 26:12 (NKJV)

When you have finished laying aside all the tithe of your increase in the third year—the year of tithing—and have given *it* to the Levite, the stranger, the fatherless, and the widow, so that they may eat within your gates and be filled.

Haggai 1:7-10 (NKJV)

Thus says the Lord of hosts: "Consider your ways! Go up to the mountains and bring wood and build the temple, that I may take pleasure in it and be glorified," says the Lord. You looked for much, but indeed it came to little; and when you brought it home, I blew it away. Why?" says the Lord of hosts. Because of My house that is in ruins, while every one of you runs to his own house. Therefore the heavens above you withhold the dew, and the earth withholds its fruit. For I called for a drought on the land and the mountains, on the grain and the new wine and the oil, on whatever the ground brings forth, on men and livestock, and on all the labor of your hands.

Malachi 3:6-12 (NIV)

"I the Lord do not change. So you, the descendants of Jacob, are not destroyed. Ever since the time of your ancestors you have turned away from my decrees and have not kept them. Return to me, and I will return to you," says the Lord Almighty. "But you ask, 'How are we to return?' "Will a mere mortal rob God? Yet you rob me. "But you ask, 'How are we robbing you?'

"In tithes and offerings. You are under a curse— your whole nation—because you are robbing me. Bring the whole tithe into the storehouse, that there may be food in my house. Test me in this," says the Lord Almighty, "and see if I will not throw open the floodgates of heaven and pour out so much blessing that there will not be room enough to store it. I will prevent pests from devouring your crops, and the vines in your fields will not drop their fruit before it is ripe," says the Lord Almighty. "Then all the nations will call you blessed, for yours will be a delightful land," says the Lord Almighty.

BIBLIOGRAPHY

Bramer, Stephen, J. *Old Testament Prophets: Malachi Page One*. Dallas, TX: Dallas Theological Seminary. Summer 2010.

Carpenter, E.E. *The International Standard Bible Encyclopedia, Volume Four: Q-Z*. Edited by Geoffrey W. Bromily. Grand Rapids, MI: William B. Eerdmans Publishing Company, 1987.

Lansdell, Henry. *The Tithe In Scripture: Being Chapters From "The Sacred Tenth" With A Revised Bibliography On Tithe-Paying And Systematic And Proportionate Giving*. Nabu Public Domain Reprint. Original Work Published Before 1923.

LaSor, William, S., David Allan Hubbard, and Frederic William Bush. *Old Testament Survey: The Message, Form, and Background of the Old Testament, 2nd Edition.* Grand Rapids, MI: Wm. B. Eerdmans Publishing Company, 1996.

Taylor, Richard A., and E. Ray Clendenen. *The New American Commentary: Haggai, Malachi. Volume 21A.* Nashville, TN: Broadman & Homan Publishers, 2004.

Verhoef, Pieter, A. *The New International Commentary on The Old Testament: The Books of Haggai and Malachi.* Grand Rapids, MI: William B. Eerdmans Publishing Company, 1987.

WORKBOOK AVAILABLE

Please Contact:

TIMOTHY GLEATON MINISTRIES
P.O. Box 1318
Conyers, Georgia 30012
www.info@believersauthority.org
tgministries@att.net

Made in the USA
Charleston, SC
20 February 2013

Sigrid Mayer

Golem:
Die literarische Rezeption
eines Stoffes

Utah Studies
in Literature and Linguistics

herausgegeben von:

Andrée M. L. Barnett –
Robert E. Helbling – Luis Lorenzo-Rivero –
Gerhard P. Knapp – Wolff A. von Schmidt

Nr. 2

Sigrid Mayer

Golem:
Die literarische Rezeption
eines Stoffes

Special Editor
GERHARD P. KNAPP

Herbert Lang
Bern und Frankfurt/M.
1975

Sigrid Mayer

Golem:
Die literarische Rezeption
eines Stoffes

Herbert Lang
Bern und Frankfurt/M.
1975

ISBN 3 261 01475 X

©
Herbert Lang & Cie AG, Bern (Schweiz)
Peter Lang GmbH, Frankfurt/M. (BRD)
1975. Alle Rechte vorbehalten.

Nachdruck oder Vervielfältigung, auch auszugsweise, in allen Formen wie Mikrofilm, Xerographie, Mikrofiche, Mikrocard, Offset verboten.

Druck: Lang Druck AG, Liebefeld/Bern (Schweiz)

INHALT

Vorwort 7

Erster Teil: HISTORISCHE ÜBERSICHT

I. Die Entwicklung der Sagenmotive 10
   Das Kernmotiv: Schöpfung aus Erde und Geist 11
   Das Motiv der Sprachlosigkeit des Golem 14
   Golemmystik als Schöpfungsritual 15
   Das Emeth-Motiv 18
   Das Diener- und Automatenmotiv 21
   Golem und Homunculus 22
   Entwicklung des Motives der Gefahr in der Golemsage 25
   Die Entstehung der Prager Golemsage 30
   Neue Motive in der Prager Golemsage 34
   Die "Volksbuch"-Version der Prager Sage 37

Zweiter Teil: KURZFORMEN DES STOFFES

II. Golemgedichte im neunzehnten und zwanzigsten Jahrhundert 46
   Golemgedichte von 1841–1903 51
   Golemgedichte von 1958–1972 73

Dritter Teil: BÜHNENBEARBEITUNGEN

III. Die Golemsage als Drama 98
IV. Drei Opern-Libretti 133
V. Der Golem im Stummfilm von 1920 und im Fernsehspiel von 1971 152

Vierter Teil: ERZÄHLERISCHE PROSA IM ZWANZIGSTEN JAHRHUNDERT

VI. Golemerzählungen 172
VII. Der Golem im deutschen und amerikanischen Roman des zwanzigsten
    Jahrhunderts 196

Bibliographie 237

Abkürzungsverzeichnis 245

VORWORT

Die Beschäftigung mit der Rezeption des Golemstoffes seit der zweiten Hälfte des 20. Jahrhunderts erweist sich als eine Aufgabe für die vergleichende Literaturwissenschaft. Gleichzeitig stellt die Darstellung dieser Stoffrezeption eine Aufgabe zur "wechselseitigen Erhellung der Künste" dar. Mit Recht überschreiben die Herausgeber der neuen Encyclopaedia Judaica ihre Aufzählung der Golem-Verarbeitungen mit dem Sammeltitel "In the Arts". In diesem Sinne soll die vorliegende Untersuchung als eine Art "Vorarbeit" dienen, die keinen Anspruch auf eine erschöpfende Behandlung der Golem-Thematologie erheben will.

Die hier vorliegende Darstellung von Rezeptionen des Golemstoffes konnte auf grundlegende Arbeiten zurückgreifen. Die 1934 in Breslau veröffentlichte Dissertation von Beate Rosenfeld bildet eine solide Grundlage, auf der weitergebaut werden konnte. Auch die Arbeiten Gershom Scholems über die historischen und jüdisch-mystischen Quellen und Ursprünge des Stoffes erwiesen sich als unentbehrliche Voraussetzung für die Beschäftigung mit der Rezeption "in den Künsten". Gershom Scholem schliesst seinen Aufsatz über "Die Vorstellung vom Golem in ihren tellurischen und magischen Beziehungen" (1954) mit der Bemerkung, dass die "Aufgabe des Historikers" dort erfüllt sei, "wo die des Psychologen anfängt". In der vorliegenden Arbeit sollte jedoch der Aufgabenbereich des Literaturwissenschaftlers — in bezug auf den Golemstoff — nicht nur von demjenigen des Psychologen abgegrenzt werden. Auch die "philosophische" Verwendung des Golemmythos zur Begründung einer Relation zwischen Sprachwissenschaft und Kybernetik, die André Robinet in seinem 1973 erschienenen Buch: "Le Défi cybernétique. L'automate et la pensée" durchzuführen sucht, liegt ausserhalb dieses Aufgabenbereiches und konnte hier nicht mehr berücksichtigt werden.

Weitere Abgrenzungen des Golemstoffes erwiesen sich innerhalb des Motivkomplexes vom "künstlichen Menschen" als notwendig. Trotz der offensichtlichen Verwandtschaft der Golemgestalt mit anderen künstlichen Geschöpfen (mit homunculis, Androiden aller Art, Automaten, Robotern, Computern), sollten gerade die dem Golemstoff eigentümlichen Elemente hervorgehoben werden. Dennoch erwies sich die Rezeptionsbreite des Stoffes als so weitläufig, dass sie besondere Aufmerksamkeit erforderte. Die verschiedenartigen Genres, in denen der Stoff auftaucht, stellen ein praktisches Orientierungsgerüst dar, um die Übergänge aus Mythos und Sage in zunehmend anspruchsvollere literarische Fassungen besser aufzuzeigen. Die Golemsage bildet ein relativ seltenes Beispiel einer "einfachen Form", die noch in ihrer Entstehung und in ihren Übergängen zu komplexeren Formen zu verfolgen ist. So liegt etwa die fiktive Legendensammlung von den "Wundern des Maharal" (1909) an der Grenze zwischen stofflicher Vorlage und literarischer Verarbeitung. Obgleich als literarische Fiktion verfasst, erfüllt dieses "Volksbuch" im Laufe des 20. Jahrhunderts durchaus die Funktion einer stofflichen Quelle.

Die methodische Einteilung nach Genres empfiehlt sich auch insofern, als es unmöglich erscheint — zumal auf der komparatistischen Ebene — die zeitgenössischen Verwertungen eines Stoffes nach der "Grundauffassung der Zeit" oder der "Dichterpersönlichkeit" (B. Rosenfeld, S. IX) abzugrenzen. Gerade von der zeitgenössischen Perspektive aus lassen sich keine fest umrissenen literarischen Strömungen abgrenzen, alles steht hier nebeneinander. Auch Kategorien wie "Trivialliteratur", "Science Fiction", "Engagierte Literatur" und dergleichen entziehen sich noch einer scharfen Definition. Die naheliegende Frage nach der literarischen Gebrauchsfunktion eines Stoffes muss daher gleichsam von selbst auf eine Darstellung in Genre-Kategorien hinauslaufen. Obwohl die Feststellung einer eindeutigen Affinität zwischen einem gegebenen Stoff und einer bestimmten Gattungsform wohl immer an dem schwankenden Faktor individueller Schöpferbegabung scheitern wird, lassen sich doch Beziehungen zwischen den mit der Zeit zunehmenden Bestandteilen eines Stoffkomplexes und den durch diese bedingten und bevorzugten Darstellungsweisen feststellen.

Der Golemstoff erweist sich als literarisch ausserordentlich potent. Er bildet eine Art "sujet d'or", das dazu neigt, durch sich selbst mehr als durch die Art seiner Formgebung Aufmerksamkeit zu erregen. Indem hier die vielfältigen Rezeptionsmöglichkeiten angedeutet wurden, die sich in den Bestandteilen des Stoffes verbergen, mögen weitere Anregungen zu seiner "Neuschöpfung" ausgehen. Denn auch im übertragenen Sinne muss der "Golem" als das aufgefasst werden, was er wörtlich bedeutet: "unvollständig geformte Masse".

Zur Fertigstellung der vorliegenden Arbeit hat es vieler Ermutigungen bedurft. Hierfür und für wertvolle bibliographische und technische Hinweise danke ich Professor Richard Cummings (University of Utah, Salt Lake City), Professor Colin Russ (University of Kent at Canterbury, England), Professor C. B. Caples (Rice University, Houston) und Professor Gerhard Knapp (University of Utah, Salt Lake City). Für seine Übersetzung von David Frischmanns Erzählung und zahlreiche Erläuterungen danke ich Professor Harris Lenowitz (University of Utah, Salt Lake City), für die freundliche Übersendung ihres Librettos "The Golem" Mrs. Abraham Ellstein (Sylvia Regan) (New York), und für die Übersendung des Drehbuchmanuskriptes von Dieter Waldmann dem Südwestfunk (Baden-Baden, Produktionsgruppe Waldmann). Besonderer Dank gilt auch den unablässigen Bemühungen des Interlibrary Loan Department der University of Utah bei der Beschaffung von Quellenmaterial und Untersuchungen.

Erster Teil:

HISTORISCHE ÜBERSICHT

I. DIE ENTWICKLUNG DER SAGENMOTIVE

Die jüdische Sage von einem aus Lehm und geheimnisvoller Wortmagie künstlich erzeugten Menschen verrät noch in manchen ihrer jüngsten Bearbeitungen ihre Verwandtschaft mit dem biblischen Schöpfungsmythos. Gleichzeitig aber ruft diese Sage eine andere biblische Assoziation hervor, den Gedanken an das Gebot: "Du sollst dir kein Bildnis noch irgend ein Gleichnis machen [...]" Derselbe Gott, der zuerst den Menschen aus Erde und nach seinem Ebenbild formte, verbietet ausdrücklich alle Bilder oder Gleichnisse aus der sichtbaren oder unsichtbaren Welt. In der Vorstellung von diesem Gott, in der Haltung und dem Verhältnis ihm gegenüber scheint damit eine Spannung, ein innerer Widerspruch zu bestehen, und tatsächlich spiegelt sich in der Entstehungsgeschichte der Golemsage eine solche Spannung innerhalb der jüdischen Religionsgeschichte ab. In dem Gebot, "Du sollst dir kein Bildnis machen" schlägt sich das monotheistische Streben nach Reinheit und Absolutheit des Gottesbegriffes nieder, das die jüdische Religion auszeichnet, während in der Vorstellung, dass Gott den ersten Menschen nach seinem Bilde und "aus einem Erdenkloss" formte, eine mythische Bildnerfreude vorherrscht, die dann auf mancherlei Umwegen zur Neuinszenierung dieses göttlichen Schöpfungsaktes führte, die der Golemsage zugrunde liegt.

Nicht zufällig sind es gerade die in der kabbalistischen Geheimlehre des Mittelalters aufblühenden mystischen Tendenzen der jüdischen Tradition, auf denen sich die Entwicklung der Golemsage aus dem Schöpfungsmythos gründet. Denn die mystischen Spekulationen der Kabbalisten bilden einen unbewussten Ausgleichsversuch. Der Purismus des Gottesbegriffes, der zu einem leeren *abstractum* zu werden drohte, sollte mit einer neuen, sinnlich erfassbaren Lebenswirklichkeit ausgefüllt werden[1].

Dieses Streben nach Bildhaftigkeit bei der Vermittlung göttlicher Geheimnisse zeichnet sich auch im Bedeutungswandel und der Begriffserweiterung des hebräischen Wortes "golem" selbst ab, das in der Bibel nur ein einziges Mal (Psalm 139:16) vorkommt. Dort wird es unter Zuhilfenahme seiner talmudischen Bedeutung noch als das *Ungestaltete, Halbfertige, Unbeseelte* wiedergegeben. Erst unter dem Einfluss mittelalterlicher Schöpfungsmystik, die sich durch den Rückgriff auf mythologische Bilder mit Hilfe symbolhafter Vorstellungen auszudrücken suchte, nahm das Wort "Golem" seine spätere Bedeutung an, in der es einen künstlich erschaffenen Menschen bezeichnet.

---

1 Gershom Scholem: Zur Kabbala und ihrer Symbolik. Zürich 1960, S. 117–121.

Das Kernmotiv der Sage: Schöpfung aus Erde und Geist

Die jüdische und die von ihr beeinflusste islamische Religion haben sich auf Grund ihrer monotheistischen Tendenzen im allgemeinen dem Erd-Muttergedanken widersetzt, obwohl sie ihn kannten. Dies geht teilweise daraus hervor, dass er sich im Alten Testament nur an zwei Stellen findet: Hiob 1:21 und Psalm 139:15[2]. Die Stelle aus dem 139. Psalm ist aber gleichzeitig die einzige Stelle der Bibel, an der das Wort "golem" auftaucht. In Luthers Übersetzung lauten die Verse 15 und 16 dieses Psalmes folgendermassen:

15: Es war dir mein Gebein nicht verhohlen, da ich im Verborgenen gemacht ward, da ich gebildet ward unten in der Erde.
16: Deine Augen sahen mich, da ich noch unbereitet [*golem*] war, und alle Tage waren auf dein Buch geschrieben, die noch werden sollten, als derselben keiner war.

Die talmudischen Ausleger der "Werke des Anfangs" (*Maasse Bereschith*) konnten diese Verse in einen geistigen Zusammenhang mit dem biblischen Schöpfungsmythos bringen, und unter dem Einfluss gnostischer Strömungen[3] entstanden dann mehrere Berichte über die Erschaffung Adams, in denen der Begriff "golem", also des noch unfertigen aus Erde geformten ersten Menschen erstaunliche Dimensionen annimmt. Ehe er eine differenzierte menschliche Gestalt hatte, und (mehr oder weniger) lange bevor ihm der göttliche Odem eingehaucht und das Sprechvermögen verliehen wurde, existierte der erste Mensch als "golem". In einem Bericht aus dem Talmud, der das ganze mythische Schicksal Adams von seiner Erschaffung bis zu seiner Vertreibung aus dem Paradies in zwölf Einzelvorgänge zerlegt, um diese dann in die zwölf Stunden eines einzigen Schöpfungstages zusammenzudrängen, beträgt die Zeitdifferenz zwischen Adams Golemzustand und seiner Beseelung nur zwei Stunden: "In der ersten Stunde wurde das materielle Substrat gesammelt, in der zweiten seine Gestalt roh geformt [*golem*], in der dritten seine Glieder gebildet, in der vierten ihm die Seele eingehaucht, [...]"[4] Nach einem anderen talmudischen Text dagegen zog sich Adams Golemzustand über den Zeitraum der ganzen übrigen Schöpfung hin:

Mit Adam begann das Schöpfungswerk, doch blieb er zunächst ungestaltet [*golem*], um dem Irrglauben vorzubeugen, Gott habe bei der Weltschöpfung einen Genossen gehabt. Erst bei ihrem Abschluss erklärt Gott den Engeln auf deren Frage, Adam sei bereits erschaffen und bedürfe nur noch der Beseelung. So war Adam Anfang und Ende der Schöpfung[5].

---

2 Die Religion in Geschichte und Gegenwart. ²1932 (hiernach RGG) II, 228.
3 Gershom Scholem: Major Trends in Jewish Mysticism. New York ²1946, S. 40–79.
4 Sanhedrin 38b. Hier zitiert nach Encyclopaedia Judaica. 1928ff. (Hiernach EJ) I, 762.
5 Aus dem Midrasch Abkir. Zitiert nach EJ I, 761.

Weitere Midraschim berichten unter ausdrücklicher Bezugnahme auf den 139. Psalm von den Ausmassen dieses Golem-Adam, der sich "von einem Ende der Welt bis zum anderen" erstreckte und erstaunlicherweise in diesem noch unfertigen und unbeseelten Zustand bereits eine "Vision aller künftigen Geschlechter bis ans Ende der Zeiten" erlebte[6]. Eine solche Vorstellung ist kaum anders zu erklären, als dass der Erde selbst, aus der Adam geschaffen wurde, bereits eine eigene Kraft innewohnte, eine Art ursprüngliche Erdseele. Die Vision der künftigen Geschlechter, die aus der von Gott noch unbelebten Erde hervorgeht, mag die ins Bildhafte projizierte Fruchtbarkeit der mütterlichen Erde andeuten, eine mythische Abbildung der Entwicklungen, die als Potenz bereits in dem irdischen Rohstoff enthalten sind. Diese Auffassung von der selbständigen Kraft der Erde wird überdies durch eine sehr freie talmudische Auslegung des Verses Gen. 1:24 bestätigt: "Die Erde lasse hervorgehen lebende Seele" (Luther: "Die Erde bringe hervor lebendige Tiere"), die das hebräische Wort *nefesch*, das Seele im Sinne von kreatürlicher Lebenskraft bedeutet, zu *ruach*, der Geistseele, die aus dem Hauch Gottes hervorgeht, steigern will[7]. Gerade dieses befruchtenden Geistes "ruach", des göttlichen Odems, bedarf jedoch die potentielle Erdkraft, damit aus dem unvollständigen Golem-Adam ein Adam werde. Denn die "lebendige Seele" des ersten Menschen kann sich nur mit Hilfe der Inspiration durch den göttlichen Geist verwirklichen, wie aus dem schwierigen Vers Gen. 2:7 hervorzugehen scheint, den Luther folgendermassen übersetzt: "Und Gott der Herr machte den Menschen aus einem Erdenkloss, und er blies ihm ein den lebendigen Odem [ruach] in seine Nase. Und also ward der Mensch eine lebendige Seele [nefesch chajah]." Diese Vereinigung aus Erde und Geist, aus tellurischen und pneumatischen Elementen, wird in einer häretischen, jüdisch-gnostischen Sekte höchst grosszügig als mythische Hochzeit zwischen der Erde [Edem] und Gott [Elohim] dargestellt[8].

Als sich Gott zur Erzeugung Adams der Erde bediente, erwies er sich als durchaus wählerisch in bezug auf seinen Schöpfungspartner: "Von der ganzen Erde das Beste, vom reinen Urstoff das Reinste und Allerfeinste" sonderte er ab, um daraus Adam zu bilden[9]. Noch bei dem mittelalterlichen Golemritual der Kabbalisten wird "jungfräuliche Bergerde" vorgeschrieben, sodass die Psychologen wahrscheinlich unrecht daran tun, die Golem-Erde ohne weiteres mit dem Rossmist zu vergleichen, aus dem der paracelsische Homunculus hervorgeht[10].

---

6 Midrasch Bereschit Rabba. Übers. August Wünsche. In: Bibliotheca Rabbinica I (1967) S. 29.
7 Gershom Scholem: Zur Kabbala, S. 213f.
8 Diese "Häresie" wird von Hippolytus (160? –235?) in den "Philosophumena", Buch V, § 26 beschrieben. Vgl. Des heiligen Hippolytus von Rom Widerlegung aller Häresien. Übers. Konrad Preysing. München 1922, S. 134–136.
9 Philo von Alexandria: Über die Weltschöpfung. In: Werke 1. Teil. Hg. Leopold Cohn. Breslau 1909, S. 76.
10 Vgl. Robert Plank: The Golem and the Robot. In: Literature and Psychology 15 (1965) S. 12–28; hier S. 18.

Die Golem-Erde ist auch keine Humuserde, die bereits aus irgendeinem organischen Prozess hervorgegangen ist, sondern vielmehr die noch unberührte Elementar-Erde, die aller organischen Schöpfung vorausging, der mütterliche Urstoff der Schöpfungsmythen.

Eine gewisse Entfernung von dem streng monotheistischen Weltbild der Bibel zeichnet sich zweifellos in diesen ersten Golembildern der talmudischen Adamsmystik ab. Man hat auch versucht, das Fehlen der weiblichen Urkraft in der Schöpfungsgeschichte des Alten Testamentes für die Entstehung der Golemvorstellung verantwortlich zu machen und die ganze Sage als eine Art Ersatzbildung für diesen Mangel des Ewig-Weiblichen in der jüdischen Kosmogenie aufzufassen[11]. Jedoch scheint eine so stark verallgemeinernde psychologische Deutung kaum der komplizierten Entwicklung und vielschichtigen Struktur dieser Sage gewachsen.

Hier soll vor allem das Kernmotiv der Golemsage umrissen werden, das sich entsprechend ihrer Verwandtschaft zum Schöpfungsmythos, wie er sich in der talmudischen Überlieferung entwickelt hatte, als ein Motiv von bipolarer Struktur erweist. Ähnlich wie die Erschaffung des ersten Menschen an die Erde und ihre Kräfte einerseits und an eine höhere göttliche Inspiration andererseits gebunden war, so wird auch die Geburt des künstlichen Menschen nur durch eine Vereinigung von irdischer Materie und göttlicher Geisteskraft zustande kommen können.

Dem irdischen Rohstoff, der an sich schon gewisse vitalistische Kräfte enthält, fehlt also die Ergänzung durch den göttlichen Geist, um sich als "lebendige Seele" zu verwirklichen. Der Schöpfergeist äussert sich aber nicht nur im göttlichen Hauch, sondern vor allem im göttlichen Wort, welches ja die ganze Schöpfung zunächst buchstäblich ins Leben rief. Dieses Schöpferwort, dessen Elemente — die Buchstaben — mit den Elementen der Natur vergleichbar sind, ermöglicht den mythischen wie den künstlichen Schöpfungsakt. Denn gerade die Gabe des Wortes war ja von allen Geschöpfen nur Adam verliehen; als das besondere geistige Erbe seines väterlichen Schöpfers zeichnete sie ihn aus und machte ihn dadurch seinerseits zum potentiellen Schöpfer. Mit dem Sprachvermögen, durch das Adam sogar den Engeln überlegen war[12], hatte Gott ihm gleichzeitig die Gabe der geistigen Schöpferkraft verliehen. Die Sprachmagie, die bei der mittelalterlichen Golemschöpfung dann eine so wichtige Rolle spielt, ist also kein für sich bestehendes selbständiges Element der Golemvorstellung, sondern lediglich die geistige Teilursache in dem synthetischen Schöpfungsprozess, dessen "tellurische und magische Komponenten"[13] das eigentliche Kernmotiv der Golemüberlieferung darstellen.

11 Johanna Michaelis: Der Golem. In: Der Morgen. Monatsschrift der deutschen Juden 11 (10/1936) S. 452—457.
12 Micha Josef bin Gorion: Die Sagen der Juden. Berlin 1935, S. 38f.
13 Vgl. den Titel von Gershom Scholems Artikel: "Die Vorstellung vom Golem in ihren

"Die geheime Welt der Gottheit ist eine Welt der Sprache", in dieser Formulierung Gershom Scholems[14] deutet sich die Analogie von Schöpfung und Offenbarung an, die in der kabbalistischen Weltanschauung hervortritt. Nicht nur ist die geschaffene Welt eine Selbstoffenbarung Gottes, auch die Offenbarung Gottes in seiner Torah ist sowohl Spiegel als auch Voraussetzung der geschaffenen Welt. Neben den talmudischen Sagen, die z.B. davon berichten, wie Gott schon vor der Erschaffung der Welt die mit feurigen Buchstaben auf seinen Arm geschriebene Torah befragte[15], liegt als erstes systematisches Dokument über die mystischen Beziehungen zwischen Sprache und Schöpfung das Buch *Jezira* (Buch der Schöpfung) vor, dessen Ursprünge und Autor sich im Dunkel der ersten Jahrhunderte verlieren[16]. Während im ersten Teil dieses Werkes die zehn *Sefiroth* oder Urzahlen besprochen werden, die den Emanationen aus dem Hauch Gottes entsprechen, befasst sich der zweite Teil mit den 22 Buchstaben des hebräischen Alphabets, die in bestimmten linguistischen Anordnungen als Equivalente der kosmischen Elemente dargestellt werden. Ob der Schluss des Werkes, der sich auf den Stammvater Abraham und seine angeblichen Kenntnisse der Schöpfungsmystik beruft, als Hinweis auf magische Schöpfungsmöglichkeiten gedacht war, ist umstritten. Jedenfalls finden sich gerade am Schluss einiger mittelalterlicher *Jezira* Kommentare Anweisungen zur Herstellung des künstlichen Menschen, der bei Eleasar von Worms (um 1200) zum ersten Mal als "Golem" bezeichnet wird.

Das Motiv der Sprachlosigkeit des Golem

Die Idee einer künstlichen Menschenschöpfung war den mittelalterlichen Frommen schon aus dem Talmud bekannt. Dort — *Sanhedrin 65b* — wird von Rabha (280–352 n.) berichtet, dass er unter Berufung auf Jesaja 59:2: "Eure Sünden machen eine Scheidung zwischen euch und eurem Gott" behauptet habe: "Wenn die Gerechten wollten, so könnten sie eine Welt schaffen." Gleich darauf folgt dann die in der Golemforschung immer wieder zitierte Doppellegende von der Erschaffung eines künstlichen Menschen und eines Sabbathkalbes:

> Rabha nämlich schuf einen Mann und schickte ihn zu Rabbi Zera. Der sprach mit ihm, und er gab keine Antwort. Da sagte er: Du stammst wohl von den Genossen; kehre zu deinem Staub zurück.
> Rabbi Chanina und Rabbi Oschaja befassten sich jeden Sabbath Vorabend mit dem

tellurischen und magischen Beziehungen". In: Eranos Jahrbuch 22 (1953), Zürich 1954, S. 235–289.
14 Zur Kabbala, S. 54.
15 Bin Gorion: Sagen, S. 38f.
16 EJ IX, 109.

Buch der Schöpfung und schufen sich ein Kalb im Drittel seiner natürlichen Grösse und verzehrten es.

Trotz der äussersten Knappheit dieser Berichte gehen daraus drei Merkmale der späteren Golemschöpfungen hervor: erstens wird der künstliche Mensch aus "Staub" geschaffen, in den er auf das Machtwort eines Eingeweihten hin zurückverwandelt wird. Zweitens gelingt die magische Hervorbringung des Kalbs nur nach dem Studium eines Schöpfungstextes[17], um den sich zwei Personen bemühen. Drittens zeigen sowohl der künstliche Mensch wie auch das Sabbathkalb Merkmale der Unvollkommenheit: der Mensch kann nicht sprechen und wird anhand seiner Sprachlosigkeit als künstliches Geschöpf identifiziert, das Kalb hat nur ein Drittel der Grösse eines natürlichen Kalbs. Ob diese Mängel nun mit der unvermeidlichen Sündhaftigkeit zusammenhängen, die auch bei den "Gerechten" noch zu erwarten ist, oder ob es im Wesen der künstlichen Schöpfung liegt, dass sie die Vollkommenheit von Gottes Schöpfung nicht erreichen kann, muss dahingestellt bleiben. Jedenfalls ist es bezeichnend, dass dem künstlichen Menschen gerade die Sprache, das göttlich-geistige Erbteil, fehlt. Diese Sprachlosigkeit, an welcher die Menschenschöpfung erkannt wird, kann durchaus als integraler Bestandteil in der Motivstruktur der Golemüberlieferung gewertet werden. Sie stempelt den ersten künstlichen Menschen zum geistig minderwertigen Geschöpf und hat sich zwar nicht lückenlos und nicht immer in Form der Sprachlosigkeit aber doch im Prinzip bis in viele moderne Versionen der Golemsage erhalten.

Golemmystik als Schöpfungsritual

Einen Höhepunkt in der Entwicklung jüdischer Mystik und damit in der historischen und motivischen Entwicklung des Golembegriffes bildet die mittelalterliche Kabbala im engeren Sinne. Diese jüdische Geheimlehre tauchte in verschiedenen Ländern Europas (Südfrankreich, Italien, Spanien) auf und nahm im Rheinland zunächst die Form des deutschen Chassidismus an, dessen Einfluss auf die Golemsage Gershom Scholem folgendermassen formulierte: "It is [to] Hasidism that we owe the development of the legend of the Golem or magical homunculus — this quintessential product of the spirit of German Jewry[18]." Der Terminus "deutscher Chassidismus"[19], der nicht mit dem polnischen Chassidismus des 18. Jahrhunderts zu verwechseln ist, geht auf die Familie des Jehuda he-Chassid ("des Frommen") zurück, dessen berühmtester Schüler, Eleasar aus Worms (gest. 1238), Verfasser des bereits erwähnten Jezira-Kommentars, zum

---

17 Ob damit das oben beschriebene Buch Jezira gemeint ist, bleibt zweifelhaft. Scholem (Kabbala, S. 220) hält es jedoch nicht für ausgeschlossen.
18 Major Trends in Jewish Mysticism, S. 99.
19 EJ IX, 646.

ersten Mal das Wort *Golem* als Bezeichnung für den künstlich geschaffenen Menschen verwendet. Mit dem sich ausbreitenden Studium des Buches *Jezira* unter den deutschen Chassidim gewinnt im Mittelalter die geistige Komponente des Schöpfungsprozesses, d.h. also der Anteil, den die Sprachmagie am Grundmotiv der Golemvorstellung einnimmt, immer mehr die Oberhand. Während in talmudischer Zeit das Wort *golem* etwa im Zusammenhang mit Adams Erschaffung aus Erde auftauchte, findet es sich jetzt im Rahmen der Kommentare zur Buchstabenmystik des Buches *Jezira*. Der Bedeutungswandel des Wortes geht also Hand in Hand mit der zunehmenden Vergeistigung der Schöpfungsmystik vor sich, und es ist bemerkenswert, dass gerade die Ausgeburt dieses Vergeistigungsprozesses eine Bezeichnung, "Golem", erhält, die in der Alltagssprache jener Zeit auch "Körper", "Materie", "Hyle" bedeutet[20]. Es ist durchaus anzunehmen, dass die mittelalterlichen Chassidim mit der talmudischen Vorstellung vom Adam-Golem vertraut waren, den Gott selbst benutzt hatte, um ihn der belebenden Kraft seines Geistes auszusetzen. Vielleicht handelte es sich bei der Übernahme dieses Begriffes als Bezeichnung für den magisch erzeugten künstlichen Menschen einfach um eine Art Metonymie oder *pars pro toto*-Konstruktion, die als harmlos klingende Abkürzungsformel den Eingeweihten dazu dienen mochte, einen komplizierten und letztlich unerklärlichen Vorgang anzudeuten und zugleich zu verbergen.

Das Verfahren der Golemschöpfung, wie es bei Eleasar aus Worms dargestellt wird, soll — um dem Misslingen aller noch ausstehenden Schöpfungen dieser Art vorzubeugen — in der verantwortlichen Wiedergabe Gershom Scholems hier dargestellt werden:

> Die sich zum Golemritual verbindenden zwei oder drei Adepten nehmen jungfräuliche Bergerde, die sie in fliessendem Wasser kneten und daraus einen Golem formen. Über diese Figur sollen sie dann die aus den "Pforten" des Buches Jezira sich ergebenden Kombinationen des Alphabets sprechen [...] Das Besondere des Verfahrens besteht nun darin, dass nicht etwa diese 221 Kombinationen an sich rezitiert werden, sondern vielmehr Verbindungen von deren Buchstaben mit je einem Konsonanten des Tetragrammatons, und auch diese wiederum der Reihe nach in allen ihren Vokalisierungen durch die von den Chassidim angenommenen fünf Hauptvokale a, e, i, o, u. Und zwar scheint es, dass zuerst alle Alphabete in allen diesen Verschlingungen und Vokalisierungen des Gottesnamens zu rezitieren waren, dann aber — vielleicht aber auch nur dieses letztere allein — der Reihe nach die Verbindungen, in denen die einzelnen Konsonanten, die nach dem Buch Jezira je ein Glied des menschlichen Organismus "beherrschen", mit je einem Konsonanten des Tetragrammatons in allen nur erdenkbaren Vokalisierungen zusammengebracht wurden. Über die Abfolge dieser Vokalreihen geben zwar nicht die gedruckten Texte, wohl aber mehrere der Handschriften noch genaue Anordnungen[21].

Andere Berichte weichen zwar in Einzelheiten von dieser Darstellung ab, aber gemeinsam sind den verschiedenen Vorschriften immer die beiden Aspekte, die das Kernmotiv der späteren Sage bilden: die besonders reine und feine Erde[22]

---

20 EJ VII, 501.
21 Zur Kabbala, S. 240.
22 Noch ungepflügte Erde galt offenbar als "jungfräulich". Vgl. Beate Rosenfeld: Die

und die schöpferische Geisteskraft der Sprache, die hier durch die vorausgesetzte Einweihung in das *Jezira*buch und die zu rezitierenden Buchstabenkombinationen in Verbindung mit dem Tetragrammaton, dem unaussprechlichen Gottesnamen, vertreten ist. Im ganzen fällt bei der Betrachtung der verschiedenen Vorschriften zur Golemschöpfung das Übergewicht der geistigen bzw. magischen Handlung gegenüber der fast völligen Vernachlässigung des praktischen Vorgangs auf. Zwar wird das Rohmaterial als solches, die jungfräuliche und gereinigte Erde, den ursprünglichen mythischen Vorstellungen getreu angegeben; aber der rein handwerkliche Prozess, einen menschlichen Körper aus Erde und Wasser zu modellieren, wird nicht oder nur beiläufig erwähnt. Auch tritt der endlich belebte (oder erlebte?) Golem nie in das praktische Leben ein, sondern, sobald seine Schöpfung beschrieben ist, folgt die Beschreibung seiner Reduktion.

Tatsächlich handelt es sich nach den Studien Gershom Scholems bei diesen Golemschöpfungen der deutschen Chassidim um einen durch und durch symbolischen Vorgang, der wohl in der Tat ausgeführt wurde, aber keinem anderen Zweck diente als der rituellen Bestätigung der im Buche *Jezira* enthaltenen Kosmologie. Dem in die Geheimnisse der Schöpfung Eingeweihten sollte die Herrschaft des Geistes über den Stoff durch ein Initiationserlebnis versinnbildlicht werden. Dieser Ritualcharakter der Golemschöpfung, der einen ekstatischen Zustand der Beteiligten entweder voraussetzt oder aber induziert, geht nicht nur aus der esoterischen Natur der "Golemrezepte" hervor, sondern auch aus der Tatsache, dass bei dieser symbolischen Wiederholung des Schöpfungsmythos wie bei jedem echten Ritual mindestens zwei oder drei Personen beteiligt sein mussten. Während die Schöpfer des Sabbathkalbes aus dem *Sanhedrin* ihr Produkt offenbar auch geniessen durften, findet sich in keiner Anweisung der mittelalterlichen Chassidim ein Hinweis auf eine Verwendung des Geschaffenen. Sobald die Kraft der heiligen Namen erwiesen war, folgte die Umkehr der Handlung und der Rezitationen.

Die Handlung bestand nach dem Kommentar des *Pseudo-Saadja*[23] im kreisförmigen Umschreiten der in die Erde vergrabenen Gestalt, das "wie im Reigen"[24] vor sich gehen soll und von der Rezitation der Buchstabenkombinationen begleitet wird, worauf beim Vorwärtsgehen- und rezitieren das Geschöpf lebendig aufsteigt, während es beim Rückwärtsschreiten- und rezitieren von selbst in die Erde einsinkt und stirbt. Diese Beschreibung erweckt den Eindruck, dass hier der "stirb- und werde"-Gedanke der Schöpfungsmythen in eine Art liturgisches Drama umgebildet wurde. Tatsächlich sind alle zur Liturgie gehörigen Bestandteile in dieser Schilderung vereinigt[25]: das Moment der

Golemsage und ihre Verwertung in der deutschen Literatur. Breslau (= Sprache und Kultur der germanischen und romanischen Völker, Germanistische Reihe, Bd. 5) 1934, S. 12, A. 73.
23 "Dieser Kommentar wurde dem ersten Druck des Sefer Jezira (Mantua 1562) als angeblicher Kommentar des Gaon Saadja [um 900] beigegeben". Sein eigentlicher Verfasser war vermutlich ein Schüler Eleasars von Worms. Nach Beate Rosenfeld: Die Golemsage, S. 10, A. 63.
24 Pseudo-Saadja zu Jezira II, 5. Nach Beate Rosenfeld, S. 11.
25 RGG III, 168ff.

Handlung *(Dromenon)*, das aus Ritus ("Ausdruckshandlung religiösen Erlebens") und Kultus ("Vergegenwärtigung des Heilsgeschehens") hervorgeht, sowie das Moment des Wortes *(Legomenon)*, welches sich hier als der heilige Gottesname in Verbindung mit den Sprachelementen, den Buchstaben, äussert. Die liturgische Formel St. Augustins: *accedit verbum ad elementum et fit sacramentum*, scheint auf diese Schilderung anwendbar zu sein.

Es ist klar, dass eine solche rituelle Schöpfungshandlung auf keinen Fall von Uneingeweihten vollzogen werden durfte. Dieses zu verhindern ist wahrscheinlich der Zweck jener Erzählung die im Pseudo-Saadja Kommentar auf die Anweisungen des Schöpfungsrituals folgt. Es wird dort von Schülern eines Mystikers berichtet, die sich beim kreisförmigen Umschreiten der in die Erde vergrabenen Gestalt irrten und rückwärts gingen, sodass sie fast im Schlamm versanken. Das irrtümliche Rückwärtsgehen kann sicher im übertragenen Sinne gemeint sein, ähnlich wie die Rettung der in der Erde Versinkenden durch die Befolgung des einfachen meisterlichen Rates, "nach vorwärts statt wie bisher nach rückwärts zu gehen"[26]. Das Rückwärtsgehen und Versinken veranschaulicht die gefährliche Anziehungskraft des irdischen Elementes, in das der noch unvollkommene Fromme nur allzu leicht zurücksinkt, während es gerade das Bestreben der mittelalterlichen Mystiker war, sich durch die Beherrschung geistiger Schöpferkräfte über dieses Element zu erheben.

Das Emeth-Motiv

Die Ursprünge dieses Motivs werden bei Scholem anhand von drei Quellen nachgewiesen[27], die einander zu ergänzen und zu entwickeln scheinen, bis schliesslich an Stelle des Schöpfungsrituals eine moralisierende Legende tritt, die offenbar zur orthodoxen Auffassung zurückstrebt: "Du sollst dir kein Bildnis machen." Die legendären Berichte, in denen dieses Motiv zuerst auftaucht, ranken sich um den Propheten Jeremia und seinen angeblichen Sohn Ben Sira. Diese sollen mit Hilfe des Buches *Jezira* einen Menschen geschaffen haben, auf dessen Stirn das Wort *emeth* (Wahrheit) stand in Analogie zu dem so lautenden Siegel Gottes, das bereits auf der Stirn Adams gestanden habe. Das künstliche Wesen löschte aber eigenhändig den Buchstaben *'aleph* aus, "um damit zu sagen, Gott allein ist Wahrheit", und musste auf Grund des so entstandenen Wortes *'meth* (tot) sterben.

Neben dem Verweis auf die Erschaffung Adams, die hier vor allem vom geistigen Aspekt her betont wird, ist an diesem Bericht die Unabhängigkeit

---

26 Zitiert nach Scholem: Zur Kabbala, S. 241.
27 a) Aus der Vorrede zum anonymen Pseudo-Saadja Kommentar zum Buche Jezira.
    b) Aus der Hs. des "sefer gematrioth", von Schülern Judas des Frommen aufgezeichnet.
    c) Aus einem Pseudo-Epigraphen vom Anfang des 13. Jhdts., der dem Mischnalehrer Juda ben Bathyra zugeschrieben wurde. Zitiert nach Scholem: Zur Kabbala, S. 233–235.

bemerkenswert, mit der das künstliche Geschöpf auftritt. Die stumme Geste, mit der das 'aleph ausgelöscht wird, ist die erste Verselbständigung des Golem, die ihn in diesem Zusammenhang trotz seiner noch bestehenden Sprachlosigkeit durchaus als geistig hochstehend kennzeichnet. Da anzunehmen ist, dass das Geschöpf absichtsgemäss handelte, als es den Buchstaben 'aleph auslöschte, liegt fast ein innerer Widerspruch in dem aus der Rabhalegende beibehaltenen Motiv der Stummheit des Golem gegenüber seiner Fähigkeit in der Tat eine höchst subtile Buchstaben- und Wortspielerei auszuführen. Die stumme Geste, mit der dieses Menschengeschöpf sich selbst zu Staub reduziert, wirkt wie eine Offenbarung: "Gott allein ist Wahrheit"; dies drückt zunächst schon einen leisen Tadel an der Wiederholung des göttlichen Schöpfungsaktes aus. Indem so extreme Begriffe wie "Wahrheit" und "Tod" in engste Beziehung zueinander treten, öffnet sich plötzlich ein Abgrund, der die ganze menschliche Schöpferkraft zu verschlingen droht. Nur durch das plus oder minus eines 'aleph, des geringfügigsten aller Buchstaben[28], sind die Bereiche von Wahrheit und Tod voneinander getrennt; und dieser abgründige Effekt wird noch durch das Bewusstsein verstärkt, dass das Wort 'emeth gleichzeitig ein Siegel Gottes, einen Gottesnamen darstellt. Da ein jedes Wort die Realisierung seines Inhalts bedeutet, muss das Geschöpf unter dem Siegel "tot" dann auch folgerichtig zu Staub zerfallen. Damit ergibt sich eine neue Todesart des Golem, der hier zum ersten Mal nicht mehr durch die etwas langwierige Umkehr der Alphabetsformeln in sein Element zurückgeführt wird, sondern durch eine viel elegantere, da vereinfachte und verdichtete Form von Sprachsymbolik.

In dem zweiten von Scholem aufgeführten Bericht, der um das Emeth-Motiv kreist, werden dann beide Reduktionsmethoden zur Zerstörung des künstlichen Menschen vorgeschrieben: das Auslöschen des 'aleph sowie das Reversieren der Buchstabenfolgen. Und zwar kommen diese Vorschriften aus dem Munde des künstlichen Geschöpfes selbst, dem hier zum ersten Mal die Gabe der Sprache verliehen ist. Der Golem warnt seine Schöpfer vor der Erschaffung künstlicher Wesen, die zum Götzendienst führen könnte:

> Da sagte der Mensch, den sie geschaffen hatten, zu ihnen: Gott allein hat Adam geschaffen, und als er den Adam sterben lassen wollte, löschte er das 'aleph von 'emeth weg, und er blieb *meth* tot. So sollt ihr auch an mir tun und nicht nochmal einen Menschen schaffen, damit die Welt dadurch nicht wie in den Tagen des Enosch in Götzendienst abirrt. Der erschaffene Mensch sagte zu ihnen: Kehrt die Buchstabenkombinationen um und tilgt das 'aleph des Wortes 'emeth von meiner Stirn – und sofort zerfiel er zu Staub.

Diese Legende fügt trotz ihrer grösseren Ausführlichkeit der vorigen nichts wesentlich Neues hinzu. Die Tatsache, dass der Golem hier spricht, dürfte lediglich eine Verdeutlichung der Absicht seiner früheren stummen Geste

---

[28] Als der erste Buchstabe des hebräischen Alphabets hat das Aleph den geringsten Zahlenwert, nämlich 1.

darstellen. Ähnlich wie in diesem Bericht die Reduktionsmethode des Golem verstärkt und verdoppelt wird, so verkündet die Golemrede hier nur expressis verbis die Intention der schon im vorigen Bericht enthaltenen stummen Botschaft: "Gott allein ist Wahrheit."

Diese Botschaft wird dann in der dritten Legende zur ausdrücklichen Warnung vertieft. Auf der Stirn des künstlichen Geschöpfes steht in diesem Fall IHWH ELOHIM EMETH (Gott ist Wahrheit), was wie eine natürliche Weiterentwicklung aus der ersten Emeth-Legende erscheinen muss, wenn 'emeth in der Tat ein Siegel Gottes bedeutet. Was sich in der ersten Legende als unheimliche Möglichkeit bereits angedeutet hatte, wird nun hier verwirklicht, indem das Auslöschen des Buchstaben 'aleph von 'emeth, was hier wiederum durch das dazu eigens mit einem Messer versehene Geschöpf selbst geschieht, die furchtbare Blasphemie hervorbringt: "Gott ist tot", sodass durch das Wegfallen des einzigen Buchstabens das ganze Heilsgebäude der Schöpfung wie ein Kartenhaus zusammenfällt.

Der künstliche Mensch aber zerfällt damit noch nicht zu Staub wie im ersten Bericht, sondern erzählt seinen entsetzten Schöpfern eine Parabel, in der er vor der menschlichen Hybris Gott gegenüber warnt. Gott wird hier mit einem Meisterarchitekten verglichen, der zwei Menschen das Geheimnis seiner Kunst mitteilt, worauf diese es für sich selbst ausnutzen, indem sie alles billiger herstellen und so die Kunst des Meisters in ihrer Person monopolisieren: "So hat euch Gott in seinem Bilde und seiner Gestalt und Form geschaffen. Nun aber, wo ihr, wie Er, einen Menschen erschaffen habt, wird man sagen: Es ist kein Gott in der Welt ausser diesen beiden!" Erst nachdem er diese Lehre ausgesprochen hat, wird der Golem durch die Umkehrung der Alphabete in Staub zurückverwandelt. Hier wird gleichzeitig mit der höchsten Blüte der Sprachsymbolik der Verfall des Golemrituals deutlich, das nun mit der Übertretung des Gebotes: "Du sollst dir kein Bildnis machen" gleichgesetzt wird. Eine solche Krise, in der die in bildliche Nachahmung übertragene Verehrung des göttlichen Schöpfungsprozesses in ihr Gegenteil umzuschlagen droht, lag wohl von Anfang an als Keim in der mystisch-magischen "Golemschau"[29] der rheinischen Chassidim, wie ja oft vom Gesichtspunkt der Orthodoxie aus Mystik und Ketzerei nur um Haaresbreite voneinander getrennt sind.

Entwicklungsgeschichtlich hat sich dann sowohl das Emeth-Motiv als auch die Vermischung der Golemidee mit dem Bilderkult erhalten, der ja dem Mittelalter schon aus antiken Quellen vertraut war[30]. Obwohl das Emeth-Motiv letzten Endes als Spross aus dem geistigen Stamm des Kernmotivs der Golemüberlieferung hervorging, kann es von nun an als selbständiger Bestandteil der Golemsage gewertet werden.

---

29 Vgl. Scholem: Zur Kabbala, S. 234.
30 Vgl. Konrad Müller: Die Golemsage und die Sage von der lebenden Statue. In: Mitteilungen der Schlesischen Gesellschaft für Volkskunde 20 (1918) S. 1–40.

Das Diener- und Automatenmotiv

Mit dem ausgehenden Mittelalter setzt eine intensive Legendenbildung ein, welche die Golemschöpfung mit berühmten Männern früherer Generationen in Verbindung bringt und das einstige Ritual in Tat und Zweck umbildet. Der Vater Jehudas des Frommen (des Begründers der deutschen Chassidim) R. Samuel, wurde offenbar ein frühes Opfer solcher Legendenbildung, nach der er sich einen Golem als stummen Diener geschaffen haben soll, der ihn auf seinen Reisen begleitete[31]. Auch über den Philosophen Salomon ben Gabirol (1020–1070 in Spanien) wurden solche Legenden entwickelt, die allerdings erst aus späteren Quellen nachweisbar sind (vgl. unten, S. 25f.). Der Golem des Salomon ben Gabirol soll eine Dienerin gewesen sein, die sich in ihre einzelnen Bestandteile zerlegen liess, als ihr Schöpfer sich vor Gericht wegen Zauberei verteidigen musste. Da nach Gershom Scholem "der Golem als magischer Diener seines Schöpfers in keiner alten Tradition auftritt"[32], wird aus diesen wohl früher entstandenen als überlieferten Legenden klar, dass die Golem-Idee sich in Laienkreisen recht bald mit anderen Vorstellungen künstlicher Gebilde vermischt haben muss, die dem Mittelalter vertraut waren. Dazu gehört vor allem die Tradition der Automatensagen, die zum Teil auf arabische Experimente und Einflüsse zurückgehen und die sich bis in die Antike zurückverfolgen lassen[33]. Die Golemschöpfung hat auf Grund ihrer tellurisch-magischen Ursprünge eigentlich nichts mit der Entwicklung technischer und mechanischer Kunstfertigkeit gemeinsam, die in den mittelalterlichen Automatensagen einen Niederschlag fand, z.B. in der Sage von dem eisernen Manne des Albertus Magnus, den Thomas von Aquin zerstört haben soll[34]. Da sich alles Unverständliche kaum scharf voneinander trennen lässt, besteht wohl immer ein Hang zu vereinfachender Synthese bei solchen Legenden- und Sagenbildungen, die eben alles "Wunderbare" auf einen gemeinsamen Nenner zu bringen suchen. Allerdings handelt es sich bei den grossen Persönlichkeiten des Mittelalters meistens noch um Universalgelehrte, die mit Recht als Experten auf ganz verschiedenen Gebieten gelten durften, sodass es einleuchtet, wenn die an sie anknüpfenden Legenden Motive verschiedenen Ursprungs und aus ganz getrennten Bereichen miteinander vermischen und verschmelzen. Sowohl das Diener- wie das Automatenmotiv sind seit dem ausgehenden Mittelalter mit der Golemüberlieferung verbunden geblieben und werden gerade im 20. Jahrhundert immer stärker mit

---

31 Joshua Trachtenberg: Jewish Magic and Superstition. A Study in Folk Religion. New York 1939, S. 85.
32 Scholem: Zur Kabbala, S. 253.
33 Alfred Chapuis and Edmond Droz: Automata. A Historical and Technological Study. Transl. Alec Reid. Neuchâtel, London 1958, S. 34ff.
34 Vgl. Helmut Swoboda: Der künstliche Mensch. München 1967, S. 46–48.

ihr identifiziert. Und doch handelt es sich bei den Vorstellungen vom Golem als Knecht oder maschinenartigen Arbeitssklaven oder gar als Computer nicht um Überlieferungen, die aus dem Kern der jüdisch-mystischen Tradition erwachsen sind, sondern um fremdartige Einflüsse, die mit der weiteren Entwicklung der Sage so eng verschmolzen, dass sie nun als echter und natürlicher Bestandteil derselben erscheinen. Eine Bemerkung Raymond Troussons ist in diesem Zusammenhang aufschlussreich: "Les thèmes ne peuvent s'apparenter — disons acquérir une signification commune — qu'à certaines époques, ce qui veut dire en réalité qu'un motif qui ne leur *est* pas nécessairement commun leur *devient* commun, et cela en fonction des courants d'idées du temps[35]."

Golem und Homunculus

Komplizierter als das Verhältnis zwischen Golem und Automaton erscheinen die Beziehungen, die zwischen Golem und Homunculus bestehen oder auch nicht bestehen. In der modernen Forschung herrscht zweifellos die Tendenz vor, Golem und Homunculus mit anderen künstlichen Fabelwesen — etwa den Alraunen — auf einen gemeinsamen historischen und psychologischen Nenner zu bringen, und von hier aus auch die literarischen Rezeptionen dieser Geschöpfe unter dem Thema "Künstliche Menschen"[36] zusammenzufassen. Vom literaturwissenschaftlichen Standpunkt aus dürften jedoch die Unterschiede im Überlieferungsbereich dieser Fabelwesen aufschlussreicher sein als ihre Gemeinsamkeiten. Daher sollen hier, um eine Vermengung der literarischen Bereiche von Golem und Homunculus zu vermeiden, ihre Überlieferungsbereiche etwas sorgfältiger gegeneinander abgegrenzt werden, als es gewöhnlich geschieht.

Unmittelbar nachweisbare und klar umrissene Anweisungen zur Herstellung des Homunculus tauchen offenbar erst bei Paracelsus auf. Frühere Berichte oder Legenden über organische Zubereitung von menschlichen Lebewesen gehören meist in das Gebiet der Necromancie oder Palingenese[37]. Hier mögen zwar einige Ähnlichkeiten mit den Prämissen der Homunculuserzeugung vorliegen, eben der "stirb- und werde"-Gedanke, der auch im Kommentar des Pseudo-Saadja zur Golemerschaffung deutlich wurde (vgl. oben, S. 17); aber im ganzen stellen solche Berichte eher legendäre Spezialfälle dar, ohne jenen Anspruch auf Allgemeingültigkeit, mit dem Paracelsus sein Homunculus-Rezept vorträgt. Die Suche nach vorparacelsischen homunculi scheitert also zum Teil schon an Definitionsschwierigkeiten, zumal der lateinische Ausdruck in seiner Allgemein-

---

35 Un Problème de littérature comparée. Les Etudes de thèmes. Paris 1965, S. 18.
36 Vgl. Klaus Völker, Hg.: Künstliche Menschen. Dichtungen und Dokumente über Golems, Homunculi, Androiden und liebende Statuen. München 1971.
37 Herbert Silberer: Homunculus. In: Imago 1 (3/1914) S. 37–79; hier S. 43; auch: Albert Ludwig: Homunculi und Androiden. In: AfSt 137 (1918) S. 137–153; hier S. 137–146.

verbindlichkeit der Bezeichnung von menschenähnlichen Geschöpfen eher zu genügen scheint als der spezifisch hebräische Terminus "golem". So wird der Begriff des Golem zwar oft mit demjenigen des Homunculus erklärt[38], aber nie umgekehrt, und der Ausdruck "homunculus" mag sich schon früh zu einer Art Oberbegriff für den künstlich erzeugten Menschen ausgeweitet haben.

Leichter als die historischen lassen sich jedoch die motivischen Bereiche dieser phantastischen Wesen gegeneinander abgrenzen. Da besteht zunächst der grundsätzliche Unterschied ihrer Entstehung. Während der Golem ein Erzeugnis aus Muttererde und dem in die Form des schöpferischen Wortes gegossenen göttlichen Geist darstellt, geht der Homunculus lediglich aus einer Mischung organischer Substanzen hervor. Zwar ist bei seiner Herstellung vom "arcano sanguinis humani" die Rede[39], aber diese geheimnisvolle Essenz des menschlichen Blutes bleibt eben doch an den Stoff dieses Blutes gebunden. Stellte der Golem eine Wiederholung des Wunders dar, durch das der erste mythische Mensch entstand, so soll der Homunculus auf eine der natürlichen durchaus analoge Weise aus menschlichem Samen hervorgehen. Ähnlich wie sich ein Ei auch ohne eine Bruthenne ausbrüten liess, sollte sich der menschliche Same in einem künstlich hergestellten Brutofen entwickeln lassen, denn für einen solchen hielt Paracelsus offenbar den weiblichen Anteil an der Genese des Menschen[40]. Nach den Angaben des Hohenheimers: — menschliches Sperma wird im verschlossenen Concurbiten bei Rossmisttemperatur und unter Zufuhr von Nahrung aus dem menschlichen Blut 40 Tage lang ausgebrütet[41], handelt es sich bei der Hervorbringung des Homunculus um einen biologisch-chemischen Prozess, der, da er auf kleineren Raum, Zeit und Nahrungszufuhr beschränkt ist, eben auch einen kleineren Menschen hervorbringen muss. Im Gegensatz dazu geht der Golem auf rein mythisch-magische Vorstellungen zurück.

Eine seltsame Umkehrung des Geist—Stoff-Verhältnisses findet dann in den beiden künstlichen Endprodukten statt. Der durch geistige Schöpferkraft wunderbar belebte Golem geht in ein Sagenprodukt über, das durch Sprachlosigkeit, Geistlosigkeit und Erdgebundenheit gekennzeichnet ist. Das aus einem durchaus physischen (bzw. chemischen) Prozess hervorgegangene Wesen des Homunculus soll sich jedoch durch geistige Überlegenheit auszeichnen. Nach Paracelsus verbürgt die Tatsache, dass diese Geschöpfe "durch Kunst geboren werden", ihnen ein besonderes geistiges Können. Eine solche analogische Übertragung, die den künstlich entwickelten Menschen als den Träger künstlicher

---

38 Vgl. Scholem in EJ VII, 502: "Golem [...] der homunculus der jüdischen Mystik". In der neuen englischen Ausgabe der Encyclopaedia Judaica (Jerusalem 1972; hiernach EEJ) VII, 755 schreibt Scholem: "It [the Golem] is related to ideas current in non-Jewish circles concerning the creation of an alchemical man (the 'homunculus' of Paracelsus)".
39 Theophrastus Paracelsus: Werke. Bd. V. Hg. Will-Erich Peuckert. Darmstadt 1968, S. 62.
40 Ebd. S. 58.
41 Ebd. S. 62f.

Fähigkeiten sieht, ist typisch für die Naturmystik jener Zeit[42]. Alle natürlichen Vorgänge galten als Abbilder oder Gleichnisse geistiger Prozesse. So mag auch der Homunculus nicht nur in Analogie zu *homo sapiens* ausgebrütet worden sein, sondern beide mögen ihrerseits als Gleichnis für geistige Früchte gedient haben, wie etwa das "philosophische Ei" bzw. der "lapis philosophorum"[43]. Golem und Homunculus scheinen sich demnach ähnlich zueinander zu verhalten wie die vorwiegend symbolische Mystik des Mittelalters zur analogie-beherrschten Naturmystik des 16. Jahrhunderts.

In ihren literarischen Rezeptionen gehen die Motivstrukturen dieser künstlichen Geschöpfe nicht nur nach ihrer Entstehung, sondern auch bezüglich ihrer Funktion weit auseinander. Dank seiner Sprachlosigkeit, seiner Geistlosigkeit und seiner physischen Stärke konnte die Sage den Golem zum Automaten und Knecht umbilden. Die *homunculi* aber "werden der Silvestren und Nymphen Kinder geheissen, deswegen weil sie mit ihren Kräften und Taten sich nit Menschen, sondern den Geistern vergleichen"[44]. In diesem Sinne hat Goethe dann auch seinen Homunculus als höchst begabtes, dämonisches Geschöpf auftreten lassen, dem es keineswegs an Geist, dafür aber umso mehr an Körper mangelte. Schliesslich werden beide Geschöpfe durch die äusseren Zeichen ihrer verschiedenartigen Herkunft bedingt. Der Homunculus zeichnet sich durch seine Glasphiole aus, ein Dingsymbol seiner körperlichen Beschränktheit. Dagegen muss das Emeth-Symbol oder der "Schem" des Golem als Zeichen seiner geistigen Abhängigkeit gelten. Die Motivkreise in den literarischen Bearbeitungen dieser künstlichen Geschöpfe weisen also genügend Unterschiede und Gegensätze auf, um eine ganz andersartige Einstellung zur Schöpfung zu verraten: Stellt der Homunculus einen Ausdruck dar für den optimistischen Versuch, die Natur durch menschliche Kunst zu verbessern, gleichsam zu destillieren und zu vergeistigen, so versinnbildlicht der Golem einen grundsätzlichen und letztlich unüberbrückbaren Abstand, die Dualität zwischen Geist und Materie, Schöpfer und Geschöpf. Mögen die Historiker, Sammler und Psychologen Golem und Homunculus immerhin auf einen gemeinsamen Nenner bringen, dem Dichter bieten sie ganz andersartige Ausdrucksmöglichkeiten an[45].

---

42 Michel Foucault: The Order of Things. (Transl. of: Les Mots et les choses) New York 1970, S. 21–23.
43 Carl Gustav Jung: Paracelsica. Zürich 1941/42, S. 94.
44 Paracelsus: Werke. Bd. V, S. 63.
45 Raoul Hausmann, in seinem Aufsatz: Der wahre Homunculus oder: Alchimistische Weisheit (in: Weltbilder: 49 Beschreibungen. Hg. G. F. Jonke und Leo Navratil, München 1970, auch in: Klaus Völker: Künstliche Menschen, S. 66–69) kann nur darum einen grotesken Effekt erzielen, weil die Bereiche, die er miteinander verschmilzt, n i c h t gleichartig sind: "Und da alles ist wie oben und unten, und da der Geist auch im Körper der Pflanze lebt, so werde ich, der Ober-Rabbi Löw, es unternehmen, meinen mir von Gott verliehenen Geist mit Hilfe des arcanum vitae in der Mandragore, den Homunculus werden zu lassen."

Entwicklung des Motivs der Gefahr in der Golemsage

Obwohl es also nicht ohne weiteres möglich ist, den paracelsischen Homunculus und den Golem jüdischer Tradition auf eine gemeinsame historische oder motivische Wurzel zurückzuführen, so steht doch Paracelsus bereits am Ausgangspunkt einer Epoche, in der die Geheimlehren der Kabbala auch in die christliche Überlieferung eindringen. Einer der ersten, die sich um ein verhältnismässig objektives Verständnis kabbalistischer Schriften bemühten, war der Humanist und Philologe Johannes Reuchlin (1455–1522), dessen diesbezügliche Hauptschriften "De verbo mirifico" und "De arte cabbalistica" in den Jahren 1494 und 1517 erschienen[46]. Dass Reuchlin über die Kabbala recht gut unterrichtet war, geht etwa daraus hervor, dass er im Zusammenhang mit dem Buche *Jezira* auch von der Golemschöpfung zu berichten weiss. Zwar kennt er den Ausdruck *Golem* nicht, schildert diesen aber nach der Legende über Jeremia und Ben Sira (oben, S. 20f.), die das vollentwickelte Emeth-Motiv enthält:

[...] creatur homo novus & in ipsius fronte scriptum erat [*Ihvh Elohim emeth*]. Id est. Tetragrammatus deus verus tum sentiens ille homo nuper creatus scripturam in fronte, haud ultra remoratus est quin subito citata manu primam dimoveret ac adimeret literam in [*emeth*] que est Aleph. Ita manebat reliquum his verbis [*Ihvh Elohim meth*] id est. Tetragrammatus deus mortuus. Ob quam rem Ieremias indignatione perculsus scidit vestimenta sua & dixit ei.
Qua re tu deponis Aleph ab Emeth, qui respondit, quoniam defecerunt ubique a fidelitate creatoris qui vos creavit ad imaginem & similitudinem suam. Dixit Ieremias. Quomodo igitur apprehendamus eum. Respondit ille. [...] Scribite alphabeta ad spacium in hunc pulverem dispersum, iuxta intelligentias cordium vestrorum. Et fecerunt ita. Est [sic] factus est ille homo in horum conspectu pulvis & cinis atque sic disparuit[47].

Die von den Kabbalisten des Hochmittelalters ausgebaute Buchstabenmystik musste in vieler Beziehung der Mentalität des ausgehenden 16. Jahrhunderts entgegenkommen, dessen mystische Auffassung der Sprache sich noch in Jakob Böhmes Werken ("De signatura rerum") niederschlägt. Man dachte damals "[...] von der Theologie zur Sprache, denn in ihr, [besonders in ihrer noch der "lingua adamica" verwandten hebräischen Urform] offenbarte sich [...] die Gottähnlichkeit des Menschen"[48]. Das geheime mittelalterliche Ritual der Golemschöpfung war jedoch als solches aus der kabbalistischen Tradition verschwunden, um durch lebhafte Sagenbildung abgelöst zu werden. Im Jahre 1625 berichtet Josef del Migo, der auch die bereits erwähnte Sage vom mechanischen

---

46 Vgl. über Reuchlin die "Historische Monographie" von Max Brod: Johannes Reuchlin und sein Kampf. Stuttgart 1965.
47 Johannes Reuchlin: De verbo mirifico 1494. De arte Cabalistica 1517. Faksimile Neudruck in einem Band. Stuttgart 1964, S. 258f.
48 Richard Newald: Vom Späthumanismus zur Empfindsamkeit 1570–1750. In: De Boor-Newald: Geschichte der deutschen Literatur von den Anfängen bis zur Gegenwart, Bd. V (München 1951) S. 152f.

Golem des Salomon ben Gabirol mitteilt: "Dergleichen Legenden gibt es noch viele, die in aller Leute Mund sind, besonders in Deutschland[49]."

Je mehr nun die Golemvorstellung den geistigen und symbolischen Bereich verlässt und sich praktisch zu realisieren sucht, umso gefährlicher werden ihre Konsequenzen für den menschlichen Schöpfer. Schon um 1600 müssen die ersten Golemsagen im Zusammenhang mit dem Chelmer Rabbiner Elijahu Baalschem[50] (1514–1583) aufgetaucht sein, die sich dann auf zweierlei Wegen tradierten. Sie wurden von den Nachkommen dieses Rabbiners als ein Stück Familientradition berichtet[51], drangen aber auch bald in deutsche Gelehrtenkreise vor, da sie in lateinischen Quellen früher nachweisbar sind als in hebräischen. Die erste schriftliche Fixierung der Chelmer Sage geht auf das Jahr 1674 zurück, als sie von Christoph Arnoldus in einem lateinischen Brief mitgeteilt und der lateinischen Übersetzung des talmudischen Buches *Sota*[52] von Johann Christoph Wagenseil im Anhang beigefügt wurde. Diesen Brief übersetzte 1689 ein Wagenseil-Schüler, W. E. Tentzel, ins Deutsche[53], ein weiterer, Jakob Schudt, nahm dann die Sage neben einigen anderen Golemberichten und -quellen in sein Sammelwerk *Jüdische Merkwürdigkeiten* auf, das im Jahre 1714 erschien:

> Die Juden aber mit ihren Köpffen und Bildern gestehen selbst, daß solche nicht natürlich oder künstlich seyen, sondern wollen etwas Göttliches darauß machen, so durch Hülffe des Hochheiligen Nahmens GOttes außgerichtet werde, so aber in der That ein schändlicher Mißbrauch des Nahmens Gottes ist, wie dann gemeiniglich Zauberer und Hexen Gottes Namen und Wort zu ihren bösen Händeln mißbrauchen. Der bekehrte Jud Brentz im Jüdischen Schlangenbalg C. 1 p. 5. sagt: Eine andere Zauberey haben sie, welche Hamor Golim genennt wird[54], da machen sie ein Bild von Laymen einem Menschen gleich, zischpern oder brumlen demselben etliche Beschwerung in die Ohren, davon dann das Bild gehet; Der R. Salman Zevi im Jüdischen Ther. C. 1. § 13. kan dagegen nichts einwenden, als daß er einige spitze Worte gegen den Brentz schiessen läst, er möchte wohl selbst [...] ein unaußgezimmerter Esel seyn; Allein die Sache ist an sich selbst wahr genug, [*golem*] heist eigentlich eine rohe Massa oder Klumpen, imgleichen einen groben unhöfflichen übel=formirten Menschen, vid. Buxt. L. T. col. 441 seq. Daher nennen die Juden ein solch Bild Golem, weil es die äusserliche Gestalt eines Menschen hat, auch gehen und allerley Wercke verrichten kan, aber nicht reden, so stehet außtrücklich im Thalmud Sanhedrin Gemara C. 7. p. m. 277. [...] sonderlich sollen die heutige Polnische Juden in dieser Kunst Meister seyn und den Golem offt machen, dessen sie sich in ihren Häusern, wie sonsten die Kobalden oder Hauß=Geister, zu

---

49 Mazreph la Chochmah (Odessa 1865) Bl. 10a. Nach Scholem: Kabbala Sn. 254, 290.
50 "Epitheton der Männer, die sich des göttlichen Namens [...] zu bedienen wussten". Nach EJ III, 829.
51 Ein Enkel, Zwi Hirsch Aschkenasi, erwähnt den Golem des Elijahu von Chelm in seinen Responsen (um 1700). Dessen Sohn, Jakob Emden, ein Gegner der Mystik, erzählt von dem Golem seines "Urahnen von Chelm" in seiner Autobiographie: Megillath Sefer. Hg. David Kahana; Warschau 1896. Vgl. B. Rosenfeld, S. 20f.
52 Hoc est Liber Mischnicus de uxore adulterii suspecta. Altdorf 1674, S. 1198f.
53 Vgl. hierzu B. Rosenfeld, S. 39.
54 Dieses antijüdische Pamphlet stammt aus dem Jahre 1614. "'Hamor Golim' steht wohl für 'Chemor Golem' und ist die hebräische Übersetzung des jüdischen 'leimener Golem' [...], das damals vielleicht schon Schimpfwort war". Nach B. Rosenfeld, S. 40.

allerhand Hauß=Geschäfften bedienen; Arnoldus in Mantissa ad Sotam Wagenselii p. 1198.seq. und auß ihm Tentzel M. U. ad Annum 1689, p. 145.ff. beschreibts also: Sie machen, nach gewissen gesprochenen Gebetern und gehaltenen Fast=Tagen, die Gestalt eines Menschen von Thon oder Leimen, und wenn sie das Schem Hamphorasch darüber sprechen, wird das Bild lebendig, und ob es wohl selbst nicht reden kan, verstehet es doch, was man redet und ihm befiehlt, verrichtet auch allerley Hauß=Arbeit; an die Stirn des Bildes schreiben sie [. . .] Emèt (oder Emmes, wie sie es außreden) d.i. Wahrheit; es wächst aber ein solch Bild täglich, und da es anfänglich gar klein, wird es endlich grösser als alle Haußgenossen, damit sie ihm aber seine Krafft, dafür sich endlich alle im Hauß fürchten müssen, benehmen mögen, so löschen sie geschwind den ersten Buchstaben ['aleph] an dem Wort ['emeth] an seiner Stirn auß, daß nur das Wort [. . .] meth, (oder wie sie es außsprechen, mês) d.i. todt übrig bleibt, wo dieses geschehen, fällt der Golem über einen Hauffen und wird in den vorigen Thon oder Leim resolviret; Joh. Schmidt im feurigen Drachen=Gift 1.8. sect. 3. p. 61. setzet die Zeit ihres Diensts nur auff 40. Tage daß sie viertzig Tage, ausser den Reden, allerley menschliche Geschäffte verrichtet, und wo man sie hingeschickt, auch einen weiten Weeg, wie Botten, Briefe getragen; aber wan man ihnen nach den viertzig Tagen nicht alsbald die Zettul von der Stirn abgenommen, ihrem Herrn und den Seinigen entweder am Leib, oder am Gut, oder am Leben grossen Schaden gethan. Sie erzehlen, daß ein solcher Baal Schem in Pohlen, mit Nahmen R. Elias, einen Golem gemacht, der zu einer solchen Grösse gekommen, daß der Rabbi nicht mehr an seine Stirn reichen und den Buchstaben ['aleph] außlöschen können, da habe er diesen Fund erdacht, daß der Golem als ein Knecht ihm die Stieffeln ausziehen sollen, da vermeynte er, wenn der Golem sich würde bücken, den Buchstaben an der Stirn außzulöschen, so auch angieng; aber da der Golem wieder zu Leimen ward, fiel die gantze Last über den auf der Banck sitzenden Rabbi und erdruckte ihn[55].

Vergleicht man diese Ausführungen, die sowohl bis ins 16. Jahrhundert zurückreichen als auch Jakob Grimms Veröffentlichung der Sage von 1808 zum Teil wörtlich vorwegnehmen, mit der Chelmer Sage als Familienüberlieferung von Jakob Emden[56], so fallen einige interessante Unterschiede auf. Nicht nur ist der Golem des Chelmer Rabbiners ausserhalb der Familiensaga verderblicher, da er seinen Schöpfer tötet, statt ihn wie in Emdens Bericht nur mit einem "Schlag ins Gesicht [. . .] zu beschädigen", sondern die lateinisch-deutsche Quellenreihe enthält auch noch das Emeth-Motiv, das die hebräische Überlieferung nicht mehr anführt. Dies mag teilweise damit zusammenhängen, dass Reuchlin diesen Sagenbestandteil schon früh in die christliche Überlieferung der Kabbala eingeführt hatte. In der nicht-jüdischen Wiedergabe der Chelmer Sage taucht daher der Gottesname nun auf zweierlei Weise auf: zunächst als das gesprochene

---

55 Frankfurt 1714, Bd. II, Buch IV, S. 206—208.
56 In: Megillath Sefer. Hier zitiert nach Beate Rosenfeld, S. 21f.: "Von Rabbi Elijahu, Baal Schem von Chelm, unserem Urahnen, erzählt mein Vater, dass er einen Golem geschaffen hatte, welcher das Sprachvermögen nicht besass und ihm als Knecht diente. Einmal bemerkte der Rabbi, dass das Werk seiner Hand an Kraft und Grösse ausserordentlich zugenommen hatte, und zwar durch den Schem, der auf einem Papierstreifen geschrieben, an seine Stirn gebunden ward. Da erschrak R. Elijahu sehr, dass der Golem zum Verderben werden könnte. Er packte ihn, riss das Papier, auf das der Schem geschrieben war, schnell von der Stirn des Golem ab, so dass sich die Menschengestalt wieder in einen Klumpen Lehm verwandelte. Aber im Augenblick, da ihm der Rabbi den Schem von der Stirne riss, hatte der Golem noch die Macht, seinem Meister einen wuchtigen Schlag ins Gesicht zu versetzen und ihn zu beschädigen."

"Schemhamphorasch"[57], welches hauptsächlich der anfänglichen Belebung des Golem dient und gewissermassen das Rezitieren der Buchstabenkombinationen aus dem Buche *Jezira* ersetzt, dann in der Form des auf die Stirn des Golem geschriebenen Wortes "Emeth", das der Zerstörung des Golem dient, wenn der erste Buchstabe ausgelöscht wird. In der hebräischen Überlieferung der Chelmer Sage sind diese der Golembelebung und -zerstörung dienenden getrennten Anwendungen des Gottesnamens offenbar zu der einfachen Prozedur des magischen "Schem" verschmolzen, dessen willkürliche Anwendung oder Entfernung den Golem allmählich zum künftigen Roboter disponiert. Die magisch belebende Funktion des "Schem" geht ihrerseits schon auf jüdische Sagen des Mittelalters zurück, in denen ein Pergamentstreifen mit dem Gottesnamen Toten z.B. in den Arm gesteckt wurde, um sie zu einer Art Scheinleben zu erwecken[58]. Obwohl das Emeth-Motiv durchaus mit diesem magischen "Schem" verwandt ist, da ja beide eine Form des Gottesnamens darstellen und auf kabbalistische Sprachmystik zurückgehen, erweist es sich durch seinen expressiven Symbolwert dem "Schem" gegenüber doch weiterhin als getrenntes Motiv, das dort, wo es in der späteren Golemliteratur auftaucht, nicht zuletzt als Kennzeichen für die Herkunft aus Grimms Version der Sage dienen kann.

Ein neues Motiv in den oben zitierten barocken Formen der Sage stellt jedoch das unaufhörliche Wachstum des Golem dar, das nicht nur für seinen Schöpfer, sondern andeutungsweise auch für die gesamte Umwelt eine Gefahr bedeutet. Vom mythischen Standpunkt aus kann dieses gefährliche Wachstum des Golem auf die tellurischen Bestandteile des Sagenkerns zurückgeführt werden. Scholem, als Historiker der Golemsage, äussert sich dazu folgendermassen: "Die Magie, die sich an die Erde wendet, ruft in Wahrheit Chaotisches in ihr hervor. Es geschieht das Umgekehrte wie bei Adam. War Adam aus dem kosmischen Riesengolem zur gewöhnlichen Gestalt verkleinert, so strebt dieser Golem nach dem in ihm waltenden Gesetz der Erde vielleicht wieder die ursprüngliche Gestalt Adams an[59]."

Mehrere neue Aspekte sind also nun in der Golemsage enthalten, die sie gerade den Romantikern sympathisch machen mussten. Der Golem, dieses magische Naturkräfte verkörpernde und sich menschlicher Kontrolle entziehende Geschöpf, muss nun unheimlich und furchterregend wirken. Zu diesem Effekt trägt auch das altüberlieferte Stummheitsmotiv bei. Denn der künstliche Mensch aus den mittelalterlichen Emeth-Legenden, der in einer kleinen

---

57 Eigentlich "Schem ha-Meforasch", der "ausdrückliche Name", weil er das Dasein und die Einheit Gottes ausdrückt. Es handelt sich um das Tetragrammaton, den vier-buchstabigen Gottesnamen, JHVH, auf dem nach kabbalistischen Vorstellungen "die gesamte Naturordnung und die Grundlagen des Weltalls beruhen". Nach EJ VII, 573.
58 Vgl. die Sage "Das Kind des Jenseits" in: M. J. bin Gorion: Der Born Judas. Leipzig 1921, Bd. VI, S. 101.
59 Zur Kabbala, S. 257.

Wortspielerei oder Moralpredigt sein Wesen selbst offenbarte, hatte noch nichts Furchterregendes an sich. Dagegen entpuppt sich der barock-romantische Golem zwar aufs Neue als eine Art Übermensch, aber nun eher im physischen als im geistigen Sinne. Die Romantiker werden auch den Zug von Ironie geschätzt haben, der darin liegt, wie der den Golem scheinbar erfolgreich überlistende Schöpfer gerade durch seine eigene List zu Schaden kommt[60]. Schliesslich muss auch die höchst wirkungsvolle Spielerei mit den Worten 'emeth und 'meth sowohl dem barocken wie dem romantischen Verhältnis zur Sprache entgegenkommen. So erschien also die polnische Version der Golemsage im April 1808 in der "Zeitung für Einsiedler" (no. 7. s. 56), die damals von Achim von Arnim unter Mitarbeit der Brüder Grimm und Clemens Brentano herausgegeben wurde[61].

Jakob Grimms prägnante Wiedergabe der Sage steht bereits an der Schwelle zwischen Sagenbericht und Poesie. Nimmt man den Titel ernst, unter dem sie erschien: "Entstehung der Verlagspoesie"[62], so könnte man diese Prosafassung auch als Fabel im weiteren Sinne, d.h. als "überlieferten thematisch-stofflichen Vorwurf" (Wilpert) ansehen:

> Die polnischen juden machten nach gewissen gesprochenen gebeten und gehaltenen fasttägen, die gestalt eines menschen aus thon oder leimen, und wenn sie das wunderkräftige schemhamphoras darüber sprechen, so musz er lebendig werden. reden kann er zwar nicht, versteht aber ziemlich was man spricht und befiehlt, sie heizen ihn Golem, und brauchen ihn zu einem aufwärter, allerlei hausarbeit zu verrichten, allein er darf nimmer aus dem hause gehen. an seiner stirn steht geschrieben [...] aemaeth (wahrheit, gott), er nimmt aber täglich zu, und wird leicht gröszer und stärker, denn alle hausgenossen, so klein er anfangs gewesen ist. daher sie aus furcht vor ihm den ersten buchstaben auslöschen, so dasz nichts bleibt als [...] maeth (er ist todt), worauf er zusammenfällt und wiederum in thon aufgelöst wird.
> Einem ist sein Golem aber einmal so hoch geworden und hat ihn aus sorglosigkeit immer wachsen lassen, dasz er ihm nicht mehr an die stirn reichen können. da hat er aus der angst dem knecht geheiszen, ihm die stiefel auszuziehen, in der meinung, dasz er ihm beim bücken an die stirne reichen könne. dies ist auch geschehen, und der erste buchstab glücklich ausgethan worden, allein die ganze leimlast fiel auf den juden und erdrückte ihn.

---

60 Es gibt eine Überlieferung lustiger Anekdoten und Erzählungen über die Juden in Chelm (Kulm), die mit den Streichen der Schildbürger vergleichbar ist. Vgl. dazu Leo W. Schwarz: The Wise Men of Helm. In: The Jewish Caravan. Great Stories of Twenty-five Centuries. New York 1965, S. 317–323.

61 Jakob Grimms Wiedergabe der Sage wird zitiert nach Kleinere Schriften, Bd. IV (Berlin 1869) S. 22. Über die Arbeit am "Einsiedler" vgl. Rheinhold Steig: Clemens Brentano und die Brüder Grimm. Bern 1969, S. 14ff.

62 Für diesen Titel gibt es bis jetzt keine befriedigende Erklärung. Beate Rosenfeld (S. 41) nimmt an, dass er nicht von Grimm stammt und auf ein Versehen der Redaktion zurückgeht. Robert Plank (Golem and Robot. In: Literature and Psychology 15, S. 26) meint, dieser Titel verberge einen "private joke". Auch Peter Horst Neumann (Legende, Sage und Geschichte in Achim von Arnims *Isabella von Ägypten*: Quellen und Deutung. In: Jahrbuch der dt. Schillergesellschaft 12, S. 304) hält den Titel für satirisch und meint, dass er vom Herausgeber, also von Arnim, stamme.

Es ist bemerkenswert, welche stilistische Qualität und Einheit die Grimmsche Wiedergabe der Sage im Vergleich zu ihren Quellen aufweist, obwohl sie vieles wörtlich übernimmt und auch die zweiteilige Struktur, die vom Allgemeinen zum exemplarischen Fall fortschreitet, beibehält. Beim Vergleich der Ausdrucksweise zeigt sich, wie Grimm umständliche Nebensätze in einen einzigen Ausdruck zusammenfasst, z.B. (Schudt): "Damit sie ihm aber seine Krafft, dafür sich endlich alle im Hauß fürchten müssen, benehmen mögen, so löschen sie geschwind den ersten Buchstaben [...] an dem Wort [...] an seiner Stirn auß [...]", heisst bei Grimm: "Daher sie aus furcht vor ihm den ersten buchstaben auslöschen."

Der Psychologe R. Plank bezeichnet Grimms Version der Sage als "sombre tale"[63] und scheint darin etwas Unheimliches zu spüren. Dieser subjektive Eindruck wird vermutlich gerade durch die strenge Objektivität der Wiedergabe hervorgerufen, durch die sich Grimms Darstellung auszeichnet. Grimm hat den der Volkssage gemässen Erzählton getroffen, der "ihrem ernsten und düsteren Gehalt angemessen, jede poetische Verklärung oder schmückende Formgebung vermeidet"[64].

Die Entstehung der Prager Golemsage

Erst nachdem die aus Polen stammenden Golemsagen bereits in die Literatur der deutschen Romantiker eingegangen waren, finden sich die ersten schriftlichen Überlieferungen der mit dem Prager Rabbi Löw (Jehuda Löwe ben Bezalel, ca. 1512–1609) verknüpften Golemsage. Diese taucht in schriftlicher Form seit 1837 in literarischen Werken auf[65] und wird im Jahre 1846 in den *Sippurim*[66], einer Prager Sammlung jüdischer Legenden, veröffentlicht, von wo aus sie weite Verbreitung findet.

In allen ihren Wiedergaben geht nun diese Sage von der Voraussetzung aus, dass der angebliche Schöpfer des Prager Golem, der Hohe Rabbi Löw, ein grosser Kabbalist war, und die Frage bedarf einiger Erklärung, wie gerade dieser Prager Rabbiner in den Ruf eines Kabbalisten und Golemschöpfers kommen konnte, da er nicht etwa wie sein Zeitgenosse, der Chelmer Rabbiner, als ein Baal Schem ("Meister des Namens") bekannt war.

Mehrere Aspekte im Leben dieses Mannes können Anlass zur Sagenbildung gegeben haben, nicht zuletzt die Tatsache, dass er vermutlich ein Alter von 97 Jahren erreicht hatte, als er im Jahre 1609 starb und auf dem Prager jüdischen

---

63 Golem and Robot, Sn. 14, 26.
64 Helmut Prang: Formgeschichte der Dichtkunst. Stuttgart 1968, S. 23.
65 Vgl. Berthold Auerbach: Spinoza. Ein historischer Roman. Erster Theil; Stuttgart 1837, S. 18–20.
66 Hg. Pascheles. Bd. II; Prag 1846, S. 26. Neuausgabe: Wien/Leipzig 1926, S. 18.

Friedhof begraben wurde[67]. Führt man sich die Hauptstationen im Leben des Rabbi Löw vor Augen: Worms als Ausgangspunkt seiner Eltern, und später Posen und Prag, so wird man unwillkürlich an einige Hauptstationen in der Entstehung der Golemsage erinnert, die ja auch bei den rheinischen Chassidim (Eleasar von Worms) ihren Ausgangspunkt hatte und später offenbar über Polen nach Prag gelangte[68].

Der sagenumwobene Prager Rabbiner hat eine beträchtliche Reihe von Schriften hinterlassen, die allerdings nur wenige biographische Aufschlüsse über ihn enthalten, die aber doch erkennen lassen sollten, wes Geistes Kind er eigentlich war. Nach den Auszügen zu schliessen, die F. Thieberger übersetzt hat[69], war Rabbi Löw ein klar und unabhängig denkender Mann ohne auffallende Neigung zu mystisch-kabbalistischen Vorstellungen. Manche seiner Gedankengänge klingen erstaunlich modern, eine Tatsache, die z.B. auch von Martin Buber hervorgehoben wurde[70]. Der Einfluss der Schriften Rabbi Löws auf die Nachwelt wird von F. Thieberger folgendermassen umrissen:

> His strong desire to *understand* links Rabbi Liwa with the Renaissance. By striving to explain human existence from the standpoint of feeling, he anticipates the highest ideals of the Baroque. This explains why the more rationalistic thinkers reckoned him among the greatest of their period, while the later adherents of the Cabbala, especially the Chassidim, cherished his writings as a sacred legacy down to modern times[71].

Zu denen, die die Schriften Rabbi Löws im Lichte kabbalistischer Überlieferung sehen, gehört in unserer Zeit Rabbi ben Zion Bokser, der seine Untersuchungen

---

67 Das Geburtsjahr Rabbi Löws wurde von seinem ersten Biographen, Meier Perls (1718), als 1512 angegeben. Nathan Grün (Der hohe Rabbi Löw und sein Sagenkreis. Prag 1885, S. 2—6) hat auf Grund von Vergleichen mit den Lebensdaten einiger Zeit- und Studiengenossen Jehuda Löwes dessen Geburtsjahr auf 1520 verschoben. Frederic Thieberger (The Great Rabbi Loew of Prague. London 1955, S. 12) hält dagegen das Jahr 1512 wieder für wahrscheinlich.
68 Frederic Thieberger (S. 93—94) ist der Ansicht, dass "the Golem legend [. . .] reached Prague from Worms by way of Chelm".
Eine seltsame und irreführende Notiz über die Herkunft der Golemsage findet sich bei W. Kosch: Deutsches Literatur-Lexikon I ²1949, S. 697: "M. Ginsberger wies in der 'Société pour l'histoire des Isrélites d'Alsace et de Lorraine' (1926) nach, dass die Sage aus dem Elsass stammt. Im 'Jahrbuch der Elsass-Lothringischen Wissenschaftl. Gesellschaft' (1928) veröffentlichte er das Giletta Volksbuch aus dem Jahre 1520 (von ihm in der Strassburger Bibliothek entdeckt)". Diese Angaben stimmen keineswegs. Im Jahrbuch der Elsass-Lothringischen Wissenschaftl. Gesellschaft I (1928) S. 56—79 befindet sich zwar ein Abdruck aus dem "Giletta Volksbuch". Es wurde jedoch nicht von M. Ginsberger, sondern von Dr. Fr. Ritter (Bibliothekar) veröffentlicht. Auch hat die Erzählung dieses Volksbuches — "eine Übersetzung der neunten Novelle (Dritter Tag) von Boccacios Decamerone" (S. 57 ebd.) nicht das Geringste mit dem Golemstoff oder der Golemsage zu tun.
69 F. Thieberger, S. 97—129.
70 The Beginning of the National Idea (On the 'high Rabbi Liva'). In: Israel and Palestine Part II, 3; London 1952, S. 77—89. Vgl. auch Simon Dubnow: Weltgeschichte des jüdischen Volkes Bd. VI, übers. A. Steinberg; Berlin 1927, S. 275.
71 F. Thieberger, S. 28.

über "The Philosophy of Rabbi Judah Loew of Prague" mit dem Titel überschreibt: *From the World of the Cabbalah*[72]. Dieser Autor hält den Prager Rabbiner durchaus für einen Exponenten kabbalistischen Gedankenguts, obwohl er hervorhebt, dass seine Schriften keine Beschäftigung mit der Magie der praktischen Kabbala aufweisen. Dass Rabbi Löw jedoch an dieselbe geglaubt habe, soll u.a. aus der folgenden Stelle seines Buches *Be'er Hagolah* ("Die Quelle des Exils") hervorgehen:

> According to tractate Sanhedrin, part 7, magic is punishable by death; but he who only creates optical delusions, although this is likewise forbidden, has committed no capital crime. There is also a form of magic which is permitted, like the one which Rabbi Chanina and Rabbi Oshaya practised when on the eve of every Sabbath, after studying the book *Yetzirah*, about the creation of the world, they created a three-year-old calf and ate it.
>
> Seeing that the tractate speaks of three forms of magic, there are some who say that what those two Rabbis did was also magic and that therefore magic was permitted. Such a thought — God forbid — never entered the minds of the sages. They explained the word magic as a denial of the heavenly host, whose decrees from above regarding the earth are altered and changed by it. Therefore anyone who nullifies the decrees of the upper beings, even by means of the divine name, is a magician. The words quoted show that in that case a permitted form of magic was meant, not real magic. It was not a natural thing and therefore it was called by the name of magic. The study of the book *Yetzirah* and the creation of a three-year-old calf is definitely permitted. The order of the world makes it possible that God suspends the decrees of the upper beings, as He is above them. [...] The use of the book *Yetzirah*, which contains the names of God, with which He created the world, is just the same as a prayer, as this also annuls the evil impending over the world[73]."

Nach diesem Auszug erscheint es nicht unmöglich, dass Rabbi Löw mit dem Schöpfungsritual der rheinischen Chassidim vertraut war, da er das Studium des Buches *Jezira* mit einem Gebet vergleicht, welches Gott vielleicht dazu bewegen kann, seine Weltordnung mit einer Art Wunder zu durchbrechen, das aber nicht diese natürliche göttliche Weltordnung selbst aufzuheben trachtet.

Ein Schwiegersohn Rabbi Löws, Isaak Cohen, soll der Verfasser des Büchleins *Niflaoth MHRL*[74] ("Die Wunder des Maharal [mit dem Golem]") gewesen sein, das 1909 in Warschau veröffentlicht und später von Chajim Bloch ins Deutsche übertragen wurde[75]. Diese Legendensammlung wurde von mehreren ernsthaften

---

72 New York 1954. Vgl. auch EJ VIII, 1012—18.
73 Bokser: Cabbalah, S. 57f., A. 3. Der Text wird hier nach F. Thiebergers Auszug (S. 107f.) wiedergegeben.
74 Die Buchstaben MHRL stehen für "morenu harab Rabbi Löw" (unser Lehrer, der Meister Löw). Vgl. Thieberger, S. 13.
Dem Büchlein von den "Wundern des Maharal" (Niflaoth MHRL) soll ein Manuskript zugrunde liegen, das sich seit 300 Jahren in der Bibliothek von Metz befand. Ein Chajim Scharfstein soll dieses Ms erworben und dem Herausgeber, Judah Rosenberg, die Verlegerrechte verkauft haben. Vgl. Thieberger, S. 80; auch Scholem (Kabbala, S. 286), der Judah Rosenberg möglicherweise für den Verfasser hält. Siehe auch EEJ VII, 756.
75 Der Prager Golem von seiner "Geburt" bis zu seinem "Tod". Nach einer alten Handschrift bearbeitet von Chajim Bloch, mit einer Einleitung von Hans Ludwig Held. 1. Aufl.: Verlag von "Dr. Blochs Wochenschrift"; Wien 1919. 2. Aufl.: Berlin/Harz 1920.

Golemforschern als echtes Sagengut aus den Zeiten Rabbi Löws angesehen. Gershom Scholem und Emanuel Eckstein haben jedoch schon seit 1910 nachgewiesen, dass es sich bei diesem Werk um eine Fälschung handelt, die "ihr Dasein der Apologetik gegen den Ritualmordwahn spätester Prägung" verdankt[76]. Da es sich also bei diesen Erzählungen um eine literarische Erweiterung der Sage handelt, die wahrscheinlich erst nach 1888 entstanden ist, kann dieses beliebte "Volksbuch" kaum etwas zur frühen Geschichte der Prager Sage beitragen.

Derselbe Schwiegersohn Rabbi Löws, Isaak Cohen, berichtet allerdings über die Audienz des Hohen Rabbi bei Kaiser Rudolf II im Jahre 1592, eine Audienz, die durch den Historiker David Gans bestätigt wird[77]. Da alle okkulten, alchemistischen und künstlerischen Tendenzen jener Zeit am Hofe dieses problematischen Habsburgers in Prag florierten[78] und da Rabbi Löw das Thema seiner Unterredung mit dem Kaiser offenbar geheimhielt, kann diese zu sagenhaften Spekulationen Anlass gegeben haben. Beate Rosenfeld bezeichnet diese Audienz überhaupt als das einzige Ereignis in Rabbi Löws Lebensgeschichte, das zur Legende führen konnte[79].

Die Legenden- bzw. Sagenbildung um Rabbi Löw hat sich allerdings viel Zeit gelassen. Erst über hundert Jahre nach seinem Tod, in den ersten Jahrzehnten des 18. Jahrhunderts, muss eine Art Wiederbelebung seines Nachruhms stattgefunden haben, die vermutlich von einigen seiner Nachkommen ausging, die selbst zu kabbalistischen Lehren neigten. In diese Zeit fällt die erste Biographie über Rabbi Löw von einem Nachkommen, Meier Perls[80], in der die Golemsage noch n i c h t erwähnt wird. Im Jahre 1724 wurde sein Grabstein renoviert, dessen Inschriften nichts von einer Golemschöpfung des Rabbiners berichten. Die erste sagenhafte Erzählung über den Hohen Rabbi Löw knüpft sich jedoch gerade an seinen Grabstein, der über Nacht zur Seite gerückt sein soll, um für das Grab

---

Vgl. auch die engl. Übersetzung: The Golem. Legends of the Ghetto of Prague. Transl. Harry Schneidermann; Vienna XX: The Golem; Austria 1925. Neuausgabe ders. Übersetzung: The Golem: Mystical Tales from the Ghetto of Prague. (= Rudolf Steiner Publications) New York 1972.

76 Gershom Scholem: Bibliographia Kabbalistica. Berlin 1933, no. 192, S. 24; no. 1255 Anhang; vgl. dort auch die Rezension von Ch. Blochs Veröffentlichung (1924) eines angeblichen "Originalbriefes des Rabbi Löw von Prag vom Jahr 1583 [...] über die Schöpfung des Golem". No. 193 (S. 24).
Zur Erläuterung und Geschichte des Ritualmordwahns findet sich in den Nachbemerkungen zu Ch. Blochs Buch vom "Prager Golem" (1. Aufl., S. 135–143) eine aufschlussreiche Übersicht.

77 F. Thieberger, S. 38. Über David Gans und sein Geschichtswerk: Zemach David (1592) vgl. z.B. Guido Kisch: Czechoslovak Jews and America. In: Historia Judaica 6 (1944) S. 130.

78 Vgl. z.B. Gustav René Hocke: Die Welt als Labyrinth. Manier und Manie in der europäischen Kunst von 1520 bis 1650 und in der Gegenwart. Rowohlt Bd. 50/51/52; Hamburg 1968, S. 144ff.

79 Vgl. B. Rosenfeld S. 27. Zur Frage der Audienz auch S. Dubnow (Weltgeschichte Bd. VI, S. 275f.), der annimmt, "dass bei diesen Audienzen, wenn sie wirklich stattgefunden haben, die jüdischen Gemeindeangelegenheiten zur Sprache kamen, mit denen sich der Prager Rabbiner [...] eifrig beschäftigte".

80 Megillath Juchassin Mehral miprag [sic]. Die Deszendenztafel des hohen Rabbi Löw von Rabbi Meir Perels. Übers. und eingel. S. H. Lieben. In: Jahrbuch der jüd.-literarischen Gesellschaft 20 (Frankfurt 1929) S. 315–336; hier S. 322.

seines Lieblingsenkels Platz zu machen[81]. Allmählich folgten dann andere Sagen, die sich an bestimmte Prager Lokalitäten knüpften oder von Posen nach Prag übertragen wurden[82]. Einige Sagen versuchten das aussergewöhnlich hohe Alter Rabbi Löws zu erklären und lassen kabbalistisch-mystische Züge erkennen[83]. Von allen Sagen, die um den Prager Rabbiner aufwuchsen, scheint jedoch die Golemsage die jüngste gewesen zu sein, da ihre Motive sonst schon in diesen früheren Erzählungen eine Rolle gespielt hätten. F. Thieberger[84] setzt daher die Entstehung der Prager Golemsage um die Mitte des 18. Jahrhunderts an und hält das Jahr 1730 für den *terminus ante quem*.

Die neuen Motive in der Prager Golemsage

Als älteste und ehrwürdigste Versammlungsstätte der Prager Gemeinde gilt die an sich schon sagenumwobene Altneusynagoge. Mit dieser verband sich die Golemsage, indem sie zunächst als Erklärung für eine liturgische Seltsamkeit herangezogen wurde, die sich aus unbekannten Gründen gerade dort erhalten hatte: die Wiederholung des Sabbathpsalmes. In den Zeiten des Hohen Rabbi Löw — so erzählt man — spielte sich beim Singen dieses (92.) Psalmes einmal ein unerhörtes Ereignis ab. Der Golem, den sich der Wundermann, Rabbi Löw, mit Hilfe kabbalistischer Kunst als Knecht geschaffen hatte, war wild geworden. Da solch ein Golem wie alle Geschöpfe am Sabbath ruhen muss, pflegte der Rabbi jeden Freitag Abend den "Schem" aus seinem Munde zu entfernen. Als er dies jedoch einmal vergass, rannte der Golem in wildem Aufruhr durch die Strassen des Ghettos und zerstörte alles. Da unterbrach sein Schöpfer den Sabbathgesang, lief hinaus, entriss dem Golem den Schem, und der Rasende fiel als toter Lehm zur Erde. Rabbi Löw aber liess den Gesang, der den Sabbath einleitet, von Neuem beginnen, und diese Wiederholung blieb seitdem Brauch in der Prager Gemeinde.

So etwa lautet die Golemsage, wenn sie von dem liturgischen Sabbathmotiv her aufgerollt wird, mit dem sie sich in Prag verband. Sie dient hier als sagenhafte Antwort auf eine gewiss oft gestellte Frage, auf die man keine Antwort wusste (und bis heute nicht weiss)[85]: Warum wird in der Prager Altneuschul der

---

81 Ebd. S. 324f.
82 Zur ersten Gruppe gehört eine Rabbi-Löw-Sage, die den Namen der Beleles Gasse in Prag erklären will (vgl. Sippurim, Ausg. 1926, S. 28ff.). Zur zweiten Gruppe zählt die Sage über den Todesengel, dem der Rabbi eine Liste mit Namen seiner Gemeindeglieder entrissen haben soll, die sonst an der Pest hätten sterben müssen. Das Stück Papier mit seinem eigenen Namen blieb jedoch in der Hand des Todes zurück. Vgl. J. Bergmann: Die Legenden der Juden. Berlin 1919, S. 53f.
83 Zu diesen Sagen gehört diejenige von der Rose, in deren Duft sich der Tod einhüllte, um endlich R. Löw beizukommen. Vgl. das Gedicht: "Die erste Rose" von dem tschechischen Dichter Jaroslav Vrchlicky (1853–1912). In: Gedichte. Übers. Friedrich Adler; Prag 1894, S. 175f.
84 The Great Rabbi Loew, S. 94.
85 Vgl. Nathan Grün (Der hohe Rabbi Löw und sein Sagenkreis. S. 34f.), der annimmt,

Sabbathpsalm zweimal gesungen? Unter allen Formen der Golemsage, die vor allem in Osteuropa und unter dem Einfluss des polnischen Chassidismus auftauchten[86], hat nun zuerst die Chelmer Sage und dann diese Prager Version die weiteste literarische Verbreitung gefunden. Bei einem Vergleich dieser beiden Sagenversionen zeigen sich folgende Unterschiede: Das Versehen des Rabbi Elijahu aus Chelm besteht lediglich darin, dass er den Zeitpunkt versäumt, da man den "Schem" des Golem noch ohne Umstände entfernen oder den Buchstaben *'aleph* von dem Worte *'emeth* auslöschen kann. In Prag wird das Versehen des Rabbiners religiös unterbaut, denn hier gehört die Entfernung des "Schem" gleichsam zu den Vorbereitungen für den Sabbath. Das gefährliche Wachstum des Chelmer Golem realisiert sich in der Prager Version durch einen Ausbruch physischer Kraft und Zerstörungswut von Riesenausmassen, der gerade noch im rechten Augenblick eingedämmt werden kann. Damit bleibt der Prager Golemschöpfer seinem Geschöpf am Ende überlegen, während der polnische Rabbi zu Schaden kommt oder seinem Geschöpf völlig unterliegt. Der in der Chelmer Sage bereits angedeutete Konflikt zwischen Schöpfer und Geschöpf weitet sich also in der Prager Sage zum Motiv des Golemaufstandes aus, das seinerseits mit dem Sabbathmotiv erklärt wird. So konzentriert sich der Schwerpunkt der Sage mehr und mehr auf das gespannte Verhältnis zwischen dem frommen Golemschöpfer einerseits und seinem sich verselbständigenden Geschöpf andererseits. Für den literarischen Bearbeiter des Stoffes können sich daraus Ansätze zu dramatischer Auswertung ergeben, vorausgesetzt dass sich sowohl das menschliche Versehen des Rabbi Löw als auch die Rebellion seines Golem motivisch weiterverknüpfen lassen. Dass dies am leichtesten durch ein Liebesverhältnis geschehen kann, deutet schon ein kritischer Beurteiler der Prager Sage in Auerbachs Spinoza-Roman an[87]. Die Prager Sage schreibt zwar

---

Rabbi Löw habe diesen Brauch im Interesse von sich verspätenden Synagogenbesuchern eingeführt. Gleichzeitig führt er andere Erklärungen an und nennt das Ganze eine "strittige Frage".

86 B. Rosenfeld (S. 24f.) führt mehrere dieser Versionen an und schreibt dazu: "Diese Legenden sind Früchte der neuen Mythenbildung, die mit dem Chassidismus, der jüngsten mystischen Bewegung des Judentums, einsetzt. Da das Leben des Bescht (Baal Schem Tow) im jüdischen Volk des Ostens zu einer einzigen Legende wurde, konnte leicht unter seinen vielen Wundertaten auch von einer Golemschöpfung berichtet werden. [...] Die heutige Form von Golemlegenden des Bescht und des Wilnaer Gaon [Elijahu ben Salomo Salman, 1720–1797] ist längst durchsetzt von Vorstellungen, die auch dem weitverbreiteten Volksbuch der 'Wunder des Rabbi Löw' angehören; sie sind also entweder von diesem beeinflusst, oder die Wunder selbst, [...] gehen zum Teil wenigstens auf volkstümliche Traditionen zurück." Einige dieser ostjüdischen Überlieferungen wurden von Israel Zangwill (Dreamers of the Ghetto. Philadelphia 1945, S. 221–228) literarisch verarbeitet. Vgl. auch die Übersetzung dieses Werkes von H. H. Ewers.

87 B. Auerbach: Spinoza, S. 21: "Hätte man ihn noch eine Liebschaft mit einem Mädchen anknüpfen lassen, die am Sabbath vergebens seiner harrt, oder hätte man ihn zum Grossvezier oder zu einem andern Minister avancieren lassen, den sein Meister

einen glücklichen Ausgang des Konfliktes zwischen dem Golem und seinem Schöpfer zu Gunsten des letzteren vor, das psychologische Übergewicht kann jedoch in einer schöpferischen Behandlung des Stoffes auch leicht zu Gunsten des Golem verschoben werden. Damit scheint aus dem mythischen Kernmotiv der Golemschöpfung hier eine Art "thème de situation"[88] hervorgehen zu wollen, welches dramatische Möglichkeiten in dem Sagenstoff ahnen lässt.

Bei dem Kräftespiel zwischen dem physischen Potential des Golem und dem geistigen, das Rabbi Löw durch den "Schem" kontrolliert, taucht erneut die Frage auf, was letzten Endes den Golemaufstand auslöst, das Übergewicht der tellurischen, physischen Kräfte im Golem oder das extreme Fortwirken des magischen Schems. Arnold Zweig beantwortet diese Frage unmittelbar aus dem religiösen Sabbathmotiv der Prager Sagenversion. Nach seiner Erklärung wird der Golemaufstand dadurch verursacht, dass die Kraft, die den Golem belebt, "ihres göttlichen Ursprungs gewiss bleibt und ausbricht in Raserei des Widerstandes, wenn sie das Gesetz des Sabbath verletzen soll, das gleicher Herkunft ist wie sie"[89]. Nichts spricht jedoch dagegen, dass sich der Aufstand des Golem auch jenseits der religiösen Sphäre verwirklichen kann, auf Grund eines Anlasses, der aus einem Versehen des Schöpfers oder unmittelbar aus dem "Halbmenschentum" des Golem hervorgeht, zumal das Motiv der Golemgefahr bereits in früheren Sagen ohne das Prager Sabbathmoment vorhanden war. So verbirgt sich also hinter dem Prager Motiv des Golemaufstandes trotz der religiösen Sabbatherklärung eine dramatische Situation: die vorgeschriebene Ordnung zwischen Geist und Materie ist durch menschliches Eingreifen und Versehen gestört worden, und die Folgen eines solchen Fehlers erweisen sich als unabsehbar.

Der Golem des Rabbi Löw, der am Sabbath ruhen muss, ist ein wenig "menschenähnlicher" geworden, und so liegt auch der Gedanke nahe, dass man seine irdische Form an einem besonderen Ort aufbewahrte. Dies geschah nach einer Prager Weiterbildung der Sage auf dem Dachboden der Altneusynagoge,

---

buchstäblich jeden Augenblick in Staub verwandeln und wieder zum grossen Herrn erheben kann, da wäre doch auch noch Poesie oder Ironie bei der Sache."

88 Dieser Terminus von Raymond Trousson (Un Problème de littérature comparée, S. 35—43) wird hier mit grossem Vorbehalt verwendet und soll keineswegs Allgemeingültigkeit für den Golemstoff beanspruchen, der vielleicht als Ganzes eher Troussons Klassifizierung eines "thème de héros" entspricht. In der spezifischen Konstellation der Prager Sage jedoch, in der es nicht möglich ist, den Golem oder den Rabbiner eindeutig als "Helden" zu bezeichnen, erscheint der Ausdruck "thème de situation" angemessen.

89 Der Golem. In: Die Schaubühne 11 (10/1915) S. 228. Eine andere Erklärung des Sabbathmotivs findet sich in der Wiedergabe der Sage von M. J. bin Gorion (Der Born Judas, Bd. V; Leipzig 1916, S. 193), wo es heisst: "Andere wiederum sagen, dass R. Löw an jedem Rüsttage zum Sabbat das Schildchen mit dem heiligen Gottesnamen, das unter der Zunge des Tongebildes steckte, zu entfernen pflegte, weil er befürchtete, dass der Sabbat ihn unsterblich machen könnte und die Menschen ihn als Götzen anbeten würden."

und zwar unter dem strengen Verbot, die Golemreste dort aufzusuchen. Selbst frommen Männern, die es dennoch versuchen, den Golem des Rabbi Löw zu sehen, droht irgendein undefinierbares grauenhaftes Erlebnis, wie die Erzählung von dem Prager Rabbiner Jecheskiel Landau (gest. 1793) beweist. Dieser soll nach Fasten und Beten den Dachboden bestiegen haben. Niemand weiss, was er dort fand, aber er erneuerte aufs strengste das alte Verbot[90]. Den toten Erdresten des Golem wohnt also noch eine besondere Qualität inne, eine unheimliche oder gefährliche Potenz. Die Gestalt des Golem, die zu ihrer Belebung nur (!) eines magischen Wortes bedarf, gehört offensichtlich dem Bereich des nicht ganz Toten und nicht ganz Lebendigen an, der nach Freud zur Sphäre des Unheimlichen par excellence gehört[91]. Während in der polnischen Sage der magische Schem nur einmal angewendet wurde und ein fortdauerndes Wachstum auslöste, bis man ihn ein für alle Male entfernte, führt die Prager Sage durch die allwöchentliche Wiederholung des Belebungs- und Entlebungsprozesses ein Element der Wiederholbarkeit überhaupt in die sagenhafte Golemschöpfung ein, das sich dann vor allem in den Bearbeitungen des Stoffes im 20. Jahrhundert zu einem selbständigen Motiv entwickelt hat.

Die "Volksbuch"-Version der Prager Sage

Nachdem zu Anfang des 19. Jahrhunderts die polnische Version der Golemsage unter den Romantikern Verbreitung gefunden hatte und gegen Mitte und Ende des Jahrhunderts die Prager Version sich besonderer Beliebtheit erfreute, taucht an der Schwelle zum 20. Jahrhundert eine Umdichtung der Prager Sage auf, die vor allem die Golemliteratur des 20. Jahrhunderts beeinflussen sollte. Es handelt sich um das "Volksbuch" von den "Wundern des Rabbi Löw mit dem Golem" *(Niflaoth MHRL)*, das zuerst 1909 auf Hebräisch, anonym und unter dem Deckmantel der Sagenhaftigkeit erschien, eigentlich aber eine literarische und insofern unechte Weiterbildung der Prager Sage darstellt[92]. Diese "Fälschung" erwies sich jedoch in Chajim Blochs Übertragung und Bearbeitung unter dem Titel "Der Prager Golem von seiner 'Geburt' bis zu seinem 'Tod'" als ausserordentlich erfolgreich und löste einen fast unumstösslichen Glauben an ihre echte Sagenhaftigkeit aus. Wenn dieser Vergleich hier erlaubt ist, so stellt die "Volksbuch"-Version der Prager Sage eine Art "Ossian-Fälschung" in der Entwicklung der Golemliteratur dar, die so viele Schriftsteller und Kritiker

---

90 F. Thieberger, S. 96.
91 Vgl.: The 'Uncanny' ('das Unheimliche') in: The Standard Edition of the Complete Psychological Works. Transl. and ed. James Strachey; Bd. XVII (1917–1919) S. 217–252; hier 226f.
92 Vgl. Anmn. 81, 82, 83. Auch EEJ VII, 756: "To the domain of belles lettres also belongs the book Niflaoth Maharal [...]"

inspirierte, dass ihre literaturgeschichtliche Funktion schwerer wiegt als ihr Mangel an Echtheit. Da nun allen historisch-kritischen Bemühungen zum Trotz dieses "Volksbuch", dem übrigens bald ein zweites ganz ähnliches über die Chelmer Golemsage folgte[93], als Basis für mehrere Bearbeitungen des Stoffes seit 1917 gedient hat, soll es bereits an dieser Stelle kurz umrissen und seine Motivverschiebungen gegenüber der älteren Prager Sage geprüft werden.

Schon aus dem hebräischen Titel "Die Wunder des Maharal" geht hervor, dass es sich hier eigentlich um eine Legendensammlung handelt, die auf eine Verherrlichung des Hohen Rabbi Löw hinausläuft, bei der die Gestalt des Golem eine durchaus untergeordnete Rolle spielt. Chajim Blochs deutscher Titel: "Der Prager Golem von seiner 'Geburt' bis zu seinem 'Tod' " sucht dieses Verhältnis ein wenig zu Gunsten des Golem zu verschieben und weist gleichzeitig auf den epischen Charakter der Darstellung hin, die z.B. von Gershom Scholem ohne viel Federlesens als "Roman" bezeichnet wird[94]. Die angebliche Lebensgeschichte des Prager Golem beginnt nun auch keineswegs mit der "Geburt" des Golem, sondern mit derjenigen seines Schöpfers, des Rabbi Löw selbst. Die legendären Umstände seiner Geburt — die hier in Übereinstimmung mit dem frühen Biographen Meier Perls nach Worms verlegt ist — geben sogleich Grundton und Motivierung des ganzen Werkes an. Rabbi Löw soll nämlich am Vorabend eines Passahfestes zur Welt gekommen sein, und während man inmitten der Festlichkeiten dringend nach einer Hebamme suchte, fand man in der Nähe des Hauses einen verdächtig aussehenden Menschen. Dieser entpuppte sich auf der Polizeistation (!) als Träger einer Leiche, die er in das Haus des angesehenen Rabbi Bezalel zu schmuggeln beauftragt war, um so den Verdacht des Ritualmordes auf die Judengemeinde zu lenken. Da nun die Geburt des Kindes ein solches Unheil verhindert hatte, erscheint sein Leben sogleich unter dem Zeichen eines zukünftigen Befreiers seines Volkes von diesen epidemisch auftretenden, boshaften Anklagen. Zunächst wird jedoch, dem epischen Charakter des Ganzen

---

93 Chajim Bloch: Israel der Gotteskämpfer. Der Baalschem von Chelm und sein Golem. Ein ostjüdisches Legendenbuch. Berlin 1920. Diese Legenden wurden Bloch von einem Chelmer Juden mit Namen Schaje Pripolsky vermittelt, der sie von seinem Grossvater, einem hundertjährigen Greis hörte "und in verworrener jiddischer Sprache in ein Heft niedergeschrieben" hatte, das er Bloch im Jahre 1918 überliess (S. 12). In Blochs Wiedergabe weisen die Erzählungen sehr viel Ähnlichkeit mit denjenigen vom "Prager Golem" auf und keinerlei Ähnlichkeit mit der von Jakob Emden oder Jakob Grimm überlieferten Chelmer Sagenversion. Auch hier spielt neben anderen Ungerechtigkeiten gegen die Juden die Ritualmordlüge eine wichtige Rolle. Die Golemschöpfung geschieht trotz grosser theoretischer Bedenken, denn "wenn [...] nur ein Irren in der Kawana, eine Entgleisung im Hinsteuern, unterlaufen sollte, dann wäre er [Rabbi Elijahu] der Hölle verfallen: er würde den heiligen Namen eitel ausgesprochen haben". (S. 24). Scholem (Bibliographia Kabbalistica, no. 191, S. 24) schreibt dazu: "Die Bearbeitung macht den Hauptteil des Buches unbrauchbar. Was zu erkennen ist, scheint recht jung. Man hat in Chelm sogar vergessen, dass der Golem mit kabbalistischer Notwendigkeit stumm ist. Nur Einzelheiten bleiben bemerkenswert."

94 Zur Kabbala, S. 287.

entsprechend, die "romantische" Eheschliessung des Helden (nach Meier Perls Biographie) geschildert und vor allem seine grosse Gelehrsamkeit hervorgehoben, die er in einer Disputation mit 300 Geistlichen der Kirche in Prag bewiesen haben soll. Aber obwohl Rabbi Löw öffentlich und überzeugend dargelegt hat, dass jeder Ritualmordgedanke dem jüdischen Dogma völlig zuwiderläuft, gibt der Gegenspieler des Helden, der fanatische Jesuitenpriester Thaddäus, keine Ruhe. Daraufhin wendet sich der Rabbi mit einer "Traumfrage" an Gott und erhält den direkten Befehl von oben: "Du schaffe einen Golem von Lehm, und du vernichtest das gemeine Judenfressergesindel[95]." Auf dieses göttliche Geheiss hin erfolgt die Schöpfung des Golem, die sich in ihrer Ausführung an die mittelalterlichen Jezira-Kommentare anlehnt, die dem Verfasser offenbar bekannt waren[96]. Drei Personen nehmen an dem Werk teil, das ja auch als Ritual der mittelalterlichen Chassidim mehr als einer Person bedurfte. Hier sollen jedoch diese drei Personen die drei Elemente, Feuer, Wasser und Luft darstellen, um zusammen das vierte Element, die Erde zu beleben. Rabbi Löw selbst verkörpert dabei "ruach", die Luft, also gleichzeitig auch den göttlichen Geist und Odem aus dem Schöpfungsmythos. Nach Erfüllung von Fasten, Gebeten und anderen frommen Vorbereitungen begeben sich die drei Männer nächtlicherweise ans Ufer der Moldau und formen dort unter Psalmsingen den Golem, den sie nach der Überlieferung der Jezira-Kommentare mit mehrfachem Umschreiten und unter Rezitationen von geheimen Buchstabenkombinationen zum Leben erwecken. Statt zu dritt gehen sie im Morgengrauen zu viert nach Hause, und der Golem, Joseph genannt, wird als stummer, an der Strasse aufgelesener Diener den Ghettobewohnern vorgestellt. Die älteren Elemente des Golemrituals, die sich in dieser Beschreibung der Golemschöpfung durchgesetzt haben, stellen zweifellos eine Bereicherung des Sagenstoffes mit neuen epischen und lyrischen Möglichkeiten dar, die seitdem gelegentlich auch entsprechend ausgeschöpft wurden.

Im Gegensatz zur Version der früheren Golemsagen darf jedoch dieser auf höheren Befehl geschaffene Golem keineswegs mehr als praktischer Arbeiter oder profaner Diener benutzt werden. Wenn dies irrtümlicherweise doch geschieht, straft es sich auf groteske Weise. Wird der Golem als Wasserträger angestellt, so überschwemmt er das ganze Haus[97]; soll er als Fischer dienen, so

---

95 Ch. Bloch: Der Prager Golem, S. 33.
96 Vgl. B. Rosenfeld, S. 35.
97 Die Ähnlichkeit dieser Anekdote über den Golem mit Goethes Ballade vom "Zauberlehrling" ist auffallend, und viele Prager sind offenbar davon überzeugt, dass Goethe den Stoff für sein Gedicht der Golemsage entnommen habe. So M. H. Friedländer in: Beiträge zur Geschichte der Juden in Mähren, Brünn 1876, S. 14—17, der schreibt: "Dass Göthe [sic] bei Gelegenheit eines Besuches der alten Synagoge dieser ihm mitgetheilten Sage den Stoff zu seiner herrlichen Dichtung: 'Der Zauberlehrling' entnommen hatte, ist wohlbekannt." Johannes Urzidil belehrt uns zwar in seinem Buch: Goethe in Böhmen (Zürich 1962, S. 355ff.) ausführlich darüber, dass und warum Goethe nie in Prag war,

missversteht er alle Anweisungen und wirft die bereits gefangenen Fische ins Wasser zurück; soll er Äpfel einkaufen, so stellt er andere Dummheiten an, bis Rabbi Löw ausdrücklich auch seiner Frau verbietet, den Golem zu irgendwelchen profanen Arbeiten anzustellen. In den Augen des Volkes jedoch gilt der Golem wegen solcher Streiche als der Inbegriff von Tölpelhaftigkeit und Ungeschicklichkeit, was durch die heute noch üblichen Redewendungen, dass einer zu diesem oder jenem so geschickt sei wie der Golem zum Wasserholen, überliefert ist. Wahrscheinlich sind diese die Tölpelhaftigkeit des Golem schildernden Episoden älteren sagenhaften Ursprungs als das "Volksbuch" selbst. Sie treffen sich mit dem Ausdruck vom "leimenen Golem", der den Juden Osteuropas als Schimpfwort galt, und auch mit der talmudischen Vorstellung vom Golem als dem Gegenteil eines weisen Mannes[98].

Während jedoch der Golem nun nicht mehr zu häuslicher Arbeit missbraucht werden darf, bekommt er bald alle Hände voll zu tun mit der Blosslegung der bösartigen Anschläge des Judenfeindes Thaddäus, der es immer wieder versucht, die Prager Ghettobewohner des Ritualmordes zu beschuldigen. Alle diese Episoden voller Leichen, verschwundener Personen, abtrünniger Gemeindemitglieder, Vergiftungsversuche und Gerichtsprozesse sind naive Kriminalgeschichten, in denen am Ende immer die Bösen bestraft und die Unschuldigen gerechtfertigt werden. Der Golem des Rabbi Löw spielt darin die Rolle eines unbeirrbaren Detektivs, dem zu seiner schwierigen Arbeit die nötigen wunderbaren Fähigkeiten von seinem Schöpfer nach Bedarf verliehen werden. Nicht nur ist der stumme Golem physisch unverletzbar, gegen Wasser und Feuer gefeit, ein Amulett seines Schöpfers macht ihn nötigenfalls unsichtbar, er kann mit Hilfe des Stabes von Rabbi Löw die Geister von Toten herbeiführen, himmlische Traumbotschaften auslegen, Botschaften aufschreiben und hat nicht zuletzt auch ein Sensorium für leere Gräber. Dennoch bleibt der eigentliche Held im Kampf gegen die Widersacher Rabbi Löw selber, der nicht nur dem Golem seine Arbeit genau vorschreibt und ihn jeweils mit den nötigen Fähigkeiten ausstattet, sondern auch feindliche Anschläge im voraus ahnt, indem er Zeichen und Träume als Warnungen versteht. Die Zeichen bestehen meist in gewissen

---

lässt sich jedoch in der erw. Ausgabe seines Büchleins: Da geht Kafka (DTV, München 1966, S. 69f.) zu einigen Mutmassungen darüber hinreissen, ob Goethe die Sage gekannt haben könnte. — Auch in der Einleitung und im Klappentext der eben erschienenen Neuausgabe: The Golem: Mystical Tales from the Ghetto of Prague (vgl. Anm. 82) schreibt Paul M. Allen, dass die Golemsage "literary expression, for example, in Goethe's well known 'Tale of the Sorcerer's Apprentice'" gefunden habe. Als Goethes Quelle galt aber bisher der griech. Schriftsteller Lukianos (120—180 n.) der in seinem "Lügenfreund" gerade die wahrheitsliebenden Philosophen die tollsten Geistergeschichten vortragen lässt, darunter auch den "Zauberlehrling". So gelangt schliesslich auch der Prager Literaturkritiker Willy Haas (anlässlich eines Radiogesprächs über den Golem, vgl. unten VII, S. 218ff.) zu der irrigen Annahme, dass die Golemsage "ein Zaubermärchen aus Alt-Ägypten" sei, das Lukian gehört und wiedergegeben habe.
98 Vgl. Beate Rosenfeld, S. 2.

scheinbar irrtümlichen Entstellungen heiliger Texte. Ein Wort wird falsch gelesen und ändert so den Sinn einer wichtigen Schriftstelle; ein Gemeindediener lässt die Torahrolle fallen, die Lichter verlöschen mehrmals an einer bestimmten Stelle der Gebetslesung, usw. Diese Zeichen, auf deren feinere Deutung der Hohe Rabbi sich versteht, erweisen also auch im allgemeinen die besonderen geistigen und kabbalistischen Kenntnisse, mittels derer er den Golem geschaffen haben soll. Der Golem stellt hier eine Art physische Manifestation der besonderen Weisheit seines Schöpfers dar, die dieser zur Rettung seiner Gemeinde aus den Schlingen ihrer Feinde verwendet.

Unter diesen Umständen, in denen der Golem sein Dasein ganz und gar dem Rettungswillen und göttlichen Auftrag seines Schöpfers verdankt, wäre natürlich ein Golemaufstand in der Art, wie er sich in der früheren Sagenfassung abspielt, völlig sinnlos. So ist es nicht verwunderlich, dass gerade dieses Motiv der Golemsage dem Verfasser und Übertrager des "Volksbuches" Schwierigkeiten bereitet. Da er das Zentralmotiv in der älteren Prager Sage darstellt, lässt sich der Golemaufstand kaum völlig beseitigen. Er wurde jedoch so weit wie möglich an den Rand geschoben und ganz anders begründet. Im "Volksbuch" vom Prager Golem ist nirgends von einer periodischen "Entlebung" des Golem die Rede, der am Sabbath ruhen sollte. Auch der "Schem", der zwar bei der Schöpfung des Golem noch verwendet wurde, – überflüssigerweise, da diese ja in Analogie zu den komplizierteren Jezira-Rezepten durchgeführt wurde – spielt später gar keine Rolle mehr. Schliesslich darf der Golem ohnehin nicht zu profaner Arbeit herangezogen werden, was soll also die Sabbathruhe? Demzufolge wird nun der Golem der "Wunder" nicht etwa wild, weil er am Sabbath arbeiten muss, sondern umgekehrt, weil er am Ruhetag nichts zu tun hat. Rabbi Löw hat vergessen, dem Golem für den Sabbath seine besonderen Aufträge zu erteilen, und der Mangel an Beschäftigung macht ihn rasend. Der aus der Synagoge gerufene Rabbi befiehlt dem Golem: "Josef, bleibe stehen[99]!" und dieses Machtwort des Schöpfers genügt, um den Amokläufer zur Ruhe zu bringen, ohne ihn zu Lehm zu reduzieren. Darauf folgt dann die übliche Wiederholung des Sabbathpsalmes analog zur ursprünglichen Version der Prager Sage. Trotz dieser letzten Übereinstimmung wirkt jedoch der Golemaufstand im Rahmen des "Volksbuches" wie eine schlecht integrierte Randepisode, ein verkümmertes Motiv. Der Bearbeiter, Chajim Bloch, versucht diesen nun sinnlos gewordenen Zwischenfall in seiner Einleitung irgendwie zu entschuldigen und zu erklären, und er geht so weit, den Golemaufstand als "fremdes Motiv"[100] der Sage auszulegen. Es ist evident, dass die Funktion des Golem als Werkzeug zur Rettung des jüdischen Volkes sich nicht mit der Idee verträgt, dass dieses göttliche Werkzeug selbst eine Gefahr für alle darstellt. Der besondere Auftrag

---

99 Chajim Bloch: Der Prager Golem, S. 111.
100 Ebd. S. 13.

des Golem als Detektiv Rabbi Löws im Kampf gegen die Ritualmordlüge würde durch einen ernsthaften Aufstand dieses Golems ad absurdum geführt. Damit scheint die spezifische Motivierung der Golemschöpfung, wie sie sich im "Volksbuch" findet, das ältere Motiv des Golemaufstandes zunächst aufzuheben.

So wird der Golem des "Volksbuches" auch nicht anlässlich seines Aufstandes wieder in Erde verwandelt, sondern erst, als seine Aufgabe erfüllt ist, der Gegenspieler überführt und die Ritualmordanklagen gegen die Judengemeinde in Prag durch ein kaiserliches Edikt untersagt. Die Audienz des Hohen Rabbi mit Kaiser Rudolf erhält auf diese Weise eine neue Erklärung. Sie findet nicht auf Betreiben des Kaisers, sondern auf das Ansuchen Rabbi Löws hin statt, der auf diesem Wege die falschen Blutlügen endgültig aus der Welt zu schaffen sucht. Der Kaiser zeigt sich offenbar den Vorstellungen des weisen Rabbiners zugänglich und erlässt das erwähnte Edikt, das diese Anklagen untersagt. Erst als sich diese Massnahmen für längere Zeit bewährt haben, entschliesst sich Rabbi Löw, den nun überflüssig gewordenen Golem abzuschaffen. Dies geschieht wiederum in Anlehnung an die mittelalterlichen Jezira-Kommentare, indem der Prozess der Golemschöpfung in allen Einzelheiten umgekehrt wird. Als Ort für die Zerstörung des Golem wählt Rabbi Löw den Dachboden der Altneusynagoge, und man kann sich des Eindrucks nicht erwehren, dass der Golem dort unter dem übrigen heiligen Gerümpel, das aus alten Gebetbüchern, Gebetsmänteln usw. besteht, aufgehoben wird wie ein altes Werkzeug, das man zwar im Augenblick nicht mehr braucht, für das sich aber doch eines Tages nochmal eine Verwendung finden lassen könnte. Das angebliche Verbot Rabbi Löws, dass hinfort niemand mehr diesen Dachboden besteigen darf, bereitet die Szene für die Weiterbildung der Sage vor, denn Verbote, in Sagen wie in Märchen, sind meist dazu da, gebrochen zu werden.

Obwohl die vom deutschen Titel des Buches versprochene Lebensgeschichte des Golem hier endet, enthält es in der hebräischen, deutschen und englischen Fassung noch mehrere Zusätze, darunter auch ältere Rabbi-Löw-Sagen ohne den Golem und eine Serie von Äusserungen theoretischer Art über den Golem, angeblich von Rabbi Löw selbst. Diese haben, auch wenn sie nicht authentisch sind, zum Teil immerhin die Anerkennung Gershom Scholems gefunden, da sie "der kabbalistischen Gesinnung nicht weniger als der Phantasie ihres Autors alle Ehre machen"[101]. Für unsere Zwecke genügt es jedoch, lediglich noch einmal die stoffliche und motivische Situation zusammenzufassen, die sich nach Erscheinen der "Volksbücher" vom Prager und Chelmer Golem ergibt.

Die neue Motivierung der sagenhaften Golemschöpfungen des Prager und Chelmer Rabbiners, die aus dem Golem hauptsächlich eine Waffe gegen die Ritualmordlügen zu machen sucht, hat zunächst den Stoff auf ein spezifisch jüdisches Problem zurückgeführt und eingeengt. Die apologetische und tenden-

---

101 Zur Kabbala, S. 287.

ziöse Darstellung des Golem als wunderbares Werkzeug zur Rettung des jüdischen Volkes raubt ihm etwas von seiner Allgemeinverbindlichkeit in der Rolle des tragischen Halbmenschen oder maschinenartigen Arbeitssklaven, der eines Tages gefährlich wird und gegen seinen Schöpfer aufsteht. Auch ist der Golem des Prager "Volksbuches" ohne die Figur des Rabbi Löw gar nicht zu denken. "Losgelöst von Rabbi Löw ist die Golem-Figur ein Nichts", zu dieser Feststellung, der, wie sich zeigen wird, viele literarische Behandlungen der Prager Sage widersprechen, kommt der Psychologe E. Isaac-Edersheim in seiner Studie der Golemsage, die fast völlig auf Blochs Bearbeitung derselben fusst und in dem "Volksbuch" von den "Wundern" echtes Sagengut aus der Zeit vor 1800 sieht[102]. Der Golem hat aber dank seiner exklusiven Funktion als Rettungswerkzeug Rabbi Löws nicht nur an Selbständigkeit eingebüsst, sondern auch an dramatischem Potential, das aus seiner Rolle als Gegenspieler seines Schöpfers erwachsen war. Andererseits hat die Golemsage in der Prager (sowie in der Chelmer) "Volksbuch"-Version durch den ausführlicher motivierten und gestalteten Schöpfungsprozess und die Aneinanderreihung von Gefahr- und Rettungsepisoden (die endlos fortgesetzt werden könnte) an epischer Fülle und Füllbarkeit gewonnen. Die mystischen Anklänge, mit denen sich die Sage wieder umgibt, lassen überdies Raum für Stimmungsmalerei. Auch bleibt der Nachhall des Golemaufstandes aus der früheren Prager Fassung trotz seiner logischen Widersprüchlichkeit zur Rettungsfunktion des Golem unüberhörbar und legt den Wunsch nahe, gerade diese Widersprüchlichkeit der beiden Motive literarisch auszuwerten. Denn gelingt es z.B., die Hilfs- und Rettungsfunktion des Golem aus ihrem engen sozialen und religiösen Rahmen zu abstrahieren und mit dem früheren Prager Motiv des Golemaufstandes zu koppeln, so erweist sich der Golemstoff als Träger eines ganz neuen und aktuellen Problems, das in der Situation einer zweideutigen Rettung besteht. In der Überwindung einer allgemeinen Gefahr durch übermenschliche Kräfte liegt bereits der Keim zu einer neuen, vielleicht weit grösseren Gefahr, die aus dem Rettungsmittel oder der Rettungswaffe selbst entspringt, sei ihre Anwendung auch noch so berechtigt und scheinbar durch göttlichen Auftrag sanktioniert. Diese Idee, dass jeder menschliche Versuch, das Los der Menschheit mit Hilfe höherer Kräfte zu verbessern, am Ende auf die Menschheit selbst zurückzuschlagen droht, ergibt sich aus der Überlagerung und Kombination der beiden Prager Sagenversionen: der echten Volkssage, in der das pessimistische Motiv des Golemaufstandes vorherrscht, und des optimistischen "Volksbuches", das den Golem zum Rettungsmittel im Kampf gegen die Feinde umgeprägt hat. Statt sich also gegenseitig aufzuheben, können sich diese scheinbar widersprüchlichen Aspekte der Prager Sagentradition auch ergänzen und dem Stoff einen ganz neuen Reiz

---

102 Messias, Golem Ahasver: Drei mythische Gestalten des Judentums. In: Internationale Zeitschrift für Psychoanalyse und "Imago" 26 (1941) S. 197.

verleihen als eine Art Matrix für die Situation zweideutiger Rettung. Das poetische Potential dieser Motivgruppierung hat, wie sich zeigen wird, die literarischen Bearbeitungen der Sage durch Autoren des 20. Jahrhunderts entscheidend beeinflusst.

Zweiter Teil:

KURZFORMEN DES STOFFES

II. GOLEM-GEDICHTE IM NEUNZEHNTEN UND ZWANZIGSTEN JAHRHUNDERT

In dem Bestreben, zunächst die geschichtliche Entwicklung der Sage in ihren echten und Pseudo-Fassungen zu verfolgen, wurde vorläufig ihre literarische Überlieferung nur wenig beachtet. Im Grunde sind jedoch die sagengeschichtlichen und individuell schöpferischen Entwicklungen eines solchen Stoffes schwer voneinander zu trennen. So kann z.B. das "Volksbuch" vom Prager Golem durchaus auch als belletristische Verarbeitung der Sage aufgefasst werden, was hier in Anbetracht seines geringen künstlerischen Wertes und seines grösseren Einflusses als vermeintlicher Sagenstoff vermieden wurde. Die sagengeschichtliche und literarische Entwicklung des Golemstoffes laufen während des 19. und bis ins 20. Jahrhundert nebeneinander her und überschneiden sich teilweise, denn sicherlich haben die literarischen Niederschläge der Sage auf die Dauer mehr zu ihrer Verbreitung beigetragen als die echten Sagenformen, da diese meist eng an den Ort ihrer Entstehung gebunden bleiben.

Zu dem Zeitpunkt, als die Legendensammlung unter dem Titel "Der Prager Golem" erschien, hatte die Golemsage schon eine beachtliche Rezeptionsbreite aufzuweisen. Viele ihrer originellsten Behandlungen waren bereits entstanden, und es mag zum Teil sogar mit der aussergewöhnlichen Dichte, Vielfalt und Weitschweifigkeit der Bearbeitung dieses Stoffes während und nach der Jahrhundertwende zusammenhängen, dass das "Volksbuch" vom Prager Golem eine so bereitwillige Aufnahme fand. Die Prager Golemsage schien vielleicht einer epischen Erweiterung zu bedürfen, war es doch in ihrer nun schon mehr als hundertjährigen literarischen Geschichte nur ein einziges Mal gelungen — dann allerdings mit grossem Publikumserfolg —, sie zur Romanform auszuweiten. Gustav Meyrinks Roman "Der Golem"[1] schien den Bedürfnissen des Zeitgeschmacks besonders entgegenzukommen. Als sich nicht lange nach seinem grossen Erfolg dann die ersten, noch höchst spekulativen kritischen Arbeiten um ein besseres Verständnis dieses gespenstischen "Golems" bemühten, stiessen sie auf immer tiefere und vielversprechendere Schichten der Sage, ohne jedoch ihrer Entstehungsgeschichte wirklich auf den Grund zu kommen[2]. Damals unternahm Chajim Bloch die Übertragung jener *Niflaoth MHRL*, die den Liebhabern der

---

1 Erstausgabe: Leipzig 1915.
2 Vgl. Hans Ludwig Held: Von Golem und Schem: Eine Studie aus der hebräischen Mystik. In: Das Reich (1916, 1917). Diese beiden Artikel erschienen leicht erweitert später in Buchform: Das Gespenst des Golem. Eine Studie aus der hebräischen Mystik mit einem Exkurs über das Wesen des Doppelgängers. München 1927. Helds Buch ist insofern heute noch wertvoll, als es mehrere heute schwer erhältliche Verarbeitungen der Golemsage aus dem 19. und frühen 20. Jahrhundert auszugsweise oder vollständig anführt. Vgl. auch Konrad Müller: Die Golemsage und die Sage von der lebenden Statue. In: Mitteilungen der Schlesischen Gesellschaft für Volkskunde 20 (1918) S. 1–40.

Sage vielleicht neue Anhaltspunkte zur weiteren Vertiefung und Auswertung bieten konnten. Während aber inzwischen jene frühen Versuche einer Darstellung der historischen und psychologischen Entwicklung der Golemsage durch neuere Arbeiten[3] weitgehend überholt erscheinen, wirft ein Aufsatz des Dichters Arnold Zweig aus dem Jahre 1915[4] eine Frage auf, die sich als immer gerechtfertigter erweist: nämlich die Frage nach der natürlichen Eignung des Golemstoffes für die verschiedenen literarischen und halbliterarischen Gattungen. Zweig geht von der Voraussetzung aus, dass der Golem eine "epische Gestalt" ist, und zeigt dann im Laufe seiner Kritik an drei Hauptwerken verschiedener Gattungen, dass der Stoff durch die Medien des Dramas, des Films und des Traumromans nicht letztlich zu erfassen ist. Seine wertvolle, noch heute in vieler Beziehung gültige Beurteilung von Holitschers Golemdrama (unten III, S. 99ff.), Paul Wegeners erstem Golemfilm (unten V, S. 152ff.) und Meyrinks Roman (unten VII, S. 197ff.) schienen ihm Recht zu geben. Wie steht es aber mit der Golemliteratur, die diesen in den ersten Jahrzehnten des 20. Jahrhunderts entstandenen Werken vorausgeht? Würde Arnold Zweig auch in Anbetracht der zahlreichen Gedicht- und Novellenfassungen der Golemsage aus dem 19. Jahrhundert diesen Stoff, der ihm offenbar nur in der Prager Fassung bekannt war, in den Bereich der Epik verwiesen haben? Ein Überblick über die literarischen Formen, in denen der Golemstoff im 19. Jahrhundert am häufigsten rezipiert wurde, kann vielleicht zur Klärung der Frage nach den Gattungstendenzen des Stoffes unter Berücksichtigung seiner verschiedenartigen Motivkonstellationen beitragen.

Die Formen, in denen die Golemsage am Anfang des 19. Jahrhunderts zunächst auftritt, sind grösstenteils kurze Erzählungen. Der schlichten authentischen Wiedergabe der Chelmer Sagenversion bei Jakob Grimm entspricht eine ebenso kurze und in sich geschlossene Erzählung der Prager Sage innerhalb von Berthold Auerbachs Spinoza-Roman (oben I, S. 30)[5]. Die ersten Golemgedichte

---

3 Vgl. Beate Rosenfeld und Gershom Scholem; passim.
4 Der Golem. In: Die Schaubühne 11 (1915) S. 224–228.
5 Berthold Auerbachs Wiedergabe der Prager Sage lautet wie folgt: "In meines Vaters Hause ist eine alte Magd, die heisst Chaje, die hat mir einst erklärt, warum man zu Prag das Gebet am Freitag Abend, worin Israel eine mystische Ehe mit dem Sabbath schliesst, zweimal sagt. Es lebte vor Zeiten daselbst ein grosser Kabbalist, der hohe Rabbi Löw genannt, dieser formte sich aus Lehm eine menschliche Gestalt, hinten am kleinen Gehirn liess er eine Öffnung, in welche er ein Pergament legte, worauf der unaussprechliche Name Gottes geschrieben war. Sogleich erhob sich der Kloss und ward ein Mensch; er verrichtete seinem Schöpfer alle Dienste eines Knechtes, er holte Wasser, spaltete Holz etc. man kannte ihn in der ganzen Judengasse unter dem Namen der Golem des hohen Rabbi Löw. Jedesmal am Freitag Abend nahm ihm sein Herr das Pergament aus dem Kopfe, dann war er wieder Lehm bis Sonntags Morgens. Einst hatte der Rabbi diese Vorrichtung vergessen, Alles war in der Synagoge, man hatte so eben das sabbathliche Minnelied begonnen, da stürzten Frauen und Kinder in die Versammlung und schrien: der Golem, der Golem zerstört Alles. Sogleich befahl der Rabbi dem Vorsänger, mit dem Schlusse des Gebetes inne zu halten, jetzt sey noch Rettung möglich, später aber könne

stellen kleine epische Verserzählungen nach der Prager Sage dar. Grimms Veröffentlichung der Sage fand zuerst in Achim von Arnims Novelle "Isabella von Ägypten" ein geeignetes literarisches Milieu. Novelle, Erzählung und Gedicht erweisen sich dann auch für das gesamte 19. Jahrhundert als die häufigsten Formen, in denen der Golemstoff auftritt. Von den rund 20 literarischen Verwendungen der Sage bis 1903 finden sich 10 in Gedichtform. Nach diesem Zeitpunkt treten jedoch keine Golemgedichte mehr auf bis in die jüngste Zeit. Auf Grund dieser Beobachtung und der Tatsache, dass innerhalb der relativ zahlreichsten Kategorie der Gedichte mehr grundsätzliche Aufschlüsse über Form- und Gattungstendenzen des Stoffes zu erwarten sind als etwa innerhalb der Novellen und Erzählungen, sollen hier gerade die Golemgedichte des 19. Jahrhunderts näher untersucht werden. Diese Untersuchung kann dann zu Schlüssen hinsichtlich des Verschwindens dieser Formen nach der Jahrhundertwende führen und schliesslich noch zur Betrachtung einiger Beispiele von Golemlyrik aus der gegenwärtigen Zeit.

Der Beschäftigung mit diesen Gedichtformen soll jedoch zunächst ein Beispiel einer kurzen Prosafassung der Sage vorausgehen, nicht nur, weil es wegen seiner engen zeitlichen und formalen Beziehungen zur frisch entdeckten Golemsage aufschlussreich erscheint, sondern auch weil es erst kürzlich zum ersten Mal wieder abgedruckt wurde und daher besondere Aufmerksamkeit verdient. Es handelt sich um ein kleines Lehrstück von Clemens Brentano unter der Überschrift "Erklärung der sogenannten Golem in der Rabbinischen Kabbala". Dieser Text erschien ursprünglich mitten in einer Rezension zweier zeitgenössischer Lustspiele (von Kotzebue und F. C. Lippert) im "Dramaturgischen Beobachter" zu Wien[6]. Brentano unterbricht dort plötzlich seine vom Gegensatz wahrer Schauspielkunst und "falscher Darstellungsweise" handelnden Ausführungen, um "zur Unterhaltung der Leser" diese "Erklärung [. . .]" einzuschieben:

> Die Golems sind Figuren aus Lehm nach dem Ebenbild eines Menschen geformt, über welche das geheimnisreiche und wunderkräftige Schemhamphoras (eine kabbalistische Schöpfungsformel) ausgesprochen, und auf deren Stirn das Wort *Anmanth,* Wahrheit geschrieben worden, wodurch sie lebendig werden, und von außen ganz dem Wesen gleichen, das sie darstellen. Aber der Zauberkünstler läuft große Gefahr bei ihnen, denn sie wachsen sehr schnell, und werden leicht größer als ihr Meister indem sie keine innere Bedingung ihrer Gestalt haben und hohl sind. Solange der Meister, der diese Kunstbilder erschafft, ihre Stirn erreichen kann, ist es leicht für ihn, sie wieder zu töten; denn er darf nur das *An* von dem Worte *Anmanth* auf ihrer Stirn verlöschen, damit nur die Silbe *Manth* bleibt, welche Tod bedeutet, worauf sie wieder in Lehm zerfallen. Versäumt aber

---

> er nicht wehren, dass die ganze Welt zerstört würde. Er eilte nach Hause und sah wie der Golem eben die Pfosten seines Hauses erfasst hatte, um das ganze Gebäude einzureissen; er sprang hinzu, nahm ihm das Pergament und todter Lehm lag wieder vor seinen Füssen. Von dieser Zeit an betet man in Prag das sabbathliche Brautlied stets zweimal." Nach Berthold Auerbach: Spinoza 2. Teil, S. 18f.

6 Clemens Brentano: Werke. Bd. II. München 1963, S. 1122f.

der Meister diesen Zeitpunkt, wächst ihm dieses Äusserlichkeitsgespenst über den Kopf, so wird es sein Tyrann. Die rabbinische Fabel erzählt einen solchen Fall. Es hatte ein kunstreicher alter Rabbiner einen solchen Golem gemacht und den Zeitpunkt versehen. Der Golem wurde dadurch seiner mächtig und quälte ihn sehr und drohte ihm schon, so gewaltig wuchs das Zauberbild in die Höhe, das Dach von seinem Hause emporzuheben. Da erfand der Zauberer die List, sich einstens von dem Golem die Stiefel ausziehen zu lassen. Als der Golem sich zu dieser Arbeit bückte, wischte ihm der Künstler schnell das Wort *Anmath* auf der Stirne aus; aber leider war die Stellung des sich plötzlich wieder in Lehm verwandelnden Golems so, daß die Last des zertrümmerten Tons auf den armen Künstler niederstürzte und den Rabbi erschlug. —

Diese Zauberfabel ist eine Mythe, die nicht ohne große Tiefe ist. Alle falsche äußerliche Kunst erschlägt endlich ihren Meister. Wir haben die ungeheuersten Beispiele davon in aller Zeit. Nur die wahre Kunst, welche die Schöpfung selbst ist, ist ewig; nur *ein* Meister ist immer größer als sein Werk und kann das *Anmath*, das er auf die Stirne des Menschen geschrieben, den er seinem nach [sic] Ebenbild erschaffen, immer erreichen. —

Gleich der erste Satz dieses Textes verrät als unmittelbare Quelle Brentanos — nicht wie vielleicht zu erwarten wäre Jakob Grimms Sagenversion —, sondern Arnims Novelle "Isabella von Ägypten". Dort hatte der Dichter sofort eine wesentliche Änderung gegenüber der Grimmschen Version vorgenommen. Während es bei Grimm heisst: "Die polnischen juden machten [...] die gestalt eines menschen aus thon oder leimen, [...]", schreibt Arnim in seiner Novelle: "Diese Golems sind Figuren aus Ton *nach dem Ebenbilde eines Menschen abgedruckt,* über welche das geheimnisvolle Schemhamphoras gesprochen worden [...]"[7] Aus dieser neuartigen Voraussetzung, dass ein Golem jeweils das Abbild eines ganz bestimmten Menschen darstellt, erwächst dann bei Arnim das Doppelgängertum des Golem, das sich als echt romantisches Motiv seitdem mit der literarischen Überlieferung der Golemsage verbunden hat und dort, wo es auftaucht, oft Arnim als Quelle verrät.

"Isabella von Ägypten" erschien im Jahre 1812, und zwei Jahre später greift Brentano auf diese Arnimsche Version der Sage zurück, obwohl ihm als Mitherausgeber der Einsiedler-Zeitschrift Grimms Fassung derselben sicher auch bekannt war. Fast wörtlich wiederholt Brentano die Arnimsche Definition; ja er betont sogar noch den Gedanken einer individuellen Ebenbildlichkeit durch den Zusatz, dass die Golems "von aussen ganz dem Wesen gleichen, das sie darstellen". Dies erklärt sich durch die besondere Anwendung von Brentanos "Erklärung" auf die Schauspielkunst, denn er nennt denjenigen einen falschen Künstler, der die Rolle irgendeines Menschen von aussen nach innen abbildet, während der echte Künstler seine Rolle aus dem eigenen Innern hervorbringt[8]. Darüber hinaus entwickelt Brentano anhand der Golemsage auch das romantische Thema der Künstlerproblematik überhaupt, das trotz der distanziert belehrenden Darstellungsweise kaum seinen subjektiven Charakter verleugnet.

---

7 Achim von Arnim: Erzählungen. München 1963, S. 71; Hervorhebung der Verfasserin.
8 Brentano: Werke. Bd. II, S. 1121: "Fleck war vielleicht der einzige Schauspieler, welcher ganz diese oder jene Rolle darstellte, weil er in seiner Seele dieser oder jener war, und nicht weil er wie dieser oder jener sich betrug. —"

Brentano spricht nie von dem Schöpfer des Golem, sondern nennt diesen "Meister", "Zauberer", "Zauberkünstler" und "Künstler". Das Wort "Schöpfer" oder "Schöpfung" will er offensichtlich für die "wahre Kunst" reserviert wissen, während er den falschen, von aussen nach innen schaffenden Künstler mit dem Zauberkünstler oder gewöhnlichen Meister identifiziert. Für ihn gibt es nur *einen* Meister, der gleichzeitig auch ein Schöpfer ist, nämlich Gott. So wird es zwar nicht ausgesprochen, aber doch nahegelegt, dass der wahre Künstler diesem einen Meister, der die ewige Schöpfung hervorgebracht hat, gleichen muss. Denn während das "Zauberbild" des Golem nur ein Abbild nach irgendeiner Ebenbildlichkeit darstellt, ist die echte Schöpfung ein Ebenbild des Schöpfers selbst, gleichsam eine Emanation aus seinem Innern. Dieser Unbedingtheitsanspruch, der vom Künstler nicht weniger verlangt, als dass er ein Schöpfergott sei, spiegelt hier am Beispiel der Goleminterpretation Brentanos einen typischen Aspekt der deutschen Romantik. Nun hat man zwar neuerdings hervorgehoben, dass schon bei den Romantikern der Golem die Rolle der Maschine gespielt habe[9]; die Golemauffassung bei Arnim und Brentano wird dies jedoch kaum bestätigen. Zwar ist es richtig, dass bei Brentano die äusserliche Golemschöpfung dem Menschen gegenüber inkommensurabel wird, da der Golem "keine innere Bedingung seiner Gestalt" besitzt. Diesem "Äusserlichkeitsgespenst" wird hier jedoch noch das wahre Kunstwerk gegenübergestellt, dessen Schöpfer die "Wahrheit", die ihm in seinem Geschöpf entspricht, immer erreichen kann.

Es ist bemerkenswert, dass Brentano die Golemsage als "Mythe" bezeichnet: "Diese Zauberfabel ist eine Mythe, die nicht ohne grosse Tiefe ist." Die Bezeichnung "Zauberfabel" soll zunächst wohl nur den äusseren Eindruck wiedergeben, den die Sagenerzählung erweckt: eine kurze lehrhafte Zaubererzählung. Indem er diese jedoch gleichzeitig als "Mythe" bezeichnet, vertieft Brentano den Anspruch, der an diese Erzählung zu stellen ist. Der Zusatz "nicht ohne grosse Tiefe" erklärt, was er unter einer "Mythe" verstehen will. Später hat André Jolles die Mythe als eine jener "einfachen Formen" definiert, die, "wenn auch Dichtung, so doch keine Gedichte darstellen", und "die sich [...] ohne Zutun eines Dichters, in der Sprache selbst ereignen, aus der Sprache selbst erarbeiten"[10].

Der Weg einer solchen "einfachen Form" zum Kunstwerk braucht nicht allzu weit zu sein, wie Achim von Arnim anhand der erfolgreichen Integrierung der "Golemmythe" in das Ganze seiner Novelle gezeigt hat. Es zeigt sich aber auch gleichzeitig, dass bei diesem Prozess eine Änderung vor sich ging: aus dem Golem wurde ein Abbild, ein Doppelgänger. Bei den nun zu besprechenden Gedichten, die entweder ganz auf dem Golemstoff fussen oder ihn als Vergleich benutzen

---

9 Marianne Kesting: Maschinen als Menschen — Klaus Völkers Automaten-Anthologie. In: Die Zeit (10. März 1972) S. 22.
10 Einfache Formen. Tübingen [4]1968, S. 10.

oder auch nur das eine oder andere seiner Motive integrieren, werden ähnliche Abwandlungen zu erwarten sein.

Golemgedichte von 1841–1903

Unter den zehn Golemgedichten, die bis 1903 nachgewiesen wurden (Gustav Philippson, *Der Golem;* Abraham Tendlau, *Der Golem des Hoch-Rabbi-Löb;* Annette von Droste-Hülshoff, *Die Golems* und *Halt fest;* Theodor Storm, *Ein Golem;* Ludwig Kalisch, *Die Geschichte von dem Golem;* Leopold Kompert, *Der Golem;* Detlev von Liliencron, *Der Golem;* Walther Rathenau, *Rabbi Eliesers Weib;* Hugo Salus, *Vom Hohen Rabbi Löw,)*[11], finden sich drei Legenden- oder Sagenfassungen, drei Balladen oder Romanzen, zwei kurze gesellschaftskritische Gedichte und schliesslich zwei Gedichte ohne besondere eigene Ansprüche. Hier sollen zuerst die Legenden- oder Sagenversionen kurz auf ihre inhaltlichen und gattungsmässigen Tendenzen hin angesehen werden.

Die Legendenform als solche liegt für die schriftliche Fixierung eines noch in der Entwicklung begriffenen Sagenstoffes, der sich um eine fromme geschichtliche Persönlichkeit rankt, natürlich nahe. In der Tat bilden die Gedichte von Gustav Philippson und Abraham Tendlau aus den Jahren 1841 und 1842 die frühesten Versverarbeitungen der Prager Golemsage, das erstere als "Legende", das zweite einfach als Wiedergabe der Sage in Versen, während die erst 1898 entstandene Verslegende von Walther Rathenau diese Form eher als poetischen Vorwand benutzt.

Gustav Philippsons Gedicht "Der Golem"[12] stellt eine Legende im Sinne einer "religiös erbaulichen, volkstümlichen Erzählung" (Wilpert) dar. Aber gerade um des "religiös erbaulichen" Elementes willen weicht der Verfasser dieses ersten Golemgedichtes bereits erheblich von der sonst üblichen Wiedergabe der Prager Sage ab. Sein Golem ist eine Art "Erdgeist" (mit der Betonung auf "Geist"), der von Rabbi Löw ohne besondere Motivierung im Laufe seines Studiums der Kabbala hervorgerufen wird. Mit Erschrecken sieht der Gelehrte plötzlich das "geisterhafte Wesen" des Golem vor sich und ruft zitternd aus: "Hinweg von mir!" Der Golem lässt sich jedoch nicht so leicht verscheuchen wie ins Leben rufen und gibt seinem Schöpfer genaue mündliche (!) Anweisungen, wie er durch Entfernung des "Schems" am Sabbath vom Dienst befreit werden müsse. Im übrigen erweist er sich als guter dienender Geist seines Schöpfers. Der der Golemschöpfung inhärente Fehler entspringt hier aus der Vorstellung, dass ein Geist, selbst ein guter Geist, dazu angetan sei, andere Geister anzuziehen. Als Rabbi Löw daher gerade am Vorabend des Jom Kippur vergisst, den Schem des

---

11 Vgl. Beate Rosenfeld, S. 177.
12 In: Allgemeine Zeitung des Judentums 5 (1841) S. 629–631.

Golem zu entfernen, wird dieser nicht etwa wild oder bösartig, sondern die Geister der Toten erscheinen in der Synagoge, bis der Schem des Golem entfernt wird. Offenbar fürchtet der Rabbi anlässlich dieser Geistervermehrung vor allem die Gefahr einer zum Polytheismus führenden Geisterverwirrung, denn er kommt schliesslich zu der Einsicht, die gleichsam die dogmatische Lehre dieser Legende zusammenfasst: "Von nun an will ich leben dem höchsten Gott allein / Nie soll ein Geist mir wieder ein treuer Diener sein!"

Das Geist- oder Geistermotiv, das hier mit dem Golem verbunden wird, zieht sich in vielen Anspielungen durch das Gedicht. Die Verbindung der Golemvorstellung mit den Geistern der Toten mag mit jenen mittelalterlichen Sagen zusammenhängen, nach denen gerade die Körper von Verstorbenen durch einen magischen "Schem" zu künstlichem Leben erweckt wurden. (Oben I, S. 28, A. 58) Philippsons Beschreibung der Golemschöpfung lässt eine solche Verwandtschaft anklingen, wenn der Rabbi das "Bild" aus Erde wie einen Leichnam in Tücher und Linnen wickelt, ehe er in "den todten Körper" das Papier mit dem Gottesnamen hineinlegt.

Auffälliger als diese Anklänge an magische Totenbelebung ist jedoch die hier sichtbare Verschmelzung der Golemsage mit einer anderen aus Posen stammenden Sage über "Die Toten in der Synagoge". Diese in den *Sippurim* aufgezeichnete Sage[13] erzählt, wie am Vorabend des Jom-Kippur die Geister der in den Chmielnitzky Verfolgungen (1648) umgekommenen Juden sich unter die überlebenden Gemeindeglieder mischten und erst auf die beschwörenden Worte des Rabbi hin aus der Synagoge verschwanden. Die Prager Golemsage geht also in diesem Gedicht eine interessante Koppelung ein: das Totengeistermotiv der polnischen Sage dient zur Erläuterung der Golemgefahr, und umgekehrt dient das Sabbathmotiv der Prager Sage zur Erklärung des Erscheinens der Toten am Vorabend des Versöhnungs-Sabbaths. So wird in dieser Verslegende der Golemaufstand durch eine Geisterszene mit Zügen frommer Schauerromantik ersetzt, die dann den Anlass zur Ablehnung der Golemschöpfung gibt.

Dieser stofflich komplizierte Inhalt wird durch die Gedichtform vereinfacht und etwas mühsam zusammengehalten. Dazu dient der monotone Rhythmus der sechshebigen Reimpaare, aber auch die sorgfältige Gliederung in vier Teile, die es erlaubt, die Darstellung auf vier Hauptpunkte zu konzentrieren: Die Gelehrsamkeit und Frömmigkeit Rabbi Löws, die Golemschöpfung als Geistesschöpfung, die auch den Geistern gebotene Sabbathruhe, endlich das Erscheinen der Totengeister, das dann zur Abwendung von allen Geistern überhaupt und zur Hinwendung zum alleinigen Gott führt. Indem der Verfasser das Sagenhafte dieser Ereignisse mehrmals hervorhebt, distanziert er die Schilderung bewusst von seinen Lesern, die er zu einem beschaulichen Urteil gegen die Geister und

---

13 Wien und Leipzig 1926, S. 363—365; den Hinweis auf diesen Zusammenhang verdanke ich Beate Rosenfeld, S. 86.

Bildnisse und für den alleinigen Gott gewinnen will. Damit bleibt diese "Legende" im Rahmen einer vorwiegend didaktischen Rezeption der Sage.

Der Stoff der Golemsage scheint dem Bemühen des Verfassers, Rabbi Löw zum vorbildlichen Legendenhelden zu gestalten, gewisse Schwierigkeiten zu bereiten. Das mag daran liegen, dass die Volkssage überhaupt eine grössere Wirklichkeitsnähe aufweist, als der Legende im strengen Sinne zuträglich ist[14]. In der Volkssage bleibt der Golemschöpfer trotz seiner Frömmigkeit und wunderbaren Fähigkeiten ein fehlbarer, nicht über menschliche Mängel erhabener Mensch, während die Legende von ihrem Helden gerade eine qualitative Erhabenheit über das Menschliche verlangt.

In diesem Sinne wird das im "Buch der Sagen und Legenden jüdischer Vorzeit" erschienene Golemgedicht von Abraham Tendlau[15] dem Stoff eher gerecht, da es ganz ohne Belehrung und Umdeutung auskommt. Die Prager Sage wird hier offenbar um ihrer selbst willen aufgezeichnet, und zwar in der einprägsamen Form volkstümlicher Knittelverse. Indem eine Sage, die sich ja ihrem Wesen nach bei jeder mündlichen Weitergabe ein wenig verändern oder in der Betonung verschieben muss, in gebundene Sprache gefasst wird, erreicht sie eine gewisse Festigung, einen "status quo", denn die Verse stützen das Gedächtnis, sie lassen sich nur als solche, aufgehend in Reim und Rhythmus wiederholen. So steht in Tendlaus Gedicht die Prager Sage geradezu an der Schwelle zwischen spontaner Entwicklung und kulturhistorischer Fixierung.

Der in diesen Versen eingefangene anspruchslose Ton der Volkssage nimmt für den heutigen Leser bereits eine leicht ironische Färbung an, die durch die Knittelverse noch unterstrichen wird. Das Fehlen jeglicher Doppelbödigkeit erscheint wie eine ironische Untertreibung des inzwischen als durchaus problematisch erfassten Stoffes. So hat man gegen Tendlaus einfache Erklärung des Sabbathmotives gelegentlich logische Einwände erhoben[16]:

> Gott wollte, dass am Sabbat sei
> Ein jeglich Wesen frank und frei,
> Und selbst dem Golem, wie man's nennt,
> Selbst diesem Kloß war dann vergönnt,
> Daß er nach Willkür schalt' und walt'
> Und freu' sich seiner Ungestalt.

Auch der später so ominös gedeutete Golemaufstand wird hier noch knapp und sachlich beschrieben: "Da trieb sein Wesen er so arg / Dass alles sich vor ihm verbarg." Obwohl der Ausdruck "er trieb sein Wesen" wie kaum ein anderer

---

14 Helmut Prang: Formgeschichte der Dichtkunst. Stuttgart 1968, S. 18.
15 Der Golem des Hoch-Rabbi Löw. In: Buch der Sagen und Legenden jüdischer Vorzeit. Frankfurt/Main 1873, S. 16–18.
16 Beate Rosenfeld, S. 83f.; auch H. L. Held erhebt diesen Einwand in: Von Golem und Schem 1. Teil, S. 354.

geeignet ist, auf das unheimliche Geheimnis hinter dem Golemwesen hinzudeuten, so liegt doch dem Erzähler der Sage hier noch ebenso wenig an einer Mystifizierung wie an einer Dramatisierung ihres Gehalts.

Das Gedicht weist keinerlei Dialog auf und wird durchgehend in der Vergangenheit erzählt. Aber auch diese Rezeption der Sage kommt nicht ohne eine äussere Gliederung in drei Teile aus. Sie charakterisiert im Einleitungsteil den "Wundermann" Rabbi Löw, beschreibt dann seine Golemschöpfung und das Sabbathmotiv und gelangt so im dritten Teil zum Golemaufstand und seinem glücklichen Ausgang. Dieses Aufbauschema reflektiert die Zielstrebigkeit des Prager Sagenstoffes, dessen Schwerpunkt im Golemaufstand liegt. Nicht auf die Schöpfung des Golem, die doch das eigentliche "Wunder", das Hereinbrechen einer übernatürlichen Welt darstellt, kommt es der Volkssage an, sondern auf das Unwesen dieses unnatürlichen Geschöpfes, das zur Störung menschlicher Verhältnisse und damit zu seiner eigenen Zerstörung führen muss.

Entsprach die Legenden- oder Sagenform dieser frühen Golemgedichte ihren stofflichen Vorlagen noch auf natürliche Weise, so wirkt die um die Jahrhundertwende entstandene Verslegende "Rabbi Eliesers Weib" von Walther Rathenau[17] eher wie eine "Kunstlegende". In diesem Gedicht, das, nach seiner weiblichen Golemfigur zu schliessen, quellenmässig von Arnims Bearbeitung der Sage ausgeht, wird bewusst auf ältere Überlieferungsformen zurückgegriffen. Der Legendenform entspricht die historische Rückwendung bis in die talmudische Zeit und auch die Übernahme biblischer Versform und biblischer Sprache. Die im Untertitel angedeutete Quelle "Aus dem jerusalemitischen Talmud" erweist sich als fiktiv[18] und soll dazu dienen, nicht nur das legendäre Milieu zu unterstreichen, sondern auch die Echtheit der Überlieferung. Auch der erste Vers des Gedichtes bezieht sich scheinbar auf einen bestimmten geschichtlichen Zeitpunkt und eine festumrissene geschichtliche Persönlichkeit und erhebt so den Anspruch historischer Authentizität.

Obwohl die Dichtung zur Zeit der Neuromantik gern die von der Romantik wiederentdeckte Legendenform benutzte, erscheint die Frage gerechtfertigt, was der Verfasser mit dieser ausdrücklichen Rückwendung zu alten Formen bezweckte. Ein Geschehen, das verdient, im gehobenen Sprachton der Bibel erzählt zu werden, erhebt Anspruch auf universale Geltung, es will eine zeitlose Wahrheit verkünden.

Fragt man nun nach dem "Helden" bzw. "Heiligen" dieser Legende, so ergibt sich aus dem Titel "Rabbi Eliesers Weib" eine zweideutige Antwort. Rabbi Elieser wird nämlich als Mann zwischen zwei Frauen geschildert. Er schwankt zwischen seinem natürlichen Weib, das er verstösst, weil sie unfruchtbar und schwermütig ist, und seinem selbstgeschaffenen Golemweib, das schön und "der

---

17 In: Reflexionen und Aufsätze. Berlin 1925, S. 357.
18 Vgl. Beate Rosenfeld, S. 120.

Liebe kundig" ihm bald einen Sohn gebiert. Dann aber wird der Rabbi auf dreifache Weise von dem Golemweib enttäuscht: sie nimmt keinen Anteil an seinem neuerworbenen Ruhm, sie teilt nicht seinen Schmerz beim Tode seiner Mutter, und sie ermahnt ihn beim Tode seines Sohnes zur Vernunft. Da zerstört der Rabbi das Bildnis aus Lehm und kehrt reumütig zu seinem verstossenen Weib zurück. So taucht "Rabbi Eliesers Weib" nur am Anfang und Ende des Gedichtes auf und wird eher indirekt durch ihr Gegenteil, das Golemweib, geschildert. Dennoch muss sie als die "Heldin" der Legende gelten, da sie schliesslich von dem Hohenpriester ausdrücklich über alle anderen Weiber erhoben wird: "Ihre Liebe war mächtiger denn die Sünde." Welche "Sünde" ist aber hier gemeint? Da die Unfruchtbarkeit seines Weibes den Rabbi zur Scheidung berechtigte und auch die Golemschöpfung als solche im Talmud nicht als magische Zauberei aufgefasst wird[19], muss die "Sünde" in den Beweggründen liegen, in der Geisteshaltung, die hier zur Golemschöpfung führt. Denn ähnlich wie in Arnims Erzählung wird das Golemweib nach einem Vorbild geschaffen, und zwar nach dem Ebenbild des Rabbi selbst: "Und soll meine Gedanken denken und meine Worte sprechen. Kinder soll sie mir gebären und mich erfreuen alle meine Lebenstage." Schon die Häufung der auf den Sprecher bezogenen Pronomen deutet hier die Selbstbezogenheit dieses Golembildes an, dessen Verwirklichung dann auch die Züge des Rabbi trägt: "Und ihre Worte waren wie seine Worte, und ihre Gedanken waren wie seine Gedanken." Im Spiegel des Golemweibes erkennt schliesslich der Rabbi seine eigene rationalistische Zweckstrebigkeit, Gefühllosigkeit und Unfähigkeit zu echtem Mitleiden. Demgegenüber erweist sich die scheinbare Unvollkommenheit des natürlichen Weibes, das sich ihr Schicksal "zu Herzen nahm", als echt menschliche Qualität, die eben gerade dem Golem fehlen muss. — So liegt die "Sünde" hier in der Abwendung von dem echten, durch Leid ausgezeichneten Menschentum zugunsten eines künstlich erzeugten untragischen Zweckmenschentums. Da Rabbi Eliesers Weib nach den Jahren der Trennung "mit Freudentränen" wieder zurückkehrt, wird durch sie diese "sündhafte" Einstellung dem Menschlichen gegenüber überwunden. Das äussere Attribut, das schliesslich zu ihrer Auszeichnung führt und sie gleichsam als die "Heiligenfigur" dieser Legende kennzeichnet, ist dann das reichverzierte goldene Schmuckbild "der Stadt Jerusalem und des Tempels und der Burg Zion".

Die Situation des Mannes zwischen zwei Frauen ist als ein "dramatisches Motiv" bezeichnet worden[20]. Im Rahmen dieser Verslegende mit ihrer betonten Vergangenheitsperspektive, dem einfachen Handlungsablauf und versöhnlichen Ausgang kann jedoch kaum von einer dramatischen Verwendung dieses Motives die Rede sein. Vielmehr lässt sich in der Nachahmung der aussparenden, symbolisierenden und verkündenden Sprachhaltung der Bibel ein überwiegend lyrisches Bestreben in diesem Gedicht erkennen.

Während in den Legenden- und Sagenfassungen immer Schöpfer und Geschöpf miteinbezogen waren und gerade die Auseinandersetzung zwischen ihnen den Treibstoff des Geschehens bildete, wird in einigen anderen Gedichten des 19. Jahrhunderts die Gestalt des Golem nur an sich aufgegriffen und eher als Metapher oder Vergleich denn als Handlungsträger verwendet.

19 Vgl. zur Scheidungsfrage: Jebamoth 64a; zur Frage der Golemschöpfung: Sanhedrin 67b.
20 Elisabeth Frenzel: Stoff-, Motiv- und Symbolforschung. Stuttgart ²1966, S. 84.

In dem kurzen Gedicht von Theodor Storm, "Der Golem"[21], trägt der Titel Verweischarakter. Ohne diesen Titel und die hier vor allem das Emeth-Motiv miteinschliessende Sage, für die er steht, ginge die wesentliche Aussage dieser kleinen Satire verloren. Denn nicht nur soll hier der typische Staatsbeamte als geist- und seelenloser Mensch angeprangert werden, der auch einer aus Leder genähten Vogelscheuche vergleichbar wäre[22], sondern auch der Prozess, der eine solche Art von Menschen hervorbringt, wird angegriffen. Der Beamte "lebt" nur als solcher dank einer Nummer im Staatskalender und ihrer Entsprechung auf seiner Mütze. Diese Nummer ist seine einzige "Wahrheit". Schon die kleinste Berührung mit der Natur, ein "Regentropf" z.B., genügt, um diese seine Scheinexistenz auszulöschen und sein imposantes Beamtentum als optische Täuschung zu entlarven. Das Emeth-Motiv sinkt in diesem Zusammenhang des Golem-Beamtenvergleiches zur blossen Nummer herab, eine Möglichkeit, die durch die numerischen Werte der hebräischen Buchstaben immerhin gegeben ist.

Der Form nach stellt dieses Gedicht eine Anrede an die Gesellschaft dar: "Ihr sagt [. . .]" In einer dritten Strophe, die nur im Manuskript erhalten blieb[23], wird die Auseinandersetzung des Sprechers mit seinen Beamten-gläubigen Zeitgenossen noch deutlicher: "Gern macht ichs euch begreiflich, / Doch dass ihrs fasst, bezweifel ich; / Es ist ein kleiner Golem, / Ein Staatskalender-Golem!" So wird hier also ein dreifacher satirischer Angriff ausgesprochen: gegen die Beamtenklasse, gegen den Staat, der sie hervorbringt, und schliesslich gegen den dummen Bürger, der an diese "Staatskalender-Golems" glaubt. Storms kleines Gedicht verdient daher diese Bezeichnung nicht etwa wegen seines Stimmungsgehalts, sondern wegen der satirischen Verdichtung eines Gesellschaftsübels, die sich eines vorgeprägten Bildes aus einem ganz anderen Bereich bedient, um eine möglichst überraschende und prägnante Aussage zu machen.

Zeit- und gesellschaftskritisch ist auch das kurze didaktische Gedicht von Leopold Kompert unter dem Titel "Der Golem"[24] gemeint, dem als Hinweis auf ganz bestimmte geschichtliche Ereignisse noch die Zeitangabe "November 1882" beigefügt ist. "Der tote Lehm" des Golem, der zerstörend und heulend durch Gassen und Volk schreitet, soll offenbar die antisemitischen Umtriebe jener Zeit in Deutschland und Osteuropa bezeichnen. Das Jahr 1882 ist in dieser Beziehung

---

21 In: Sämtliche Werke. Bd. I. Hg. A. Köster; Leipzig 1923, S. 190.
22 Storm hat offenbar Ludwig Tiecks 1835 veröffentlichte Novelle: "Die Vogelscheuche" gekannt. Dort wird eine aus gebranntem Leder verfertigte Figur durch den "magischen Einfluss der Sternenkräfte, der tellurischen und Mondgewalt" mit Hilfe einer Elfe zum Leben erweckt. Diese Kreatur stiftet dann eine "Gesellschaft der Ledernen", die für alles "Mittelmässige und Philisterhafte" steht. Nach Albert Ludwig: Homunculi und Androiden. In: Archiv für das Studium der neueren Sprachen und Literaturen 138 (1919) S. 141–155; hier S. 152f.
23 Storm: Werke. Bd. VIII, S. 179f.
24 In: Sämtliche Werke. Bd. X. Hg. Stefan Hock; Leipzig, S. 28f.

besonders durch den Ritualmord-Prozess in dem kleinen ungarischen Ort Tisza-Eszlar berühmt geworden[25].

Das Gedicht geht von der Prager Sage aus und schildert im Zeichen des Golemaufstandes den sinnlosen Hass und die Zerstörungswut gegen das jüdische Volk. Der glückliche Ausgang der sagenhaften Golemkatastrophe soll bei diesem Vergleich die Hoffnung auf den glücklichen Ausgang dieser Situation andeuten, wenn nur das magische, den Golem kontrollierende Wort gefunden wird: "Treu zusammenhalten." Wiederum dient also hier die Golemgestalt als Formel zur Typisierung einer negativen gesellschaftlichen Erscheinung, wobei der Golem überraschenderweise mit genau entgegengesetzten Vorzeichen aufgefasst wird wie in den wenige Jahre später entstandenen "Wundern", wo er als Retter des jüdischen Volkes gerade gegen die Ritualmordanklagen erschaffen wird. Es zeigt sich an Komperts Gedicht, wie weit sich das Golemmotiv als negatives Vergleichsmittel ausserhalb des Sagenzusammenhangs verselbständigen konnte. Denn würde hier der Golemschöpfer, der doch in der Sage immer ein frommer Rabbiner ist, auch nur assoziativ miteinbezogen, so würde jedenfalls dieser spezifisch geschichtliche Vergleich ad absurdum geführt. Aber der Golem hat hier seine spezifische Identität verloren, um als beliebig auszufüllendes Symbol des Unmenschlichen überhaupt zu dienen. Das Gedicht spricht von "Spukgestalten" und spielt damit auf das Irrationale, Unheimliche, dem Menschlichen gegenüber Fremdartige an, das sowohl die "Orgien" des Hasses als auch den aufständigen Golem charakterisiert. Auch hier sollen schliesslich Gedichtform und Golemmetapher als prägnantes Aussagemittel dienen, um einen höchst problematischen sozialen Sachverhalt zu kennzeichnen.

Eine negative Zeichnung des Golembildes findet sich auch in Annette von Droste-Hülshoffs Gedicht "Die Golems"[26]. Hier dient der Golemvergleich nicht mehr dazu, eine objektive äussere Situation zu bezeichnen oder anzugreifen, sondern eine innere, subjektive Entwicklung, eine Sichtverschiebung, die mit dem vergleichenden Rückblick zwischen Gegenwart und Vergangenheit zusammenhängt, gewinnt mit Hilfe des Golemvergleiches lyrischen Ausdruck. Die Dichterin sucht in diesem Gedicht aus ihrer späten Sammlung "Letzte Gaben" immer neue Bilder für den Gegensatz zwischen äusserer gegenwärtiger Erscheinung und innerer, d.h. erinnerter subjektiver Wahrheit. Ein lyrisches Ansprechen kennzeichnet die beiden ersten Strophen. Das angesprochene *du* zerfällt jeweils in zwei Teile. Das in der Erinnerung des lyrischen Ich lebende *du* beherrscht die ersten Verse der ersten Strophe, während das *du* der Wirklichkeit demgegenüber nur mit Bedauern als "brave hübsche Frau" wahrgenommen wird. Die zweite Strophe folgt einem ähnlichen Muster. Hier wird ein männliches *du*

---

25 Vgl. Simon Dubnow: Weltgeschichte des jüdischen Volkes. Bd. X. Übers. A. Steinberg; Berlin 1929, S. 74–110.
26 In: Sämtliche Werke. München 1966, S. 260–262.

angeredet und sich selbst, d.h. seinem Erinnerungsbild, wie es noch in der Sprecherin lebt, gegenübergestellt. "Mein Flammenwirbel, mein Vulkan —" Aber der erinnerten "Glut" gegenüber zeigt die Wirklichkeit nur einen "braven Bürger", einen enttäuschenden Helden der Mittelmässigkeit.

So wird in der dritten Strophe die direkte Anrede aufgegeben, das lyrische Ich wendet sich enttäuscht ab von diesen *dus,* die das erinnerte Bild nicht mehr hergeben, und zieht sich klagend auf seine Vergangenheitsperspektive zurück: "Weh dem, der lebt in des Vergangnen Schau." Nur dorthin, wo kein Vergleich mehr möglich ist, zu den Toten, kann die Erinnerung jetzt schmerzlos zurückkehren, denn ihre Bilder sind ja nicht tot, sondern die ihren Erinnerungsbildern entfremdeten Lebenden. Diese toten Lebenden, die sich in den beiden ersten Strophen dem altvertrauten "du" entzogen, werden nun aus "des Vergangnen Schau" als unnatürliche Phänomene in der dritten Person beschrieben, und zwar unter Bildern, die alle schon auf den Golemvergleich hinzielen und ihn vorbereiten:

> Doch sie, die Monumente ohne Toten,
> Die wandernden Gebilde ohne Blut,
> Die leeren Tempel ohne Opferglut,
> Die gelben Haine ohne Frühlingsboten!

Jedes dieser Bilder zeigt eine äussere umfassende Form ohne den lebendigen organischen Kern, für den sie bestimmt ist. Selbst die *Toten,* die in den leeren Monumenten fehlen, wären lebendiger Inhalt im Vergleich zur funktionslosen äusseren Form. Hier besteht noch eine bildliche Beziehung zu den "lebendigen Toten" der Erinnerung. Die "toten Lebenden" aber werden als "wandernde Gebilde ohne Blut" oder — in einer früheren Fassung — als "starre Automaten"[27] beschrieben, in Vorausdeutung auf den Golemvergleich. Dagegen lassen die *Tempel ohne Opferglut* noch einmal die *Glut* des erloschenen Vulkans aus der zweiten Strophe aufleuchten, tragen aber nun den Vergleich bis in den kulturellen Bereich und seine Dekadenz hinüber. Das letzte aus der Natur genommene Bild ist wohl das stärkste, gerade weil sich in dem Wort *Frühlingsboten* so viele verheissungsvolle Vorstellungen ankünden, die alle dem *ohne* zum Opfer fallen und so den Anschein von Frühling und Jugend, der sich in den äusseren Zügen der *gelben Haine* und Menschen von einst erhalten hat, als Täuschung preisgeben.

Diese dicht aufeinanderfolgenden Vergleiche für die Unglaubwürdigkeit der Erscheinungen, denen das erinnerte Wesen fehlt, zeigen die Intensität, mit der hier nach einem letzten endgültigen Vergleich gesucht wird, um das beängstigende Gefühl des Misstrauens gegenüber den täuschenden menschlichen Formen auszudrücken. In der Sage vom Golem scheint eine solche Erfahrung mythisch

---

27 In: Werke. Bd. I. Hg. Schulte-Kemminghaus; München 1925, S. 490.

vorgeprägt zu sein, sie bestätigt und verbildlicht hier zugleich die befremdende Hohlheit der sich nur noch äusserlich gleichenden Menschen:

> 's gibt eine Sage aus dem Orient
> Von Weisen, toter Scholle Formen gebend,
> Geliebte Formen, die die Sehnsucht kennt,
> Und mit dem Zauberworte sie belebend;
> Der Golem wandelt mit bekanntem Schritte,
> Er spricht, er lächelt mit bekanntem Hauch,
> Allein es ist kein Strahl in seinem Aug,
> Es schlägt kein Herz in seines Busens Mitte.

Auch diese Strophe zerfällt in zwei Teile, die den ganzen Gegensatz zwischen lebendiger Vergangenheitserinnerung und toter Gegenwartshülle reflektieren. Die ersten Verse tauchen bis in die Vergangenheit orientalischer Sagenwelt zurück, die in einem idealisierten Licht erscheint; dann, befremdend plötzlich, wandelt unheimlich der Golem. Wie die vier ersten, durch die helltönenden Verben und Partizipien hoffnungsvoll dahinfliessenden Zeilen im klanglichen Gegensatz stehen zu der vergleichsweise hohlen und rhythmisch gestauten Sprache der folgenden Verse, so klaffen einst und jetzt, Sehnsucht und Wirklichkeit auseinander. Die Vergangenheitsbilder nehmen hier unwillkürlich das Exotische und Unwirkliche der schöpferischen Anfänge jener "Sage aus dem Orient" an. Man hat diese geographische Verlagerung der Golemsage in den Orient als dichterische Intuition einer sagengeschichtlichen Tatsache deuten wollen[28], aber diese orientalische Ansiedlung der Sage hat hier zweifellos eher lyrisch-brechende als geschichtlich belehrende Funktion.

Nachdem nun das Bild des mythischen Golem als eines täuschenden und enttäuschenden Doppelgängers der Erinnerungsbilder erst einmal gefunden ist, kann es weitere Einsichten über das Verhältnis zwischen Gegenwart und Vergangenheit offenbaren. Der Golem wird als Zerstörer der Treue angeklagt und für das Absterben jener erinnerten Bilder verantwortlich gemacht, die er "mit der Verwesung Schrecken" anhaucht. Ohne Erinnerung gibt es weder Treue noch Träume. "Es ist in ihm kein Träumender zu wecken" bezeichnet einen

---

28 Vgl Lutz Weltmann: The Golem And His Creator. In: Association of Jewish Refugees [AJR] Information (September 1957) S. 12: "Annette von Droste-Hülshoff even anticipated some more recent information provided about two decades after Beate Rosenfeld's doctorial thesis: that the legend of the Golem as a robot goes back to an ancient Turanian legend, adopted by Gogol in his tale 'Wij, Prince of Demons'. And, the surmise goes, it was brought by Chassidim to Prague. Now Gogol was almost Annette's contemporary, but his book was not yet translated in her life-time. Thus the inner eye of this short-sighted lady must have penetrated the mist of the unknown." Leider gibt Dr. Weltmann, der, wie mir die AJR mitteilte, vor mehreren Jahren gestorben ist, keine Quelle für diese hypothetischen Zusammenhänge an. A. von Droste-Hülshoffs Quelle der Golemsage war – nach dem übernommenen Doppelgängermotiv zu schliessen – Achim von Arnims Novelle. Es ist möglich, dass sie annahm, dass die Golemsage durch ihre offensichtlichen Beziehungen zum biblischen Schöpfungsmythos letzten Endes irgendwie aus dem Orient stamme.

sonst selten bemerkten Mangel der Golemgestalt, denn nur das Erinnerungsvermögen erlaubt uns zu träumen, und gerade dies muss dem ohne organische Vergangenheit geschaffenen Golem abgehen. Im Rahmen dieses Gedichtes harmonisiert die Traumlosigkeit des Golem vor allem mit II,3, wo der "brave Bürger" angeredet wird: "Spricht dir kein armer Traum aus jener Zeit?" Dieses Moment der Traumlosigkeit bekräftigt also die Übereinstimmung zwischen dem eingangs angeredeten "du" und dem befremdenden Golem. Am Ende der fünften Strophe wird die eigentliche Wesensart des mythischen Golem, der ja auch sagengeschichtlich zwischen "Übermensch" und "Untermensch" schwankt und so immer ausserhalb des echt menschlichen Bereiches bleibt, auf die kürzeste Formel gebracht: "Was jetzt nicht Lebens, nicht des Todes Art, nicht hier und nicht im Himmel ist zu finden." Dieses Wesen des Golem kennzeichnet hier den Widerspruch zwischen den objektiv lebenden, aber subjektiv als tot empfundenen Menschen und hat auf diese Weise eine durchaus lyrische Aussagefunktion angenommen.

Vor die Wahl gestellt zwischen den erinnerungstoten Golems und den lebendig erinnerbaren Toten führt dann die letzte Strophe zu einer Entschlussfassung, die zunächst in einer dankbaren Rückkehr zu den "lebendigen Toten" besteht: "O knie still an d e i n e r Toten Gruft" (Sperrung von der Verfasserin). Die früher Verstorbenen sind nun erst wieder lebendiger innerer Besitz geworden, weil sie im Laufe der Auseinandersetzung mit den Golems als unzerstörbares Erinnerungsgut erkannt, also im eigentlichen Sinne "verinnert"[29] wurden. Als in der dritten Strophe diese Toten zuerst auftauchten, wurden sie noch nicht als "deine Toten" bezeichnet; aber auf dem Wege über den Golemvergleich hat eine Entwicklung stattgefunden: die "alte Treu" zu den Lebenden, den "Golems", ist gebrochen, während die in der Erinnerung weiterlebenden Toten als neues lebendiges Eigentum erscheinen:

> Dein sind sie, dein, wie mit gebrochnen Augen,
> Wie dein sie waren mit dem letzten Blick;

Diesen lebendig bewahrten Toten sind "milde fromme Tränen" angemessen, während zwischen den innerlich toten Golems und echtem menschlichen Gefühl ein Missverhältnis besteht wie zwischen "Tränen" und "Gletschern". Ähnlich wie Mensch und Golem beide aus demselben Urstoff geformt wurden, so sind auch Tränen und Gletscher aus demselben Stoff hervorgegangen, die einen als Manifestation menschlichen Gefühls, die andern als erstarrte, unfruchtbare und beängstigende Masse. Und ebenso wie die Gletscher menschliche Tränen aufsaugen und erstarren lassen würden, muss sich auch die Nähe der versteinerten Menschengolems auf das lebendige Gefühl auswirken. Die Golems sind nicht nur

---

[29] Wolfgang Kayser (Das sprachliche Kunstwerk. Bern und München [15]1971, S. 336) hält — mit Bezugnahme auf Emil Staigers "Erinnerung" — die "Verinnerung" alles Gegenständlichen in der Erregtheit einer Stimmung für das "Wesen des Lyrischen".

an sich tot, sie töten auch jedes Gefühlsleben in ihrer Nähe. Daher gipfelt diese Entschlussfassung als Mahnung, als Aufruf zur Flucht:

> Doch fliehe, von den Golems flieh zurück,
> Die deine Tränen nur wie Gletscher saugen.

Jene Tränen, die an den Gräbern der Toten fruchtbar werden, indem sie Erinnerungsbilder aus dem "Odem" der Luft und dem "Antlitz" des Mondes zurückwerfen[30], drohen in der gefühlskalten Atmosphäre der Lebenden selbst in tote unfruchtbare Erstarrung überzugehen.

Die Golemmetapher taucht in einem anderen Gedicht der Droste ("Halt fest!"[31]) aus derselben Sammlung "Letzte Gaben" noch einmal auf. Hier hat sie sich völlig aus dem Rahmen der Sage gelöst, sodass der Golem als ein Bild erscheint, dessen Kenntnis zwar zunächst vorausgesetzt wird, dessen richtiges Verständnis sich aber erst aus dem Zusammenhang ergibt, in dem es steht.

Der Vergänglichkeitsstimmung, die sich unter verschiedenartigen Aspekten durch diese späten Gedichte zieht, sucht die Dichterin hier das "Halt fest!" entgegenzustellen. Diese Titelworte tauchen in der einen oder anderen Form in jeder Strophe auf und erweisen sich so als ein Strukturelement des Gedichtes. Strophenweise werden die unwiederbringlichen Werte, die es festzuhalten gilt, aufgezählt, anfangend mit dem einmal erworbenen Freund, über das eigene unverbrüchliche Wort, den angeborenen Glauben, die Gabe des schöpferischen Moments bis zu dem "Kind der Schmerzen", dem eigenen angefochtenen Selbst. Jede Strophe ermahnt zum "Festhalten", indem sie ein Gegenbeispiel aufstellt und den Zustand ausmalt, der beim Verlust dieser persönlichen Gaben eintreten müsste. In jeder Strophe scheint die Gefahr einer Abspaltung von diesen Werten zu bestehen, und diese Gefahr gipfelt in der fünften Strophe in einer Vision der Abspaltung von dem "angefochtenen Selbst", dem innersten Wesenskern des Menschen, der ja seinerseits die Voraussetzung zu jeder menschlichen Beziehung ist, um die es in den anderen Strophen geht. So sind dem Problem nach die vier vorausgehenden Strophen alle in der Auseinandersetzung miteinbegriffen, die in der fünften Strophe eintritt:

> Vor allem aber halt das Kind der Schmerzen,
> Dein angefochtnes Selbst, von Gott gegeben!
> O sauge nicht das Blut aus deinem Herzen,
> Um einen Seelenbastard zu beleben,
> Dass, wenn dir einstens vor dem Golem graut,
> Es zu dir trete nicht mit leisem Klagen:
> "So war ich, und so ward ich dir vertraut,
> Unsel'ger, warum hast du mich erschlagen?"

---

30 Eine ähnliche Verwandlung, die vom äusseren künstlichen Bildnis ausgeht und über persönliche Erinnerungsbilder endlich zu dem Bild der Toten führt, das der Sprecherin in der belebten Natur begegnet, findet sich in dem Gedicht: "Das Bild" (Sämtliche Werke, S. 262–265), dessen letzte Zeile lautet: "Und die Natur nur ist dein Bild".
31 Sämtliche Werke, S. 247f.

Diese Strophe bedarf genauerer Betrachtung, um die Aufspaltung sichtbar zu machen, die sich hier vollzieht. Das *Selbst* wird zunächst als ein echtes *Kind* des Menschen aufgefasst, das er sich unter Schmerzen erworben hat, und das doch gleichzeitig "von Gott gegeben" wurde. Es scheint, dass gerade das *Kind* ein besonderes Symbol Drostescher Lyrik darstellt. Schon in der dritten Strophe dieses Gedichtes wird der angeborene aber verstossene Glaube als zurückkehrendes weinendes *Kind* gesehen: "So zweifle nicht, er wird, ein weinend Kind, / An deinem letzten öden Lager stehen." Auch das Gedicht "Die Golems" ging von der Vision des *süssen Kindes* aus. Schliesslich handelt auch das Gedicht "Doppeltgänger" in derselben späten Sammlung von einer nächtlichen Vision, die in der Erscheinung eines Kindes gipfelt: "Und mir zu Füssen sass ein schönes Kind[32]." In dem Symbol des Kindes spiegelt sich offenbar für die Dichterin der "Letzten Gaben" der reine, unverfälschte Wesenskern des Menschen, aber auch das Zarteste und Verletzbarste in ihm, das aus tiefer Verborgenheit nur bei seltenen kostbaren Gelegenheiten in Erscheinung tritt. Diesem empfindlichen "Kind", dem "Selbst" gegenüber ist hier nun von einem "Seelenbastard" die Rede, also von einer illegitimen Schöpfung, welche die Substanz des rechtmässigen Kindes aufgesogen und seine Rolle usurpiert hat. Diese auf Kosten des echten Selbst zu einem Scheinleben herangezüchtete leere Form eines Selbst wird einst mit Grauen als solche — nämlich als Golem — erkannt werden, und dann wird das vernachlässigte echte Selbst dieser falschen Schöpfung gegenüber anklagend auftreten: "So war ich, und so ward ich dir vertraut." Das Wort *vertraut* nimmt hier eine zweifache Bedeutung an: "Ich ward dir vertraut", im Sinne von "anvertraut", also "von Gott gegeben", wie es in der zweiten Zeile heisst, aber auch *vertraut* im Sinne von "gut bekannt" und daher nicht grauenerregend wie der Golem. Die direkte Rede an dieser einzigen Stelle des Gedichtes betont auf dramatische Weise die Auseinandersetzung des "Selbst" mit sich "selbst", den Zerfall in die zwei ungleichen Kinder. Auch der syntaktische Aufbau der Strophe reflektiert diese Spaltung. Das *angefochtne Selbst* aus der zweiten Zeile taucht erst vier Zeilen später als unscheinbares Pronomen "es" wieder auf, das durch die eingeschobene Golemmetapher unverhältnismässig weit von sich selbst entfernt wurde. Die Anrede *Unsel'ger* mit der maskulinen Endung gilt offenbar dem Golem, der an dem echten Selbst zum Mörder wurde. Ein kleines Schauerdrama mit Blut, Totschlag, Kläger und Angeklagtem spielt sich in dieser Strophe ab und erinnert einen Moment lang an die Droste als Balladendichterin. Der Golem als Doppelgänger, Vampir und leere äussere Form wird mit dem echten Menschenkern konfrontiert, dessen Entwicklung er gewaltsam verhindert hat. Während in "Die Golems" die grauenerregende leere Form an anderen Menschen beobachtet wurde, hat sie sich hier bis in den Bereich des innersten "Selbst" eingeschlichen,

---

32 Ebd. S. 250—252; vgl. auch die Zeilen aus "Das Spiegelbild" (ebd. S. 164f.): "Und was den Mund umspielt so lind, / So weich und hülflos wie ein Kind, / Das möcht in treue Hut ich bergen."

eine Gefahr, auf welche die intensive Mahnung, "Fliehe von den Golems!" bereits hingedeutet hatte.

Emil Staiger weist darauf hin, dass schon in einem viel früheren Werk der Droste, nämlich in dem Versepos "Das Vermächtnis des Arztes", die spätere Golemvorstellung dem Sinne nach auftaucht in der Zeile: "Wenn Seele fordernd stehn die Formen da[33]." In dem Gedicht "Die Golems" waren solche "seelenfordernden Formen" dem Golemvergleich vorausgegangen: "Monumente ohne Toten [...] Tempel ohne Opferglut [...]"; der Golem war dann die seelenfordernde Form des Menschen. In "Halt fest!" erscheint die Situation zunächst umgekehrt, denn das echte "Kind" steht anklagend und fordernd der ihm entfremdeten Form des Golem gegenüber. Dennoch wird gerade die Erscheinung dieses klagenden Kindes durch das Grauen vor dem seelenlosen Golem heraufbeschworen. Wahrscheinlich hängt es schliesslich mit dieser hohlen "seelenfordernden" Beschaffenheit des Golem zusammen, dass er in beiden Gedichten mit dem Verb "saugen" assoziiert wird: "Fliehe von den Golems [...] die deine Tränen nur wie Gletscher saugen" und "O sauge nicht das Blut aus deinem Herzen [...]"

Als ob nach dem anschaulichen Prozess der Selbstaufspaltung, der am Ende der fünften Strophe von "Halt fest!" gipfelte, das "Festhalten" an alten Normen nur umso dringender geworden wäre, geht auch die letzte Strophe dieses Gedichtes in eine Entschlussfassung über, die hier aus einer fast konventionellen Allegorie des *rechten Pfades* besteht. Vielleicht beantworten diese Verse jedoch eine Frage, die sich bei genauer Betrachtung des Prozesses der fünften Strophe ergeben muss: Wer ist das *dir,* dem es "vor dem Golem" graut und zu dem das echte Kind *mit leisem Klagen* tritt? Bei der Auseinandersetzung jener ungleichen Kinder musste es eigentlich noch eine dritte, übergeordnete Instanz geben, die zu Gunsten des einen oder anderen entschied. Offenbar könnte der Wille, von dem es in der letzten Strophe heisst, dass er den "Pfad verleugnet" hat, dieser parteiische Dritte sein. Es ist jedoch nicht ratsam, das logische Beziehungsnetz in diesem Gedicht zu eng zu knüpfen, denn seine Strophen kreisen — jede mit einem zwar verwandten aber in sich geschlossenen Bildkomplex — alle um den einen Mittelpunkt des "ich", der zwar immer enger eingekreist, aber, wie die Alternative der zwei letzten Verse nahelegt, nie endgültig erreicht oder identifiziert werden kann.

Dieser Lyrik der Droste und den zeit- und gesellschaftskritischen Gedichten von Storm und Kompert ist der Golem — ausserhalb eines geschlossenen

---

[33] Annette von Droste Hülshoff. Frauenfeld ²1962, S. 104; die zitierte Zeile aus dem "Vermächtnis des Arztes" findet sich in Sämtliche Werke, S. 725. Der Erzähler (d.i. der Arzt) berichtet dort von seiner Begegnung mit einer Frau, die er drei Jahre zuvor auf einem Wiener Maskenball getroffen hatte und die jetzt seine Erinnerung rührt "Wie Steingebilde, übers Grab gestellt, / An jenes mahnt, was unter ihm zerfällt, / Wenn Seele fordernd stehn die Formen da".

Sagenzusammenhangs — als Sinnbild für eine geist- oder seelenlose Menschenart gemeinsam. Aber in den zuletzt besprochenen Gedichten wurde die Golemvorstellung nicht nur am stärksten "verinnert", sie hat sich auch vorläufig am weitesten aus dem von den Sagen vorgegebenen Motivkreis herausgelöst. Während in der Golemvorstellung bei Storm noch das Emeth-Motiv eine wichtige Rolle spielte und in dem Gedicht von Kompert das Prager Motiv des Golemaufstands als Ausdruck für Hass und Zerstörungswut diente, kommen die Gedichte der Droste ganz ohne die traditionellen Sagenmotive aus. Weder ein besonderer legendärer Golemschöpfer, noch das Emeth-Motiv oder der Golemaufstand spielen eine Rolle. Der Golem als ein hohles Abbild des Menschlichen, als "seelenfordernde Form" genügt, um unheimlich und bedrohlich zu erscheinen. Das einzige Motiv, das die Dichterin wenigstens teilweise übernommen hat, ist die Vorstellung der Romantiker im Gefolge Achim von Arnims, dass der Golem jeweils als Abbild eines individuellen Menschen, also als Doppelgänger auftritt. Aber während bei Arnim der Golem und sein Urbild gleichzeitig und nebeneinander existieren, hat der Drostesche Golem gerade das Urbild verdrängt, er "saugt" dessen physische Substanz auf, ohne seine innere oder erinnerte Substanz zu übernehmen.

Je stärker also die Golemgestalt aus dem Motivkreis der Sage isoliert wird, umso mehr scheint sie sich zur lyrischen Rezeption zu eignen, oder umgekehrt: um als lyrisches Bild dienen zu können, musste sich die Golemgestalt ausserhalb ihrer traditionellen Sagenbezüge verselbständigen lassen. Daher wird keine subjektive "Ich-Lyrik" mehr zu erwarten sein, wo etwa die im Prager Aufstandsmotiv überlieferte Auseinandersetzung zwischen dem Golemschöpfer und seinem Geschöpf zum eigentlichen Gegenstand eines Gedichtes wird, sondern eher eine dramatisch erzählende Form. Derart ist es kaum überraschend, dass gerade die Prager Sage auch in Balladen- oder Romanzenform gestaltet wurde. Überdies weist die Prager Golemsage rein stofflich mehrere Elemente auf, durch die sich die Ballade auszeichnet: eine volkstümlich-epische Genese, ein natürliches Verhältnis zum Irrationalen und schliesslich einen zielstrebigen spannenden Handlungsablauf, bei dem es um Leben und Tod gehen kann. Drei Möglichkeiten der Begegnung mit dem Irrationalen, das sich im Golem verkörpert, sind in balladenartigen Golemgedichten verwirklicht worden.

Das Gedicht "Die Geschichte von dem Golem" von Ludwig Kalisch[34] erzählt

---

34 In: Bilder aus meiner Knabenzeit. Leipzig 1872, S. 108—116. Über Ludwig Kalisch finden sich folgende Angaben in: Jüdisches Lexikon (1927—30) III, 564f.: "Geb. 1814 in Lissa, gest. 1882 in Paris, entfloh der kaufmännischen Lehre und widmete sich unter grossen Entbehrungen in Heidelberg und München dem Studium der Literaturgeschichte; gab dann 1843—46 in Mainz die Karnevalszeitung 'Narhalla' heraus, in der er die politische Rückständigkeit der deutschen Kleinstaaten verspottete. Wegen Beteiligung an der Revolution von 1848 musste er aus Deutschld. fliehen und lebte seitdem als politischer Flüchtling und Mitarbeiter verschiedener linksgerichteter Zeitungen abwechselnd in Paris und London."

die Prager Sage in Romanzenform. Jedoch geht es dem Verfasser kaum um formale äussere Kriterien dieser Dichtart. Er benutzt zwar fallende Vierheber, verwendet aber statt der von den Romantikern geforderten Assonanz Endreim für den zweiten und vierten Vers seiner fünfzeiligen Strophen. Vor allem lässt sich der heiter-ironische Erzählton, der dieses Gedicht auszeichnet, als typischer Wesenszug der Romanze auffassen. Darüber hinaus soll wohl auch das im volkstümlichen Sinne Romantische, das Abenteuerliche, leicht Übertriebene und schliesslich auch das Fromm-Versöhnliche des Prager Golemstoffes hervorgehoben werden.

Die Verserzählung ist in vier Teile eingeteilt, die als vier szenische Bilder aufgefasst werden können. Der erste Teil zeigt Rabbi Löw in seinem hochgewölbten Arbeitszimmer damit beschäftigt, aus einem Klumpen Ton eine grosse menschenähnliche Puppe zu kneten. Diese wird endlich von der guten Hausfrau des Rabbi liebevoll angekleidet und dann sogar in Bewegung gesetzt, ganz einfach, indem man ihr einen Zettel, "Schem Hamphorasch" genannt, in den Mund schiebt. Der Golem verrichtet (im zweiten Teil) alle schwere Arbeit im Hause des Rabbi und wird allabendlich als totes Werkzeug bei den Besen abgestellt. Sein Lebenswandel ist vorbildlich: er schwatzt nicht, kostet nichts, ruht am Sabbath und geht nie aus dem Hause[35]. Doch weist eine spannende Vorausdeutung am Ende dieses Teiles auf die kommende Katastrophe hin.

Im dritten Teil erscheint zunächst die Synagoge im Festtagsglanz, sodass der folgende Golemaufruhr dann umso störender wirken muss. Die allgemeine Jagd auf den plötzlich wild und zerstörungssüchtig gewordenen Golem endet im Hause eines Wechslers, wo der "Verruchte" gerade die Sabbathlampe zerschmettert, als Rabbi Löw hinzukommt und "seinem Maul das Blatt entreisst". Ärgerlich schleudert er den toten Lehmklumpen an den alten Abstellplatz zu den Besen und lässt dann den Sabbath neu beginnen. Der dramatische Höhepunkt des Gedichtes, die Begegnung mit den sich im Golem manifestierenden höheren oder tieferen Mächten, erweist sich hier gleichzeitig als Wendepunkt. Der übermütig lustige Ton des Anfangs ist dahin, wenn es am Ende des dritten Teiles heisst: "Doch aus der Gemeinde Mitte / Ist die Sabbathlust verschwunden."

Der vierte Teil bringt noch einen Zusatz zur Prager Sage, deren stoffliches Reservoir eigentlich mit dem Ende des dritten Teiles erschöpft wäre. Der Schauplatz zu Beginn des vierten Teiles entspricht äusserlich demjenigen des

---

35 In der Bemerkung, dass der Golem nicht aus dem Hause geht, liegt vielleicht eine Reminiszenz an die polnische Überlieferung der Sage vor, wie sie noch Jakob Grimm erzählt (oben I, S. 29). Auch in dem Brief von Christoph Arnoldus (oben I, S. 26) heisst es: "sed e domo egredi haud licet". Jakob Schudt lässt in seinem Bericht (oben I, S. 26f.) diese Bemerkung aus, offenbar, weil er im Folgenden erzählt, dass die Golems als Botengänger lange Wege zurücklegen können. Vgl. hierzu auch G. Scholem: Kabbala, S. 255. — Ein anderes auffallendes Detail in Kalischs Wiedergabe der Sage besteht darin, dass der Golem, wenn nicht in Aktion, den Besen zugesellt wird. Ob man ihn damals schon mit dem "Besen" aus Goethes "Zauberlehrling" assoziierte?

ersten Teils: wieder befindet sich der Rabbi in seinem hochgewölbten Zimmer, dessen "altersschwarze Wände" nun hervorgehoben werden. Nachdem der zerknirschte Rabbi um Vergebung für seinen "Schöpfungsdünkel" gebeten hat, wird der lustige Schöpfungsvorgang aus dem ersten Teil in sein trauriges Gegenteil umgekehrt. Stück für Stück wird der Golem entkleidet und seine Glieder einzeln abmontiert. Statt sich vom Golem bedienen zu lassen, verrichtet Rabbi Löw als "Herr der Umkehr" ("Bal Teschuba", IX, 5) nun selbst alle niederen Dienste, ja er wird eine Art Heiligengestalt, ehe ihn der Tod in Gestalt eines greisen Bettlers von der "Erdenqual" erlöst.

Der szenischen und handlungsmässigen Symmetrie in der Anordnung und im Geschehensablauf des Gedichtes entspricht seine gehaltliche Kurve vom kindlichen Übermut des Anfangs über den Höhe- und Wendepunkt des Golemaufstands beim "Wechsler" bis hin zum demütigen Ende im "altersschwarzen" Zimmer und auf den Stufen der Synagoge. Eine ähnliche Entwicklung vom kindlichen Übermut zur Demut des Alters reflektiert sich auch im wechselnden Erzählton, der am Ende weniger ironisch wirkt, sondern eher traurige Anklänge verrät.

Man könnte dieses Gedicht zunächst fast für ein Werk von Heinrich Heine halten, seinem anfänglich ironischen Ton nach, der Romanzenart nach, selbst bis in einige Nuancen der Wortwahl: "Mitternächtig tiefe Stille [...]" Auch der Heinesche "Stimmungsbruch" findet sich wieder, nur verläuft er hier in umgekehrter Richtung, als es bei Heine zu erwarten wäre. Während Heine öfter von der traditionsgebundenen romantischen Stimmung ausgeht, um zur rationalen Ernüchterung "umzubrechen", gelangt Kalisch aus der heiter-distanzierten Ausgangssituation zur traditionsgebunden romantischen Frömmigkeit. Sein Gedicht steht nach Form und Gehalt im Zeichen der Umkehr, zu der hier der Golemaufstand den äusseren Anlass gibt. Man kann es daher als Symptom einer nostalgischen Rückwendung zur scheinbar überwundenen Geisteshaltung der Kindheit deuten[36], eine Rückwendung, die sich allerdings Heine in dieser Weise kaum gestattet hätte, ohne sie am Ende irgendwie ironisch zu zerstören.

Verglichen mit den früheren Verserzählungen der Sage weist diese Fassung verstärkt handlungsbetonte Züge auf. Sie wird durchgehend im Praesens erzählt und führt über einen dynamisch gestalteten Höhe- und Wendepunkt bis zum Tod des Helden, der, wenn auch fromm und versöhnlich gestaltet, einiger tragischer Ansätze nicht entbehrt. Die einzelnen Teile stehen in symmetrischer Beziehung zueinander, d.h. der erste und zweite Teil werden im vierten Teil umgekehrt, während der dritte Teil dem Höhe- und Wendepunkt gewidmet ist. Auch die kompakt gebundene, oft lakonische Vers- und Strophenform treibt das Geschehen vorwärts. Aber es gibt keinen "dramatischen" Dialog, und obwohl niemals von der Sage als solcher die Rede ist, bleibt es doch bei einer

---

36 Vgl. Beate Rosenfeld, S. 106.

beschreibenden, erzählten "Geschichte", die als solche nicht nur im Titel, sondern auch im letzten Vers noch einmal erwähnt wird: "So endet / Die Geschichte von dem Golem."

Verhältnismässig langsam, beschaulich und ausgeglichen wirken Kalischs Romanzen erst bei einem Vergleich mit Detlev von Liliencrons wildbewegter Ballade "Der Golem"[37]. Der Golemaufstand bildet hier nicht nur den Höhepunkt des Geschehens, er stellt auch das eigentliche Zentrum des Gedichtes dar. Es gibt hier keine äussere Aufteilung mehr, sodass nur ein Teil des Gedichtes dem Golemaufstand zufiele, sondern alles übrige Geschehen dient lediglich als Rahmen für dieses ungewöhnliche Ereignis, dessen Schilderung sechs der zwölf Gedichtstrophen einnimmt. Dabei wird der Golem hier erstmalig mit seinem Schöpfer in eine rein physische Auseinandersetzung verwickelt, d.h. die "schicksalsvolle Begegnung" der Ballade (W. Kayser) nimmt die Form eines Ringkampfes an, aus dem der Golem, wenn auch gerade noch gebändigt, natürlich als der "Held" hervorgehen muss.

Liliencron geht expressis verbis von der Prager Sagenwelt aus, in der er "Menschenweisheit" sowie "Menschentorheit" reflektiert sieht. In der ersten Strophe seines Gedichts bleibt es zunächst noch unentschieden, ob die Rabbi-Löw-Sage zur einen oder anderen Kategorie gehören soll:

> Prag, das alte sagenreiche,
> Barg schon viele Menschenweisheit,
> Barg schon viele Menschentorheit,
> Auch den hohen Rabbi Löw.

Die Anapher der zweiten und dritten Zeile scheint beide Möglichkeiten zuzulassen, obwohl sie den hohen Rabbi in nähere Verbindung zur *Menschentorheit* setzt. Der Parallelismus dieser Verse, die sich nur durch eine Silbe unterscheiden, deutet an, dass sich *Menschenweisheit* und *-torheit* vielleicht nicht wesentlich voneinander unterscheiden, jedenfalls in enger Beziehung zueinander stehen. Dieser Gedanke wird dann in der letzten Zeile des Gedichts sentenziös bestätigt.

Auch die zweite Strophe zeigt Rabbi Löw noch in einem zweideutigen Licht. Er wird zwar in den Künsten und Wissenschaften angesiedelt, aber das Wiederholungs- und Alliterationsspiel, "in der schwarzen, / In der schweren Kabbala" wirft rückwirkend Schatten auf Künste und Wissenschaften. Die Verbindung "schwarze Kunst" oder "schwere Wissenschaft" drängt sich auf, und so wird durch das eindrucksvolle "schwarz-schwer" schliesslich alles angeschwärzt.

Dass Liliencron (in der dritten Strophe) den Golem als "holzgeschnitzten Menschen" bezeichnet, liegt an seiner Quelle, den "Sippurim", die ihm die Wahl liess zwischen "Figuren, von Ton geformt oder von Holz geschnitzt"[38]. Die bei

---

37 In: Bunte Beute, Berlin und Leipzig 1903, S. 35–37.
38 Erstausgabe: 1846, S. 26.

der Holzschnitzerei erforderliche mühsame Kleinarbeit hat den Dichter wohl für diese entscheiden lassen, um das Mühsam-Langsame des Schöpfungsprozesses anzudeuten und so Rabbi Löw zu einem pedantischen Wissenschaftler zu stempeln. Wenn es am Ende des Gedichts heisst: "Nicht noch einmal hat der Rabbi / Einen Golem sich geschnitzelt", so evoziert dieses Wort das Kleinliche, Unkünstlerische, das mit der Tätigkeit verbunden werden soll, besonders im Gegensatz zum vorausgegangenen mitreissenden Golemaufstand.

Mit der vierten Strophe tritt der Golem ins Leben und das Gedicht in die aktuelle Form des Präsens. Im Gefolge seines Meisters muss nun auch der Golem kleinliche bürgerliche Arbeiten verrichten, wie "Kinder wiegen, Fenster putzen, Stiefel wichsen und so fort". Seine Sabbathruhe aber ist nur eine mechanische äussere Formalität, denn nach Entfernung des Zauberzettels "stand er stockstill augenblicks". Dieser Vorgang wiederholt sich sprachlich durch die einsilbigen hartauslautenden Alliterationen, die jede ausschwingende Bewegung abdrosseln. Der Ausdruck "Zauberzettel" deutet dagegen schon klanglich das Unsolide eines blossen Stück Papieres an und klingt um vieles verächtlicher als etwa "Zauberspruch" oder "Zauberwort".

Die Anapher "Einmal" bewirkt ein zuspitzendes Ritardando, ehe in der sechsten Strophe der befreiende Golemaufstand losbricht: "Rasend wurde, dwatsch, der Golem." Hier zerreisst die Interjektion *dwatsch* ebenso frech und primitiv die Zeile wie das Rasendwerden des Golem die Pläne seines Schöpfers. Im Folgenden zeigen sich die menschlichen Bereiche nur noch in lächerlich verkleinerten Proportionen im Verhältnis zur Golemkraft. Als wären es Spielzeuge "reisst", "wuppt", "schleudert", "stülpt" der Golem "Bäume", "Häuser", "Menschen" und "Hradschin" durcheinander. Der Ausdruck "wuppt" mit seiner explosiven Konsonantenmasse lässt die Häuser förmlich *in die Wolken* hinüberrollen, und dieser Übergang wird durch die Alliteration noch sinnfälliger. Die Menschen fliegen nicht nur durch die Luft, sondern *in die Lüfte,* der auf den Kopf gestellte Hradschin löst die Vorstellung einer riesigen administrativen Unordnung aus, wo alles "auf dem Kopf steht". Der Golemaufstand spitzt sich hier zur Groteske zu, denn die gewohnten Bereiche werden buchstäblich durcheinandergewirbelt: Häuser in Wolken, Menschen in Lüfte. Der Massstab gewohnter Wirklichkeit geht verloren. Auch der Bereich menschlicher Tätigkeit und ihrer Ordnungen wird gestört, indem (in der achten Strophe) dem Verb "ruhen" die Beschreibung höchster Unruhe folgt: "Alle Arbeit muss nun ruhen. / Alles flüchtet, brüllt und zetert / [...]" Nur eine kurze Atempause im Rhythmus tritt beim Erscheinen Rabbi Löws ein, dann folgt der wiederum groteske Tanz des Schöpfers mit seinem Geschöpf. Wie ein Zwerg hängt der hohe Rabbi am "Schlafittchen" (d.h. den Schwungfedern oder Rockschössen) seines Dieners, der eben noch Kinder wiegen musste, der ihn aber nun in seine Riesenbewegung mit hineinreisst, sodass der Rabbi selbst zwischen Berg und Tal hin und hergewiegt wird. Der Vergleich von dem Bändiger im Tanz mit dem scheuenden Pferd deutet an, dass der Golem in dieser Szene die freie ungebundene Natur verkörpert, die wie die natürliche Wildheit des ungezügelten Pferdes begeisternd und hinreissend wirken kann. Geschickt wird der Bändigungsprozess syntaktisch verzögert durch den zwischen "Pferd" und "Kappzaum" eingeschobenen Relativsatz, "das sich bäumt und wirft und schüttelt". Die Aneinanderreihung dieser betonten Bewegungsverben im Wechsel mit dem völlig unbetonten "und" ahmt das unnachgiebige Sichaufbäumen des Pferdes nach, ähnlich wie in der Zeile "Hopsa, hopsa, [...]" fast nur noch der trochäische Rhythmus, der die Sprünge selbst wiedergibt, eine Aussage vermittelt.

Wie aufatmend wendet sich die letzte Strophe in die Vergangenheit der Sage und des Tempus zurück und besinnt sich wieder auf die anfängliche Frage nach "Menschenweisheit oder -torheit". Es kann kaum bestritten werden, dass die Schlusswendung des Gedichtes: "Allzu klug, ist manchmal dumm" die Schöpfungskunst Rabbi Löws "der Lächerlichkeit preisgibt"[39]. Offenbar sah Liliencron in der Golemsage den Sieg der Natur über die Wissenschaft und versuchte auch den Kampf zwischen diesen Bereichen zu dramatisieren. Dennoch wäre es verfehlt, das Gedicht von seiner volkstümlichen Schlussweisheit her, die Bestandteil seines sagenhaften Rahmens ist, als Lehrstück oder Ideenballade einzuschätzen. Der Golemaufstand, der hier den Anlass gibt, die Begegnung zwischen Menschengeist und Naturgewalt in grotesk zugespitzter Form darzustellen, ist eben auch ein grossartiges Naturschauspiel. Und gerade diesen Eindruck wiederzugeben, scheint das Hauptanliegen dieser Strophen zu sein, in denen es dem Dichter mit den knappsten sprachlichen Mitteln gelingt, eine Welt aus den Fugen zu heben und Freude daran zu erwecken, weil in diesem Prozess das Kleinlich-Menschliche, das Bürgerliche mit "in die Lüfte" fliegt.

Balladesk ist hier vor allem die Technik der Wiedergabe, welche die im Sagenstoff angelegte "einmalige, sich ereignete unerhörte Begebenheit"[40] zum knapp gedrängten Geschehensablauf komprimiert. Die Sparsamkeit der Wiedergabe gelingt durch die lyrische Intensivierung der sprachlichen Aussage. Wir erfahren mehr durch Rhythmus, Assonanz (man beachte etwa ihre Verwendung in der ersten Strophe, wo die vielen langen A-Klänge in die dunkle Sagenwelt zurückführen), durch das Anaphern- und Alliterationsspiel, also durch musikalisch-sinnliche Andeutungen, als durch die faktischen Mitteilungen des Gedichts. Auch die einfachen vierzeiligen Liedstrophen unterstreichen das Balladeske. Dramatische Wirkung wird zum Teil durch die mit zielstrebiger Kürze verbundene Zeitbehandlung erreicht. Auf Entscheidung gespannte Zeit ist schon im Prager Sagenstoff angelegt durch das Sabbathmotiv, das ja einen Termin, eine

---

39 Vgl. Beate Rosenfeld, S. 107f.
40 Diese von Goethe stammende und auf die Novelle bezogene Formulierung dient Hans Fromm zur Definition des "balladischen Stoffes"; vgl.: Die Ballade als Art und die zeitgenössische Ballade. In: Der Deutschunterricht 8 (1956) S. 84–99; hier S. 92.

zeitliche Begrenzung für den Kampf mit dem Golem ansetzt. Der Einbruch des Sabbath kann zwar ein wenig hinausgezögert werden — etwa durch die Wiederholung des Sabbathpsalmes —, aber nicht unbegrenzt lange. Die unruhig zwischen Vergangenheit und Gegenwart hin und her wechselnde Erzählperspektive dieses Gedichts weist in die Richtung der dramatischen Form; dadurch, dass sie "Vergangenes vergegenwärtigt", ist sie auch epischer Gestaltungsweise verwandt[41]. Auch inhaltlich erfüllt das Gedicht die Kriterien der Ballade. Die von Wolfgang Kayser geforderte "Begegnung des Menschen mit dem Draussen in der Art, dass die Begegnung in sich sinnvoll und geschlossen wird, die aufeinanderprallenden Kräfte aber als dauernd gefühlt werden"[42], ist vorhanden ebenso wie eine "verkürzte" Gestaltung der Personen und einfache Motivierung des Geschehens. Die "grosse Fallhöhe" besteht vielleicht im Prestigeverlust des Rabbiners bzw. Wissenschaftlers. Das hier physische Ringen um Leben und Tod ist jedoch zur Groteske überspitzt. Auf dieser Ebene liegt die für die Ballade geforderte Doppelbödigkeit oder ihr gesteigerter Sinngehalt. Denn es handelt sich nicht nur um die sagenhafte Auseinandersetzung zwischen Rabbi Löw und seinem Golem, sondern um die Frage nach *Menschenweisheit* im Verhältnis zu der von ihr engagierten Naturgewalt. Die Kontrahenten dieses Zweikampfes sind eben nicht nur Rabbi Löw und sein holzgeschnitzter Golem, sondern der moderne "homo sapiens" im Kampf mit den Naturgewalten, die ihm dienen sollten und die statt dessen seine natürliche Welt aus den Angeln heben. Das groteske Element in der Darstellung dieses Zweikampfes erweist sich bereits als eine moderne Tendenz, eine Verschiebung der Wirklichkeitsbereiche: der eben noch harmlos Kinder wiegende Hausknecht verwandelt sich unversehens in den Erzeuger eines Erdbebens, und der Gelehrte hängt an den Fittichen seines Geschöpfes.

Im Vergleich zu Liliencrons Golemballade könnte das 1903 von Hugo Salus veröffentlichte Gedicht: "Vom hohen Rabbi Löw"[43] als balladenartige Lehrdichtung oder Balladenparodie bezeichnet werden. Zwar geht es auch hier um das physische Potential des Golem, aber dieses führt nicht zum Aufstand gegen seinen Schöpfer, sondern zu einer unglücklichen Liebe, die Rabbi Löws Tochter zu diesem nur körperlichen Geschöpf gefasst haben soll. Das arme Mädchen wird dann gewaltsam kuriert und gedemütigt, als der Golem sie auf des Rabbi Geheiss umarmt und fast erdrückt. Die balladeske "Begegnung" mit dem Golem als Vertreter des aussermenschlichen Bereichs, die hier wiederum auf rein physischer Ebene stattfindet, gestaltet sich damit zu einer Parodie der echten Liebesumarmung. Der Rabbi selbst aber geht aus dieser Episode als praktischer Menschenkenner hervor, der seiner Frau klar zu machen versteht, dass auch sie

---

41 Ebd. S. 89.
42 Geschichte der deutschen Ballade. Berlin 1936, S. 297—299.
43 In: Die Ernte. München 1903, S. 91f.

vor allem die physische Golemnatur in ihm liebte, ohne sich darüber Rechenschaft zu geben, dass er nur dem "Schem" eines Höheren sein Leben verdanke.

Der Ton dieses Gedichtes ist derb ironisch. Nicht nur wird alles mysteriös Dunkle der Golemschöpfung ironisch ins Gegenteil verkehrt — "Und legt er der Puppe das Pergament auf die Zunge / Mit dem Zauberspruch drauf: 'Lauf, lauf, mein Junge!' " — auch das traditionell verzärtelte, verliebte junge Mädchen muss sich einige ungewöhnliche Attribute gefallen lassen wie "die dumme Gans", "die blöde Rifke" usw. Es gibt keinen zeitlich distanzierenden Bezug auf die Sage, die Erzählperspektive ist durchgehend die Gegenwart. Ein dramatischer Aufbau des Gedichtes lässt sich unschwer nachweisen: die erste (neunzeilige) Strophe bringt eine Exposition der Golemgestalt in ihrem Verhältnis zu Rabbi Löw, in den nächsten zehn Zeilen (zweite Strophe?) folgt die dramatische Verwicklung, die aus Rifkes unglücklicher Neigung zum Golem hervorgeht. Im dritten Teil kommt es zur Gegenüberstellung aller Beteiligten und zum komisch-katastrophalen Höhepunkt der Golemumarmung, auf die schliesslich eine lehrhaft heitere Lösung folgt. Das Geschehen wird zum Modellfall für "tausend Frauen" erhoben, während gleichzeitig das Golem-Schöpfer Verhältnis auf die Ebene des Mensch-Gott Verhältnisses transponiert wird. Es gibt keinen Golemaufstand hier. Das dramatische Moment geht aus einem ganz neuen Motiv hervor, das sich während der Neuromantik mit der Golemsage verband und das schon Berthold Auerbach (1837) vorausgesehen hatte, als er die Forderung aussprechen liess: "Hätte man ihn [den Golem] doch eine Liebschaft mit einem Mädchen anknüpfen lassen [...]"[44] In der parodistisch verkehrten Behandlung dieses Liebesmotivs — nicht der Golem verliebt sich in das Mädchen, sondern umgekehrt — und in seiner balladesken Wiedergabe zeigt sich offenbar eine Eignung des Golemstoffes zur Komödie.

Mit diesem Gedicht von Hugo Salus an der Schwelle des 20. Jahrhunderts ist bereits der Zeitpunkt erreicht, seit dem vorläufig nur noch wenige Golemgedichte in deutscher Sprache verfasst wurden. Dies ist umso bemerkenswerter, als im 19. Jahrhundert gerade Gedichtform und Golemstoff einander besonders zu entsprechen schienen. Zwar ist es richtig, dass viele dieser Golemgedichte inzwischen völlig vergessen sind; das bedeutet jedoch nicht, dass ihre Gestaltungsformen als kurze Verserzählung, Legendengedicht, Satire, Ballade oder auch unmittelbare Lyrik dem Golemstoff nicht angemessen waren. Die Rezeption der Sage in kurzer Versform lag teilweise wohl darum nahe, weil sie als literarischer Stoff noch relativ jung, kaum ausgeschöpft und unerprobt war. Bis zum Ende des 19. Jahrhunderts ist diese vorläufige Entwicklungsphase des Golemstoffes abgeschlossen. Innerhalb der ganz allgemeinen Kategorie des Gedichts haben sich im Laufe dieser Entwicklung sowohl erzählerische wie

---

[44] Berthold Auerbach: Spinzoa 2. Teil, S. 21.

lyrische und schliesslich besonders dramatische Modifizierungsmöglichkeiten des Stoffes angedeutet.

Bei der Übersicht über die verschiedenen Ausformungen, die der Golemstoff während des 19. Jahrhunderts anregte, zeichnet sich in Verbindung mit einer Vorliebe für die Prager Version der Sage allmählich ein stärkeres Hervortreten dramatischer Behandlung ab. Zunächst neigte die Golemsage vor allem zur kurzen epischen Form, sowohl als Verserzählung wie auch in Prosa. Die legendenartigen Gedichte erzählen in der Vergangenheit und legen Wert darauf, ihren Stoff als altes Überlieferungsgut zu identifizieren. Sie betonen gelegentlich den jüdisch-religiösen Rahmen der Überlieferung und verwenden ihn als Ausgangspunkt lehrhafter Tendenzen. Zwar findet auch in diesen legendären Wiedergaben eine Auseinandersetzung zwischen Schöpfer und Geschöpf statt, sie wird aber noch nicht besonders hervorgehoben oder dramatisch herausgearbeitet. Der Leser soll eher zur objektiven Betrachtung als zum subjektiven Mitgehen und Mitfühlen angeregt werden. Dagegen verfahren die balladesken Rezeptionen der Sage viel unabhängiger mit ihr. Sie erzählen vorwiegend in der Gegenwart und versuchen einige Aspekte der Prager Sage so stark zu vergegenwärtigen, dass der Leser eher emotional reagiert und nicht lediglich objektiver Betrachter bleibt. Diese Gedichte wirken "enthusiastisch-aufgeregter"[45] als die legendären Wiedergaben. Sie arbeiten stärker auf ein dramatisch-bewegtes als auf ein dogmatisch-belehrendes Ziel hin und spannen bewusster einen dramatischen Bogen, um diesen dann komisch, ironisch, sentimental oder sentenziös zu entspannen.

Schliesslich fand sich noch eine Gruppe von Gedichten, denen der Golemstoff vor allem als *Allegorie,* als bildliches Vergleichsmittel diente. Dort tauchte kein individueller Golemschöpfer auf, der Golem spielte auch keine überlieferte Rolle in einem bestimmten Geschehensablauf, sondern er diente hauptsächlich als Kontrastmittel, um etwas dem Menschlichen Entgegengesetztes, etwas "Unmenschliches" darzustellen. Nun kann zwar mit einigem Recht behauptet werden, dass der Golem überhaupt in allen Gedichten als (negative oder positive) Kontrastfigur zum typisch menschlichen Bereich auftritt; aber dieser Kontrast zwischen Golem und Mensch kann entweder vorausgesetzt oder erst im Gegenspiel zum Golemschöpfer bzw. der menschlichen Umgebung entwickelt werden. Tritt nun der Golem im Sinne der Romantiker als *Abbild* und täuschender *Doppelgänger* ganz bestimmter Individuen auf, so ist der Gegensatz zum echten Menschsein von vornherein gegeben. In der Prager Sage erscheint jedoch der Golem eher als ein Geschöpf des Zufalls, das sein Dasein und seine äussere Form keinem individuellen Vorbild, sondern der Willkür seines Schöpfers verdankt. Darum ist das Verhältnis zwischen dem Prager Golem und seinem Schöpfer demjenigen zwischen dem Menschen und seinem scheinbar auch meist

---

45 Vgl. Joachim Müller: Romanze und Ballade. In: Germanisch-Romanische Monatsschrift, N.F. 9 (1959) S. 140–156; hier S. 141.

willkürlich handelnden Schöpfer gar nicht unähnlich; es besteht eine Vergleichsmöglichkeit, die Hugo Salus in seinem Gedicht bereits hervorhebt: "Und lebt dein Löbl sein eigenes Leben? / Wer hat ihm den Schem in den Mund gegeben?" So tritt das Schöpfer-Geschöpf Verhältnis um die Jahrhundertwende als problematisches Moment der Golemsage hervor. Aber auch die physischen Qualitäten des Golem finden allmählich mehr Beachtung als sein Mangel an "Innerlichkeit" oder echtem Menschsein. Aus dem Golem als dem Inbegriff des "Unmenschlichen" wird langsam eine "Menschenmöglichkeit". Je "menschenmöglicher" und menschenähnlicher aber der Golem erscheint, umso mehr dramatisch verwertbare Motive (etwa das Liebesmotiv) lassen sich mit der Prager Sage verknüpfen und umso weniger wird die Golemgestalt noch zur eindeutig prägnanten Allegorik taugen. Dank dem geistigen Abhängigkeits- und physischen Überlegenheitsverhältnis seinem Schöpfer gegenüber erweist sich der Golem nun als vieldeutige, undurchsichtige und auf problematische Abwege verführende Vorstellung. Die volkstümlich erzählenden Gedichtformen wie Sage, Legende, Romanze oder Ballade scheinen den Ansprüchen dieser komplexen Menschenschöpfung kaum noch zu genügen, und so beginnt die Golemsage eine unmittelbarere dramatische Gestaltung herauszufordern (vgl. unten, Kap. III).

Golemgedichte von 1958–1972

Obwohl es nach der Jahrhundertwende so aussieht, als sei der Golemstoff über die kurzen Gedichtformen vorläufig hinausgewachsen, so bedeutet das keineswegs, dass er sein lyrisches Potential grundsätzlich verloren hätte. Für das Fehlen von Golem-Lyrik in den ersten Jahrzehnten des 20. Jahrhunderts mögen andere Gründe verantwortlich sein, z.B. die entscheidenden literarischen Umwälzungen jener Zeit, die nach Clemens Heselhaus zu einer "Abdankung der überlieferten Formen"[46] führten. Dann aber war diesem noch jungen, unabgeklärten und stark herkunfts- und lokalbedingten Stoff – wenigstens in Deutschland – aus politischen Gründen keine lange Zukunft mehr vorbehalten, denn mit den dreissiger Jahren wurde dort jede Weiterentwicklung und Überlieferung der Golemsage gewaltsam abgeschnitten.

Aber: "Los artificios y el candor del hombre / No tienen fin." So schrieb im Jahre 1958 ein Dichter aus Buenos Aires in seinem Gedicht "El Golem"[47]. Jorge Luis Borges ist heute vermutlich besser über die religionsgeschichtlichen, mythischen und mystischen Wurzeln der Golemsage informiert als irgend ein Dichter der Nachkriegsgeneration in Deutschland. In einem autobiographischen

---

46 Deutsche Lyrik der Moderne. Düsseldorf 1961, S. 11.
47 In: Obra Poetica 1923–1966. Buenos Aires 1966, S. 167–170. Eine deutsche Übersetzung des Gedichts findet sich in: Ausgewählte Gedichte von Jorge Luis Borges. Übers. Otto Rolf; Wiesbaden 1963, S. 138–145.

Aufsatz[48] berichtet Borges, wie er sich zur Zeit des ersten Weltkrieges, die er in Genf verbrachte, auf eigene Faust mit der deutschen Sprache und Literatur auseinanderzusetzen begann. Nachdem er sich zunächst vergeblich um Kants "Kritik der reinen Vernunft" bemüht hatte, gelang es ihm schliesslich, Heines frühe Lyrik und Meyrinks Roman "Der Golem" — damals gerade ein "best-seller" — auf Deutsch zu lesen. Aber Borges' Gedicht "El Golem" verrät inzwischen viel tiefer gehende Quellen als Meyrinks Roman.

Als Ausgangspunkt seiner lyrischen Golembetrachtung dienen dem modernen Dichter philosophische, mythische und kabbalistische Begründungen der Sprachmagie. Damit stösst er wieder zur geistigen Komponente im Kernmotiv der Golemüberlieferung vor, welche die Dichter des 19. Jahrhunderts eher vernachlässigt hatten. Als Bürgen für die Vorrangstellung des Wortes gegenüber der Materie führt der Dichter platonische Quellen ("el Cratilo") an und erinnert so an die gemeinsame abendländische Vorstellung von der schöpferischen Kraft des Geistes. Aber diese Andeutungen bleiben durchaus spekulativ, sie sind — und mit ihnen das ganze Gedicht — an dem ersten Bedingungswort "Si" aufgehängt, das durch die folgende parenthetische Quellenangabe weiterhin isoliert und hervorgehoben wird. Der abstrakt formulierten Hypothese, dass der Name Archetyp der Dinge sei, folgen dann sofort zwei konkrete Beispiele:

> En las letras de *rosa* está la rosa
> Y todo el Nilo en la palabra *Nilo*.

Die Hervorhebungen weisen hier auf den Unterschied hin zwischen dem Ding selbst und den Buchstaben, die es enthalten sollen. Sie laden gleichsam den Leser ein, die in dem Wort *rosa* bezeichnete Rose wiederzufinden und gleich darauf seine Vorstellungsgabe an dem Wort *Nilo* zu versuchen. Die Wahl dieser Nomina aus allen theoretisch möglichen Beispielen ist bemerkenswert. Es handelt sich zunächst um Namen, die in vielen Sprachen ähnlich lauten und so das Argument ausschliessen, dass zwar die Sache immer dieselbe bleibt, ihr Name sich jedoch von Sprache zu Sprache völlig ändert. Aber wichtiger ist der Assoziationsbereich der gewählten Beispiele. Evoziert das Wort *Rose* gleichzeitig den Duft, die Farbe und den gesamten sinnlichen Reiz, der sich von jeher mit dem Bilde der Rose verbunden hat, so ruft das Wort *Nil* sowohl geographische, historische wie auch mythische Vorstellungen wach. *Todo el Nilo*, das ist der Nil von seiner Quelle bis zur Mündung mit allem, was in ihm und durch ihn lebt, aber auch der Nil in seiner bis in die Träume Pharaos zurückreichenden Geschichte und Mythologie. Es ist der Nil, dessen Wasser sich ewig verändern, der sich aber als Begriff eines bestimmten Flusses immer gleich bleibt. So hat der Dichter mit den zwei Worten *Rose* und *Nil* eine unausschöpfliche Quelle von Vorstellungen beschworen und durch seine Wortmagie physische und mythische Welten demonstrativ ins Leben

---

48 Autobiographical Essay. In: The Aleph and Other Stories: 1933–1969. Ed. & transl. Norman Thomas die Giovanni; New York 1970, S. 215f.

gerufen. In der folgenden Strophe wird das Wunder der Sprache dann noch um eine Dimension erweitert. Nicht nur das Sinnliche und das historisch und geographisch Erfahrbare lässt sich in Konsonanten und Vokalen komprimieren, auch das Übersinnliche, Metaphysische, ja Gott selbst. Die richtigen *(cabales)* Buchstaben und Silben, aus denen Gottes Name zusammengefügt ist, wären, wenn gefunden, Voraussetzung, Offenbarung und Erfüllung des richtigen, wahren und vollendeten Wesens Gottes und seiner Allmacht. Aber gerade um diese Allmacht vor Missbrauch zu schützen, kann ihr Name nur chiffriert erscheinen.

Dass Adam vor dem Sündenfall *(En el Jardin)* das Wort wusste, hängt wohl damit zusammen, dass er seine Sprache, die *lingua adamica,* noch unmittelbar von Gott empfangen hatte. Wieso aber war auch den Sternen jenes Wort bekannt? Vermutlich weil die Sterne als Gottes Schöpfung den Gottesnamen selber darstellen, also selbst eine Verkörperung jener Geheimschrift sind, die Gottes Wesen nennt und verbirgt. Wenn es nun heisst, dass "der Rost der Sünde" jenes Wort auslöschte, so wird davon nicht nur die unmittelbare sprachliche Überlieferung betroffen, sondern auch die Manifestation des Gotteswortes im Kosmos, in Gottes Schöpfung. So ist auch die chiffrierte Schrift der Sterne unter dem Einfluss der Sünde "verrostet", sodass sich inzwischen alle Spuren des göttlichen Namens "verloren" und "verdorben" *(perdieron)* haben. Die Vorstellung vom Rost der Sünde wird ausdrücklich den Kabbalisten zugeschrieben; aber auch der Allgemeingültigkeit beanspruchende Satz von den "schlauen Einfällen und der Einfalt der Menschen" *(Los artificios y el candor del hombre)* lässt sich auf kabbalistische Gedankengänge beziehen, da diese ebensowohl als sprachliche "Kunststücke" wie als gläubige Einfalt aufgefasst werden können. In diesem Nebel von mythischen und geschichtlichen Ungewissheiten scheint endlich ein fester Punkt aufzutauchen, wenn es heisst: "Sabemos que hubo un día [...]" Dieser "eine Tag" ist jedoch keineswegs ein historischer Zeitpunkt, sondern vielmehr das "einmal geschah es" der Sage. Wo mythische und historische Überlieferung verschwommen werden, da setzt die Überlieferung der Sage ein mit ihrem Anspruch, wirkliche Begebenheiten zu erzählen und geglaubt und für wahr gehalten zu werden:

> No a la manera de otras que una vaga
> Sombra insinúan en la vaga historia,
> Aun está verde y viva la memoria
> De Judá León, que era rabino en Praga.

Die ironische Eigenwilligkeit zugunsten subjektiver sagenhafter Wahrheit ist unmissverständlich. Nicht auf objektive geschichtliche Tatsachen soll es ankommen, sondern die Echtheit der Überlieferung soll an dem Grad ihrer Lebendigkeit in der Vorstellung des sagenerzählenden Volkes gemessen werden. Der Sprecher nimmt hier — allerdings mit bewusster Ironie — im grossen Rahmen der Geschichte eine ähnliche Haltung zugunsten subjektiver Wahrheit ein, wie sie sich in Annette von Droste-Hülshoffs Gedicht "Die Golems" in bezug auf die persönlichen Erinnerungsbilder fand. Nicht auf die Erscheinungen der Wirklichkeit, sondern auf ihre lebendige "Verinnerung" berufen sich diese lyrischen Verdichtungen des Golemstoffes.

In der Wiederholung des Verbs *saber* (wissen), das in derselben Zeile (VI, 1) einmal auf Jehuda Löwe und einmal auf Gott bezogen ist *(Sediente de saber lo que Dios sabe)*, deutet sich nicht nur eine Anspielung auf das mythische *eritis sicut Deus, scientis bonum et malum* an, sondern bereits eine erste analogische Beziehung zwischen dem Golemschöpfer und Gott. Diese Analogie wird von nun an immer enger durchgeführt, sie macht die innere Struktur des Gedichtes aus, die aus zwei fast unmerklich konvergierenden Linien besteht, die sich erst im letzten Vers des Gedichtes endgültig schneiden.

Der von Rabbi Löw endlich ausgesprochene Gottesname wird als "la Clave, / La Puerta, el Eco, el Huésped y el Palacio" (der Schlüssel, die Tür, das Echo, der Gast und der Palast) bezeichnet. Diese Aufzählung soll wohl zunächst eine enthusiastische Umschreibung des Unbeschreiblichen darstellen und als solche eine Erinnerung an die reiche Auswahl indirekter Gottesbezeichnungen, mit denen auch in der Bibel der eine Name umschrieben wird. Fragt man nun nach der Bedeutung und dem Zusammenhang der einzelnen Bilder, so zeigt sich, dass sie alle eine Ergänzung voraussetzen, Teil eines grösseren Ganzen sind. Das Verhältnis zwischen den Bildern *la Clave* und *la Puerta* deutet an, wie die folgenden Namen eine Ergänzung voraussetzen. *La Puerta*, die Tür, setzt den Schlüssel voraus und beide zusammen bilden erst den Zugang zu einem ungenannten göttlichen Geheimnis. Als Echo setzt der Name eine Schallquelle voraus, vielleicht das ursprüngliche Schöpfungswort und damit schliesslich den Schöpfer selbst. *El Huésped* kann sowohl der Gast als auch der Gastgeber bedeuten, und jeder dieser Begriffe setzt den anderen voraus. Schliesslich gehört zu *el Palacio* ein majestätischer Herrscher, dessen äussere Behausung er darstellt. Aber auch "Schlüssel", "Tür", "Echo" und "Gast" lassen sich der Vorstellung des "Palastes" unterordnen. Diese erinnert ihrerseits an Vorstellungen der Merkaba-Mystiker, bei denen "Ursprung und Anfänge" kabbalistischer Geheimlehren zu finden sind[49]. Dort ist die Rede von den "sieben Himmeln", den Vorhallen und "Palästen", die den höchsten göttlichen Thron umgeben und durch die der Mystiker zur Erkenntnis des Höchsten gelangt. Ähnlich wie in diesen Visionen der eigentliche Thron und Anblick Gottes nie völlig erreicht werden kann, so ziehen hier die umschreibenden Namen konzentrische Kreise um einen Mittelpunkt, den einen Namen, der selbst unausgesprochen bleibt.

Nach diesen anspruchsvollen Umschreibungen der Schöpfungsformel wirkt das irdische Objekt, dem sie gilt, zunächst klanglich und bildlich blasser: "Sobre un muñeco que con torpes manos/labro". Dieser stofflich-irdische Gegenstand ist

---

49 Vgl. Gershom Scholem: Ursprung und Anfänge der Kabbala. Berlin (= Studia Judaica: Forschungen zur Wissenschaft des Judentums 3) 1962, S. 17—19 und passim.

eben nur Versuchsobjekt, Mittel zum Zweck eines erneuten Aufstieges zu den Geheimnissen der Schöpfung. Denn der Zweck des Geschöpfes, das vermittels der Geheimnisse der Buchstaben, der Zeit und des Raumes geschaffen wird, soll gerade darin bestehen, diese Geheimnisse seinerseits von seinem Schöpfer zu erlernen, der sie selbst von einem Höheren zu erlernen sucht ("Sediente de saber lo que Dios sabe [...]"). Daher deuten die Zeilen "para enseñarle los arcanos / De las Letras, del Tiempo y del Espacio" eine weitere Analogie zwischen Golemschöpfung und Menschenschöpfung an. Wird es jedoch dem Schöpfer, der selbst Geschöpf ist, dem Lehrmeister, der selbst begierig ist "zu wissen", gelingen, seinem Geschöpf die Geheimnisse zu vermitteln "de las Letras, del Tiempo y del Espacio"?

Eine Welt von Eindrücken stürmt auf das langsam erwachende, geschaffene Wesen ein: unverständliche Formen, Farben, Töne, denen es sofort mit eigenen Bewegungen begegnet. So ist die Geburt des Golem gleichzeitig die Geburt des Menschen. Der Hinweis, dass der Neugeborene allmählich ein Gefangener der Sprache wird[50] — genau wie wir — *(como nosotros)*, zeigt ein erneutes Anspannen und Verengen der analogischen Bezüge zwischen Golemschöpfung und Menschenschöpfung. Die Beispiele, aus denen hier das "tönende Netz" *(red sonora)* gewebt wird, welches das Geschöpf gefangen hält, bestehen aus Zeit- und Ortsadverbien und aus Personalpronomen in ihren dreifachen Aspekten: "Ich, Du, Jene, Andere." So besteht das Gefängnis der Sprache, zu dem Mensch und Golem verurteilt sind, schliesslich aus Geheimnissen der Zeit, des Ortes und der Identität.

Der Prozess, in dem das Geschöpf des göttlichen Namens der Sprache ausgesetzt wird, findet eine ironische Unterbrechung darin, dass es selbst einen Namen erhält, und zwar einen Spitznamen *(apodo)*, nämlich "Golem", das Unfertige, Unvollkommene. Als gelehrter Zeuge dieser Wahrheiten *(verdades)* wird dann Gershom Scholem angeführt. Dieser aus einer Reimverlegenheit erwachsene Einfall der Bezugnahme auf Scholem[51] ist typisch für den Autor. Es ist bereits die dritte parenthetische Quellenangabe in diesem Gedicht, dessen Verfasser das "Werk im Werk" einmal als wesentliche Technik der phantastischen Literatur bezeichnet hat[52]. Die analogische Beziehung zwischen Schöpfer und Geschöpf deutet sich in diesem Zusammenhang durch den

---

50 Denselben Gedanken, dass der Mensch von seiner Geburt an zum Gefangenen der Sprache verurteilt ist, hat Peter Handke in seinem Bühnenstück "Kaspar" (Frankfurt 1969) durch audio-visuelle Mittel dargestellt.
51 Borges selbst gibt hierfür in seiner Autobiographie (Autobiographical Essay, S. 115) eine überraschende und aufschlussreiche Erklärung: "In 1969, when I was in Isarel, I talked over the Bohemian legend of the Golem with Gershom Scholem, a leading scholar of Jewish mysticism, whose name I had twice used as the only possible rhyming word in a poem of my own on the Golem."
52 Labyrinths. Selected Stories and Other Writings. Norfolk (= New Directions) 1962, S. XVIII.

Ausdruck *numen* an. Der Kabbalist, der als "Gottheit" oder "Inspiration" des Geschöpfes gedient hatte, wird auf diese Weise zu dem höheren Schöpfergott in Beziehung gesetzt.

Der ironische Ton dieser Strophe setzt sich bei der Beschreibung der Lehrtätigkeit des Schöpfers fort. Der Rabbi erklärt dem Geschöpf das "Universum" (XI, 1); das klingt anspruchsvoll genug. Woraus besteht aber dieses Universum? "Esto es mi pie; esto el tuyo; esto la soga" — mein Fuss — dein Fuss — der Strick. Mit seinen Bemühungen das Geschöpf die Geheimnisse der Buchstaben, der Zeit und des Raumes zu lehren, erreicht der Rabbi lediglich, dass sein Schüler schliesslich recht und schlecht die Synagoge fegt. Hier findet sich eine ironische Bezugnahme auf die Prager Sage, nach der sich der Rabbi den Golem gerade zum Zweck häuslicher Dienste anschaffte, während er bei Borges ausdrücklich dazu geschaffen wird, im Ebenbild des Menschen die Geheimnisse der Schöpfung zu erlernen. Seine Unfähigkeit dazu wird dann mit dem Stummheitsmotiv der Golemsage in Verbindung gebracht: "No aprendió a hablar el aprendiz de hombre." Das ganze Gewicht der (12.) Strophe fällt auf diese letzte Zeile, in der wiederum das Wort *hombre* durch seine Schlussstellung besonders hervortritt. So fällt in dieser Formulierung auch das eigentliche Gewicht der Verantwortung für die Sprachunfähigkeit des Golem auf den Menschen. Es ist klar, dass es am Menschen liegt und seiner eigenen mangelhaften Beherrschung der Geheimnisse der Sprache, wenn sein Geschöpf von ihm nicht sprechen lernt. Was die Kabbalisten als "Rost der Sünde" bezeichnet hatten, die Zerstörung der Ursprache Adams, äussert sich hier durch das Unvermögen des Schöpfers, seinem Geschöpf Sprache zu vermitteln. So wird das talmudische Motiv der Stummheit des Menschengeschöpfes hier eindeutig seinem Schöpfer selbst zur Last gelegt, und die Frage bleibt letztlich offen, warum der geschaffene Mensch selbst seine vollkommene paradiesische Sprach- und Schöpferfähigkeit verlieren musste.

Das "perverse" (XI, 3), der Sprache nicht mächtige Geschöpf muss nun unheimlich auf seinen Schöpfer wirken, vielleicht gerade darum, weil es ihn an seinen eigenen empfindlichsten Mangel gemahnt. Der Rabbi fühlt sich von den Augen seiner Kreatur, mit der er sich mündlich nicht verständigen kann, verfolgt. Indem die Augen des Golem nicht nur wie die Augen eines Hundes, sondern wie die Augen einer Sache *(cosa)* erscheinen, entsteht ein grotesker Eindruck, denn eine Sache hat normalerweise keine sehenden Augen. Aber diese groteske Unheimlichkeit des Golem könnte ja als bloss subjektiver Eindruck auf seinen Schöpfer aufgefasst werden und soll darum in der folgenden (14.) Strophe durch die Katze, die sich beim Anblick des Golem versteckt, bestätigt und objektiviert werden. Ist jedoch diese Katze tatsächlich ein objektiver Beweis für die Unheimlichkeit des Golem? Die parenthetische Bemerkung, dass diese Katze bei Scholem nicht vorkomme, sondern des Sprechers eigene Erfindung sei, stellt sogleich wieder eine ironische Zerstörung der scheinbar objektivierten Unheimlichkeit dar. Es gibt auch hier nur subjektive Wahrheit, denn das objektive Beweisstück, die Katze, ist lediglich eine Erfindung des "lyrischen Ich", das übrigens nur an dieser einzigen Stelle des Gedichtes unmittelbar spricht (*adivino*).

In der folgenden Strophe führt der Dichter ein kleines Ausdrucksspiel durch, das die deutsche Übersetzung nur schwer wiedergeben kann: "Elevando a su Dios manos filiales, / Las devociones de su dios copiaba." Vom Golem aus gesehen ist der Gott, zu dem er seine Sohneshände erhebt, absolut, er ist "su Dios", gross geschrieben. Das Geschöpf weiss nicht, dass sein Schöpfer nur ein Gott unter Göttern, eben nur sein Gott ("su dios") ist, dessen Devotionen einem höheren Schöpfer gegenüber er nachahmt. Dieses Spiel mit "su Dios" versus "su dios"[53] illustriert nicht nur den Unterschied zwischen subjektiver und objektiver Anschauung, es enthält auch einen weiteren Hinweis auf die Analogie des Verhältnisses zwischen Gott und Mensch, Mensch und Golem. Die lächerlichen Krümmungen und Verbeugungen des Golem stellen in diesem Lichte nur ein verzerrtes Schattenspiel der Gesten seines Schöpfers dar. Dieser betrachtet sein Geschöpf, in dem er sich wie in einem Zerrspiegel wiedererkennen muss, mit einem Gemisch aus zärtlicher Liebe und Schaudern, ein Gefühl, das sich dann zu dem inneren Monolog zuspitzt, in welchem sich auch ein höherer Schöpfer über sein Geschöpf, den Menschen, Rechenschaft zu geben sucht. Die in diesem Monolog aufgeworfenen Fragen gelten aber nicht nur dem Sinn der Menschenschöpfung Gottes oder der Golemschöpfung des Rabbi, sondern es sind auch die Fragen nach dem Sinn aller schöpferischen Tätigkeit überhaupt. Das Wort *simbolo* (Symbol) schillert hier in jeder seiner möglichen Bedeutungen, von den ursprünglichen des "Zusammengeworfenen" und des "Zeichens" bis zur übertragenen im Bereich der schöpferischen Kunst. Es ist auch aufschlussreich, dass der Sprecher in der Rolle Gottes noch einen anderen ihm übergeordneten Beweggrund kennt: "la vana / Madeja que en lo eterno se devana". Eine untergründige Entsprechung scheint hier zwischen den Ausdrücken "vana" und "se devana" zu bestehen, welche die Übersetzung ("dem eitlen Knäuel, der sich im Ewigen abspult") nicht ganz einfangen kann. Das sich in Ewigkeit abspulende Knäuel erinnert jedoch ein wenig an das Schicksal der Alten, das noch dem höchsten Gott, Zeus, übergeordnet war.

Die ersten Verse der letzten Strophe geben dann eine Antwort auf die Frage nach dem Sinn aller schöpferischen Tätigkeit:

> En la hora de angustia y de luz vaga,
> En su Golem los ojos detenía.

---

[53] Überraschenderweise wird in der 1972 erschienenen "Bilingual Edition" von Borges' Gedichten (Jorge Luis Borges: Selected Poems 1923–1967. New York 1972, S. 112) der Unterschied zwischen "su Dios" und "su dios" nicht mehr durchgeführt. Vermutlich handelt es sich nicht um eine beabsichtigte Änderung, sondern um einen Druckfehler.

Es war wohl zu erwarten, dass die einzig mögliche Rechtfertigung des Schöpfungsaktes eine persönliche, subjektive sein muss. Dem "su Dios", das oben dem persönlichen Verhältnis des Geschöpfes zu seinem Schöpfer galt, entspricht hier das "su Golem". Selbst das unvollkommen Geschaffene bleibt vom Schöpfer aus gesehen "su Golem", ähnlich wie der unvollkommene Schöpfer vom Golem aus "su Dios". Die Schöpfung, so "peinlich"[54] und "pervers" sie sich auch geben mag, stellt dennoch etwas dar, auf dem der Blick des Schöpfers ruhen kann "in der Stunde der Angst und des verschwommenen Lichts". Hatten zunächst die Augen des Golem, wie die Augen einer Sache, seinen Schöpfer im unsicheren Halbdunkel seiner Zelle verfolgt, so dürfen nun die Augen des Schöpfers im unsicheren Halbdunkel seines Daseins einen gegenständlichen Anhaltspunkt in seinem Geschöpf finden. Damit bilden die letzten Verse nicht nur den Schnittpunkt der analogen Linien Mensch-Golem, Gott-Mensch, sie deuten auch an, dass eine mögliche Antwort auf die Frage nach dem Sinn aller (auch Gottes) Schöpfung nur eine subjektive Antwort sein kann.

Es zeigt sich, dass das Gedicht zwar mehrere Aussageschwerpunkte, aber keinen handlungsbedingten Höhepunkt aufweist. Das Fehlen des Aufstandmotivs der Prager Sage, auf die sonst eindeutig Bezug genommen wird, ist symptomatisch für die lyrisch-meditative Verarbeitung des Stoffes. Dieses Gedicht lebt nicht von dem Gedanken an die Gefahr, der sich der Mensch durch einen überheblichen Schöpfungsakt aussetzen könnte, sondern von einem persönlichen Erlebnis des "Wunderbaren", Geheimnisvollen, das sich im Prozess der Schöpfung, der gleichzeitig ein Prozess der Sprache ist, offenbart. Die Auffassung vom Golem geht hier letzten Endes weniger auf die Sage zurück als auf den Mythos, aus dem die Sage erwuchs und in dem der Mensch der Gegenstand ist, der von seiner (inferioren) "Beschaffenheit her Schöpfung wird"[55].

Obwohl Borges selbst die geistige Verwandtschaft zwischen diesem Gedicht und seiner Kurzgeschichte "Las Ruinas Circulares" bestätigt hat[56], wird man diesen beiden Werken keineswegs gerecht, indem man in ihnen lediglich den gemeinsamen philosophischen Grundgedanken nachweist. Die Erzählung von den

---

54 Die Übersetzung "peinlicher Sohn" für "penoso hijo" scheint hier angemessen, da Borges selbst betont hat, dass in diesem Gedicht die Möglichkeit anklingt, dass der Schöpfer sich seines Geschöpfes schäme. In: Richard Burgin's Conversations with Jorge Luis Borges (New York 1968/69, S. 75f.) äussert sich auf die Frage: "Do you have any other favorite poems [of yours]" folgendermassen: "Yes, I think that quite the best poem is the poem called 'El Golem.' Because 'El Golem,' well, first, Bioy Casares told me it's the one poem where humor has a part. And then the poem is more or less an account of how the golem was evolved and then there is a kind of parable because one thinks of the golem as being very clumsy, no? And the rabbi is rather ashamed of him. And in the end it is suggested that as the golem is to the magician, to the cabalist, so is a man to God, no? And that perhaps God may be ashamed of mankind as the cabalist was ashamed of the golem. [...]"
55 Vgl. André Jolles: Einfache Formen, S. 101.
56 Vgl. The Aleph and Other Stories, S. 267.

"Ruinas Circulares"[57] hat bei aller traumhaften Verschwommenheit etwas Strömendes, Vorwärtsdrängendes. Sie wird einer Lösung entgegengetrieben, wie der Traum einem klimaktischen Ende zutreibt, das gleichzeitig ein Erwachen ist. Der Grundton dieser Erzählung ist mitreissend, verwirrend, fieberhaft, hektisch, fast pathetisch. In dem Gedicht dagegen herrscht ein Ton mussevoller Hingabe und Betrachtung vor. Ausdrücke wie *miraba* (er betrachtete), *los ojos detenía* (er liess die Augen ruhn), *al mirar* (im Betrachten), *gradualmente se vió* (er sah sich allmählich), *se dió a* (er gab sich hin) usw. zeigen dies zur Genüge. Auch die häufigen eingeschobenen Quellenhinweise deuten auf das mussevolle Ausschreiten epischer Möglichkeiten hin. Der Sprecher in diesem Gedicht ist innerlich völlig ruhig, ironisch distanziert und über das Problematische seiner stofflichen Vorlage erhaben. Aus dieser Erhabenheit scheint er die Worte des Schöpfers mitzusprechen: "Cómo [. . .] / Pude engendrar este penoso hijo / Y la inacción dejé, que es la cordura?" Während es am Ende von "Las Ruinas Circulares" heisst, dass der Held mit Erleichterung, Demütigung und Erschrecken ("con alivio, con humillación, con terror") den Zusammenhang v e r s t a n d — hier wird gleichsam der dramatische Knoten mit einem logischen Schwertstreich gelöst —, endet das Gedicht in einer völlig resignierten und fast müssigen Frage nach den subjektiven Gefühlen des Schöpfergottes: "Quién nos dirá las cosas que sentía / Dios [. . .]"

Borges' Golem-Gedicht wurde von John Hollander ins Englische übertragen[58]. Diese Übersetzungsarbeit inspirierte den Dichter Hollander seinerseits zu einem Gedicht über den Golem. Das Gedicht trägt den Titel: "Letter to Borges: A Propos of the Golem[59]." Der äusseren Form nach hält sich dieses Werk genau an Borges' Vorlage. Das Gedicht umfasst, wie dasjenige von Borges, achtzehn Strophen, die einzelnen Strophen bestehen aus je vier fünfhebigen Versen und das Reimschema erweist sich als a-b-b-a, genau wie in Borges' Vorlage. Diese bemerkenswerte Formgleichheit betont das Verhältnis äusserer Kontinuität, in dem dieses Gedicht zu Borges' "El Golem" steht. Durch die Form, in Rhythmus, Reim und Strophenbau, hallt das soeben übersetzte Gedicht noch unmittelbar in dem Sprecher des neuen Gedichtes nach, der sich auch inhaltlich deutlich als der Übersetzer von Borges' Gedicht zu erkennen gibt: "Staring at paper now, having translated / Your poem of Prague, my flood of ink abated —" Aber trotz der auffallenden Übereinstimmung mit Borges in der Form seines Gedichtes stellt der Inhalt von Hollanders "Letter to Borges" eher eine Art Gegenstück zu "El Golem" dar. Hatte Borges den Schöpfungsmythos, wie er sich in der Golemsage reflektiert, in Analogie zum Schöpfungsprozess im weitesten Sinne aufgefasst, auch im Sinne der Schöpfung des Künstlers, so geht Hollander auf die Sage als "Familien-Saga" ein, als Überlieferung, die mit ganz persönlichen und individuellen Erinnerungen verbunden ist.

Borges' Gedicht und gleichfalls Hollanders Übersetzung desselben hatte mit dem Wort "Praga" bzw. "Prague" geendet. Dieses letzte Wort der Vorlage bildet

---

57 Jorge Luis Borges: Obras Completas II. Ficciones. Buenos Aires 1968, S. 59—66.
58 Vgl. Jorge Luis Borges: Selected Poems 1923—1967. A Bilingual Edition, S. 110—115.
59 In: The Night Mirror. New York 1971, S. 37—39.

nun den Ausgangspunkt für Hollanders Fortsetzung: "I've never been to Prague, and the time / That I was there [...]" Der Sprecher in diesem Gedicht verwickelt sich also sofort in eine Art Widerspruch über seine persönlichen Beziehungen zu dem Sagenort, und diese Unklarheit über die Rolle, die Prag in seiner Erinnerung spielt, setzt sich durch die drei ersten Strophen des Gedichtes fort. Prag ist kein reeller, sondern ein traumhafter Schauplatz, dessen Wirklichkeitsaspekte für den Sprecher dieses Gedichtes nur oberflächliche Erscheinungen einer tiefer verborgenen Welt darstellen. Der Fluss, von dem im Zusammenhang mit Prag vor allem die Rede ist, und der die Reflektionen von "residues of years of dream [...] solidified in structures on each bank" an seiner Oberfläche trägt, ist nicht nur die Moldau, sondern auch der Fluss eines persönlichen Lebens. Die traumhafte Welt, die er unter seiner Oberfläche verbirgt, erweist sich als Welt einer Kindheit und damit als überaus subjektive Erinnerungswelt. Ähnlich wie Borges in seinem Gedicht die "Wahrheit" historischer Überlieferung mit der lebendigen Erinnerung der Sage verglichen hatte, misst der Sprecher in Hollanders Gedicht seine Verbindung zur Golemsage an dem Grad lebendiger Erinnerung an seine Kindheit. Und diese subjektive Erinnerung erweist sich — ähnlich wie bei Borges die lebendige Sage im Rahmen der Historie — als substanzhaltiger denn objektive Erfahrung: "O Borges, I remember this too clearly, [...] to have recalled it from my last trip merely." Während sich in den ersten vier Strophen bei Borges aus dem mythischen und historischen Dämmer allmählich die lebendige Gestalt Rabbi Judah Löws herauskristallisierte, heben sich aus der persönlichen traumhaften Welt der Erinnerung bei Hollander zunächst "three mythical cronies" ab. Die von Pfeifenrauch umwölkten, bärtigen Gestalten des "Haschele Bizensis", "Chaim Pip" und des "Bab Menucha" sind aus Erzählungen eines Urgrossvaters als Vorstellungen zurückgeblieben, die in dem Kind Angstträume hervorriefen. Die Erinnerungen an die Kindheit nehmen also ihren Ausgang von einer noch tieferen dunkleren Traumwelt, und erst die alptraumartigen Erinnerungen an diese leiten in jene Traumwelt der Kindheit über, in der die Erinnerungen an den Golem wach werden. Wenn das Kind schreiend aus seinen Angstträumen erwachte, hatte man ihm offenbar zur Beruhigung jene *tales of Prague,* Geschichten aus einer anderen Zeit, erzählt. Diese in der Erinnerung nun gleichermassen traumhaften (*I only remember now in dreams*), aber seinerzeit gerade als Mittel gegen böse Träume erzählten Familiengeschichten knüpfen sich an das reelle Grab eines Vorfahren: "My ancestor, the Rabbi Loew of Prague." Auf diese Weise gehört die Golemschöpfung dieses Rabbi Loew zur Familienüberlieferung, und die Geschichten von dem Golem nehmen hier ihre eigene, der Kindheit angemessene Form an. Der Golem, der als *embryo* oder *potential person* bezeichnet wird, erweist sich als eine Art dummer und lustiger Kinderschreck, der sich durch gewagte aber erfolglose Streiche hervortut. He "upped the dress" of the Rabbi's daughter, "groped; but failed [...]" Er versucht auch eines der anderen Kinder beim

Versteckenspielen zu erwischen, aber die hereinbrechende Dunkelheit mit allen ihren Rufen (der Mütter?) vereitelt auch diesen Versuch. Die Golemgeschichten sind jedoch zum grössten Teil "Familiengeheimnisse", die nur teilweise offenbart werden dürfen. Die schwerer wiegenden theologischen Fragen über den Golem kann der Sprecher, Nachkomme des Hohen Rabbi Löw, keineswegs preisgeben. Hier zeigt sich eine ähnlich selbstironische Haltung wie die Bemerkung des Sprechers in Borges' Gedicht, dass er die Golem-scheue Katze, die zwar bei Scholem nicht vorkomme, durch die Jahre hindurch errate. Auch eine parenthetische Quellenangabe, wie sie Borges liebt, findet sich bei Hollander wieder. In einer späten polnischen Quelle lasse sich nachlesen, wie der Golem die Juden in Prag gerettet habe, also hier eine deutliche Anspielung auf das "Volksbuch". Solche Information ist jedoch offensichtlich nur für die Uneingeweihten bestimmt und, innerhalb der Familientradition, nicht ernster zu nehmen als ein "Märchen vom Gold des Kaisers".

Mit dieser (13.) Strophe endet der Mittelteil des Gedichtes, in dem sich die Traumwelt der Kindheit mit der Erinnerung an die Erzählungen aus der Kindheit zur "Saga" vermischt. In den letzten Strophen kehrt der Sprecher dann wieder zum Bewusstsein der Gegenwart zurück, aus deren Perspektive diese Geschichten nur im Halbbewusstsein ("at the eye's edge") existieren und überdies unauflöslich mit der Vorstellung von dem mythischen "schwarzen Mann", dem Bab Menucha, verbunden bleiben.

Was in der Folge über den Golem als eine Art Fortsetzung zu den Familiengeschichten berichtet wird, lässt sich nun gleichzeitig auf die Kindheitserinnerungen selbst beziehen: "Too dumb to live, he could not touch, but muddy." Die Erinnerungsbilder, zu denen auch einige Aspekte des Golem selbst zählen, mussten, weil es ihnen an Kontakt mit der Wirklichkeit fehlt, gleichsam als Schlamm untergehen. Diese Vorstellung berührt sich mit den anfänglichen Bildern von der Erinnerungs- und Traumwelt Prags: "Other dreams than of Prague and Raining sank / Under dark water as their memory waned." So gehört der tote Lehmkörper des Golem schliesslich zu jenen "residues of years of dream", die als "solidified [...] structures" an den Ufern des Flusses zurückgeblieben sind, um sich lediglich an seiner Oberfläche zu spiegeln. In dem Prozess der "deanimation" des Golem wird in der 15. Strophe aus dem anfänglichen "he" ein "it".

In den letzten drei Strophen zieht dann der Sprecher das Resultat seiner Golemerinnerungen, ähnlich wie bei Borges der Golemschöpfer sich in den letzten Strophen über sein Werk Rechenschaft zu geben suchte. Ohne den "Prozess des Feuers" verbinden sich die vier Urelemente schlecht. Wasser und Erde bringen lediglich Schlamm hervor: möglich, dass hier eine weitere Anspielung auf den "Schlamm" der Erinnerung, den "Schlamm", in den sich der Golem zersetzt, vorliegt. Die Verbindung zwischen Luft und Wasser ergibt auch nur eine Blase, also ein momentanes, instabiles Gebilde, und Erde und Luft ergeben überhaupt nichts Sinnvolles. Dies ist insofern bemerkenswert, als der Golem in gewissem Sinne gerade auf eine Verbindung aus Erde und Luft (*ruach:* Geist, Odem) zurückgeht. Die klärende Richtigstellung findet sich dann in der folgenden Strophe: "No mere breath of air itself" genügt, erst der *Meta-Name* konnte aus den Elementen jenen Mythos vom Golem hervorbringen.

Das Kennzeichen dieses Mythos ist jedoch nicht wie bei Borges der Schöpfungsprozess als solcher oder die Frage nach seiner Rechtfertigung, sondern umgekehrt gerade der Vorgang seiner *decreation.* Das Bild vom *hallway,* dem Korridor, Gang, Durchgang oder Übergang könnte auf Vorstellungen der Merkaba-Mystik von dem "Vestibül" zurückgehen, das die Bereiche von Erde und Himmel verbindet[60]. In diesem Sinne deuten dann die durch einen Zeilensprung bemerkenswerten Verse: "The myth whose footsteps we just overheard / Together, shuffling down a hallway [...]" den Übergang in eine andere Welt an. Die Erinnerungsprozesse im Sprecher des Gedichtes gleichen dem seiner Entlebung ("toward its own decreation") entgegengehenden Mythos. Sie stellen den Übergang zwischen zwei Welten dar, einer lebendigen Welt der Kindheit und der vergleichsweise toten Welt aus den "solidified structures" jener traumhaften Erinnerungen. So hat der Sprecher, indem er den "Fusstritten" jenes Mythos nachlauschte, gleichzeitig diesen absterbenden Erinnerungsprozess verfolgt. Das Einmalige, Unwiederbringliche der Golemvorstellung als Erinnerung und "Familien-Saga" gegenüber der realen Welt voller "Johns" und "Jorges" kommt in den letzten Zeilen zum Ausdruck: "Dull and lonely, / Lost in the meager world of one and only / One Golem, but so many Johns and Jorges." Deutlich stehen in der letzten Zeile jedoch die Namen "John" und "Jorge" auch für "John Hollander" und "Jorge Luis Borges". Der einsame, für die zerfallende persönliche Erinnerung stehende Golem wird also hier insofern ein Mittel der Mitteilung, als Hollander und Borges gemeinsam *(Together)* seinen hinübergehenden Schritten nachgelauscht haben in der gemeinsamen Arbeit an Borges' Golem-Gedicht. Zu diesem Aspekt der Mitteilung, den die persönliche Erinnerung an die Golemüberlieferung schliesslich für den Sprecher gewonnen hat, passt dann auch der Titel seines Gedichtes: "Letter to Jorge Luis Borges: [...]".

Hatte in Borges' "El Golem" die Analogie zwischen Menschenschöpfung und Schöpfung des Menschen vorgeherrscht, so überwiegt in Hollanders Ergänzung zu diesem Gedicht der Gedanke an die Auflösung und den Zerfall des Schöpfungsprozesses. Eine ähnliche Umkehrung dieses Prozesses, aber gleichzeitig auch die Beziehung desselben auf die Geheimnisse der Sprache, die Borges faszinierte, taucht bei einem anderen Dichter der Gegenwart auf, dessen lyrisches Werk aus einer fast gewaltsamen inneren Auseinandersetzung mit den Mitteln und Möglichkeiten der Sprache zu bestehen scheint: bei Paul Celan.

---

60 Vgl. Gershom Scholem: Jewish Gnosticism, Merkabah Mysticism, and Talmudic Tradition. New York 1960, S. 77.

Das in Celans Gedichtband *Die Niemandsrose*[61] erschienene Gedicht: "Einem, der vor der Tür stand" erwähnt zwar den Golem nicht als solchen, wendet sich aber namentlich an Rabbi Löw und spielt deutlich auf die Prager Golemsage an. Dass sich Celan von Prag und seiner geschichtlichen und sagenhaften Atmosphäre inspirieren liess, liegt nicht nur durch seine südosteuropäische und jüdische Herkunft nahe, es erweist sich z.B. auch an seinem Gedicht: "In Prag" aus dem Band "Atemwende" (1967). Peter Horst Neumann hat den "Anklängen an einen jüdischen Mythos" im Werk dieses Dichters ein Kapitel in seinem Buch "Zur Lyrik Paul Celans"[62] gewidmet, ausgehend von dem Gedicht: "Einem, der vor der Tür stand." Neumann nimmt — wohl mit Recht — an, dass eine nähere Bekanntschaft des Lesers mit der Entwicklung der Golemsage nicht vorauszusetzen sei, und gibt daher eine kurze diesbezügliche Einleitung, die auf Scholems Artikel von 1954[63] fusst, um so dem Leser "[...] ein Gefühl für das geistige 'Klima' [zu vermitteln], aus dem heraus die zu betrachtenden Gedichte Celans [...] zu deuten sind"[64]. Wenn es dennoch dem Autor kaum gelingt, "die dunklen Verse" von "Einem, der vor der Tür stand" auf Grund des Golemmythos bzw. der Sage befriedigend zu erklären, so ist das aus mehreren Gründen nicht erstaunlich. Erstens können dem Dichter, obwohl er offenbar von der Prager Sagenüberlieferung ausging, auch andere, etwa literarisch vermittelte Fassungen und Motive der Sage als Anregung gedient haben. Zweitens ist kaum anzunehmen, dass ein so eigenwilliger, oft zum paradoxen oder stark chiffrierten Ausdruck neigender Lyriker wie Celan eine durch Sage oder Literatur vorgezeichnete Überlieferung aufgreifen wird, ohne ihr eine völlig neue, andersartige und persönliche Wendung abzugewinnen. Wie jedoch Bernhard Böschenstein in bezug auf einige Gedichte aus dem Spätwerk des Dichters hervorhebt, ist es trotz Celans Abneigung gegen das Fahnden nach "Bildungsreminiszenzen" in seinem Werk notwendig, "dass der Leser den Verweis auf die 'gebildete' Assoziation erkenne, [denn] erst dann kann er diese rückgängig machen"[65]. Unter solcher Voraussetzung, die bereit ist, die Motive der Golemüberlieferung zwar zu erkennen, sie aber nötigenfalls auch "rückgängig zu machen", soll das Gedicht von "Einem, der vor der Tür stand" hier nochmals betrachtet werden.

Die Verse weisen, wie viele unter Celans späteren Gedichten, keine Überschrift auf, sondern ihre Anfangsworte dienen ihnen gleichzeitig als Titel: "Einem, der vor der Tür stand." Diesen "Einen", von dem das Gedicht ausgeht und der ihm gleichsam als Titelfigur dient, zu identifizieren, wird sich als eine der wichtigsten und zugleich schwierigsten Aufgaben bei der Betrachtung des Gedichtes erweisen.

---

61 Frankfurt 1964, S. 40f.
62 Göttingen (= Kleine Vandenhoeck-Reihe 286/87) 1968, S. 44—55.
63 Vgl. oben I, Anmerkg. 13.
64 P. H. Neumann: Zur Lyrik Paul Celans, S. 47.
65 Lesestationen im Spätwort. In: Etudes Germaniques 15 (1970) S. 295.

Bei einem Blick auf die äussere Struktur der Verse heben sich zunächst drei Teile voneinander ab. Der erste Teil endet mit dem Schlusspunkt des ersten Satzes nach Zeile 13. Isoliert zwischen diesem und dem aus einem längeren und zwei kurzen Imperativsätzen bestehenden dritten Teil steht eine Anrede des Sprechers an Rabbi Löw. Diese zerfällt in zwei Kurzzeilen, sodass der Eigenname ("Löw") — ein seltenes Phänomen bei Celan — eine Zeile für sich beansprucht. Zählt man nun die Zeilen des Gedichtes nach, so zeigt sich, dass dieser Name genau in der Mitte, gleichsam im Achsenpunkt des Gedichtes steht. Vierzehn Zeilen gehen ihm voraus, vierzehn Zeilen, einschliesslich der elliptischen Stummzeilen am Ende, folgen ihm. Die Tatsache, dass die einzige namentliche Identifizierung einer Gestalt in diesem Gedicht genau in der Mitte auftaucht, dürfte für den weiteren Identifizierungsversuch nicht ohne Bedeutung sein. Auch am Ende des Gedichtes erfolgt noch eine explizite Anrede des Sprechers an den "Rabbi", und es scheint, dass auch die anfängliche Begegnung zwischen dem Sprecher und dem "Einen" aus einer Art Anrede besteht: "Einem, der vor der Tür stand, eines / Abends: / ihm / tat ich mein Wort auf —"

Die Wichtigkeit des "Einen" wird auf verschiedene Weise angedeutet. Er wird zunächst als "einer" unter vielen hervorgehoben, er steht an betonter erster Stelle des Gedichts und "ihm" ist noch einmal die dritte Zeile ausschliesslich gewidmet. Das Verhältnis des Sprechers zu diesem "Einen" ist offenbar ein besonderes. Der "Eine" scheint ein Erwählter des Sprechers zu sein. Die Beziehungen zwischen dem Sprecher und dem "Einen" werden vorläufig durch eine Orts- und Zeitangabe näher bestimmt. Der "Eine" stand vor der Tür, eines Abends. Dieses "Vor-der-Tür-stehen" könnte wohl eine bildliche Geste der Bitte um Einlass oder Aufnahme bedeuten, zumal am Abend, wenn ein Mensch nicht draussen stehen sollte, sondern eine Unterkunft, vielleicht eine Zufluchtsstätte braucht. Der Doppelpunkt nach "Abends":, noch vor dem Prädikat des Hauptsatzes, zeigt, dass die Aktion des Sprechers als ein Ergebnis, eine Reaktion auf das abendliche "Vor-der-Tür-stehen" aufzufassen ist, sodass man auch lesen könnte: weil dieser Eine abends vor der Tür stand, tat ich ihm mein Wort auf. Hier zeigt sich eine für Celan typische Verschränkung von Bild- und Abstraktionsbereich, eine Art syntaktisches "Sprachgitter"[66]. Statt seiner Tür öffnet der Sprecher sein Wort. Der Geste des Einlassbegehrens entspricht eine Geste innerer Offenbarung. Dass das "Wort" einen Zugang erschliessen kann, wurde auch in dem Golemgedicht von J. L. Borges bemerkt, wo der geheime Gottesname als *la Clave* und *La Puerta* bezeichnet wurde. Auch bei Celan kann das "Wort" solchen Eröffnungscharakter haben, wie etwa aus einem früheren Gedicht hervorgeht, wo es heisst: "Mit wechselndem Schlüssel / schliesst du das Haus auf, [...] Wechselt dein Schlüssel, wechselt das Wort[67]." Gilt nun aber das "Vor-der-Tür-stehen" als

---

66 Vgl. Clemens Heselhaus: Paul Celans 'Sprachgitter'. In: Deutsche Lyrik der Moderne, S. 430—437.
67 In: Von Schwelle zu Schwelle. Stuttgart ³1961, S. 36.

metaphorische Geste der Bitte um Einsicht oder Offenbarung, so wird auch in dem Ausdruck "eines / Abends" mehr mitschwingen als nur die Tageszeit. Wie H. P. Neumann bereits bemerkt[68], wird die am Ende des Gedichtes durch Rabbi Löw geschlossene "Abendtür" auf das abendliche "Vor-der-Tür-stehen" des "Einen" am Anfang des Gedichtes bezogen sein.

"Ihm / tat ich mein Wort auf —", offenbar handelt es sich hier um ein erhabenes Schlüsselwort, das durch sich selbst seinen Eigentümer offenbart. Nur durch dieses offenbarende Wort kann auf das "Ich" geschlossen werden, das sich hinter ihm verbirgt. Das Wort selbst wird jedoch (ähnlich wie in Borges' Gedicht) nicht genannt, der folgende Gedankenstrich verschwiegt es. Damit ergibt sich die Frage, ob der Sprecher in diesem Gedicht wirklich nur das gewöhnlich vorausgesetzte lyrische Ich darstellt, oder ob dieses *Ich* hier nicht vielleicht gleichzeitig in der Rolle eines "ganz Anderen"[69], Höheren spricht, der dem "Einen" vor der Abendtür sein geheimes Schöpferwort offenbarte? Es wäre nicht das erste Mal, dass sich Schöpfungsvorstellungen des Künstlers in der Schöpfungsvorstellung der Golemsage reflektieren.

Das dem *Einen* vom Sprecher eröffnete Wort bleibt Geheimnis. Nach dem zweiten Doppelpunkt zeigt sich lediglich das Resultat jener Wortoffenbarung: "zum / Kielkropf sah ich ihn trotten [...]" Der Eine, dem die Tür des Wortes aufgetan wurde, geht weiter und gesellt sich zu einem minderwertigen Geschöpf, das nun grosse Ähnlichkeit mit dem Sagengolem des Rabbi Löw aufweist. "Der Kielkropf wird von Erdgeistern, Kobolden und Hexen anstelle eines Neugeborenen untergelegt. Er [...] bleibt meist ohne Sprache, vermag nur Laute von sich zu geben [...], ist bösartig, hässlich und ungestalt. Er wird durch magische Zeugung geschaffen und ist ohne Seele[70]." Auf die Verwandtschaft dieses "halb- / schürigen" (d.h. von der zweiten Schur, minderwertig) Geschöpfes mit dem Golem deuten die Motive der Stummheit, Seelenlosigkeit und magischen Zeugung hin. Hatte aber Rabbi Löw der Sage nach das ihm offenbarte Wort benutzt, um eine Art "halbschürigen" Menschen, eben den Golem, erst zu erschaffen, so geht dieser "Eine" des Gedichtes mit seiner Wortoffenbarung zu einem solchen Geschöpf, das überraschenderweise bereits existiert. Das Bild von "dem / im kotigen Stiefel des Kriegsknechts / geborenen Bruder" lässt sich vielleicht mit der "Volksbuch" Version der Sage verbinden, wo ja der Golem als "Kriegsknecht" im Kampf gegen die Verfolger dient. Warum wird aber dieses minderwertige Geschöpf "Bruder" genannt? Vermutlich weil es vom höheren Standpunkt des Sprechers aus gesehen von der gleichen Art ist wie der *Eine*, der sich ihm zuwendet. Die Bezeichnung "mit dem blutigen / Gottes- / gemächt"

---

68 Zur Lyrik Paul Celans, S. 48.
69 Vgl. Der Meridian. Rede anlässlich der Verleihung des Georg-Büchner Preises. In: Ausgewählte Gedichte. Zwei Reden. Nachwort Beda Allemann. Frankfurt [4]1970, S. 142.
70 Handwörterbuch des deutschen Aberglaubens IX (1951); hier zitiert nach P. H. Neumann: Zur Lyrik Paul Celans, S. 50.

trifft sich wohl mit dem Bild vom Kriegsknecht. Der "im kotigen Stiefel des Kriegsknechts geborene" kennt eben nur eine blutige Machtbefugnis[71] als höheren Befehl. Schöpferische Wortoffenbarung und Ermächtigung durch einen blutigen Auftrag stehen sich hier gegenüber, wobei der "Eine" die Mittel- oder Vermittlerstellung einnimmt, indem er erst vor der Tür des Höheren steht und sich dann dem minderwertigen Geschöpf zuwendet. Der Gedanke liegt nahe, dass dieser "Eine", der in der Mitte steht zwischen höherer Offenbarung und niederer Manifestation des Menschlichen, auch derjenige ist, der im äusseren Schnittpunkt des Gedichtes steht, nämlich Rabbi Löw.

Jener Sprecher, der dem *Einen* zunächst Tür und Wort geöffnet hatte, ruft nun diesen Auserwählten, ihm Verpflichteten zornig bei seinem Namen: "Rabbi, knirschte ich, Rabbi/Löw". In dem Verb "knirschen" drückt sich der hilflose Zorn desjenigen aus, der zwar Besitzer des Wortes ist, der es auftun kann, aber nicht zurücknehmen oder modifizieren. Dem "mit dem blutigen Gottesgemächt" gegenüber ist der Sprecher selbst völlig hilflos. Darum wendet er sich an Rabbi Löw als Vermittler und Werkzeug der Wortzerstörung. Der dritte Teil des Gedichtes besteht ausschliesslich aus den Aufträgen des Sprechers an den Kabbalisten, dem das Geheimnis des Wortes mitgeteilt wurde: "Diesem / beschneide das Wort." Viermal wird das demonstrative *diesem* wiederholt, jedesmal unter Beanspruchung einer ganzen Zeile, das letzte mal als einziger Bestandteil eines Satzes. Offenbar ist der "halb- / schürige" gemeint, dem auch die leidenschaftlichen letzten Zeilen des ersten Gedichtteiles galten. Der Kabbalist der Sage soll in der Rolle des Vermittlers dem niederen Bruder mit dem "blutigen Gottesgemächt" auf Grund des Wortvermächtnisses eines Höheren "das Wort beschneiden". Rabbi Löw soll also keinen Golem schaffen, sondern den schon in Gestalt des "schilpernden Menschleins" existierenden überwinden, so wie er einst auch den gefährlichen Sagengolem gebändigt hatte.

Eine Art Progression zeichnet sich in den Aufträgen des Sprechers ab: "Diesem / beschneide das Wort." Diese Formulierung erinnert an das Emeth-Motiv, obwohl dies in der Prager Sage sonst kaum anzutreffen ist. Gemeint ist: In diesem bewirke eine Wandlung, sei es auch durch die Verwandlung des magischen lebenspendenden Wortes, also durch eine äussere Wandlung zwischen Leben und Tod. "Diesem / schreib das lebendige / Nichts ins Gemüt"; hier deutet der Ausdruck "lebendiges Nichts" bereits an, dass der Auftrag des Sprechers an Rabbi Löw nicht ausschliesslich zerstörerisch ist, sondern gleichzeitig schöpferisch. Gerade das Nichts hat in Celans Werk oft eine lebenerweckende Qualität. In der Sammlung "Die Niemandsrose", der dieses Gedicht zugeordnet ist, finden sich dafür mehrere Beispiele. In dem Gedicht "Psalm" geht das Blühen dieser Rose aus der völligen Negation alles geschaffenen Lebens hervor. Gerade dafür, dass die Schöpfung aus Erde und Lehm, das Besprechen

---

71 Matthias Lexers: Mittelhochdeutsches Taschenwörterbuch. Stuttgart [33]1969, S. 60.

des Staubes (deutlich zeigt sich hier eine Reminiszenz an den Golemmythos) nicht wiederholt wird, preist dieser Psalm den Nicht-Schöpfer unter der Anrede "Niemand". Auch in dem Gedicht "Mandorla" enthält das "Nichts" einen verheissungsvollen Kern: "Im Nichts — wer steht da? Der König[72]." Auffallend an der obigen Auftragsformulierung an Rabbi Löw ist vor allem das Wort *Gemüt*, ein Wort, das im Rahmen moderner Lyrik Seltenheitswert hat[73]. Auch hier wird dieses Wort durch das "Nichts", mit dem es eine Zeile teilt, verneint. Dennoch steht es da und wird insofern anerkannt. Die Frage drängt sich auf, ob dem "schilpernden Menschlein" aus dem ersten Teil überhaupt ein "Gemüt" eignen kann? Der Sprecher setzt offenbar dieses *Gemüt* voraus, versucht es aber auf dem Wege über das *lebendige Nichts* sowohl zu zerstören wie neu zu beleben.

Der dritte Auftrag an Rabbi Löw verheisst dann einen "heil- / bringenden Spruch": "Diesem / spreize die zwei / Krüppelfinger zum heil- / bringenden Spruch." Auch hier liegt der Gedanke an das Emeth-Motiv nahe, dessen zwei "Krüppelfinger" oder Silben sich zum "heilbringenden Spruch" (Tod oder Wahrheit?) spreizen lassen. Das Wort "Finger" scheint bei Celan öfter für das geschriebene Wort zu stehen. So heisst es etwa am Ende des Gedichtes "Sibirisch": "Da lieg ich und rede zu dir / mit abgehäutetem Finger[74]." Bildlich sind die "Krüppelfinger" durchaus noch auf den missgebildeten Kielkropf bezogen, während sie gleichzeitig schon als chiffrierte Bestandteile eines neuen, durch den heilbringenden Spruch zu realisierenden Zustands erscheinen.

Das Auslöschen der Golem-artigen Gestalt scheint die Verheissung eines neuen Zustands in sich zu schliessen, der sich im *lebendigen Nichts* und im *heilbringenden Spruch* hoffnungsvoll andeutet. Der Vorgang der Sage, der aus Schöpfung und Zerstörung des Golem durch Rabbi Löw besteht, wird hier offenbar in einer anderen Reihenfolge angestrebt. Die Wortmagie des Kabbalisten soll zunächst der Zerstörung eines Vorhandenen gelten, um so zum neuen, *heilbringenden Spruch* vorzustossen. Für den *Einen*, dem das geheime, höhere Wort offenbart wurde, fällt der Auftrag der Zerstörung und Neuschöpfung — "Wortbeschneidung" und "heilbringender Spruch" — zuletzt in einen Prozess zusammen. In diesem Sinne entspricht dem Zuwerfen der *Abendtür* am Ende des Gedichtes das Aufreissen einer Morgentür. Am Anfang wurde dem *Einen* ein Wort und gleichzeitig eine *Abendtür* aufgetan. Dieser Abendtür entspricht also auch ein *Abend-Wort*, als das Wort am Ende einer Zeitepoche, dessen Funktion zunächst eine zerstörerische sein muss. Wenn dieses Wort — am Ende des Gedichtes — seinen Zweck erfüllt hat, kann die *Abendtür* geschlossen werden. Eine neue Epoche, diejenige des *heilbringenden Spruches* soll mit dem Aufreissen der *Morgentür* anbrechen. Die zwei stummen Zeilen zwischen den drei Aufträgen an Rabbi Löw im dritten Teil des Gedichtes stellen vermutlich ein

---

72 Die Niemandsrose, S. 42.
73 Vgl. Herbert Seidler: Die Dichtung. Stuttgart 1959, S. 398ff.
74 Die Niemandsrose, S. 46.

schweigendes Warten auf die Erfüllung des Auftrags dar. In der letzten Gedichtzeile muss daher der Sprecher plötzlich verstummen, denn nach dem Zuwerfen der Abendtür sind seine Worte nicht mehr vernehmbar. Der *Eine,* der am Anfang des Gedichtes vor der Abendtür stand, dem das Wort aufgetan wurde, steht auch am Ende des Gedichtes wieder vor dieser Tür, mit deren Schliessen sich das Wort des Sprechers selbst verschliesst, während es ihm noch eine neue Tür und ein neues Wort verheisst.

Es ist evident, dass das Gedicht im Wesentlichen aus einer Anrede besteht. Am Anfang wird diese Anrede noch indirekt, d.h. von aussen gesehen mitgeteilt: "Ihm / tat ich mein Wort auf." Aber im weiteren Ablauf des Texts erreicht das Gefühl des Betrachtenden eine solche Intensität, dass es in der Mitte des Gedichtes in den direkten Anruf ausbricht: "Rabbi Löw", der sich dann in den Aufträgen an den Magier der Sprache fortsetzt. Es ist, als ob der Sprecher, der eingangs eine gewisse anonyme Undurchsichtigkeit vorgezogen hatte, unter dem Bedrängnis der Eindrücke ("zum / Kielkropf sah ich ihn trotten [...]") ganz aus sich selbst hervortritt und gleichsam mit dem Finger auf *diesen* zeigt. Der Sprecher kann das Verständnis des Wortmagiers voraussetzen; beide kennen die Schlüsselworte, beide wissen, dass hinter dem vier mal wiederholten *diesem* ein *nicht jenem* steht, das sich auf die Schöpfung und Zerstörung des Sagengolems bezieht.

Vergleicht man den Ton dieses Gedichtes etwa mit demjenigen von "El Golem", so zeigt sich eine völlig andere Art von lyrischer Sprechweise. Zeichnete sich in Borges' Gedicht eine vorwiegend statuierende und betrachtende Haltung ab, die aus einem von den Geheimnissen der Sprache und Schöpfung ausgelösten Erlebnis hervorging, so erkennt man in Celans Gedicht, obwohl es von einem ähnlichen Erlebnis bewegt wird, eine gespanntere Art von Lyrik, die aus einem "Kraftfeld innerer Spannungen"[75] zu bestehen scheint. Mit einigem Recht könnte wohl im Zusammenhang dieser Verse von *dramatis personis* die Rede sein. Wenigstens drei Gestalten waren zu unterscheiden, die zueinander in gespannter Beziehung standen, vier, wenn der *Eine,* der hier mit Rabbi Löw identifiziert wurde, als eine weitere getrennte Gestalt aufgefasst wird. Das Gedicht lebt in jedem Fall aus dem gespannten Verhältnis seiner Gestalten zueinander. Der Sprecher, obwohl er sich der Vergangenheitsform bedient, ist keineswegs von den Vorgängen distanziert, etwa wie derjenige in "El Golem", sondern völlig in das Spannungsfeld miteinbezogen. Dies zeigt sich sowohl an der Intensität und fast atemlosen Häufung seiner Ausdrucksbilder wie auch in der eigenen Charakterisierung seiner Sprechweise: "[...] knirschte ich." In der Dringlichkeit und Leidenschaftlichkeit, mit welcher der Sprecher dieses Gedichtes sein Anliegen, das man vielleicht in dem Ausdruck vom "heil- / bringenden Spruch" zusammenfassen könnte, vorträgt, steigern sich diese Verse

---

75 Herbert Seidler: Die Dichtung, S. 387.

zu einem kleinen Drama, das jedoch in den rationalen Bewusstseinsschichten nicht völlig auflösbar ist.

Im Gegensatz zu den indirekten Bezügen zur Golemsage, die in Celans Dichtung eher angedeutet als deutlich werden, bildet in einem 1967 erschienenen Gedicht der Golemstoff das unübersehbare Gerüst des poetischen Gehalts. "The Golem Wheel" von David Meltzer[76] stellt eine lyrisch komprimierte Nachbildung der Prager Sage nach der "Volksbuch"-Überlieferung derselben dar. Diese Transformation der epischen Vorlage ist insofern bemerkenswert, als dieselbe Quelle in den US auch zur Form des "Dramatischen Gedichtes" (vgl. unten III, S. 109), zur Oper (unten IV, S. 143ff.) und zum Roman (unten VII, S. 224ff.) geführt hat.

Der Titel "The Golem Wheel" bezeichnet die innere Struktur des Gedichtes. Die Verbindung zwischen dem angeblichen, historisch fixierten Sagengeschehen und dem Sprecher, der dieses Geschehen auf sich und seine Gegenwart bezieht, wird im Bild vom Rade eingefangen, das sowohl die Wiederkehr des Gleichen als auch eine unabsehbare Progression im Verlauf eben dieser Wiederkehr nahelegt.

Seiner äusseren Form nach gliedert sich das Gedicht in 22 Teile von ungleicher Länge und Art. Mehrere dieser Teile könnten als "Untergedichte" im Rahmen des Ganzen bezeichnet werden und weisen reimlose, freirhythmische Strophenform auf. Andere Teile des Textes bestehen aus Zitaten aus dem "Volksbuch", lexikalischen Elementen oder kurzen Prosanotizen. Das formale Geflecht aus diesen heterogenen Elementen kann insofern auf die Bezeichnung "Gedicht" Anspruch erheben, als es sich durch komprimierte Form, mehrschichtige Bilder und einen Mangel an logischen Bezügen auszeichnet. Gleichzeitig beziehen sich alle Aussageelemente dieses Textes — ähnlich wie die Speichen eines Rades — auf einen gemeinsamen Mittelpunkt.

Will man bei dem Bilde vom Rad bleiben, so lassen sich die Strukturebenen dieses Textes gleichsam von aussen nach innen verfolgen. An der Peripherie des "Golemrades" finden sich scheinbar unvereinbare Gegensätze, die in der Golemüberlieferung in Erscheinung treten und zugleich an die Paradoxien menschlicher Existenz gemahnen. So geht der Text zunächst von verschiedenartigen Bedeutungen des Wortes *golem* aus:

    go˙lem / n (Yiddish *goylem*):
    an artificial human being
    of Hebrew folklore endowed
    with life

    Golem in Hebrew means
    "shapless [sic] mass"

---

76 In: Dark Continent. Oyez, California 1967, S. 29—43.

Auch die in der Golemvorstellung vereinigten Begriffe: *"E'mes:* Truth" und *"Mes:* Death" werden einander gegenübergestellt. Diese geistigen Aspekte der Sagengestalt werden mit ihren körperlichen Elementen, Erde und Wasser, in Verbindung gebracht, während gleichzeitig auf die entsprechende Zusammensetzung des Menschen (Fleisch und Blut) hingedeutet wird: *"E'mes* graven on your forehead, Golem, / becomes *Mes* when you're returned to earth / bleeding Moldau thru Rabbi Judah Loew's attic floor." Schliesslich steht auch der mit der Golemtradition verbundene geheimnisvolle "Name" für entgegengesetzte Prinzipien: *"Shem ha-me forasch* to begin / & to end remove *Shem,* / the life principle." Diese lexikalischen Bestandteile des Textes stellen nicht etwa eine unentbehrliche Erklärung gewisser *termini technici* dar, denn sie tauchen als solche im weiteren Verlauf des Gedichtes nicht mehr auf. Sie bilden vielmehr eine Art Prolog, der sich mit dem letzten Teil des Textes zur Peripherie des "Golemrades" zusammenschliesst: " – Tho God's with you when you're Golem / [...] He can't prevent man from killing you." Die aufgezeigten Gegensätze und Unstimmigkeiten in der Vorstellung vom Golem reflektieren also ähnliche Unstimmigkeiten in der Existenz des Menschen.

Der innere Kreis des "Golemrades", der gleichsam den grössten Teil seines Durchmessers einnimmt, besteht aus dem Sagenstoff des "Volksbuches". Ausgehend von der Jahreszahl 5340 (1580) folgt ein Zitat aus dem "Volksbuch", das die späte Motivierung der Prager Golemsage am "dichtesten" ausdrückt: "(Make a Golem of clay & you will destroy / the entire Jew-baiting community)[77]."

Die folgende Betrachtung des mythischen Schöpfungsvorganges schliesst nicht nur den Menschen als Gebilde Gottes, den Golem als Gebilde des Menschen, sondern auch Gott als ein Gebilde der menschlichen Vorstellung ein: "[...] / a meditation of the imagination / whose best works are God / [...]." In den terzinenartig angeordneten 13 Zeilen, die den Schöpfungsvorgang beschreiben, fehlt eine klare syntaktische Struktur, sodass der Eindruck einer Verschmelzung von rationalen und irrationalen Elementen auch stilistisch hervorgerufen wird.

Im folgenden Teil des Textes stossen die *schwarz-weiss* Elemente der "Volksbuch" Handlung durch ihre komprimierte Darstellung so unvermittelt aufeinander, dass sich ein grotesker Effekt ergibt:

> Rabbi Judah Loew of Prague
> [...]
> made the golem
> to guard Prague Jews from Christian redbeards
> sneaking thru the ghetto
> spying for sacred butcher blocks where
> Christ's pure maids were
> beheaded.

---

[77] Vgl. Chayim Bloch: The Golem. Legends of the Ghetto of Prague. Transl. Harry Schneiderman. Vienna 1925, S. 65. Vgl. auch oben, I, Anmkg. 95.

> Their virgin pure blood
> poured into buckets hidden in the synagogue
> basement &, at Pesach,
> passed about in gold goblets,
> drunk as sacrament.

Diese indikative Schilderung des Ritualmordwahnes lässt gerade durch das Mittel der Verallgemeinerung und entstellenden Übertreibung den unheimlichen Bereich von Lüge und Verleumdung deutlich werden.

Nach der Erläuterung der Schöpfung und Funktion des Prager Golem erfolgt die Frage nach dem "Golemaufstand". Wie oben (I, S. 41ff.) bereits nachgewiesen wurde, wirkt das alte Gefahrmotiv der Sage in der "Volksbuch"-Version überflüssig und nebensächlich und wird vom Herausgeber als spätes unechtes Sagenmotiv erklärt. Der Verfasser des "Golemrades" hat offenbar diese Unzulänglichkeit richtig gespürt und bietet daher eine "alternative" Erklärung des Golemaufstandes an. Der nächste Teil beginnt: "This poem as the Golem / is an alternative." Ist im Gefolge der Menschenschöpfung die "Alternative" des Golem zulässig, so muss auch im Prozess der dichterischen Nachschöpfung eine "Alternative" möglich sein. Der Schöpfer als Dichter sieht den Anlass zum Golemaufstand in dessen Unfähigkeit zur Sprache. Gerade diese Unfähigkeit sich mitzuteilen musste zur Raserei des Golem führen, weil sie sowohl den Ausdruck der Zuneigung und Liebe wie auch denjenigen des Widerspruches und damit der Freiheit erstickt: "[. . .] he went mad to say, / I love you / to Eve, to Adam, [. . .] Even once to say to the Rabbi, / No. [. . .]." Aus dem Stummheitsmotiv gehen dann auch die Züge des Golem hervor, die ihn in der Sagentradition zur grotesken Figur, zum "leimenen Golem" (vgl. oben I, S. 40) geprägt haben. Die Schilderung der Episode mit der Äpfelverkäuferin[78] erinnert hier an die aus den alltäglichen Fugen geratende Welt bei E. T. A. Hoffmann. So wird im weiteren Verlauf des Textes aus dem stummen Golem die dem Wirklichkeitsbereich enthobene, komische und zugleich "wunderbare" Sagenfigur: "Golem with amulet / becomes invisible. / Sneaks about on massive clay clods / rendering justice where / no justice was before / his mighty fist formed it. / Pow. [. . .] The Golem is neat / because he's invisible." Das gängige Wort "neat" bildet hier einen adäquaten Ausdruck für die zeitgenössische Auffassung des "Wunderbaren". In dem grammatischen und stilistischen Übergang zur Gegenwartsform deutet sich bereits die Verschmelzung der Sagengestalt mit dem Sprecher dieses zeitgenössischen Gedichtes an.

Auf das gleichzeitig Permanente und Transitorische der Golemgestalt, in der der zeitgenössische Mensch ein verzerrtes Spiegelbild seiner selbst erblickt, weisen auch die Verse vom Golem als Fischer[79] hin. Die Parallele Golem /

---

78 Ebd. S. 136f.
79 Ebd. S. 72–74.

Mensch wird hier durch das angebliche Zitat von Rabbi Judah Loew[80] hervorgehoben: "The Golem partakes of the everlasting belief; and will rise again at the end of all human existence, but in a quite different form."

In dem Masse wie die Sagengestalt des Golem in diesem Text allmählich in unsere zeitgenössische Welt herübergeführt wird, nimmt nun — im Mittelpunkt des "Golemrades" — der Sprecher des Gedichtes Golemzüge an. Dabei erfolgt die Identifizierung des lyrischen Ich mit der Golemgestalt unter der gemeinsamen Kategorie jüdischer Tradition: "The Jew in me is the ghost of me / hiding under a stairway / or returning home to a hovel / to find table & a chair / wrecked by Golem's fist / bed broken, my black rags / hanging from his teeth." Aus diesem Mittelpunkt des "Golemrades", an dem das Ich des Sprechers mit der Vorstellung vom Sagengolem verschmilzt, geht die Erkenntnis der Auswegslosigkeit des menschlichen Zustandes hervor. Zwar haben sich in unserer Zeit andere Identifizierungen mit der Golemgestalt angeboten: "In the movie / he was played by / Harry Bauer, a German, / who also played Raskolnikov / [...] Frankenstein, The Mummy / bury their face behind your mask[81]." Aber diese historischen Golemrollen erlösen nicht von der mythisch-menschlichen Golemmisère. Die Einsicht der Unerlösbarkeit aus dem Golemzustand kann sich lediglich in einem erneuten schöpferischen Akt Luft machen. So kommt es zu einem "song" des Golem innerhalb des Golemgedichtes, also zu einer Art Gedicht im Gedicht, in dem sich die lyrische Aussage des Rahmengedichtes gleichsam um eine weitere Potenz verdichtet:

> — O my heart is away from me
> My hands feel nothing
> O my brain is away from me
> O my legs feel nothing
> No one is as sad as I am
> & I can not die
> & I can not die
> O god hear me cry
> I can not die

Die Gespaltenheit und Ohnmacht der menschlichen Existenz, die sich einerseits als Objekt erkennt und andererseits nicht über ihre eigene Subjektivität hinauszureichen vermag, wird hier auf den primitivsten lyrischen Ausdruck gebracht, wie er dem stummen Golem adäquat ist.

Als "Golem Wheel" muss das Gedicht im letzten Teil noch einmal zu seinen peripheren Schichten, d.h. zunächst zur "Volksbuch"-Überlieferung der Sage zurückkehren. Unter der Überschrift "Notes:", die an die Anhänge zum "Volksbuch" erinnert, wird mitgeteilt, dass das Ritual der Golemschöpfung bei der Zerstörung des Golem umgekehrt wurde. Der Schlussteil des Textes greift die

---

80 Ebd. S. 202.
81 Der Film, auf den hier angespielt wird, ist "Le Golem" (1936) unter der Regie von Julien Duvivier. Vgl. oben V, S. 163.

anfängliche Darstellung der in der Golemüberlieferung verschmolzenen Widersprüche auf und überträgt sie endgültig auf die menschliche und spezifisch auf die jüdische Existenz:

> – Tho God's with you when you're Golem
> many people wish you dead.
> Tho God's with you when you're Golem
> many people push you down the well
> into icy water to die.
> Tho God's with you
> He can't prevent man from killing you.

Am Ende dieser Reihe von Golemgedichten sehr unterschiedlicher Art gilt es noch ein Gedicht zu kommentieren, das im Jahre 1972 entstand und das hier zum ersten Mal veröffentlicht wird. Bei den "Ein Zwiegspräch" überschriebenen Versen von Otto Paneth[82] handelt es sich, wie der Titel andeutet, um ein Rollengedicht, das aus einem Dialog zwischen Vater und Sohn[83] besteht. Das Gedicht wird durch die unvoreingenommenen Fragen des Kindes ausgelöst und strukturiert. Auf die schwierige Frage, was ein Golem sei, antwortet der Vater zunächst so kurz und sachlich wie möglich im Sinne der Sage. Erst die weiteren Fragen des Kindes verleiten ihn allmählich dazu, seine Erklärungen mit einer Lehre aufzufüllen. Aus dem Golemaufstand der Prager Sage ergibt sich scheinbar ganz natürlich die Beschreibung eines Hiroshima. So besteht die Lehre im Wesentlichen in der zweideutigen Funktion, die dem als "Golem" bezeichneten Fabelwesen als einem Symbol für die Errungenschaften moderner Technik und Wissenschaft unterschoben wird. Das Kind unserer Zeit wird hier auf anschauliche Weise dazu bewogen, in den fabelhaften Transportmitteln, die ihm ebenso vertraut wie faszinierend erscheinen, eine Miniaturform unheimlicher "Golems" zu sehen, die als Atomwaffen "tief in ihren Höhlen lauernd" sich verselbständigen können, um sich auf grosse Entfernungen hin mit tödlicher Kraft auf ihre Opfer zu stürzen.

Die sowohl auf das unheimliche Wachstum des Chelmer Golem wie auf die Zerstörungswut des Golem in der Prager Sage zurückgehende Analogie zwischen Golem und Technik liegt wohl darum so nahe, weil durch die Überlagerung der Motive von Golemgefahr und der aus dem "Volksbuch" stammenden Vorstellung vom Golem als Retter die Situation einer zweideutigen Rettung vorgebildet ist (oben I, S. 43f.). In "Ein Zwiegespräch" versucht der Ältere dem Jüngeren das von unserem Jahrhundert wie ein Golem heraufbeschworene Dilemma bewusst

---

82 Geboren 1889 in Wien, von 1921–1945 als Arzt in Indonesien und Indien, 1943–45 in einem japanischen Konzentrationslager interniert, lebt seit 1951 in den USA. Vgl. über Leben und Werk: Otto Paneth: West-Östlicher Rückblick. Günzburg 1961. Der Text von "Ein Zwiegespräch" findet sich unten, S. 235.

83 Es wird nirgends im Gedicht ausdrücklich erwähnt, dass das Kind ein Sohn ist. Es könnte also auch eine Tochter sein.

zu machen, in dem sich der moderne Mensch auf Grund seiner technischen und wissenschaftlichen Fortschritte befindet, und so in dem Vertreter einer neuen Generation ein Gefühl der Verantwortung zu erwecken für die Welt, in die er hineinwächst. Die widersprüchlichen Ausrufe: "Das ist ja fein!" und "Das alles find ich gar nicht schön!" verraten die spontane Einsicht des Kindes in die Zweideutigkeit der technischen Welt.

Keine harmonische Lösung des Golemdilemmas wird angestrebt oder erreicht. Der junge Mensch wird nicht mit falschem Trost beruhigt oder zum Optimismus angehalten. Diese Haltung auf seiten des älteren Gesprächspartners entspricht der "Wirklichkeitsnähe" und "pessimistischen Grundstimmung" der Volkssage[84]. So wird das Kind schliesslich mit dem klaren Bewusstsein zu Bett geschickt, dass es keineswegs selbstverständlich ist, dass "man morgen früh erwacht". Aber gerade aus dieser Ungewissheit über das, was Nacht und Morgen bringen können, erwächst am Ende ein Hoffnungsstrahl und eine Art existentielle Dankbarkeit: "Hoffen darfst du's." Das unheimliche Motiv der Gefahr in der Golemsage wird hier bis zu einem gewissen Grad rationalisiert und überwunden.

Der Dialog erweist sich als besonders geeignete Form für die lehrhafte Tendenz dieser Verse. Aus der intimen Situation zwischen Vater und Sohn, aus ihren engen natürlichen Beziehungen erwächst zugleich die Atmosphäre eines persönlichen Erlebnisses, das sich mit der Aufklärung des Jüngeren über die Zweideutigkeit unserer modernen Welt verbindet. Die Spannung des Dialogs geht hier vor allem aus dem Altersunterschied der Gesprächspartner hervor, die als Vater und Sohn zugleich die unterschiedlichen Lebenserwartungen zweier Generationen vertreten: der älteren, die gelebt hat und daher der existentiellen Unsicherheit resignierter und ruhebedürftiger gegenübersteht ("Nun, wenn schon! [...] Gute Nacht!"), und der jüngeren, die noch alles vom Leben erhofft.

Die Form des Dialogs ist verhältnismässig selten geworden in der Lyrik der Gegenwart, deren Autoren eher zum "dramatischen Monolog" neigen[85]. So besteht das letztlich Konstruktive, das sich in diesen skeptisch mahnenden Versen äussert, darin, dass ein Dialog zwischen den Generationen auch heute noch vorstellbar ist.

---

84 Helmut Prang: Formgeschichte, S. 17f.
85 Herbert Seidler: Die Dichtung, S. 422–424.

Dritter Teil:

BÜHNENBEARBEITUNGEN

III. DIE GOLEMSAGE ALS DRAMA

Bei der Betrachtung der Golemgedichte, die seit 1841 bekannt wurden, machte sich vor allem um die Jahrhundertwende eine Neigung zur dramatisch-szenischen Anreicherung des Stoffes bemerkbar. Die Gestalt des Golem schien an Selbständigkeit zuzunehmen und dort, wo sie nicht lediglich als Metapher verwendet wurde, allmählich weniger ein Attribut ihres Schöpfers als einen Gegenpol zu demselben darzustellen. Das galt vor allem vom Golem der Prager Sage, dessen aufständische Selbständigkeit dem Rabbi gegenüber sich schon in der stofflichen Vorlage dramatischer gestaltet als das unheimliche Wachstum des Chelmer Golem, der gleichsam wie ein wucherndes Unkraut organisch in die Höhe schiesst und dessen Zerstörungstendenzen sich eher zufällig als zielbewusst auswirken. Hinter dem Prager Golemaufstand scheint sich dagegen schon ein halbbewusster Konflikt zu verbergen, der mit der äusseren menschlichen Umgebung des Golem im ursächlichen Zusammenhang steht.

Nun liefert ein mehr oder weniger polarer Gegensatz zwischen Schöpfer und Geschöpf allerdings noch nicht den Kern eines Dramas. Verknüpfungen mit weiteren Schlüsselpersonen, an denen sich der Gegensatz kristallisieren könnte, sind notwendig. Es zeigte sich, dass gerade während der Neuromantik der Golem gelegentlich zu einem weiblichen Partner in Beziehung gesetzt wurde. Im Bereich der Gedichte war dafür etwa die Situation in Hugo Salus' Gedicht (oben II, S. 70f.) kennzeichnend. Stärker und ernsthafter ausgeprägt findet sich diese Beziehung beispielsweise auch in der Novelle "Der Golem" von Rudolf Lothar[1], die im Jahre 1900 entstand. Schon dieses Werk könnte man sich im Sinne der Neuromantik dramatisiert oder besser noch librettistisch bearbeitet vorstellen[2].

---

1 Der Golem: Phantasien und Historien. München und Leipzig ²1904, S. 1—34.
2 Die Erzählung weist eine dramatisch angelegte, fünfteilige Struktur auf. In der "Exposition" offenbart Esther, die Tochter Rabbi Löws, ihrer Amme, dass sie den ihr vom Vater bestimmten Bräutigam wegen seiner Hässlichkeit nicht lieben kann. Im zweiten Teil entlockt der Rabbi, der eine Tonfigur, " einen Jüngling [...] vollkommenster Körperschönheit", modelliert hat, einem weitgereisten Freund das Geheimnis, dieser Figur mit Hilfe indischer Magie eine angemessene Seele zu verleihen. Die Gelegenheit hierzu findet sich im dritten Teil, als der zukünftige Schwiegersohn, Besitzer eines verkrüppelten Körpers, aber einer "würdigen Seele", von übermütigen Junkern verfolgt, in der Kammer des Rabbi Zuflucht sucht und einschläft. Der Rabbi versucht nun durch magische Praxis die Seele aus dem verkrüppelten in den schönen Körper zu übertragen, sieht jedoch den Erfolg nicht mehr, da er zum sabbathlichen Abendgebet in die Synagoge eilen muss. Im vierten Teil kommt es zu einem Höhepunkt, indem der schöne Körper belebt sich mit der kräftigen Seele des Krüppels und tobt in dem Gemach des Rabbi. Esther, durch den Lärm herbeigezogen, findet den Golem und wird von ihm zur Liebe hingerissen. Im letzten Teil kehrt der Rabbi zurück, findet seine Tochter in den Armen des Golem und versucht vergeblich, diesen zu zerstören. Endlich schwingt sich der Golem kosmischen Einflüssen gehorchend aus dem Fenster, und sein Körper zerschellt auf den Steinen des Friedhofs. Seine Seele kehrt in den hässlichen Körper Eleasars zurück. Das Mädchen erkennt nun die Seele des Geliebten in dem hässlichen

Der erste, der aber dann tatsächlich den Versuch wagte, dem Golem eine selbständige Rolle in einem Drama zu geben, war Arthur Holitscher mit seiner "Ghettolegende in drei Aufzügen: Der Golem"[3], die in den Jahren 1906/7 entstand. Wohl war der Golem des Rabbi Löw auch schon im Laufe des 19. Jahrhunderts einige Male in Bühnenstücken vorgekommen, bisher aber immer nur als nebensächliches Attribut, als eine Art Dingsymbol seines Schöpfers. So war der sagenumsponnene Prager Rabbiner bereits im Jahre 1837 als Held eines Dramenmanuskriptes aufgetreten, das die Prager Zensurbehörde jedoch abgelehnt hatte. Daraufhin wurde dieses von dem Verfasser, Daniel Uffo Horn, zur Erzählung umgearbeitet, die den gleichen Titel trug wie das Drama: "Der Rabbi von Prag" und im Jahre 1842 unter dem Pseudonym "Therese von M." herausgegeben wurde[4]. In diese Prosafassung, die in Struktur und Ausführung noch stark ihren dramatischen Ursprung verrät[5], wurde dann auch der Golem des Rabbi Löw, der im Drama noch keine Rolle gespielt hatte, aufgenommen; und zwar als "eine menschliche Figur mit anatomischer Genauigkeit aus Holz geschnitzt"[6] und mit einem künstlichen Uhrwerk im Kopf. Dieser Golem wird den Besuchern des Rabbi, Tycho Brahe und Rudolf II., als bisher streng geheimgehaltene Sehenswürdigkeit vorgeführt, die ihren Hersteller bereits in den Ruf gebracht, einen dienstbaren Teufel im Solde zu haben.

Auf die Frage, warum der Golem noch nicht im Drama von 1837, aber in der dramatischen Erzählung von 1842 auftaucht, lassen sich zwei mögliche Antworten finden. Entweder hatte der Verfasser die bis dahin nur mündlich überlieferte Golemsage um Rabbi Löw zur Zeit der Niederschrift des Dramas tatsächlich noch nicht gekannt und war dann erst zwischen der Dramen- und Novellenniederschrift mit ihr bekannt geworden. Oder er hatte es bühnentechnisch für wenig praktikabel gehalten, den holzgeschnitzten Golem-Automaten, dessen Kopf auseinandergenommen wird, um das Uhrwerk zu zeigen, überzeugend darzustellen, und er hatte ihn darum ganz ausgelassen. Auf jeden Fall spielt der Golem bei dieser Gelegenheit lediglich die Rolle einer mechanischen Sehenswürdigkeit — er könnte wohl auch durch ein anderes automatisches Spielzeug ersetzt werden — und hat für den Ablauf und die Verknüpfung der tragischen Handlung noch keine wesentliche Bedeutung.

Ganz ähnlich verhält es sich mit der Rolle des Golem in dem dreiaktigen Lustspiel des tschechischen Dichters Jaroslav Vrchlicky: "Der hohe Rabbi Löw

---

Körper wieder, und der Rabbi dankt Gott, der seine "Vermessenheit" zum Guten gewendet hat.
3 Berlin 1908.
4 In: Libussa. Hg. P. A. Klar (1842) S. 184—218. Über den Verfasser, Daniel Uffo Horn (1817—1860) vgl. W. Kosch: Deutsches Literatur-Lexikon II (1953), 1062f.
5 Die ursprüngliche Akteinteilung ist in der fünf-teiligen Struktur noch ebenso deutlich erkennbar wie die einzelnen Auftritte. Auch ist die Erzählung noch weitgehend in Dialogform verfasst.
6 Libussa, S. 190.

(Rabbinerweisheit)[7]." Dort ist der Rabbi Besitzer einer geheimen Kammer, die alle möglichen Irrtümer und Verwechslungen hervorrufen kann. Er wird von seinem Gegenspieler, dem "kaiserlichen Rath", angeklagt, dass er in dieser Kammer "gottverfluchte alchymistische Zaubereien" treibe[8], was dem weisen und überlegenen Rabbiner und seinen weniger weisen Freunden "trübe Nachrede" und manche Unannehmlichkeiten verursacht. Wie der Rabbi aber seinen erstaunten Freunden am Ende offenbart, ist der Zauber sehr einfach: die Kammer ist eine Art Drehbühne mit verschiedenen Gemächern. Man kann sie öffnen und einen leeren Raum finden. Drückt man aber auf einen bestimmten Knopf, so öffnet sich zwar dieselbe Tür, aber drinnen erscheint z.B. eine verloren geglaubte Geliebte wohlbehalten. Auch "ist ein eiserner Löwe darin, welcher gehen kann, und vor Kurzem noch war dort eine metallene Figur, Golem genannt, welche durch einen innen angebrachten Mechanismus getrieben, den Mund öffnete und menschliche Laute hören liess"[9]. Der sagenhafte Prager Golem dient also in der episch verarbeiteten Rabbi Löw-Tragödie ebenso wie in der rund 50 Jahre später entstandenen Rabbi Löw-Komödie einfach als Beweis für die naturwissenschaftliche Überlegenheit und mechanische Kunstfertigkeit seines Schöpfers. Lediglich die Funktion einer Aberglauben erregenden Sache wird ihm zugestanden.

Friedrich Hebbel in seinem Opernlibretto von 1858 hatte allerdings das Potential des Sagengolem schon etwas "dramatischer" eingeschätzt (unten IV, S. 134), aber auch dort wird eine Bühnenrolle des Golem nur als hintergründiger Vorschlag erwogen und keineswegs durchgeführt. So zeigt es sich, dass Arthur Holitscher mit Recht nicht nur auf den Stoff seines Golemdramas, sondern auch auf die von ihm "über die Legende weg erschaffene Fabel" stolz und eifersüchtig sein konnte[10].

In Holitschers Drama erreicht der Golem — im Gegensatz zu seinen bisher im Drama auftauchenden Vorläufern — die Grenzsituation zu einem fühlenden, sprechenden und leidenden Menschen. Kauert er im ersten Akt noch als stummes, unheimliches und unselbständiges Geschöpf auf der Bühne, so begeht er am Ende des dritten Aktes "Selbstmord", also eine Tat, deren nur der Mensch fähig ist. Er folgt mit dieser Handlung seinem menschlichen Vorbild, der Tochter des Rabbi, die ihn durch ihre mitleidsvolle Liebe allmählich zum menschenähnlichen, d.h. vor allem zum sprechenden Geschöpf verwandelt hat. Das Stummheitsmotiv der Sage wird also hier zum Anlass für die dramatische Gestaltung einer Annäherung des Golem an den Menschen. Der Rabbi, Golemschöpfer, soll auf ähnliche Weise Gott, seinem eigenen Schöpfer angenähert werden und gerät so in den Konflikt zwischen dem höheren Schöpfer einerseits und dem Golem,

---

7 Übers. Edmund Grün. Prag, ca. 1895.
8 Ebd., S. 89.
9 Ebd. S. 96.
10 Arthur Holitscher: Mein Leben in dieser Zeit (1907—1925). Potsdam 1928, S. 62.

seinem künstlichen, und der Tochter, seinem natürlichen Geschöpf andererseits. Dazu kommt die Komplikation durch die Menge des Ghettovolkes, die in dem Golemschöpfer einen "Wundermann", ja eine Art Messias sehen will. Der Golemaufstand wird nicht mehr, wie in der Sage, durch das Sabbathmotiv ausgelöst, sondern durch das im Golem wie in seinem Schöpfer angelegte zwiespältige Begehren, alles oder nichts zu sein.

Der Anlage dieses Dramas fehlt es also — gegenüber der Sage — keineswegs an neuen Motivverknüpfungen oder an tragischem Potential. Dennoch hat Arnold Zweig das Werk ein "Undrama" genannt, eine Dichtung zwar, die aber als Drama misslungen sei:

> Auflehnung ohne Untergang und Triumph im Untergang, Kampf, von dem nur die Spiegelung gegeben wird, getrübt überdies durch die eigene Auflehnung des Golem, die bald nur Symbol, bald eigenes Schicksal ist, und gekreuzt durch vielfädiges Hin und Her von Beziehungen zwischen Leuten, die das eigentliche Wollen des Werkes nichts angehen, durch allzuviel überflüssige Reden und Gestalten — all das vernichtet die dramatische Grundkonzeption des Dichters, die nur im Ende jedes Aktes merklich wird. Die Ausführung ist episch, breit, langsam, voller Umwelt und mit dem charakteristischen Irrtum des Epikers, auch im Drama Menschen rund und für sich selbst hinzustellen, anstatt ihnen eine eindeutige Funktion innerhalb der Handlung zuzuweisen und sie ganz zu erhellen durch die Art, wie sie sie erfüllen. [...] So bleibt Holitschers reiche und erregende Dichtung am Ende ein Zwitter[11].

Selbst wenn Zweig mit dieser Beurteilung recht hat, so bleibt doch die Frage bestehen, ob dieses dramatische Misslingen in erster Linie durch den Stoff oder durch die Ausführung bedingt ist. Arnold Zweig hält es für den "Grundirrtum des Dichters und des Schauspielers: den Golem zu vermenschlichen, ihn wider sein eigenes Wesen in ein Geschick zu stellen, das ihm völlig fremd ist"[12]. Es ist möglich, dass der Kritiker hier als Dichter, d.h. seinerseits schon mit einer ganz bestimmten Vorstellung vom "Wesen" des Golem ans Werk geht. Solange aber die mythisch-religiöse Golemgestalt überhaupt in der Dichtung ihr Wesen treibt — und das tut sie eigentlich schon, seit sie sich zur "einfachen Form" der Sage erhoben hat —, muss wohl das "Wesen" des Golem gerade das Geheimnis bleiben, das sich nicht "dogmatisch" festlegen lässt, sondern mit dem jeder Dichter erst den Golem aufs Neue erschaffen und erfüllen muss. Holitscher beispielsweise hat beschrieben, was ihm selbst als das Wesen des Golem vorschwebte:

> Was mich an den Stoff fesselte, war dies: bist du nicht selber ein Golem? Dem göttlichen Gebot dumpfen Gehorsam leistend, Funktionen des Lebens mechanisch erfüllend, solange der geheimnisvolle Name, der "Schem", das Überirdische, das Feuer dir in der Brust brennt! Gehorsam, dumpfen Gehorsam, unbekanntem Willen, ohne Liebe, ohne Liebe, ein Geschöpf, ausgestossen aus der Gemeinschaft [...][13]

---

11 Der Golem. In: Die Schaubühne 11 (1915), hier S. 227f.
12 Ebd. S. 228.
13 Arthur Holitscher: Mein Leben in dieser Zeit, S. 42.

Diese Passage zeigt, dass es weniger darum ging, den Golem "zu vermenschlichen", als den Menschen von der Golemvorstellung her zu verstehen. Auch ist die Annäherung von Mensch und Golem keineswegs das Einzige, was den Golem "bühnenreif" erscheinen liess. Das Geschöpf wird bei Holitscher von dem Rabbi im Kampfe mit Gott erschaffen, "nicht damit es ihm diene, sondern damit es ihm durch sein blosses Sein die Schöpferkraft bestätige"[14]. Damit stellt sich u.a. die Frage, wer der eigentlich tragische Held in diesem Drama sei: der Rabbi oder sein Geschöpf, der Golem. Wenn sich der Held (nach Zweig) durch "Auflehnung und Triumph im Untergang" auszeichnen soll, so wäre die Golemrolle in diesem Drama sicherlich die "heldischere", denn der Golem, da er kein liebender und leidender Mensch sein kann, zerstört sich am Ende selbst und triumphiert so in gewisser Weise über seinen Schöpfer. Das hiesse, dass der Gegenspieler des Golem sein Schöpfer sei und somit im übertragenen Sinne Gott der Gegenspieler des Rabbi, denn der "Golemaufstand" spielt sich ja hier auf zweifacher Ebene ab. Aber wäre die "Vermenschlichung" Gottes zum einzigen dramatischen Gegenspieler nicht ein noch grösserer Irrtum als die "Vermenschlichung" des Golem, da sie von vornherein den Kampf auf eine ungleiche Ebene stellt? Es ist evident, dass man die "Dramatik" dieses Dramas jedenfalls nicht mehr mit klassischen Massstäben messen kann. Das bedeutet jedoch noch nicht, dass es sich um ein "Undrama" handeln muss, und auch nicht, dass der Golem prinzipiell als dramatische Figur ungeeignet wäre.

Bei aller Parallelität zwischen Gott, Mensch und Golem durchlaufen die hypothetischen Helden dieses Dramas: der Rabbi und sein Geschöpf, auch eine durchaus entgegengesetzte und dabei eng miteinander verknüpfte Entwicklung. Der Golem nimmt unter dem Einfluss menschlicher Liebe mehr und mehr menschliche Züge an; den Status des Menschen lehnt er jedoch im letzten Augenblick ab. Der Rabbi dagegen stürzt aus einsamer Höhe und Gottnähe in die äusserste Gottferne und menschliche Verlassenheit, gelangt aber gerade in dieser letzten Gottferne dazu, Gott als den Stärkeren anzuerkennen. Die Frage bleibt, ob eine solche gegensätzliche Entwicklung tatsächlich überzeugend und "dicht" genug in die äussere Gestaltung des Dramas übertragen wurde.

Die Handlung dieses Dramas geht nicht wie die meisten erzählerischen Rezeptionen der Sage von der Schöpfung des Golem aus, sondern dieser kauert als "fait accompli" gleich von Anfang an auf der Bühne: ein sichtbarer Vertreter der Grösse seines Schöpfers und Meisters, der also gleich zu Anfang auf der Höhe seiner schöpferischen Kraft erscheint. Sein erstes Auftreten wird durch eine bewegte, bunte und milieuschaffende Volksszene vorbereitet. Das aus Kranken, Alten, Gebrechlichen bestehende Ghettovolk strömt in die Diele des Rabbi (hier Rabbi Bennahum genannt), wo die Gläubigen Heilung von dem Wundermann, dem Golemschöpfer erhoffen und sich um den Staub streiten, über den er

---

14 Ebd. S. 42.

geschritten ist. Der endlich aus seiner Kammer tretende Rabbi steht jedoch völlig im Banne eines "Feuers", dem er — vermutlich auf ähnliche Weise wie einst Moses dem brennenden Busch — gegenübergestanden hatte. Ohne Verständnis für das Volk zu zeigen, befiehlt er dem Golem, das Tor besser zu hüten. Da stürzt eine Witwe mit ihrem toten Kind herein, drängt alle andern hinaus und verlangt vom Rabbi, dass er ihr Kind wieder zum Leben erwecke.

Der nun folgende Auftritt zwischen der vor Verzweiflung halb irrsinnigen Witwe und dem Rabbi, der sich aus Trotz gegen Gott, der ihm sein Weib genommen hatte, einen Golem schaffen konnte, hat als das "erregende Moment" der dramatischen Verwicklung zu gelten. Stofflich und logisch ist die Forderung, das tote Kind zum Leben zu erwecken, der Golemschöpfung durchaus adequat. In der Tat gestaltet sich aber dieses "erregende Moment", das ja erst auf einen Höhepunkt hinführen soll, bereits so intensiv, so ausweglos "tragisch", dass eine Entwicklung und Steigerung darüber hinaus kaum noch möglich erscheint. Der Dialog zwischen der Witwe und dem Rabbi führt nicht zum Konflikt hin, sondern eher vom Konflikt fort, sodass schliesslich beide mehr oder weniger dasselbe sagen. Die Frau: "Er kann doch nicht wollen, dass das Kind vor der Mutter sterben soll? Er ist doch kein Narr, dein Gott?" (S. 21); und der Rabbi, durchdrungen von seinem eigenen Leid: "Ist es recht von Gott vielleicht, dass die Mutter in der Stunde sterben muss, wo sie ein hilflos Kind in die Welt bringt?" (S. 22). Auf solche Fragen gibt es keine Antwort. Kann auf eine solche Szene gleich im ersten Akt noch eine Steigerung der tragischen Situation folgen? Die Szene verläuft zunächst völlig ergebnislos: der Rabbi zieht sich in seine Kammer zurück, "Taube" (die Schwester des zukünftigen Schwiegersohns) veranlasst die Witwe, den Tod ihres Kindes insoweit hinzunehmen, dass sie der Sitte gemäss ihre Kleider zerreisst und mit der Leiche das Haus verlässt. Sofort dringt eine zweite Volksmasse in die Diele des Rabbi ein, dieses Mal Schriftgelehrte, ein Schüler, ein Ältester und der zukünftige Schwiegersohn Ruben. Eine Kontroverse über die zweideutige Art der Frömmigkeit des Golemschöpfers, der andern nicht helfen kann, bricht aus und entzündet sich immer wieder an der sichtbaren stummen Gestalt des Golem. Erst als es zu Handgreiflichkeiten kommt, tritt der Rabbi auf, befiehlt dem Golem, die Anwesenden hinauszuwerfen, und verwickelt sich dann in ein Gespräch mit Ruben. Was ist die Funktion dieser zweiten Volksszene? Offenbar soll sie die Zwiespältigkeit der Golemschöpfung illustrieren, die nicht Selbstzweck bleiben kann, sondern aus dem Schöpfer entweder eine Art Gott machen muss, oder ihn als sündigen, vermessenen Menschen entlarven. Das lange Gespräch des Rabbi mit Ruben, der verstossen wird, weil er sich aus Eifersucht dagegen wehrt, dass ein Golem das Haus mit seiner Braut teilt, wirkt hier abwegig und nicht gewichtig genug, um den Zusammenhang mit der Szene vom toten Kind so lange aufzuheben. Wenn sich dann am Ende des ersten Aktes der Rabbi dazu entschliesst, das tote Kind dennoch aufzuerwecken und sich dadurch vielleicht als der erhoffte Messias seines Volkes zu erweisen, so kommt diese Entwicklung zu spät: sie hat ihren logischen Anknüpfungspunkt spätestens nach der zweiten Volksszene verloren.

An dieser Stelle wendet sich der zweite Akt völlig von der Konfliktsituation des Rabbi ab. Statt den Sturz des Rabbi weiter zu verfolgen, gilt es nun, den Aufstieg bzw. die Entwicklung des Golem bis an die Grenze des Menschen hin darzustellen. Im frühen Morgenlicht des folgenden Tages spielt sich, wiederum im Hause des Rabbi, eine Art "lyrisches Intermezzo" zwischen Abigail, der Tochter des Rabbi, dem "Amina" genannten Golem und Ruben, dem Verlobten Abigails, ab. Dies geschieht, während der Rabbi seinen Kampf mit dem Todesengel in der Synagoge austrägt. In diesem Akt finden also der Aufstand des Golem und derjenige seines Schöpfers gleichzeitig statt. Hierbei tritt der Golemaufstand in lyrisch-idyllischer Gestaltung in den sichtbaren Vordergrund und reflektiert so den anderen, der auf der Bühne kaum darzustellen wäre. Die entscheidende Begegnung des Dramas findet hier als seltsame Liebesszene zwischen Abigail und dem Golem statt. Die Tochter des Rabbi, sein natürliches Geschöpf, übernimmt jetzt die Rolle des menschlichen Gegenspielers, indem sie den Golem, das künstliche Geschöpf, zur Sehnsucht nach dem Menschen verführt. In einer geschickt inszenierten Konfrontation ihres Geliebten mit ihrem Liebhaber entfaltet Abigail den magischen Reiz, mit dem sie gleichermassen den Golem aufs Neue erschafft, indem sie ihn zum Sprechen bringt.

Der Zusammenhang mit dem ersten Akt wird hergestellt und gleichzeitig meditativ gedämpft durch die am Fenster erscheinende Gruppe singender Jungen und Mädchen, die Abigail zum Tanz abholen wollen. Der Dorfnarr unter ihnen berichtet dabei von seiner Vision des Rabbi:

> Steht da im Totenhemd der Grosse und bückt sich, und bückt sich nach Osten, so! Hat angezogen ein lang Laken, ein Leichenleilich, der Grosse! Aber wir! Werden wir dastehn in Silber und Gold, von der Mütz herunter bis zu den Schuhen! Werd ich tragen ein gülden Kleid, wenn er zurück uns führt nach Jeruschalem, nach der Stadt! Werd ich tragen ein Kleid bis zu den Schuhen, einen grossen gelben Ring werd ich tragen da auf meinem Kleid, all von Gold und Diamant gemacht! Keine Schläge mehr zum Leben! Sitzen werd ich auf dem Wagen, wenn er zurück uns führt nach Jeruschalem! Werd ich sein wie ein König! (S. 67/68)

Was im ersten Akt als tragischer und trostloser Kampf mit dem Tode erschienen war, gestaltet sich hier zu einer Art märchenhaftem Traum: dem mythischen Traum des jüdischen Volkes von der Rückkehr in das verheissene Land. Die leicht stilisierte Prosa, deren sich der Verfasser durch das ganze Stück hindurch bedient, entfaltet hier ihre atmosphärischen Möglichkeiten. Gebräuchlich sind Anaphern wie "werde ich tragen", "werd ich sein". In volksliedhaften Bildern wird etwa das gegenwärtige Totenhemd des Hochgestellten mit dem Königskleid des armen Narren verglichen.

Abigail hat es abgelehnt, den andern zu folgen, und ist nun mit dem Golem allein, dessen stumme Einsilbigkeit gerade ihre Redelust herausfordert. Der Golem soll ihr dienen, der Sonne das Fenster öffnen und es vor dem starken

Frühlingsduft schliessen. Er soll einsehen, dass der, den er zu Unrecht "Vater" nennt, nur ein alter runzliger Mann ist, den zwar "Taube" heiraten will, aber: "wie kann man solch alten Mann liebhaben im Herzen?" (S. 71). Abigail sucht den Golem zu überreden, wie die andern zu sein, Gott anzubeten, bis er das "blutrote Pergament" hervorzieht, "das an einer Schnur an seinem Hals hängt". Abigails sprachliche Reaktion ist aufschlussreich:

> [...] erschauernd und gebannt: "Ein Blutfleck! Wie ein Blutfleck ist es vor deiner Brust! Wie wenn all das Blut, was ein Mensch hat, wäre drin zusammengeronnen in Eins! [...] Und wie deine Brust ist – so wie Eis hab ich's gefühlt mir ins Gesicht kommen von dir, wie im Winter, eisig! So breit, und stark, und weiss! (Schliesst die Augen.) Und wenn ich die Augen zu habe, ich seh's noch, blutrot, und weiss, und stark..." (S. 73)

Die Sprache ist betont parataktisch angelegt. Sie strebt keine logischen Verknüpfungen oder Unterordnungen an, sondern reiht nur überkommene Bilder aneinander, da die Sprecherin nur auf diese Weise den Golem begreift. So besteht auch die ganze Unterhaltung mit dem Golem, in der Abigail immer mehr zur Sprache wird, aus sprunghaft reihenden Wiederholungen. Die entstehende Spannung ergibt sich nicht durch logische Abfolgen, sondern durch das Abnormale, Zweideutige der psychologischen Situation. Derart bedarf auch Abigails ausgesprochener Wunsch, mit dem Golem vom Vater fortzuziehen oder, wenn das nicht möglich ist, sich zu töten, kaum noch besonderer Motivierung, um glaubhaft zu wirken. Ohne das rätselhafte Wesen des Golem läge diese Liebesszene vermutlich hart am Rande des Klischees, aber durch die unbestimmte Zweideutigkeit der Golemgestalt, die weder ganz Mensch noch ganz Sache ist, erhält diese Situation dramatischen Reiz. Der Zuschauer weiss, dass (um mit Dürrenmatt zu reden) der Kaffee vergiftet ist, der hier getrunken wird[15], und das verleiht der alltäglichen Liebesszene ihre dramatische Doppelbödigkeit.

Das zwischen Mensch und Sache schillernde Wesen des Golem erreicht aber erst seine volle Bühnenwirkung, wenn nun Abigails Verehrer, Ruben, – vom Zauber des Vaters gebannt und vom Zauber der Tochter wieder angezogen – durchs Fenster hereinsteigt. Ruben nämlich spricht so mit Abigail, als wäre der Golem ein Ding, dessen stumme Anwesenheit nicht gälte, während Abigail alle seine und ihre Worte auf die frühere Unterhaltung mit dem Golem bezieht:

> Abigail:
> Du hast nicht – all dein Blut in einem Fleck – auf deiner Brust?
> Ruben:
> Meinst du mein Herz?
> [...]
> Abigail:
> Was wirst du tun, wenn ich dein rotes Herz weggerissen habe von der Brust?
> Ruben:
> Tief werde ich mich in deine Arme hineinlegen und sterben. (S. 86f.)

---

15 Friedrich Dürrenmatt: Theaterprobleme. Zürich 1967, S. 33.

Die Rollen scheinen sich hier zu überlagern und ineinander zu verschwimmen. Ruben sagt, was Abigail von dem Golem hören will, und sie antwortet dem Golem, wenn sie Ruben antwortet. Darüber hinaus schwingt in Rubens Liebes- und Todessehnsucht auch eine Art tragischer Ironie mit, da Abigail selbst den von Ruben ersehnten Liebestod sterben wird und nicht er. Man spürt hier das Kokettieren mit dem Tode, das die Dichtung der "décadence" um die Jahrhundertwende auszeichnet. Die mit Liebeslust durchzogene Todessehnsucht erzielt überdies noch eine Kontrastwirkung durch das Bewusstsein von jenem unsichtbaren Hintergrund, wo der Rabbi dem Tod das Kind – nicht sein Kind – zu entreissen sucht. Taube berichtet in unheilverkündenden Bildern von einem Feuer in der Synagoge, von der Stimme des Rabbi und von seiner totenbleichen Erscheinung. Als er endlich zurückkehrt und dem Golem gebietet, das Tor zu öffnen, verweigert dieser zum ersten Mal den Gehorsam.

Nach der Entwicklung des Golem zu einem der Sprache und Liebe zugänglichen Geschöpf im zweiten Akt, muss der dritte Akt eine Rückwendung zur Handlung um den Rabbi und die endgültige Auseinandersetzung zwischen Schöpfer und Geschöpf auf beiden Ebenen bringen. Der Rabbi berichtet Taube, die ihn in seiner Einsamkeit zu trösten sucht, wie der Todesengel, statt die Seele jenes Kindes zu halten, auf sein eigenes Haus gezeigt habe: "Und ich bin den Weg gegangen – nicht in mein Haus, sondern zum Toten! Ich bin gegangen – zum Toten! (schüttelt das Haupt) statt zum Lebenden – in mein Haus –" (S. 110). Hier wird deutlich die Szene für Abigails Tod vorbereitet, der nun fast wie in einem Schicksalsdrama durch höhere Mächte vorausbestimmt erscheint. Erweist sich diese Todesmotivierung von aussen als notwendig, weil Abigails Tod durch den innerdramatischen Konflikt allein nicht genügend begründet ist? Der Rabbi soll einsehen, dass es ein Fehler war, sich "dem Toten" statt dem Lebenden zuzuwenden. Dies erscheint wie eine retrospektive Motivierung, lässt sich jedoch verteidigen, wenn man bedenkt, wie oft es auch im klassischen Drama (etwa in Racines *Phèdre*) ungewiss bleibt, ob die Katastrophe auf individuelle Schuld oder das Wirken eines höheren Schicksals zurückzuführen ist.

Abigails letzter Auftritt wirkt fast überraschend nach allen vorausgegangenen Hinweisen auf ihren Tod. Aber eine Lösung scheint noch immer möglich, und so muss sie beim Vater für den Golem werben, in dem sie nichts anderes als einen Menschen sehen kann, während sie gleichzeitig von der "dunklen Wolke" spricht, die sie über dem Hause sah. Allerdings wirken ihre Gründe, dem Golem anzugehören, "damit der Zorn soll gesühnt sein und weggezogen der Fluch", nun verschwommen. Bedient sie sich hier der Begriffswelt ihres Vaters, um ihren persönlichen Willen zu erreichen, oder fühlt sie sich in der Tat zur Sühnung seiner Vermessenheit berufen? Im Wesentlichen scheint aus diesem Auftritt hervorzugehen, dass der Rabbi nicht nur seinen höheren Schöpfer zum Gegenspieler hat, sondern auch seine eigene Schöpfung, den Golem, im Bunde mit seinem natürlichen Kind, das, indem es den Golem sprechen lehrte, ihn in diesem Geschöpf besiegt hat. Der Rabbi muss zugeben, dass dem Golem zum Menschen fehlt, was ihm selbst fehlt zum Gott. Diesen Mangel hält Abigail jedoch für einen Mangel an Liebe.

Nachdem dieses retardierende Moment der letzten Spannung gescheitert ist und Abigail, wie sie es im zweiten Akt bereits ausgemalt hatte, "leise die Treppe hinauf ist" (S. 76), kommt nach allzuvielen theoretischen Auseinandersetzungen noch einmal echte dramatische Spannung zustande. Der Rabbi zögert von Sekunde zu Sekunde, dem Golem das Amulett zu entreissen, um sich dem Gestalt gewordenen Anblick seiner Schöpferkraft noch einmal hinzugeben: "Gerechter, wie gewaltig war ich, dass ich ihm so viel hab gegeben!" (S. 125). Während er — mit tragischer Ironie — dem Geschöpf, das er zu zerstören im Begriff ist, verspricht, es zu beweinen, und der Golem droht, ihn mit einem Holzscheit zu zerschmettern, sieht man "hinter dem Fenster aus der Höhe einen Körper niederfallen" (S. 127). Abigail wird vom Golem tot hereingetragen und von den Hinzukommenden beklagt. Auch Ruben erscheint, und während er im tiefsten Leid die Geliebte beweint, begreift der Golem, dass Mensch-Sein nicht nur die Freude bedeutet, von der Abigail zu ihm sprach, sondern auch Leid, zu dem er sich nicht fähig fühlt. Da reisst er sich das Pergament von der Brust "und bricht an Abigails Seite nicht wie ein Mensch, sondern wie eine Masse zusammen" (S. 132). Der Rabbi bleibt völlig unbeteiligt. Erst als alle ihn verlassen haben, erfüllt er die Zeremonien, mit denen der Tod anerkannt wird. Gleichzeitig erkennt er auch Gott, seinen Gegenspieler, als den Stärkeren an: "Wer bist du? Wie bist du genannt? Sind mir entschwunden alle deine Namen — alle — bis auf einen: Der Starke bist du! Der Starke bist du! Gebenedeit! Auch dafür, dass du mir zu stark bist, auch dafür gebenedeit, gebenedeit!" (S. 135).

Es ist richtig, dass die Gestalt des Rabbi zwar den Menschen in seiner Bedingtheit zeigt; sie zeigt ihn jedoch kaum in seiner heldenhaft tragischen Grösse, die etwa den höheren Mächten durch einen freien Willensakt zuvorkäme, so wie es durch den Tod Abigails und "Aminas" exemplifiziert wird. Die menschliche Ebene wird hier gewissermassen von zwei Stellen her angesteuert, aber weder vom Rabbi noch vom Golem endgültig erreicht. Wirkt der Golem am Ende fast wie ein Mensch, der zwar die Fähigkeit zur Liebe, aber noch nicht diejenige zum Leiden erreicht hat, so erscheint der Rabbi umgekehrt am Ende zwar leidens-, aber noch nicht liebesfähig. Der Sturz des Rabbi und der Aufstieg des Golem bezeichnen einen ideellen, aber keinen wirklich erreichten Schnittpunkt menschlicher Grösse.

Die Schwächen des Stückes liegen also weniger in seiner durchaus dialektisch-dramatischen Grundkonzeption bzw. in der Art, wie sie auf dem Golemstoff aufbaut, als in ihrer Ausführung, die sich in der Tat als zu "breit, langsam" (Zweig) und einfach zu lang erweist. Fast jeder Dialog könnte etwa um die Hälfte gekürzt werden, ohne dass dies die Verknüpfung des Ganzen beeinträchtigen würde; im Gegenteil: der Zusammenhang könnte dadurch nur gespannter und dichter werden. Schon Frank Wedekind hatte, wie Holitscher berichtet, "Kürzungen und schlagkräftigere Herausarbeitung von Pointen des Dialogs" vorgeschlagen[16]. Offensichtlich versuchte Holitscher dem Zerfliessen des Stückes vor allem durch eine verhältnismässig strenge Wahrung der Orts- und Zeiteinheit entgegenzuwirken: "Der Schauplatz aller drei Aufzüge ist die Diele im Hause des Rabbi" (S. 10). Das Geschehen spielt sich auch in weniger als 24 Stunden ab. Es ist jedoch aufschlussreich zu beobachten, wie dieses alte Mittel, das der strafferen und übersichtlichen Gestaltung der Handlung dienen soll, hier fast völlig ohne Wirkung bleibt. Viel wertvoller als die spezifischen Einheiten des Ortes und der Zeit erweist sich in diesem Stück die Einheit des Milieus, der Ghettowelt, die fast alle wichtigen Voraussetzungen für die Einheit der Handlung schafft und sich z.B. auch in der stilisierten Einheit der Sprache wiederspiegelt.

In bezug auf Bühnenwirksamkeit erweist sich vermutlich der zweite Akt, trotz seiner eher "lyrischen" als im herkömmlichen Sinne "dramatischen" Anlage am gelungensten. Indem er Abigail hier im Gespräch mit ihrem Liebhaber Anklänge aus der emotionellen Begegnung mit dem Geliebten wiederholen lässt, bedient sich der Autor fast schon opernhafter Mittel. Auch Abigails Liebestod im letzten Akt wird übrigens auf diese Weise angedeutet, denn unmittelbar vor ihrem Todessturz hört man "oben Abigail leise singen: die Melodie des anfangs des II. Aktes von den Jünglingen und Mädchen gesungenen Liedes" (S. 124). Holitscher selbst hat später geschrieben: "Es war ein schöner, tiefer, geheimnisvoller Gesang, der in mir ertönte, und ich lauschte und arbeitete, um ihn in die Schwingungen der Sprache zu übersetzen[17]."

Nicht als Drama im klassischen Sinne, sondern als "Gesang", als Milieudrama, als "Ghettolegende" voll Sehnsucht der *décadence* nach dem Un- und Übernatürlichen fordert dieses Golemdrama durchaus die Bühne heraus, ja es erscheint ohne den sinnlich zugängigen Rahmen der Bühne unvollkommen und ergänzungsbedürftig. Das Urteil Frank Wedekinds dürfte sich auch in dieser Beziehung als zutreffend erweisen: "Im übrigen sagte er [Wedekind] mir, dass er mich um den Stoff beneidete, und dass das Stück einen grossen Bühnenerfolg verspräche[18]." Wäre das Drama damals, wie geplant, durch Max Reinhardt zur Aufführung gekommen, hätte es vielleicht diesen Bühnenerfolg erlebt. Offenbar wurde es erst "Jahre später"[19] in Wien aufgeführt und erwies sich — jedenfalls in den Augen seines Schöpfers — auch dann noch als überaus bühnenwirksam. So kann das letzte Kriterium zur Bewertung dieses Dramas wohl kaum aus seiner Lektüre abstrahiert werden, sondern müsste, auf der Grundlage einiger mutiger Kürzungen und einer einfühlungsreichen Darstellung, aus einem erneuten Versuch mit seiner unmittelbaren Bühnenwirksamkeit hervorgehen. Soweit Paul

16 Holitscher: Mein Leben, S. 45.
17 Ebd. S. 44.
18 Ebd. S. 45.
19 Ebd. S. 60.

Wegeners Stummfilme tatsächlich von diesem vergessenen Drama beeinflusst wurden (unten V, S. 153f.), hat sich jedenfalls erwiesen, dass Holitschers Wunsch, den Golemstoff für die Bühne zu gestalten, grundsätzlich auf einer richtigen Eingebung beruhte.

Nachdem im Jahre 1914 ein weiteres Golemdrama entstanden war[20], erlangte erst das Werk des aus Russland stammenden, jiddisch schreibenden Dichters Halper Leivick[21] internationale Verbreitung. Dieses zwischen 1917 und 1920 in New York entstandene "Dramatische Gedicht": *Der Golem* wurde ins Hebräische übertragen, im Jahre 1924 in Moskau durch die "Habimah" Truppe uraufgeführt und "mit grossem Erfolg in die meisten Städte Europas getragen"[22]. Das Drama erschien 1928 in englischer Übersetzung[23] und wurde seitdem mehrfach, später vor allem in musikalischer Bearbeitung in New York aufgeführt. Die folgende Besprechung des Textes fusst auf seiner letzten Übertragung ins Englische von Joseph C. Landis[24].

Mehrere Aspekte dieses Werkes weisen deutlich auf das Prager "Volksbuch" als Quelle hin. Leivick wird diese Version der Golemsage vermutlich kurz nach ihrem ersten Erscheinen auf Hebräisch im Jahre 1909 kennengelernt haben. Allerdings befand sich der damals 21jährige Dichter während jener Zeit als politischer Gefangener in einem Moskauer Gefängnis, und es ist schwierig einzuschätzen, wieviel Zugang zu literarischen Texten er während seiner Gefängnisjahre (1906–1912) hatte. Jedenfalls schrieb er noch während dieser Zeit einige Gedichte, die teilweise bis nach New York gelangten. Auch sein erstes dramatisches Gedicht, *Die Ketten fun Moshiakh* ("Die Ketten des Messias") entstand während dieser Zeit (1908). Vermutlich hatte Leivick einige Versionen der Golemsage schon in früher Jugend kennengelernt. Die stofflichen Parallelen in dem nach 1917 entstandenen Golemdrama zu dem "Volksbuch" zeigen jedoch eindeutig, dass sein Drama von den "Wundern" beeinflusst wurde.

Die wesentliche Handlung des Dramas geht von jener Episode im "Volks-

---

20 Johannes Hess: Der Rabbiner von Prag (Reb Löw). Kabbalistisches Drama in vier Akten nach einer Prager Legende. Karlsruhe und Leipzig 1914. Eine adequate Besprechung dieses "aus inneren Widersprüchen" zusammengesetzten Dramas, das aus den stofflichen Bestandteilen einer Judenverfolgung, Besuchen Kaiser Rudolfs im Ghetto, eines Golemaufstandes und eines Opfertodes besteht, findet sich bei Beate Rosenfeld, S. 128–132.
21 Deutsche Schreibweise: H. Leiwick (1888–1962); eigentlich Leivick Halper, was jedoch zu Verwechslungen mit dem jiddischen Dichter Moshe Leib Halpern (1886–1932) führte, sodass der Autor den Namen H. Leivick annahm. Vgl. Charles A. Madison: H. Leivick. Poet of Pain and Pathos. In: Yiddish Literature: Its Scope and Major Writers. New York 1968, S. 348–381.
22 Joseph Gregor: Der Schauspielführer. Bd. V. Stuttgart 1957, S. 203.
23 The Golem. A Dramatic Poem in Eight Scenes. Transl. J. C. Augenlicht. In: Poet Lore 39 (1928) S. 159–289.
24 In: The Dybbuk and Other Great Yiddish Plays. Transl. & Introd. Joseph C. Landis. New York 1966, S. 217–356; alle Seitenangaben, die den Zitaten unmittelbar beigefügt werden, beziehen sich auf diese Ausgabe.

buch" aus, die den Titel trägt: "Die Blutbeschuldigung"[25]. Hier versteckt der Priester Thaddäus einige Behälter mit Blut und die Leiche eines Kindes im "Fünfer Palast", um auf diese Weise die Prager Judengemeinde des Ritualmordes zu überführen. Trotz der engen stofflichen Beziehungen zeigt ein Vergleich der Quelle mit Leivicks Werk deutlich die dramatische Überlegenheit des letzteren. Leivick hat zunächst die epische Aneinanderreihung immer neuer Episoden der Auseinandersetzung zwischen Thaddäus und dem Maharal vermieden und sich nur auf diese Episode beschränkt. Diese aber hat er so ausgebaut und vertieft, dass sie weit mehr darstellt als eine mit Hilfe wunderbarer Mittel ausgeführte Detektivarbeit. Die "Vertiefung" dieser Episode in Leivicks Drama ist ganz konkret aufzufassen. Denn im Drama wie im "Volksbuch" begleitet zwar der Rabbi den Golem bis an eine bestimmte Stelle des unterirdischen Gewölbes und schickt von dort aus den Golem allein weiter; aber in den "Wundern" bleibt dann der Leser gleichsam mit dem Rabbi zurück, d.h. er erfährt kaum mehr über die Abenteuer des Golem als der Rabbi selbst. Im Drama jedoch entsteht gerade aus diesem Gang des Golem in die "Tiefe" die siebte Szene, die einen Höhepunkt der Dichtung darstellt.

Eine wichtige Anregung, die Leivick ebenfalls aus dem "Volksbuch" übernommen, aber systematisch ausgebaut und zu einem Strukturelement seines Dramas erhoben hat, ist die Neigung des Maharal zu warnender Traumerfahrung und sorgfältiger Beachtung aller "Zeichen von oben". In der Tat wird das Verhältnis von Traum und Wirklichkeit in Leivicks Drama so komplex, dass es gelegentlich fast surrealistische Tendenzen vermuten lässt. Darüber hinaus verdient auch die eigenartige Vermischung lyrischer und dramatischer Gestaltungsweise in diesem Werk besondere Beachtung, da sie den Anlass zu mehreren musikalischen Bearbeitungen der Golemsage gegeben hat.

Leivicks "dramatisches Gedicht" ist ursprünglich nicht in Akte eingeteilt[26], sondern besteht aus acht aneinandergereihten Szenen, die sich nach Orts- und Zeitwechsel richten und jeweils mit einer kurzen, titelartigen Überschrift versehen sind. Diese Titel wie "Clay", "Walls", "Through Darkness", "Beggars" usw. beanspruchen keine direkte Bühnenfunktion, sondern scheinen sich eher an einen Leser des Stückes zu wenden. Sie haben in der Regel Verweischarakter und dienen so der symbolischen Überhöhung einer jeden Szene. Tatsächlich tragen diese Titel viel zur Verselbständigung der einzelnen Szenen bei, sie lockern den Bau des Ganzen auf und zergliedern ihn gleichsam in acht getrennte Gedichte. Aber auch ein geschickter Inszenator des Dramas würde diese Titel kaum unbeachtet lassen, sondern im Bühnenbild jeweils den "Lehm", die "Mauern", die "Dunkelheit" usw. hervorheben.

---

25 Vgl. Chajim Bloch: Der Prager Golem von seiner "Geburt" bis zu seinem "Tod". Wien 1919, S. 72—77.
26 Nach Joseph Gregor (Der Schauspielführer V, S. 203f.) besteht das ins Hebräische übertragene Schauspiel: "Hagolem" aus drei Akten und einem Prolog.

Die erste, "Clay" überschriebene Szene trägt Expositionscharakter, denn sie enthält bereits wesentliche Anklänge an die vorherrschenden Konfliktsituationen im Drama. Sie spielt an einem Flussufer bei Prag zur Zeit der Morgendämmerung, also zu jenem Zeitpunkt zwischen Nacht und Tag, Dunkelheit und Helligkeit, der besonders flüchtig und "zwielichtig" erscheint und der hier auch im übertragenen Sinne als krisenhafter Zeitpunkt aufzufassen ist. Durch die ganze Szene hindurch erhält der Dichter das Bewusstsein an diese Zwielichtsituation wach: "The day begins to dawn. Hurry [...] The hour of wonders comes with the day [...] The stars go out, each after the other. The eastern sky should have grown light, / And yet it darkens [...] It is not night but break of day" (S. 224–228). Im weiteren Verlauf des Dramas spielt dann dieser Gegensatz zwischen Dunkelheit und Licht eine entscheidende Rolle.

Die Golemschöpfung, um die es in der ersten Szene geht, wird nicht als solche beschrieben oder vorgeführt, sondern genau in ihrem kritischsten Zeitpunkt erfasst, der zwischen der Erschaffung von Körper und Seele liegt und in dem sich diese Aspekte der Schöpfung um den Vorrang streiten. Mit derselben naturgegebenen Gewissheit, mit der die nächtliche Dunkelheit schliesslich in Tageshelle übergehen wird, muss der einmal erschaffene Golemkörper am Ende belebt werden, ohne dass es notwendig wäre, diesen Vorgang selbst auf der Bühne zu zeigen. Der Körper des Golem ist zu Beginn der Szene bereits vollendet: "It's done" sind die ersten Worte. Die "Seele", die diesen Körper beleben wird, kündigt sich jedoch vorerst als eine noch ausserhalb des Körpers auftretende Vision an: "A Figure appears before the Maharal." Das dunkle Phantom, das zukünftige Golemwesen, warnt seinen Schöpfer davor, ihm Gestalt zu geben: "Create me not!" Es wehrt sich wie ein unzeitig geweckter Schläfer gegen das grelle Tageslicht, gegen Gestaltwerdung und Aktivierung:

> The whole night through you kneaded me;
> With coldness and with cruelty you shaped me.
> How good it was to be mere clay,
> To lie, lifeless and calm,
> Among the sands and stones of earth
> Between eternities.
> [...]
> The day arrives. O darkness, darkness!
> One moment more conceal me in your depths!
> One moment more what I have been till now:
> A lifeless mound of arid clay. (S. 226, 227)

So stellt die erste Szene eine kritische Übergangssituation zwischen Materie und Leben, Ruhe und Aktivität, zeitloser Unbewusstheit und bewusster Zweck- und Zielstrebigkeit dar, indem sie sich eines Bildbereiches bedient, der mit den Eindrücken von Tag und Nacht, Dunkelheit, Zwielicht und Helligkeit spielt. Aber nicht nur das Eindrucksspektrum dunkel-hell wird verwendet, auch andere Sinnesempfindungen werden angesprochen, sei es unmittelbar oder durch

Synaesthesien: "Blind was I until You gave me sight [...] Who was it flew across my eyes? Who touched my brow with something sharp? Who pierced my ear with screaching shriek? Whence comes the blunted echo that I hear? [...] Your voice is like a cold wind [...]" (S. 225).

Zwei menschliche Aspekte werden in der Begegnung des Maharal mit dem Phantom des Golem einander gegenübergestellt. Das kreatürliche, aus Materie und körperlichen Sinnen bestehende Wesen des Menschen im Gegensatz zu seinem geistigen "höheren" Zweck, seinem Heldentum, seiner Nähe zum Wunderbaren und Göttlichen. Der Maharal versucht offenbar den ersten Aspekt der Schöpfung zugunsten des zweiten zu überspringen. Seine Vorstellung von der zu schaffenden Golemgestalt ist überirdisch, übernatürlich: "He sees, yet no one knows he sees; / He walks, yet no one knows his ways. / His life, his death-one silent breath, / One act of secret faith serene" (S.8). Aber noch vor Vollendung seiner Schöpfung wird der Golemschöpfer gewarnt, dass diese Vorstellung einseitig ist. Die Zwielichtfigur des zukünftigen Geschöpfes verlangt ihr körperliches Recht: "Why is a heart not given me? Where is the tongue, the teeth, where is the blood / That must be poured to flow in me? / How would you have me? Blind or mute? / Or lame? Or deaf, perhaps? / Or all at once?" (S. 227). Es ist dieser Konflikt zwischen der Neigung des Geschöpfs zur Körperlichkeit und dem Willen des Schöpfers, den Golem nur als Mittel zu einem "höheren" Zweck, nicht aber als Zweck in sich selbst aufzufassen, der im Ganzen des Dramas wiederkehrt.

Der "höhere Zweck", dem die Golemschöpfung dienen soll, muss praktisch motiviert und bildlich darstellbar sein, und er wird im Drama wie im "Volksbuch" durch die judenfeindlichen Anschläge des Thaddäus dargelegt. Wie ein Gegengewicht zu der vor ihrer Schöpfung warnenden "Figure" des Golem erscheint dem Maharal bereits in der ersten Szene die "Figure" des Thaddäus. Indem diese mit ihm sofort sichtbar zusammenprallt ("Figure — collides with The Maharal", S. 228), offenbart sie sich von vornherein als sein Gegenspieler. Noch einmal im Verlauf des Dramas werden dann Thaddäus und der Maharal mit ihren "Mitteln zum Zweck" in anschauliche, symmetrische Beziehung zueinander gesetzt, und zwar in der siebten Szene: "Thaddeus, accompanied by the Monk, emerges from the depth of the cave [...] Both disappear. From the opposite side The Maharal and The Golem enter" (S. 312, 314). Das Verhältnis zwischen Thaddäus und dem Mönch, dessen er sich als Mordwaffe bedient, wird bewusst mit demjenigen zwischen Golem und Rabbi zur Entsprechung gebracht. Der Mönch hat zwar die entscheidende Tat ausgeführt, aber nur als "Arm" des Thaddäus: "And who did more to make the knife-edge sharp? / And who inhaled more of that warmth / Although I stood aside; did I or you? / What was done I did, not you [...]" (S. 312f.). Später in derselben Szene wirft Thaddäus seinem Gehilfen Ähnliches vor wie der Maharal dem Golem in der dritten Szene: "I tell you: see — and you are deaf and blind" (S. 314). Zwischen den beiden

Gruppen "In the Cave" geht es um Blut und Tod. Schon in der ersten Szene deutet die Figur des Thaddäus seine Rolle in dieser Situation an, wenn er den noch unbelebten Golemkörper für eine Leiche hält. In den Augen des Rabbi aber erblickt die (von ihm selbst hervorgebrachte) Thaddäusfigur den Ausdruck eines wildgewordenen Golems (S. 229). Der Rabbi selbst identifiziert sich bei dieser Gelegenheit mit seinem Geschöpf: "I bear the look that lies within his eyes" (S. 229). Es besteht also die Möglichkeit, den Golem hier als eine Art Spalt-Ich oder "Alter-Ego" des Maharal aufzufassen. Dies kommt auch am Anfang der dritten Szene zum Ausdruck, wenn der Golem Haltung und Gesichtsausdruck des schlafenden Maharal nachahmt und dieser erwachend beim Anblick seines Gegenübers erschrickt. In der sechsten Szene erklärt der Golem auf die Frage nach dem Rabbi: "Have I seen him? I see him always" (S. 301). Vorher war er mit den gleichen Worten erwacht, die sein Schöpfer in grosser Entfernung ausgesprochen hatte und die er dann wie ein Echo wiederholt: "No more, no more, no more" (S. 292). Die komplexe Beschaffenheit des Verhältnisses zwischen Golem und Maharal geht jedoch erst aus den verschiedenen "Golemträumen" hervor, von denen unten noch die Rede sein wird.

Der Rabbi fasst beide Visionen, die ihm zwischen dem irdischen und geistigen Prozess seines Schöpfungsaktes zuteil werden, als Zeichen von oben auf. Schickte Gott die Vision des Golem, um durch sie vor dem Vollzug der künstlichen Schöpfung zu warnen, so schickte er auch die Vision des Thaddäus, um an den mächtigen Feind zu erinnern, dem die Juden ohne den Golem hilflos ausgeliefert wären. Obwohl es scheinen könnte, dass diese "Zeichen" sich als Entscheidungshilfen gegenseitig aufheben und so dem Menschen die letzte Entscheidung doch selbst anheimfällt, dienen sie dem Maharal als Zeichen der Vorausbestimmtheit der zukünftigen Ereignisse. Gerade weil sich die Zukunft bereits in unheilverkündenden Visionen andeutet, ist sie in gewisser Weise schon da und muss angenommen und durchlebt werden wie der sich im Morgengrauen ankündigende Tag. Der Rabbi gibt der Unausweichbarkeit der zukünftigen Geschehnisse prägnanten Ausdruck:

> And all that I conceive, I see;
> And everything I see, will be.
> It will; it must!
> And now my heart is light and glad. For I —
> What am I? Your portents speak the truth. (S. 230)

Damit ist die Entscheidung gefallen: das Vorausbestimmte, d.h. hier die Vollendung der Golemschöpfung wird angenommen, und sei es auch noch so unheilbringend: "The hand of God / Has ringed us round within a single ring / And paired me with this little mound of clay" (S. 229—230). Aus dieser Bemerkung wird ersichtlich, wie das Verhältnis zwischen Golem und Maharal aufzufassen ist: nicht so sehr als eine psychologische "Paarung" oder Entsprechung, sondern als eine mythische, auf die auch in der Überschrift "Clay" und an anderer Stelle der ersten Szene angespielt wird: "Before You what am I? A crawling worm, / A lump of earth, a grain of dust" (S. 228).

Wie um die endlich gewonnene Entscheidung des Maharal auf die Probe zu stellen, treten am Ende der Szene seine Schüler Isaac und Jacob als Übermittler eines weiteren warnenden Zeichens auf. Isaac erzählt einen Traum, der in sprunghaften Bildern den Golemaufstand ankündigt. Obwohl der Maharal das Ominöse dieses Traumes deutlich erkennt, berührt es seine Entscheidung nicht mehr, sondern er bietet trotz aller Visionen von dem mit dem Golem verbundenen Unheil der Zukunft die Stirn, indem er sich anschickt, den Golem zu beleben. Die erste Szene profiliert also eine Entscheidungssituation, indem sie sich auf den kritischen Zeitpunkt zwischen "irdischer" und geistiger Golemschöpfung beschränkt und dadurch den Vorgang der praktischen sowie der magisch-rituellen Golemschöpfung vermittels des dazwischenliegenden "Zwielichtes" zwar andeutet, aber gleichzeitig ausspart.

Auch in der zweiten, "Walls" überschriebenen Szene wird durch das Bild der Mauern ein innerer Vorgang mit äusseren Mitteln dargestellt. Das prae-existente Golemwesen der ersten Szene ist nun in dem irdenen Körper gefangen und wehrt sich gegen diese Einengung durch körperliche Mauern. Das ist der innere Vorgang, der wie im expressionistischen Drama nach aussen projiziert wird, indem er unmittelbar in die äussere Bühnenhandlung übergeht[27]. Wenn der Golem hier "begins to stride around the room, climbing over benches, tables, knocking them over. Presses against the wall, pushes it", und schliesslich in die Worte ausbricht: "I want to leave this place!" (S. 235), so erweist sich dies als Projektion seines inneren Zustandes auf die Bühne. Auch der äussere Vorgang, der die Szene eröffnet, erhält eine überhöhte Funktion: der Rabbi zeigt dem Golem, dass er sich beugen muss, um durch die niedere Türöffnung hereinzukommen, und sich dann aus der gebeugten Stellung wieder aufrichten. Er versucht dem nur einen direkten Zugang begreifenden Golem klarzumachen, dass Hindernisse da sind, umgangen und nicht eingerannt zu werden. Aber alle sinnlichen Äusserungen des Golem bleiben unmittelbar: er starrt Devorale, des Rabbis Enkelin, an, weil sie ihm gefällt; er schickt sich an zu essen, ohne das Ritual des Händewaschens zu beachten; er schläft übergangslos an der Stelle ein, wo er sich gerade befindet. All dies steht in scharfem Gegensatz zu den auf einen "höheren Zweck" gerichteten Plänen des Rabbi, der gerade die kreatürliche Beschränkung des Menschen in seinem Geschöpf zu überspringen suchte. Obwohl der Rabbi versucht, den Aufstand des Golem gegen die äusseren und inneren Mauern als eine vorübergehende Krise zu erklären ("The black darkness of your other being / Has not released your head and heart [...]" S. 238), bleibt dieser erste Golemaufstand eine Vorausdeutung auf weitere rebellische Handlungen des Golem gegen seine "Mauern".

27 Vgl. Walter H. Sokel: Der literarische Expressionismus. Übers. J. und Th. Kunst. Stanford 1959, S. 53ff.

In diesem Zusammenhang taucht das Problem der *Sprachbefähigung* des Golem auf, das hier auf ganz neue Weise in die Konfliktsituation zwischen Schöpfer und Geschöpf integriert wird. Am Anfang der zweiten Szene heisst es zunächst ausdrücklich: "The Golem is silent" "The Golem is dumb" (S. 234). Dann lehrt der Maharal ihn einzelne Worte sprechen, als erstes seinen Namen Joseph[28]. Mitten in diese ersten Sprachversuche fällt der Aufstand des Golem gegen alle Mauern. So scheint auch hier die Sprache zuerst ein Gefühl der Beschränkung auszulösen, ähnlich wie in dem Gedicht von J. L. Borges, wo sie sich wie ein *tönendes Netz* um den Neugeborenen zusammenzieht. Dann aber — und hier wird das Stummheitsmotiv der Golemsage ganz neu begründet — erhält der Golem von seinem Schöpfer wiederholt ein ausdrückliches Sprachverbot: "Say nothing [...] Be mute! Be locked within your muteness. / You hear — be mute." (S. 241). Der Golem soll also zwar zur Sprachrezeption fähig sein, er soll gehorchen, Befehle annehmen und ausführen, aber die Sprache soll ihm nicht als Ausdrucksmittel dienen. Damit wird eine Unterscheidung getroffen in den Funktionen der Sprache, die dem Golem zugänglich sind. So weit die Sprache ein Mittel zur Rationalisierung, zur geistigen Kontrolle darstellt, wird sie über den Golem verhängt; soweit sie ein Mittel sinnlichen Ausdrucks und individueller Befreiung ist, wird sie dem Golem verwehrt. Wenn dann der Golem in der sechsten Szene ("Revelations") in einen wahren Sprachschwall ausbricht — in der Gegenwart des Mädchens Devorale —, so hat die Golemsprache im Grunde keine informative Funktion mehr, sondern eine "aufständige". Der Golem bäumt sich gegen die ihm von seinem Schöpfer auferlegten Fesseln des Sprachverbots auf: "I must not speak, but I am speaking" (S. 294). So ist es auch ganz folgerichtig, dass seine Worte den Frauen, an die sie gerichtet sind, völlig unverständlich bleiben, denn als sinnliche Rebellion und als Informationsmittel bewegt sich die Sprache auf verschiedenen Wellenlängen. "What is he asking us? What does he want?" fragt Devorale (S. 301). Allerdings hat die Golemsprache in der sechsten Szene "revelatorischen" Gehalt. Sie offenbart die innersten, durch den Rabbi gewaltsam verdrängten Wünsche des Golem in sprachlichen Bildern, die sich zu einer Art sinnlicher Sprachorgie steigern. Der Sprachausbruch des Golem überschreitet nicht nur die zeitlichen Grenzen, die dem Monolog im allgemeinen auf der Bühne zugestanden werden (mit wenigen Interjektionen der Frauen zieht sich der Monolog über sechs Druckseiten hin), er sprengt auch alle Grenzen konventioneller Liebeserklärungen, sodass die beiden Frauen "in despair, hide their faces and wring their hands" (S. 303). Dieser

---

28 Für den Namen "Joseph" findet sich bei Chajim Bloch (Der Prager Golem, S. 114) folgende Erklärung: "Beim Erschaffen des Golem drängten sich zwei Geister heran, dass er (Rabbi Löw) durch sie den Golem beleben sollte: der Geist des Dämon Josef und der des Dämon Jonatan. Es wurde der Geist des ersteren gewählt, weil dieser schon zur Zeit der Talmudweisen den Juden in bedrängten Tagen Hilfe erwiesen hatte. Auch war Jonatan ein Wesen, das keine Geheimnisse wahren konnte."

"Sprachrausch" des Golem verlangt letzten Endes nach einem Medium, das die rationalen Grenzen der Sprache überhaupt sprengen könnte, eben nach dem Medium der Musik: "It is enough for me to sit, face / To face with you, as I sit now, and speak / In words that nimbly dance, that dance and dazzle" (S. 303).

Auf ähnliche Weise, wie sich die Einstellung des Maharal zum Golem in bezug auf die Sprache geändert hat, verändert sich allmählich auch das übrige Verhältnis zwischen Schöpfer und Geschöpf. In der zweiten Szene fragt der Rabbi den Golem: "You wish to live with me?" und dieser antwortet: "No". Darauf der Rabbi: "You cannot go away" (S. 237). In der dritten Szene dagegen erklärt der Maharal dem Golem, den er nun im "Fifth Tower" einquartieren will: "You must be with yourself / And not with me" (S. 249). Je entschiedener der Maharal jedoch das Geschöpf aus seiner Nähe zu entfernen sucht, umso abhängiger wird der Golem: "Do not leave me"; "Stay with me" bleiben bis zum Ende seine Refrainworte an den Rabbi.

Von der dritten Szene an häufen sich die Ahnungen und Zeichen einer kommenden Katastrophe, die ironischerweise eher durch die Erscheinung des Golem ausgelöst werden als durch unmittelbare Bedrohungen von aussen. Im grellen Gegensatz zu der Angst, die der Golem als Holzhacker, in dessen Hand die Axt wie eine Feder auf und abfliegt, unter dem Volk verbreitet, steht dann seine eigene Hilfsbedürftigkeit und Abhängigkeit gegenüber dem Rabbi. Dieser beurteilt die Situation folgendermassen: "Helpless himself — he must bring help to us. / Himself in darkness — he must bring us light." (S. 250). Mit der dritten Szene beginnt auch das Verhältnis zwischen Traum und Wirklichkeit problematischer zu werden. Von der ersten Szene ausgehend waren zunächst drei Anschauungsweisen zu unterscheiden: die sagenhaften Ereignisse, in deren Rahmen der Maharal den Golem schuf, stellen die Ebene der Wirklichkeit dar, sodass der Golem selbst durchaus als Realität und nicht etwa als Gespenst aufzufassen ist. Darüber hinaus gibt es eine visionäre Anschauungsebene, auf der dem Maharal z. B. die "Figuren" des noch ungeschaffenen Golem und des Thaddäus erschienen. Schliesslich existiert die eigentliche Traumebene, die nur indirekt durch die Traumerzählung vorgestellt wird. Dagegen erhebt die visionäre Ebene auf der Bühne zunächst Wirklichkeitsanspruch. Die von ihr hervorgebrachten Gestalten werden unter den "dramatis personae" aufgezählt, sie sind nicht nur dem "Seher", sondern auch dem Publikum gegenüber sichtbar, während die Träume als unsichtbare Vorgänge aus einer individuell begrenzten Welt berichtet werden. Von der dritten Szene an greifen aber diese Träume entscheidend in den Ablauf des Dramas ein. Sie werden ein integraler Bestandteil der Handlung und lösen diese gelegentlich aus. So tritt am Anfang dieser Szene Devorale im Zimmer des Rabbi auf, weil dieser geträumt und im Traum laut gerufen hat. Auch der Golem beruft sich bei seinem ersten Auftreten auf das Rufen des Rabbi, aber hier wird es unklar, ob dieses tatsächlich stattgefunden hat oder nur in der Einbildung des Golem, denn der Rabbi behauptet: "I did not call you.

No." (S. 246). Der die Szene eröffnende Traum des Maharal wird nicht erzählt. Er soll als solcher vor allem den unruhigen, angstvollen Zustand hervorheben, in dem sich der Träumer befindet und der alles Geschehen in dieser Szene: "Through Darkness" auszeichnet. Anders steht es dann mit den Träumen des Golem. Nach dem Zwischenfall mit Devorale berichtet der Golem einen Traum, den er offenen Auges im Stehen erlebt zu haben vorgibt. Hier handelt es sich weniger um einen Traum im üblichen Sinne als um eine Art Tranceerlebnis. "The Golem comes to" aus einem Zustand der Erstarrung, in welchem er die Strafrede des Maharal angehört hatte. "Rabbi, I was asleep" "You were asleep? " "I am uncertain, Rabbi. Under me / The earth began to move and sway. / A hand reached out and drew me off, / And flung me high into the air / [. . .]" (S. 261). Der "Traum", den der Golem dann berichtet, entzieht sich eindeutiger Interpretation. Sicher ist nur, dass er sich auf sein Verhältnis zum Maharal bezieht. Eine Vermischung der Identität des Golem und des Maharal kommt in grotesk entstellten Bildern zum Ausdruck. Der Rabbi hält diese Vision für einen Ausdruck des Golemhasses auf seinen Schöpfer ("Let words your hatred dissipate" S. 262), aber eine solche Erklärung erscheint unzureichend, denn wie der Golem selbst andeutet, könnte sich hier ebensowohl der Hass des Schöpfers auf sein Geschöpf reflektieren, den er ja tatsächlich in seiner Strafrede angedeutet hatte. Dieser "Golemtraum" kann also als eine Art hypnotische Vision gelten, die unter dem Einfluss des Schöpfers im Golem entsteht. Als schliesslich der Maharal bereit ist, dem Golem das Vergehen an Devorale zu "vergeben" und ihn wieder zu akzeptieren, erlebt der Golem eine zweite Traumvision, die in mehrfacher Weise als "hellseherisch" gelten kann. Erstens bringt sie Licht in die Dunkelheit, die über den Ereignissen der Szene "Through Darkness" hängt, und zweitens prophezeit sie einen Sieg über die gegenwärtigen Anfechtungen. Wie durch Hypnose wird diese Traumvision dem Golem vom Maharal induziert: "I bless you. Now what do you see? " (S. 263). Der Golem sieht sich im unterirdischen Gewölbe, das er später durchschreiten soll, als mächtige Lichtgestalt, ausgerüstet mit den Flügeln eines Unsichtbaren ("wings of one Invisible", S. 264), also als jener Retter, zu dem ihn sein Schöpfer bestimmt hat. Daraufhin wird er endlich — auf der Ebene der Wirklichkeit — dem bisher lediglich visionsartig herannahenden Thaddäus in den "Fünfer Palast" entgegengeschickt. So wird die Überschrift "Through Darkness" schliesslich von der visionären Helligkeit her verständlich, die nach diesem Traum den Golem gelegentlich als sichtbares Attribut auszeichnen wird: "The brightness of invisibility begins to glow around him" (S. 296). Obwohl also diese Golemvisionen wie Träume erzählt werden, können sie kaum noch als echte Träume gelten. Sie stellen vielmehr bildhafte Offenbarungen dar, die den Übergang aus dem Bereich eines dunklen Angstzustandes in den Bereich der Helligkeit und damit der Hoffnung auf Rettung deutlich machen, die sich mit dem "Mittel" bzw. "Medium" des Golem verbindet.

Die "Dunkelheit", unter der die dritte Szene steht, betrifft nicht nur den Golem, sie überschattet alle anderen Ereignisse und Personen. Die vergeblichen Bemühungen des Reb Bassevi, im Gespräch mit dem Rabbi eine Aufklärung herbeizuführen, sind symptomatisch hierfür, ebenso wie das unerwünschte Auftreten des unablässig um seinen ermordeten Sohn trauernden Narren Tankhum. Dieser bezeichnet sich als *Lord of the Ruins*. Die Ruinen der ganzen Welt gehören ihm, weil er die völlige Zerstörung seiner geistigen Welt erfahren hat durch die Verstümmelung und Ermordung seines Sohnes, die er an jedem Pessach Fest aufs Neue erlebt. Als unaufhörlich Leidtragender ist er in seinem makabren Narrentum der einzige, der sowohl Herr über das Leiden ist wie zum Mitleid mit der Welt befähigt, da er nicht aufhört, selbst das Leid zu verkörpern. "But who is master here? Am I or you?" (S. 257) fragt er den Rabbi. Die visionären Reden des Narren Tankhum, in denen Mythos[29] und traumatische Erinnerung zu seltsam entstellten Bildern verschmolzen werden, scheinen zunächst dem Traumbereich näher zu liegen als der Wirklichkeit. Dennoch stellt die Rolle Tankhums eine groteske Umkehrung der verschiedenen in diesem Drama versammelten Erlösergestalten in den Bereich menschlicher Wirklichkeit dar.

Als *Lord of the Ruins* stellt Tankhum zugleich die Verbindung zu den folgenden Szenen her, die sich in der Ruine des "Fünfer Palasts" (*Fifth Tower*) abspielen. Im "Volksbuch" wird der Ursprung dieser Ruine folgendermassen beschrieben:

> Der 'Fünfer-Palast' wurde so genannt, weil er an fünf Gassen grenzte. Sein Baustil bewies, dass dieser Palast im Altertum, als noch das Heidentum in Prag herrschte, erbaut wurde, denn er stellte nach seinem Typus ein "Heiligtum der Sonne" dar. Der Palast war Eigentum der Regierung und bildete nach drei Seiten eine Ruine. Nach der Überlieferung wohnte einst vor langen Jahren in diesem Palast ein geheimnisvoller König, der sich nie sehen liess und im Keller des Palastes einen unterirdischen Gang hatte, der in das "grüne" Kloster führte. In diesem Kloster wohnte jetzt Taddäus. Der Palast stand gegenüber der Altneusynagoge. Es war eine Ruine, in der nach der im Volke verbreiteten Sage allerart böse Geister ihr Wesen trieben. Man ging an diesem Haus nicht ohne Schaudern vorbei[30].

Im Gegensatz zu dieser relativ sachlichen Beschreibung eines mit Aberglauben und Sage verknüpften Ortes wird aus dem *Fifth Tower* in Leivicks Drama ein ebenso romantischer wie vielschichtiger Bühnenschauplatz. Er stellt nicht nur den äusseren Spielraum von drei Szenen dar, sondern erweist sich mit seinen unterirdischen Gängen in der siebten Szene gleichzeitig als Projektion eines verborgenen Innenraums. Die Ruine dient bei Leivick als Zufluchtsstätte der Ausgestossenen, Krüppel und Bettler. Unter ihnen befindet sich auch ein *sick*

---

29 Das in den Reden Tankhums wiederholt auftauchende Bild von dem "feurigen Wagen" könnte eine Anspielung auf den feurigen Wagen Israels darstellen (2. Könige 2, 11–12), der hier vielleicht dem Opfer des Sohnes vor den Augen des Vaters eine sakrale Bedeutung verleihen soll.
30 Chajim Bloch: Der Prager Golem, S. 75f.

man, der, unfähig seinem Bettlergewerbe nachzugehen, fiebernd und frierend auf Hilfe wartet, während ein Blinder im Gebet die Bestätigung dafür zu finden glaubt, dass es einen Gott im Himmel gibt. Der Kranke kombiniert nun in refrainartigen Versen den Satz des Blinden (*There is a God in heaven, Jews*) mit der Ankunft des Golem und deutet damit unbewusst bereits auf die Ankunft des Messias hin. Obwohl keiner der Bettler begreift, was er sagen will, enthält seine verwirrte Fieberrede einen doppelbödigen Sinn: "There is a God in heaven — and He watches [...] For he, the one I did not call, / He was the one who came" (S. 272f.). Statt der von dem Kranken erflehten Hilfe ist zuerst der Golem erschienen, und auf ähnliche Weise wird bald darauf der als junger Bettler auftretende Messias erscheinen, nun seinerseits "ungerufen". In den Verschränkungen der scheinbar sinnlosen Verse des Kranken spiegelt sich also die Verschränkung der Ankunft des Golem und des Messias. Gleichzeitig deuten diese Verse auf die Vergeblichkeit messianischer Hoffnung überhaupt hin und nehmen so bereits einen Aspekt der siebten Szene vorweg. Indem die Szene "Beggars" also im Wesentlichen als Substrat für das Auftreten der messianischen Bettlergestalten dient, wird die Sage vom Golem hier auf die Ebene des Mythos erhoben. Die Golemgestalt wird mit der mythischen Gestalt des Messias kontrastiert. Als Schöpfer des Golem muss der Maharal den Messias vertreiben, der, wenn auch aus Mitleid mit den Menschen, zu früh und "ungebeten" gekommen ist und sich als übermüdeter Bettler mit wunden Füssen in der gegenwärtigen Situation als völlig unzulänglich erweist. Tankhum, der Narr des Leides, erkennt die Unzulänglichkeit des "jungen Bettlers", noch ehe dieser vom Maharal vertrieben wird:

> Asleep? How does he come to be asleep?
> He must wake up.
> Let him pry his eyelids open.
> This is a place for wakefulness,
> For trembling,
> For fevering,
> For lurking...
> The dead will soon arise,
> And he — he sleeps! (S. 276)

Eine Art "lyrischen" Kommentar zu der überraschenden Episode der Ankunft und Vertreibung der Messiasgestalten gibt die fünfte Szene, in der die beiden Bettler am Wegrand ausserhalb von Prag ausruhen und klagen, bis sie aufs Neue vom Maharal vertrieben werden. Die Blankverse des Dramas gehen hier in Liedstrophen über, in denen der junge Bettler über seine Zurückweisung klagt, während er sich von den grausamen Visionen einer angsterfüllten Pessach Nacht in Prag umgeben sieht. Sein Lied ist die Klage dessen, der ewig dazu verurteilt bleibt, den höheren Befehl zu erwarten, der ihm erlauben würde, der leidenden Menschheit Frieden zu bringen. So gestaltet sich seine Klage als ein rhythmisches

Schlummerlied, das von der schwingenden Kette handelt, die der Legende nach den Messias zurückhält:

> On my chain
> Rock and sway
> Old and blind
> Eternity.
> [...] (S. 286)

Leivick kommt hier auf denselben Mythos zurück, den er schon in seinem frühen, im Gefängnis geschriebenen Drama, "The Messiah in Chains", verwendet hatte. Der Dichter, der das Leiden der Menschen aus eigener Erfahrung gut einschätzen konnte, hat immer wieder versucht, eine Sinngebung dieses Leidens in religiös-mythischen Quellen zu finden. Bei der Vorstellung des "Messias in Ketten" kommt es ihm darauf an zu zeigen, dass der Messias selbst voll Ungeduld danach strebt, durch sein Erscheinen die Leidenszeit zu beenden, er jedoch durch ein übergeordnetes Verhängnis — eben die Kette — zurückgehalten wird.

Durch die Vertreibung des Messias zugunsten des Golem werden zwei Einstellungen zur messianischen Idee einander gegenübergestellt. Vom Maharal aus gesehen müssen die Menschen selbst den Frieden und die Gerechtigkeit heraufführen, nötigenfalls mit Hilfe von Gewalt. Von der traditionelleren Auffassung des Messias aus gesehen, muss eine höhere Entscheidung den Menschen entgegenkommen. Es ist nicht unberechtigt, hier daran zu erinnern, dass Leivicks Drama zur Zeit der russischen Revolution geschrieben wurde[31], die der Dichter offenbar als eine Art "Golemrettung" auffasste, jedenfalls nicht als die Ankunft eines echten messianischen Zeitalters.

Erst im Gegenlicht der mythischen Messiasgestalt erscheint der Golem in diesem Drama als messianischer Retter. Nach der endgültigen Vertreibung der beiden Bettler entpuppt sich (in der sechsten Szene) das bisher abhängige, hilflose, in irdischer Dunkelheit befangene Geschöpf als der gewaltige Held der Stunde, der selbst Tankhum vorübergehend beeindruckt:

> Now I arise, you see. Now I grow large;
> And now I spread my wings;
> And now I stand before you,
> From my darkness quite distinct.
> [...]
> I am the secret, not of darkness, but of light,
> Not always, but now. (S. 294, 295)

Die Lichtvision, die der Golem am Ende der dritten Szene erlebte, erfüllt sich hier. Der heroischen Golemgestalt wird jedoch gerade Tankhum, der Herr der Ruinen, gegenübergestellt, der sich in der Pessachnacht zur mystischen Neuinszenierung seines Leidensfestes anschickt. Die Gegenüberstellung zwischen dem

---

31 Vgl. Sol Liptzin: The Flowering of Yiddish Literature. New York, London 1963, S. 222–224.

Golem und Tankhum erweist sich damit als Gegenüberstellung der leidvollen Wirklichkeit unter der Maske des Narrentums mit dem überheblichen Traum einer messianischen Rettung. Die von Helligkeit umstrahlte Gestalt des Golem lehnt die Aufforderung ab, an Tankhums Fest teilzunehmen: "Do you not know that I am everlasting / And not from here [. . .] I turn away from you" (S. 296). Also bleibt Tankhum allein zurück, um sein Fest zu begehen. Die Gegenüberstellung zwischen dem Golem und dem in Regen und Wind mit seiner Festtagskerze zurückbleibenden "Herrn der Ruinen" endet schliesslich in der eindrucksvollen Erkenntnis des Narren, dass er zum Narren gehalten wurde:

> Tankhum fooled, Tankhum fooled,
> And Tankhum let himself be fooled.
> And who was it that did the fooling?
> A fool, a Golem did the fooling, Tankhum. (S. 297)

In dem nun folgenden Auftritt zwischen dem Golem und den Frauen, die sich auf der Suche nach dem Maharal in der Ruine verirrt haben, offenbart der Golem in der Rolle des Retters gleichzeitig seine sinnlich-menschliche Natur und bringt so das Zweideutige seiner Sendung zum Vorschein, das ihn dann, nach vollbrachter Rettung, in der unzugänglichen Einsamkeit seines Golemzustandes zurücklässt. Diese antiklimaktische Einsamkeit des Golem — bereits eine Vorwegnahme der letzten Szene — wird hier in Liedstrophen zum Ausdruck gebracht, die eine opernhafte Vertonung förmlich herausfordern: "Walls, my walls, / Why are you dumb? [. . .] (S. 305f.). Am Ende dieser Szene "Revelations" beschwört das Erscheinen des Maharal einen weiteren Traumbericht des Golem herauf. Hier gestaltet sich seine Sendung innerhalb der jüdischen Leidensgeschichte und Messiaserwartung als Angriff auf den "jungen Bettler", sodass der Golem gewaltsam in der Erde vergraben wird. Nur Devorale erkennt ihn noch und beweint ihn. Der Traum endet mit den Worten des Maharal: "Do you know whom you weep for? / A golem is not mourned" (S. 310). Bemerkenswert ist nicht nur die Zusammenfassung und Übertragung der mythischen Golemrolle in die Bildersprache des Traums, sondern auch die Tatsache, dass dieser Golemtraum, wie die früheren, auf den Maharal bezogen ist, ihm persönlich berichtet wird und letzten Endes weniger die innere Haltung des Golem als die verborgenen Gedanken seines Schöpfers reflektiert. Dem Abstieg des Golem in die "Tiefe" der unterirdischen Gänge, der sechs Szenen hindurch vorbereitet wurde, hallen schliesslich Tankhums hustenerstickte Worte auf grotesk-unheimliche Weise nach: "Res-cue us! / Who will rescue? Who? / Who can rescue? Eh? / Wh-o c-an res-cue? Wh-o?" (S. 311).

Der vom Golem im Verlauf der siebten Szene ausgeführte Auftrag stellt insofern den Wendepunkt der äusseren Handlung dar, als das gefürchtete Pogrom durch den Anschlag des Thaddäus, der die Leiche eines Kindes und zwei Flaschen Blut in den Gewölben nahe der Synagoge versteckt, in der Tat ausbrechen müsste, wenn es nicht gelänge, diese falschen Indizien aufzudecken und unschädlich zu machen. Zu einer solchen Detektivaktion ist der Golem besonders befähigt, nicht nur, weil ihm die physischen Widerwärtigkeiten der unterirdischen Gänge nichts anhaben können, sondern auch weil er übernatürliche Fähigkeiten besitzt, Blut zu "wittern" und seine Spur zu verfolgen[32]. Die äusseren Hindernisse, die der Golem hier wie im "Volksbuch" auf Grund seiner besonderen Konstitution mit einer gewissen Leichtigkeit überwindet, genügen jedoch dem expressionistischen Drama nicht. Ihm kommt es gerade auf innere psychologische Widerstände an, und diese kleidet Leivick für die Bühne in die sichtbare Form unberechenbarer Geister. Gleichzeitig gestaltet er in dieser Szene einen metaphysischen Höhepunkt, indem er den Golem als Messiasgestalt mit zwei weiteren Messiasgestalten in einen gemeinsamen Kreis einschliesst. So werden in dieser "Höhlenszene" (*In the Cave*) drei verschiedene Ebenen des Dramas umfasst, und zwar weniger übereinander als nebeneinander, d.h. weniger in einer symbolisch überhöhten Schichtung als in konzentrischen Kreisen.

Der erste dieser Kreise umschliesst die äussere Handlungsebene, die in den ersten und letzten Auftritten der Szene deutlich wird: Thaddäus mit dem Mönch unmittelbar nach der Bluttat und ihm gegenüber der Maharal mit dem Golem, den er auf die Spur des Blutes ausschickt, um ihn dann nach vollbrachtem Auftrag aus seiner "tieferen" Erlebniswelt herauszureissen und zu weiteren Handlungen anzutreiben. Das ist etwa derselbe Handlungsrahmen, den auch das "Volksbuch" schildert. Die zweite, mittlere Kreisebene beginnt, nachdem der Golem den Grenzbereich physischer Widerstände (Steinschläge, wütende Hunde, Feuer) erfolgreich durchquert hat und nun in den Bann der Höhlengeister (*Cave spirits*) gerät. Das bezeichnende Merkmal dieser Geister besteht darin, dass sie alles zweideutig erscheinen lassen, aufspalten, unheimlich verdoppeln: "They trick my eyes / And dazzle them with double fires. / They trick may ears with double sounds. The very cave turns double too" (S. 318). Wie ein "wirbelndes Rad" (*whirling wheel*) umkreisen diese Geister den Golem mit ihrem *double dance*. Die Verdoppelung der Erscheinungen, die sie hervorrufen, bedeutet aber gleichzeitig eine Aufspaltung: "Half from half then sever / Let this severed thing / Lie within our ring" (S. 319). Auch diese Szene stellt also die Bühnenprojektion eines inneren Zustandes dar. Die Neigung des Golem zu Doppelvisionen zeigte sich bereits in den "Golemträumen" an gelegentlichen Aufspaltungs- oder Verdoppelungsbildern. "But half my head stuck out" heisst es im Traumbericht vom Ende der vierten Szene, und in dem "dunklen" Traum aus der dritten Szene finden sich folgende Zeilen:

> Your face I saw in double image:
> One half was large — as large as mine,
> The other — smaller still than yours;
> Your eyes were four — and all were dead. (S. 262)

---

[32] Über den besonderen Geruchsinn des Golem vgl. Chajim Bloch: Der Prager Golem, S. 116.

In dieser Vision hatte sich nicht nur die subjektive Tendenz des Golem zur Aufspaltung gezeigt, sondern gerade das Traumobjekt, der Maharal war ihm als ein aus ungleichen Teilen zusammengesetztes Wesen erschienen. Eine ähnliche Aufspaltung des ihn beherrschenden Schöpfers erlebt der Golem in der unterirdischen Welt in der Begegnung mit der "Figure", die eine Art dämonischen Doppelgänger des Maharal verkörpert. Es ist der Aspekt seines Schöpfers, den der Golem — wie der Mensch — am meisten fürchtet: "I am Master. I / Can do with you whatever I please to do. / I do not harm you because I toy with you, / With you and with your fears and with your sorrows. / Beyond that, I have no need of you." (S. 321). Nach der völligen Demütigung durch diese grausame Erscheinung des Rabbi erscheint dem Golem endlich, analog zu seiner früheren Traumvision, der "Helle", "Unsichtbare" *(The Invisible)*. Es ist eine Verkörperung jener Helligkeit, die vorher bereits ein Bestandteil des Golem geworden war und ihm in seinem Traum als ein Gegenüber, ein anderes Gesicht erschien. Daher erkennt der Golem sich selbst, oder einen Teil seiner selbst in dieser Erscheinung: "Your face is bright — like mine before" (S. 323). Die Erscheinung bestätigt diese Erkenntnis: "It had to be that once you might behold / Yourself — once and never more again" (S. 323).

Durch die Begegnung mit dem "Unsichtbaren" beginnt der zweite Kreis allmählich in die zentrale, metaphysische Ebene überzugehen. Der "Unsichtbare" erklärt den Tanz der Höhlengeister als den Anfang jenes Wahnsinnstanzes, dessen Ende das volle Mass der Unvernunft enthüllt (S. 323). Es scheint, dass Ursprung und Ende dieses Tanzes im "Blut" verborgen sind, denn der "Unsichtbare" fährt fort: "You hold an axe, a spade — you have no need / Of them. The flasks are ready. Stretch your arm." (S. 323). Indem er sich der Vielschichtigkeit des Begriffes *Blut* bedient, verbindet der Dichter die verschiedenen Ebenen der Höhlenszene durch dieses bereits in der stofflichen Vorlage gegebene "Dingsymbol". Schon am Anfang der Szene versuchte Thaddäus seiner blutigen Tat eine symbolische Überhöhung zu geben: "For blood is — love. Blood of children [. . .]" (S. 313). Als später der Maharal den Golem fragt: "What do you smell? " antwortet dieser schaudernd: "The word! The word you gave me secretly!" (S. 314f.) Auch in den Tanzliedern der Höhlengeister gibt es dann Anspielungen auf das Blut: "Let your own blood flow [. . .] Blaze as red as blood [. . .] Drenched in bloody red" (S. 315). Schliesslich zeigt sich, dass auch im Mittelpunkt des innersten Kreises wiederum das Blut steht. Das "Losungswort" oder Motto, das der Maharal dem Golem auf den Weg gegeben hatte, hiess: "Through death and blood and dying breath" (S. 315). Der Golem findet später eine andere Reihenfolge: "Through blood and death [. . .]" (S. 317). Schliesslich gibt der "Unsichtbare" diesen Worten einen neuen Sinn: "And how are you alone? Am I not like yourself? / *No blood nor death nor dying breath* (S. 324, Kursiv im Text). Der Teil des Golem, der dem "Unsichtbaren" gleicht, der Teil also, der ihn als messianischen Retter auszeichnet und den der Maharal zu schaffen hoffte, ist von körperlichen Attributen, Blut usw., unabhängig. Andererseits erweist sich der Golem auch als körperlich befangenes Wesen, das in Abwesenheit des "Unsichtbaren" weiteren Anfechtungen ausgesetzt bleibt[33].

Hatten die Tänze der Höhlengeister die Sphäre der Doppelerscheinungen und des Blutes eingekreist, so konzentrieren sich die Tänze der "Unterirdischen" *(Subterraneans)* auf den Bereich des Todes, und damit geht die Szene in ihren innersten Kreis über. Die Toten sind aus ihren Gräbern heraufgestiegen, um das "Ende aller Dinge" herbeizubringen: "Risen are we from repose / To bring the end of all things close" (S. 325). Die Prophetie Tankhums: "The dead will soon arise", scheint sich hier zu erfüllen. Nur solange die Kerzen der "Unterirdischen" brennen, kann das Ende dauern. Ein "Todeskreis" für die Messiasgestalten wird abgemessen, während die Kerzen teilweise abbrennen. Dann werden sie ausgelöscht, noch ehe sie völlig abgebrannt sind, und die Messiasgestalten treffen ein. Zuerst betritt der Golem mit seinem Attribut, der Axt, den Kreis, dann wird der "junge Bettler" an seine Kette geschmiedet, von unsichtbarer Hand hineingestossen, schliesslich folgt der "Mann mit dem Kreuz". Die Worte, mit denen die beiden letzteren den Kreis betreten, sind identisch: "Here I am at last, / And at last set free. / In the final hour, / I am one of three (S. 327, 329). Der "Messias in Ketten" wiederholt die Worte des Golems, und der "Mann mit dem Kreuz" wiederholt dieselben Worte. Das Gemeinsame der Messiasgestalten soll offensichtlich betont werden. An dem "jungen Bettler" bemerkt der Golem den Geruch von Fäulnis, an dem "Mann mit dem Kreuz" den Geruch von Tod. Beide sind durstig, beiden bietet der Golem die blutgefüllten Flaschen an, beide führen sie zum Munde und schreien: "Blut", und beiden antwortet der Golem mit den Worten des "Unsichtbaren": "Why shout? Just put them down and let them stand" (S. 325). Diese Vorgänge wirken wie ein Ritual, in dem die drei Messiasgestalten nicht nur durch den äusseren Todeskreis, sondern vor allem durch den gemeinsamen Mittelpunkt, das Blut, verbunden werden. Die Höhlengeister kehren hier noch einmal zurück, umtanzen den Kreis und singen: "Oh, redeemers, you redeemers, / Be redeemed" (S. 331). Es scheint, dass gerade die Höhlengeister, in deren Sphäre sich die Erscheinungen verdoppeln, auch eine Art "doppelte Erlösung" heraufbeschwören, die dann zur eigentlichen Auflösung, zum "Nichts" und zum Ende führt. Im "Song of Nothing" der Unterirdischen erübrigen sich schliesslich auch die grausamen Attribute der Erlöser:

> There's the cross — but not to carry;
> There's the chain — but not to ring;
> There's the axe — but not to harry. (S. 332)

---

[33] Ein merkwürdiger Zusammenhang findet sich zwischen der Betonung des "Unsichtbaren": "You understand? Not even dying breath" (S. 324) und der Tatsache, dass die letzten Worte des Maharal an den Golem lauten: "Breathe out your final breath." (S. 355). Vielleicht lässt sich darin ein Zugeständnis des Maharal an den körperlichen Teil seines Geschöpfes sehen, den er bis zu diesem Zeitpunkt so entschieden abgelehnt hatte.

Erst wenn die Erlösergestalten selbst von der Notwendigkeit befreit sind, das Kreuz, die Kette und die Axt zu tragen, kann das Ende kommen. Auf den "Song of Nothing" folgt der "Song of Madness", dessen Bezeichnung an den "Wahnsinnstanz" erinnert, von dem der "Unsichtbare" sprach. Eine Anspielung hierauf findet sich auch in der letzten Szene, wo der Maharal den Umkreis des Golem als ein "net of blood and muddied madness" bezeichnet (S. 351). Es scheint also, dass die "Dunkelheiten" im Text der letzten Phase der Höhlenszene durchaus funktionell sind, d.h. sie sollen offenbar das Irrationale zum Ausdruck bringen, das sich mit dem Golem wie mit den anderen Messiasgestalten verbindet.

Nach dem endgültigen Erlöschen der Kerzen der "Unterirdischen" bleibt die Bühne eine Zeitlang völlig im Dunkeln. Dann erscheint der Maharal und findet den Golem allein in einem tranceartigen Zustand. Dieser Umstand weist noch einmal darauf hin, dass die Höhlenerscheinungen eine nach aussen projizierte traumartige Erfahrung darstellen.

Diese Szene, in deren Verlauf der Golem allmählich in jene zeitlose Dunkelheit zurücksinkt, aus der er gewaltsam hervorgerufen wurde, ist ohne musikalische Umrahmung kaum auf der Bühne vorstellbar. Was hier dargestellt wird, könnte leichter ohne Text auskommen als ohne Musik und Tanz. Die verschiedenen visionären Erscheinungen, von denen der Golem immer enger eingekreist wird und die anhand des blossen Textes etwas mühsam gegeneinander abzugrenzen sind, verlangen einerseits die strenge Anordnung, die durch Bühnenbild und musikalischen Rhythmus gegeben wird, und andererseits die Unmittelbarkeit von Bühnenanschauung und Musik. Das Nacheinander der Wiederholungen im Text sollte teilweise ein Miteinander, ein Gleichzeitiges werden, während gewisse Wiederholungen sich als musikalische Motive eindeutiger und unmittelbarer hervorheben würden. Stellenweise könnte der Text durch die Bühnengestaltung völlig aufgehoben werden, denn wenn z.B. die "Unterirdischen" in der Tat schweigend ihre abbrennenden Kerzen in ausgestreckten Händen halten, würden sich Worte wie die folgenden erübrigen: "For we speak not, only tarry, / And we carry, carry, carry / Candles that are wholly spent / In our outstretched hands." (S. 326). Das einzelne Wort erweist sich oft lediglich als Begleiterscheinung zum Bühnenbild, zum Rhythmus des Tanzes, zu den Eindrücken von Hell und Dunkel und schliesslich zur räumlichen Anordnung in immer engeren Kreisen um das Blut.

Obwohl in der siebten Szene das Verhältnis zwischen dem Golem und Maharal fast völlig getrennt und aufgespalten wurde, spitzt es sich in der letzten Szene des Dramas noch einmal in solcher Weise zu, dass es nun den traditionellen Golemaufstand der Prager Sage auslöst. Hier zeigt sich die Überlegenheit des Dramas gegenüber dem "Volksbuch", in dem der Golemaufstand mit der Rettungsaktion des Golem nicht recht vereinbar erschien (oben I, S. 41). In Leivicks Werk erscheint der letzte wilde Ausbruch des Golem dagegen völlig einleuchtend, da er von Anfang an durch das Doppelwesen des Golem vorbereitet und motiviert wurde. Gegen seinen Wunsch und seine Warnung wird der Golem in der ersten Szene belebt. Er wehrt sich bereits in der zweiten Szene in Form eines physischen Ausbruchversuches gegen seine "Mauern" und droht in der dritten Szene, das ihn anstarrende Volk mit seiner Axt anzugreifen. Unter den Bettlern des Fünfer Palastes erregt er Furcht und Schrecken. Auch seine Neigung zu Devorale bleibt – ausser im Traum – unerwidert. Es gibt für ihn keine Kommunikationsmöglichkeit mit den Menschen. Von seinem Schöpfer, dem Rabbi, sieht er sich lediglich als Mittel zum Zweck angestellt, und als dieser Zweck erreicht ist, kauert er in vernachlässigtem Zustand im Vorraum der Synagoge, während die Gemeinde sich zum Dankgottesdienst für das "Wunder" ihrer Errettung anschickt. So bleibt der Golem trotz seines menschlichen Potentials ein Ausgestossener, ein tragischer "Unmensch". Der Dichter zeigt den halb-Menschen Zustand des Golem in der letzten Szene auf bildliche Weise: der Golem trägt nur einen Schuh, sein anderer Fuss ist unbeschuht. Obwohl er immer wieder vorwurfsvoll auf diesen Mangel hingewiesen wird, gelingt es ihm nie, auch den zweiten Schuh anzuziehen. Der fehlende Schuh wird hier deutlich zu einem Symbol für die menschliche "Halbheit" des Golem. Dieser verlangt, der Rabbi solle ihm den zweiten Schuh reichen, und macht so seinen Schöpfer für seine Halbheit verantwortlich, ihn, der sich seinerseits gerade auf Grund dieser Halbheit vom Golem distanziert. Die "Zerrissenheit" des Golem und seine Neigung zur Disintegration zeigt sich auch in dem letzten "Golemtraum" in einem grotesken Bild. Der Golem fürchtet sich vor seiner rechten Schulter, die sich im Traum verselbständigt und zu einem langen Arm ausdehnt, der nun nicht mehr sein Arm ist, sondern aus dem Fünfer Palast hervorgeht, um ihn dorthin gewaltsam zurückzuziehen. Die Region des Fünfer Palastes muss nach der Höhlenszene sicherlich als der Bereich der "Dunkelheit",, des "Endes", des "Nichts" und des ursprünglichen Chaos gelten.

Zeitlich findet der Golemausbruch in Übereinstimmung mit der Prager Sage während des Singens des Sabbathpsalmes statt. Dies wird dadurch erreicht, dass der Golem im Vorraum der Synagoge auf den Rabbi wartet, der zwar kommt, jedoch nicht zu ihm, sondern um mit der Gemeinde den Anfang des Sabbath zu feiern. Auf diese Weise ertönen schliesslich die Stimmen der Lobsingenden und das Wehklagen der vom Golem Getroffenen gleichzeitig. Nach der letzten Auseinandersetzung zwischen Golem und Maharal endet dann das Drama genau im Sinne der Sage mit den Worten des Maharal: "And now call everyone to sing again / From the beginning the Psalm of Sabbath Praise." (S. 356)[34].

---

34 Die Übersetzung des Dramas von J. C. Augenlicht (Poet Lore 39, 1928, S. 288f.) bringt die auch im Original enthaltene Fortsetzung zu diesem Schluss: "The Invisible Spirit steal [sic] in. Invisible Spirit: The Fifth Tower is open once again ... / Or is it because of the last second, / That all the locks have opened, and call: Come! / I am coming ... Even if the padlocks were not open, / I would come in. (Bends down over the dead body)

Eine wichtige dramatische Verknüpfung erreicht der Dichter in der letzten Szene dadurch, dass gerade der Narr Tankhum zu denen gehört, die von der Axt des Golem getroffen werden. Während das Volk von draussen hereinströmt mit der Nachricht von dem Golemaufstand und der Maharal auf die Strasse hinausgelaufen ist, erscheint einen Augenblick lang Tankhum auf der Bühne und wiederholt seine Worte vom Ende der sechsten Szene mit blutendem Kopf: "My head! My head! / Who will save, eh?" (S. 349). Diese tragische Verknüpfung des leidvollen Narren mit der Axt des "Retters" bestätigt die Rolle Tankhums als menschliche Umkehrung aller messianischen Hoffnung. Es gibt keine Rettung von dem Leiden in der Welt. Es bleibt nur die Wiederholung dieses Leidens selbst, das "Mitleiden", das der Narr Tankhum auch hier noch einmal vollzieht. Das ist vielleicht die wesentliche Botschaft des Dramas, soweit sich diese überhaupt auf einen Nenner bringen lässt. Denn bei aller traumhaften Phantastik geht es Leivick am Ende doch um eine Botschaft, die gerade aus Tankhums Frage zu bestehen scheint: "Who can save?"

Die Traumwelt des Dramas bildet den spiegelartigen Hintergrund, der als Erkenntnismittel dieser Botschaft dienen soll, und dem gegenüber die durch die äussere Handlung gegebene Rettungsnotwendigkeit zur grundsätzlichen Frage nach der Möglichkeit von Rettung und Erlösung vertieft wird. Obwohl sich nicht alle "Dunkelheiten" der erzählten oder dargestellten Traumvisionen aufklären lassen, bleibt doch die "andere Welt", die durch diese Darstellungsmittel umrissen wird, im Wesentlichen eine mythisch vertraute Welt, die von traditionellen Vorstellungen getragen wird. Erst von der Voraussetzung solcher Vorstellungen her, z.B. der Idee einer messianischen Rettung, können diese selbst dann in Frage gestellt werden.

Die Frage nach der Möglichkeit messianischer Rettung, die im Golem-Drama von 1920 am Ende offen bleibt, hat der Dichter rund zehn Jahre später in "Die geule komedie"[35] wieder aufgegriffen. Diese bildet eine Art Fortsetzung zu dem früheren Drama und wurde als "Der Traum des Golem" ins Hebräische übertragen und von der Habimah Truppe aufgeführt[36]. Schon die verschiedenen Titel, mit denen dieses Werk bezeichnet wird: "Geule komedie", "Komödie der Erlösung", "Salvation Comedy", "The Comedy of Redemption", "Der Traum des Golem", "Golem-Dreams", lassen auf die Beziehungen zu dem früheren Drama schliessen und besonders auf die Intensivierung der Frage Tankhums: "Who can save?" Der Inhalt des Stückes[37] trägt an sich keinen Komödien-

---

Through me, your life has been prolonged / For one more second. / Thank me for the extra second, / For it is passing by ... (Falls over the dead body.)"
35 Vgl. die Jiddische Ausgabe. H. Leivick: Die Geule-Komedie. The Comedy of Redemption. Chicago, Ill. (= Yiddish Culture Society) 1934.
36 J. Maitlis: Dichter und Dramaturg H. Leiwick (1888–1962). In: Allgemeine Wochenzeitung der Juden in Deutschland 18 (4. April 1963).
37 Vgl. Charles A. Madison: Yiddish Literature, S. 357–360.

charakter, sondern stellt ein ernsthaftes Spiel mit verschiedenen messianischen Mythen dar. Da aber im Verlauf der Handlung ein Erlösungs- und Rettungsanspruch den anderen ablöst, erweist sich von einer übergeordneten Perspektive aus die Bezeichnung "Salvation-Comedy" als gerechtfertigt, zumal das Stück keine sagenhaft-historischen Ansprüche mehr stellt. Es soll vielmehr als eine weitere Traumvision des alten "Jossel Golem" aufgefasst werden, die 400 Jahre nach seinem ersten Auftreten stattfindet, also zu einer Zeit, die noch in der Zukunft liegt.

Der erste "Retter" in diesem Stück ist der Messias aus dem Hause Joseph, der als legendärer Vorläufer des echten Messias aus dem Hause David die Herrschaft der bösen Mächte, Gog und Magog, überwindet[38]. Ben Joseph entwickelt sich nach seinem Sieg über Gog und Magog seinerseits zum Usurpator von Macht und Gewalt und versucht das Kommen des echten Messias aufzuhalten. Dieser, Chaninah ben David, tritt — wie im ersten Golemdrama Leivicks — trotz der ausdrücklichen Warnung, dass die Welt noch nicht rettungsreif sei, zusammen mit dem Propheten Elia auf. Er wird gequält und gefoltert, löst aber schliesslich die Herrschaft ben Josephs ab. Dann lässt sich auch dieser Erlöser dazu überreden, seinen Vorläufer und Rivalen ben Joseph eigenhändig hinzurichten und auf diese Weise beim Vollzug seines Erlösungswerkes eine Blutschuld auf sich zu laden. Chaninah übernimmt die Verantwortung für seine Tat, die schliesslich zu seiner freiwilligen Hinrichtung führt. Vor seinem Ende überlässt er den messianischen Anspruch dem träumenden Golem mit den Worten: "You are I — only more plain, more whole [...] You are I — only jollier and stronger and healthier. The people will see in you one of their own[39]." Hier zeigt sich, dass auch in diesem Stück der "menschliche" Aspekt des Golem dem messianischen gegenübergestellt wird. Schon im Drama von 1920 konnte der Golem keineswegs nur als Verkörperung gewalttätiger revolutionärer Mittel gelten, sondern der Konflikt des Dramas beruhte zu einem grossen Teil darauf, dass der Golem entgegen der Absicht seines Schöpfers auch als Mensch und nicht nur als "Mittel" existieren wollte. Dieser Wunsch wird nun im "Traum des Golem" erfüllt, indem Chaninah ben David selbst die stärkere Neigung des Golem zum Menschlichen anerkennt. Ein Zitat aus dem Ende des Stückes zeigt dann, in welchem Sinne hier die Erlösungsidee als Komödie aufgefasst wird: Der als Messias begrüsste Golem wendet sich an das Volk mit der Warnung: "Listen again and again to the story

---

38 Vgl. Julius H. Greenstone: The Messiah Idea in Jewish History. Philadelphia 1906, S. 95f.: "The fanciful element is very strong in the stories of the wars waged against Israel by the legendary nations of the North, Gog and Magog. After attacking Jerusalem for twelve months, it is said they will suffer a crushing defeat. In this struggle the Messiah son of Joseph, that obscure figure in the Talmudic Haggadah, will be killed, but he will be restored to life again by Elijah, the forerunner of the Messiah, who will play an important part in the Messianic age."
39 Nach Charles A. Madison: Yiddish Literature, S. 359.

of love that became blood, the story of blood that became wine[40]." So kann die zu Anfang der dreissiger Jahre entstandene "Geule komedie" schliesslich als Warnung vor der Erlösungsidee und als Aufforderung zum selbständigen Menschsein aufgefasst werden.

Offenbar hat diese Fortsetzung des Golemdramas von 1920 nicht mehr den nachhaltigen Erfolg erlebt wie das ursprüngliche "dramatische Gedicht", das nicht nur mehrere musikalische Bearbeitungen des Golemstoffes nach sich zog, sondern in jüngster Zeit auch den Roman "The Sword of the Golem" (unten VII, S. 224) inspiriert hat.

Ein neues Golemdrama *Maharal* des österreichischen Autors Frank Zwillinger entstand nach dem zweiten Weltkrieg und erschien 1973 mit drei weiteren Dramen desselben Verfassers unter dem Sammeltitel "Geist und Macht"[41]. Auch dieses Werk geht stofflich auf die "Volksbuchquelle" zurück, d.h. Rabbi Löw erschafft einen Golem, der die falschen Blutanklagen aufdecken und so als Retter der Prager Judengemeinde dienen soll. Spezifisch handelt es sich um die Episode von dem Schlächter (hier: Vaclav Mrschak), der, um seine Schulden bei dem reichen Meisl aus der Welt zu schaffen, eine Kinderleiche in dessen Haus zu schmuggeln sucht. Dabei wird er vom Golem ertappt, überwältigt und den Gerichten überführt[42].

Allerdings scheint Zwillinger auch schon Gershom Scholems Golemstudien gekannt zu haben, denn er lässt seine Charaktere verschiedentlich auf frühere Versionen der Golemüberlieferung anspielen, die gerade auch bei Scholem hervorgehoben werden[43]. Im übrigen tauchen fast alle traditionellen Motive der Prager Sage auf; so etwa die Audienz bei Kaiser Rudolf, der zunächst hinter einem Vorhang verborgen bleibt und dem es darum geht, die kabbalistische Magie zu erlernen, um sie für seine politischen Zwecke auszuwerten. Auch der zeitgenössische Historiker David Gans tritt als der "Gelehrte vom Hradschin" auf; endlich fehlt nicht die praktisch orientierte Frau des Rabbi (Perele) und seine hübsche Tochter (Noëmi), die, obwohl mit Isaak Kohen vermählt, dem

---

40 Ebd. S. 359.
41 (= Österreichische Dramatiker der Gegenwart) Wien (öva) 1973, S. 9–81.
42 Vgl. Chayim Bloch: The Golem. Transl. Harry Schneidermann, S. 77–80.
43 Z.B. wird bei der kaiserl. Audienz in Zwillingers Drama die Sage vom weiblichen Golem des Salomo Ibn Gabirol erzählt. Vgl. dazu Gershom Scholem: Die Vorstellung vom Golem in ihren tellurischen und magischen Beziehungen. In: Eranos Jahrbuch 22 (1953) S. 284ff. Vgl. ebd. auch die verschiedenen Versionen der Überlieferung vom Golem des Rabbi Elija aus Chelm (gest. 1583). Zwillinger lässt seinen Maharal eine dieser Versionen nacherzählen unter Betonung des bei Scholem hervorgehobenen Gefahrmotivs: "[...], dass der Golem zerstörerische Triebe in sich trug, genug, um die ganze Welt zu vernichten." Indem Zwillinger Rabbi Löw diese Chelmer Sage erzählen lässt, scheint er mit Scholem anzunehmen, dass die Prager Sage nicht unabhängig von der Chelmer Sage entstanden ist, sondern sich von dem Chelmer auf den berühmteren Prager Rabbiner übertragen hat.

neuen Diener, dem Golem gegenüber eine gewisse Zuneigung zeigt. Bei dieser Fülle an historischem und sagenhaften Material aus der Prager Überlieferung um Rabbi Löw, überrascht es zunächst, dass das eigentlich dramatische Motiv der Prager Sage, der Golemaufstand, ausgespart bleibt. Zwar wird auf die Möglichkeit einer Golem-Katastrophe deutlich hingewiesen, sie wird jedoch nicht durchgeführt, sondern der Golem wird, noch ehe er sein gefährliches Potential realisieren kann, unschädlich gemacht.

Der Gang der Handlung in diesem historischen Drama verteilt sich noch auf die traditionellen fünf Akte[44]. Der erste Akt bringt die Exposition des Konflikts: einerseits die vor dem Passahfest zu befürchtenden Blutanklagen; andererseits die Möglichkeit, dass Rabbi Löw dank seiner Einsichten in die Lehre der Kabbala der drohenden Judenverfolgung durch eine Golemschöpfung begegnen könnte. Das Auftreten des kaiserlichen Gesandten (Fürst Berthier) am Ende des Aktes leitet dann zur Audienz mit dem Kaiser im zweiten Akt über.

Die Begegnung zwischen dem Rabbi und dem Kaiser erweist sich bereits als eine Art Begegnung zwischen "Geist und Macht". Ein vorsichtiger Austausch von Gütern wird verhandelt. Der Rabbi erhält für seinen Bericht über die Erschaffung und Zerstörung des Golem zu Chelm das Versprechen des Kaisers, dass hinfort keine Blutanklage gegen *alle* Juden erhoben werden darf, dass dergleichen Anklagen nicht auf der Strasse, sondern vor den kaiserlichen Gerichten ausgetragen werden, und dass Rabbi Löw selbst als Verteidiger in solchen Fällen dienen soll. Deutlich geht aus diesem Dialog zwischen Kaiser und Rabbi hervor, dass es sich hier um ein Lehrstück handelt, das auf die deutsche Vergangenheit des zweiten Weltkrieges Bezug nimmt. Während sich der Kaiser über die "geradezu beunruhigende Passivität" der Juden allen Verfolgungen gegenüber wundert, wirft der Maharal die Frage auf, ob "Schuld — selbst wenn sie wahr wäre — einer Gesamtheit zur Last gelegt werden" könne. Die Sprachgebung in der zeitgenössischen Ausdrucksweise des 20. Jahrhunderts steht hier in (vermutlich bewusst erzeugter) Kontrastwirkung zu dem historisch und sagenhaft distanzierten Stoff.

Trotz der günstigen Ergebnisse seiner Audienz beim Kaiser führt der Maharal, durch höheren Traumbefehl geleitet[45], im dritten Akt die Golemschöpfung durch. Im Gegensatz etwa zu den emotionsgetragenen Szenen dieser Handlung in Leivicks Drama, bleibt hier der Rabbi der überlegene Regisseur einer Handlung, die eher einem "count-down" als einem kabbalistisch-mystischen Schöpfungsprozess zu gleichen scheint. Die nach vollbrachter Arbeit gesprochenen Worte des Maharal lassen keinen Zweifel zu über die Botschaft, die hier vermittelt

---

44 In dem letzten Drama *Kettenreaktion* der Serie "Geist und Macht" versucht dann der Verfasser "von Grundsätzen des zeitlosen und darum hoffentlich auch des 'immer moderneren' Theaters" auszugehen, indem er "Ein planetarisches Theater in 4 Zyklen" schreibt. F. Zwillinger: Geist und Macht, S. 247.

45 Vgl. Ch. Bloch: Der Prager Golem, S. 33.

werden soll: "Leistungen, Geistesstärke und Edelmut haben all die Jahrhunderte seit der Zerstörung des Tempels nicht vermocht, uns Lebenssicherheit, Freiheit und verdiente Achtung zu erringen. Traurig zu sagen, vielleicht wird physische Kraft dies zustande bringen. —"

Im vierten Akt bewährt sich der Golem im Sinne der richtungweisenden "Volksbuch"-Episode tatsächlich als Retter der Prager Juden. Gleichzeitig bringt dieser Akt den Wendepunkt der Handlung durch eine relativ neuartige Wendung im Ablauf des Sagengeschehens: Aus dem einen, nun von der Menge als Retter gefeierten Golem werden plötzlich Hunderte. "Schaut nur, die Burschen marschieren wie er, in der gleichen aufrechten Haltung. Sie machen ihm alles nach!" ruft begeistert Noëmi. Auf den die allgemeine Golembegeisterung durchschneidenden Befehl des Maharal: "Golem hierher!" erfolgen einige spannungsreiche Momente. Wird der gefeierte künstliche Mensch noch seinem Schöpfer gehorchen, oder wird er sich verselbständigen, wird es zum katastrophalen Aufstand kommen?

> Der Golem stösst die Tür auf und geht mit langsamen wuchtigen Schritten auf den Maharal zu. In gewohntem Abstand erstarrt er sekundenlang — dann setzt er seinen Weg fort. Noëmi schreit auf. — Die andern verharren atemlos. Rabbi Löw steht unbeweglich auf der Stelle und sieht dem sich nähernden Golem starr in die Augen. Der Golem ist nun hart an Rabbi Löw, hält eine Weile seinen Blick aus, dann durchzuckt es ihn automatenhaft, seine Haltung verliert plötzlich an Kraft, er schwankt; schliesslich macht er, immer Blick in Blick mit Rabbi Löw, mechanisch einige Schritte rückwärts, bis er Distanz gewonnen hat. Ein hörbares Aufatmen geht durch die kleine Gruppe.

Die Gefahr geht also hier noch einmal vorüber, es bleibt bei dem heilsamen Schrecken. Nur der Maharal erkennt jedoch die manifeste Gefahr der Golemvermassung und zögert nicht, diese ausführlich zu erläutern:

> Geist ohne Macht ist eine nicht enden wollende Prüfung — Macht ohne fruchtbaren Geist eine Versuchung, die über kurz ins Verderben führt. — Ich stehe vor der Wahl, mit einem fühllosen Werkzeug meines Volkes Gegenwart zu sichern und seine Zukunft zu verderben oder sein Leben weiter gefährdet zu wissen, seinem Geiste aber ein Reich von weiteren Jahrtausenden zu bewahren.

Wie zum Überfluss wird dann die Lehre noch am Beispiel der Zauberlehrlingsepisode vom "Golem als Wasserträger" veranschaulicht.

Hierauf bringt der fünfte Akt die dramatische Lösung, d.h. die Zurückführung des Golem in den Lehm, aus dem er geformt wurde, auf dem Dachboden der Altneusynagoge. Durch das unerwartete Auftreten des Fürsten Berthier und Kaiser Rudolfs an diesem schwer zugänglichen Ort entsteht ein kurzes Moment der letzten Spannung. Gleichzeitig wird eine letzte Auseinandersetzung zwischen den Vertretern von "Geist und Macht" herbeigeführt. Eine Art Synthese zwischen diesen scheinbar unvereinbaren Werten, die von Rabbi Löw als "vergeistigte Macht" bezeichnet wurde, deutet sich in den letzten Worten des Kaisers an: "Gleichnis und Einsicht. Am Ende hat Er Uns mehr gegeben als ganze Heere stummer Roboter."

Deutlich handelt es sich bei diesem Drama um ein "pièce à thèse". Leider bleibt die Lehre von den Gegensätzen "Geist und Macht" trotz der historisch bunten Inszenierung allzu abstrakt, zu wortreich und zu anschauungsarm. Es wird in diesem Bühnenstück mehr "gepredigt" als gezeigt und veranschaulicht. Es bleiben zu wenig "Dunkelheiten", zu wenig offene Fragen nach geschlossenem Vorhang. Alle Fragen werden kaum gestellt, so schon überdeutlich beantwortet, sodass dem Zuschauer oder Leser nichts übrig bleibt, als schliesslich das Ganze mit "Ja und Amen" zu bestätigen. Stoff, Form und gehaltliche Lehre bilden hier keine Einheit, sondern sie scheinen so aufeinander montiert, dass sie in jedem Augenblick wieder in die Aspekte von Sage, historischem Bühnenstück und Lehre auseinander zu fallen drohen. So kann die dramatische Wiederbelebung des an sich reichhaltigen Stoffes kaum für die Langeweile entschädigen, die dadurch entsteht, dass *alles* gesagt wird.

In seltsamem Kontrast zur überdeutlichen Moral hinter dem Vorhang steht allerdings die "Moral vor dem Vorhang", ein kurzes Vorspiel, in welchem die *dramatis personae* der Reihe nach vorgestellt werden. Hier zeigt Zwillinger in den "Kehrreimen von der Menschlichkeit", dass abstrakte Einsicht und sprachliche Anschaulichkeit sich nicht gegenseitig ausschliessen müssen.

IV. DREI OPERN-LIBRETTI

> Machen wir mythologische Opern,
> es ist die wahrste aller Formen.
> — Hugo von Hofmannsthal

Der Golemstoff wurde bisher seltener als ausgesprochenes Bühnendrama als vielmehr in Mischformen für die Bühne gestaltet, zu denen zunächst die Golemopern und andere musikalische Verarbeitungen des Stoffes, dann aber auch die Golemfilme zu zählen sind.

Nicht alle musikalischen Behandlungen des Stoffes gehen auf Leivicks "Dramatisches Gedicht" zurück. Überraschenderweise gibt es schon ein "Musikalisches Drama" über den Rabbi-Löw-Golem Stoff von Friedrich Hebbel aus dem Jahre 1858, unter dem Titel: "Ein Steinwurf oder: Opfer um Opfer[1]." Hebbel schrieb dieses Werk auf Bestellung des russischen Komponisten Anton Rubinstein[2]. Offenbar wurde es aber weder vertont noch aufgeführt, da der Auftraggeber des Librettos mit dem fertigen Produkt höchst unzufrieden war. Er bezeichnete es als "eine schülerhafte Arbeit, ohne Kenntnis der Bühne, keine einzige Charakterzeichnung, mit läppischen Versen"[3]. Hebbel seinerseits schob die Unzufriedenheit des Komponisten darauf, dass "Glucks und Beethovens Geist sich noch nicht bei ihm eingestellt"[4] habe, und er betonte mehrmals, dass er diesen Versuch nicht bereue, da ihm die Arbeit "ganz neue Blicke in das Verhältnis der Musik zum Drama, ja in die Natur des Dramas selbst verschafft habe"[5]. Der naheliegenden Frage, welche Einblicke in das Verhältnis der Musik zum Drama Hebbel anhand seiner Bearbeitung des Prager Sagenstoffes gewonnen haben mag, muss der Hinweis vorausgehen, dass sein "musikalisches Drama" durchaus eine "historisch-rationalistische Erfassung"[6] des Golemstoffes darstellt. Die Gestalt des Golem existiert bei Hebbel nur im Aberglauben des Volkes und tritt keineswegs auf der Bühne auf, sodass Beate Rosenfeld die Frage aufgeworfen hat, warum "gerade hier in der Oper, wo man es am wenigsten erwartet [die Golemgestalt] zur blossen Illusion gestempelt, also rationalistisch

---

1 Sämtliche Werke. Bd. III. Hg. Richard Maria Werner. Säkularausgabe (Berlin 1911ff.) S. 345–389.
2 Vgl. Die Musik in Geschichte und Gegenwart XI (1963) 1043–1047. Auch: Autobiography of Anton Rubinstein 1829–1889. Transl. Aline Delano. New York 1969; first published 1890.
3 Friedrich Hebbel: Sämtliche Werke. Briefe Bd. VIII (Berlin 1904f.) S. 114.
4 Hebbel: Briefe. Bd. VI, S. 128.
5 Friedrich Hebbel: Sämtliche Werke. Tagebücher. Bd. IV (Berlin 1903f.) Nr. 5627.
6 Beate Rosenfeld: Die Golemsage, S. 97.

umgedeutet"[7] wird. Andererseits hat Hebbel bereits die Rolle des Golem als eines potentiellen Retters der Juden vorweggenommen, die erst bedeutend später in der "Volksbuch" Version der Sage als Motivierung der Golemschöpfung wiederkehrt.

In Hebbels Drama wird anlässlich eines "Steinwurfs" bei der Krönung des Königs von Böhmen in Prag eine Judenverfolgung ausgelöst. Der Täter soll sich melden oder die ganze Ghettobevölkerung ausgewiesen werden. Als das Haus Rabbi Löws von der feindseligen Menge bedrängt wird, schlägt ein Vertreter des Ghettovolkes vor:

> Nun, so ruf ihn doch, den Bleichen,
>   Der in einem Winkel kauert
> Und die Rotte zu erreichen,
>   Ganz gewiss schon grimmig lauert!
> Ruf den Golem her zur Stunde,
> Der, den heil'gen Schem im Munde,
>   Nimmer faul und nimmer matt,
> Mehr erschlägt, als Goliath[8].

Der Rabbi beteuert, dass er kein Zauberer sei und meldet sich selbst als Täter, um eine Ausweisung seiner Gemeinde zu verhindern. Das gleiche Opfer ("Opfer um Opfer") wird von einer Christin, der Schwester des Steinwerfers, gebracht, da sie ihren Bruder nicht verraten will, den Rabbi aber verehrt, der seinerseits zu ihr in Liebe entbrannt ist. Da sich die beiden Opfer in den Augen des richtenden Königs schliesslich aufheben — es wird klar, dass keiner der Opfermütigen den Stein geworfen haben kann — kommt es zu einem glücklichen Ende, bei dem allerdings auch der Täter frei ausgeht.

Welche Einblicke "in das Verhältnis der Musik zum Drama" mag nun Hebbel bei dieser "historisch-rationalistischen" Darstellung der Prager Sage gewonnen haben, die dann in der Tat nie musikalisch gestaltet wurde. Hebbel selbst gibt in einigen Briefen über seine Erfahrung als Verfasser eines Librettos Auskunft:

> Ich selbst habe auf einem scheinbaren Umwege Manches gelernt, was mir zu Statten kommen wird, während ich zuerst glaubte, meine Aufgabe bestehe darin, zwei Leber=Reime, denn das Thema war mir aufgegeben und strotzte von Unsinn, mit einander zu copuliren. Nichts desto weniger bleibt eine solche Production immer etwas Halbes, das auf dem Uebergang zum Leben in der Mitte zwischen Schatten und Gestalt stecken bleibt und sich darum zur Mittheilung ohne Begleitung der Musik nicht eignet; ja, diess Unfertige gehört zur Sache, da der Dichter, wenn er mehr thun wollte, als die Linien vorzuzeichnen, dem Musiker sein Geschäft unmöglich machen würde. Wie schwer es aber ist, dort einzuhalten, wo der eigentliche Reiz der Arbeit erst beginnt, lässt man sich so leicht nicht träumen, wenn man es nicht selbst versuchte; einem Taucher mag so zu Muthe sein, der gerade in dem Augenblick wieder heraufgewunden wird, wo er die besten Schätze des Meeres, die reinsten Perlen und Korallen, erst erblickt[9].

---

7 Ebd. S. 98.
8 Hebbel: Säkularausgabe. Bd. III, S. 363f.
9 Hebbel: Briefe. Bd. VI, S. 128.

Auch die Frage, welche "Schätze", also welche dramatischen Möglichkeiten ihm bei der Arbeit am "Steinwurf" vorgeschwebt hätten, beantwortet Hebbel in einem Brief an die Prinzessin Wittgenstein, die das Werk gelesen und vielleicht zunächst dazu beigetragen hatte, ihm den Auftrag dieses Librettos zu verschaffen:

> Sie [haben] übrigens errathen, dass ich in dieser Arbeit nicht etwa einen Rebus gelös't, sondern eine tragische Idee geopfert habe. Nehmen Sie auf der einen Seite der Anna und auf der anderen dem Rabbi die miserable Leidenschaft; lassen Sie das Mädchen die Schuld übernehmen, weil sie ihren Bruder nicht anklagen kann, den Rabbi aber, weil er darauf zählen darf, dass selbst der schlechteste Jude sich als Thäter melden wird, sobald er ihn den Hochverehrten und Gefürchteten, in Gefahr sieht; steigern Sie diese unendlich fruchtbaren, rein menschlichen Verhältnisse zur höchsten Spitze, und rechnen Sie den gewaltigen Hintergrund einer mittelalterlichen Juden-Verfolgung mit dem sich von selbst ergebenden Gewimmel der barocksten und doch natürlichsten Gestalten hinzu, so haben Sie gewiss alle Elemente eines lebendigen, ja historischen Dramas beisammen[10].

Hebbel hat also keinen Augenblick daran gezweifelt, dass er es nicht nur mit einem dramatischen, sondern auch überaus bühnenfähigen Stoff zu tun habe. Er sah jedoch die dramatischen Möglichkeiten weniger in den sagenhaften Elementen des Stoffes als in den historischen. Wie so oft in seinen Dramen sollten sich hier verschiedene "Welten" gegenüberstehen. Die Vertreter dieser Welten zeichnen sich — und auch dies ist typisch für Hebbels Dramengestalten — durch ein gewisses Übermass einer eigentlich positiven oder ethisch motivierten Haltung aus, die dann paradoxerweise zur tragischen Katastrophe führt. In einem Libretto glaubte Hebbel es aber gerade dem musikalischen Endzweck des Dramas schuldig zu sein, die eigentliche Ausführung der paradox-tragischen Möglichkeit zu opfern und bei einer eher oberflächlichen Gestaltung, eben "auf dem Übergang zum Leben in der Mitte zwischen Schatten und Gestalt" stehen zu bleiben. Offenbar hielt er es für die Sache des Komponisten, das "Halbe", "Unfertige" einer solchen Vorlage durch das Medium der Musik zu vertiefen. Es besteht kein Zweifel darüber, dass Hebbel die Andersartigkeit des musikalischen Mediums der Dichtung gegenüber hoch einschätzte[11]. Vermutlich schätzte er die Möglichkeiten des Musikers, dem der Dichter höchstens "die Linien vorzeichnen" dürfe[12], in diesem Fall zu hoch ein. Der Komponist suchte andererseits gerade die Inspiration eines anerkannt dramatisch begabten Dichters — Rubinstein zahlte bereitwillig 800 Gulden für ein Libretto von Hebbel —, sodass schliesslich die ironische Situation zustande kam, in der sich der Verfasser des Librettos auf die musikalische Kunst des Komponisten, dieser aber auf die

---

10 Briefe. Bd. VI, S. 191f.
11 Vgl. hierzu Tagebücher. Bd. IV, Nr. 6099. Auch: Alois Nagler: Hebbel und die Musik. Köln 1928.
12 Diese Formulierung Hebbels erinnert an einen bei den Romantikern beliebten Vergleich für das Verhältnis von Text und Musik: der erstere bilde lediglich das Flussbett, welches der Komponist mit dem belebenden Wasser seiner Melodien erfülle. Vgl. Ulrich Weisstein: The Libretto as Literature. In: Books Abroad 35 (1961) S. 16—22; hier S. 20.

anregende Kraft des Dichtwerkes verliess. Die Bereitwilligkeit auf beiden Seiten, dem anderen das Beste oder vermeintlich Wichtigste zu überlassen, führte dann dazu, dass aus "Opfer um Opfer" keine Oper wurde.

Während die Vorwürfe mangelnder Bühnenkenntnis, mangelnder Charakterzeichnung und "läppischer Verse", die Rubinstein gegen Hebbels Libretto erhob, sich kaum als gerechtfertigt erweisen, mag es zum Teil an der respektvoll zurückhaltenden Einstellung des Dichters der Musik gegenüber gelegen haben, dass er sich auf eine relativ "schülerhafte" Rezeption des Sagenstoffes beschränkte. Offenbar hielt er die vorwiegend "lyrischen" Momente für den Bereich des Musikers, der nicht übertreten werden dürfe. Die Einblicke in das Verhältnis zwischen Dichtung und Musik, die Hebbel gewonnen zu haben glaubte, scheinen darauf hinauszulaufen, dass sich diese Gestaltungsmöglichkeiten bis zu einem gewissen Grade gegenseitig aufheben. Während Hebbel als Dramatiker gerade das gedanklich Widerspruchsvolle liebte, erwartete er offenbar vom Musiker eine Vorliebe für Harmonie um jeden Preis. So war er gewillt, auch einen solchen thematischen Vorwurf irgendwie zum harmonischen Ende zu führen, der nach seinem eigenen Urteil "von Unsinn strotzte". Darüber hinaus mag, wie von Beate Rosenfeld bereits hervorgehoben wurde[13], seine Zurückhaltung im Umgang mit der Sagengestalt des Golem auch durch seine eigene Erfahrung mit der Sage[14] zu erklären sein. In seinem Bestreben, mythische sowie sagenhafte Erscheinungen in den menschlich-natürlichen Bereich zu transponieren[15], mag er die Vorteile, welche die mythischen Aspekte des Golemstoffes gerade für die Opernbühne bieten können, unterschätzt haben.

Andererseits musste die Einsicht des enttäuschten Komponisten darin bestehen, dass die vielversprechende Kombination eines Dichters dramatischer Werke, eines Stoffes mit starkem Lokalkolorit und einer leidenschaftlichen Liebesbeziehung kein unwiderstehliches Libretto garantierte oder die eigene musikalische Inspiration ersetzen könnte. War Rubinstein von der im Prinzip richtigen Voraussetzung ausgegangen, dass eine Oper selten ohne eine "romantische" Liebesbeziehung auskommt, so bezeichnete Hebbel mit vollem Recht die vorgeschriebene Liebe zwischen Anna und dem Rabbi als "miserable Leidenschaft". Dass jedoch die sagenhafte Gestalt des Golem selbst zu einem lyrisch

---

[13] Die Golemsage, S. 99f.
[14] In einer Tagebuchnotiz vom 10. August 1854 (Tagebücher, Bd. IV, Nr. 5337) heisst es: "Heute den Judenkirchhof und die alte Synagoge gesehen, beide alllerdings einzig in ihrer Art! [...] Der Greis, der uns in die Mysterien der Synagoge blicken liess und mit welken Lippen und lahmer Zunge ihre Geschichte erzählte, schien mit seinem Gewissen in Zwiespalt zu leben und hätte ohne Zweifel lieber alte Hosen an uns verkauft, als uns die goldenen Kronen der heiligen Schrift und die Thora vorgezeigt. Er murmelte immer allerlei in den Bart, sah uns zuweilen fremd und seltsam an, und wollte namentlich von einem Zugang zu dem Golem, nach dem ich ihn fragte, nicht das geringste wissen."
[15] Vgl. hierzu Fritz Strich: Die Mythologie in der deutschen Literatur von Klopstock bis Wagner. Bern, München 1970, S. 444–450.

reizvollen Liebespartner taugen könne, war eine Entdeckung, die erst den Neuromantikern und ihren Nachfolgern im 20. Jahrhundert vorbehalten blieb.

Es wurde bereits bei der Besprechung des Dramas von Arthur Holitscher (oben III, S. 108) darauf hingewiesen, dass dieses 1908 erschienene Werke sich weniger durch ein eng gespanntes dramatisches Handlungsgefüge als durch seine "lyrischen", d.h. gesanglicher Gestaltungsweise verwandten Szenen für die Bühne empfahl. Das Liebesverhältnis zwischen Abigail und dem Golem entzog sich durch die qualitative menschliche Verschiedenheit der Partner bis zu einem gewissen Grad dem Bereich der Sprache. Die sprachliche Mitteilung konnte nicht vorausgesetzt, sie musste durch andere sinnliche Bezüge erst geschaffen und dann ergänzt werden. So kam es bei der Begegnung zwischen Abigail und dem Golem weniger auf den gedanklichen Sprachinhalt als auf den sinnlichen Mitteilungsbezug der Sprache an, d.h. der Reiz lag weniger in dem, was gesprochen wurde als darin, dass überhaupt gesprochen und mitgeteilt wurde.

Diese in Holitschers Drama der Haupthandlung untergeordnete, vieldeutig schillernde Sprach- und Liebesbeziehung hat Ferdinand Lion in seinem Libretto "Der Golem"[16] aus dem Jahre 1926 zum unzweideutigen Mittelpunkt einer Opernhandlung intensiviert. Das Liebesverhältnis zwischen dem Golem und Lea, der Pflegetochter des Prager Rabbiners, erscheint jedoch hier kaum noch in sich selbst problematisch, sondern lediglich durch die äusseren Widerstände, die ihm entgegenstehen. Während der Golem den schweren, erdgebundenen Urmenschen und "Ur-Mann" vorstellt, soll Lea als leichtes, fast überirdisches Wesen sein Gegenstück darstellen, sodass beide Partner Extreme bilden, die, gleichweit vom Bereich normalen Menschentums entfernt, sich sowohl als Gegenpole anziehen, wie als "Bruder" und "Schwester" begegnen müssen. Die erotische Anziehung zwischen diesen mit Ansprüchen aus Golemmythos und Golemmystik auftretenden Partnern äussert sich allerdings in sprachlichen Bildern, die — soweit sie lediglich vom Text her erfasst werden können — sich häufig als peinlich abgenutzte Klischees zu erkennen geben.

Dass die angedeuteten Beziehungen zwischen mythischer und erotischer Polarität nicht stimmen, sondern aus unechter später Prägung hervorgehen, zeigt sich bereits bei näherer Betrachtung der sprachlichen Unstimmigkeiten. Der Golem soll als schwerer, dumpfer Erdmensch der Inbegriff alles Männlichen sein, während Lea "in ihrer Unbeschwertheit" (S. 25) "nur das Weibliche" (S. 19) verkörpern soll. Nun muss aber gerade "die Erde" als das weibliche Urelement gelten und hat auch in dem der Golemsage zugrunde liegenden Schöpfungsmythos diese Funktion erfüllt. Der esoterische Geist dagegen, den Lea verkörpert — sie vermittelt wie bei Holitscher dem Golem das "Geheimnis der Sprache" —, war ursprünglich gerade das männliche Prinzip im Schöpfungsprozess. Wenn es

---

16 Musikdrama in drei Akten. Musik von Eugen d'Albert. Wien, New York (= Universal-Edition A. G.) 1926.

also während einer Liebesszene im dritten Akt des Librettos heisst: "Erde küsst den Himmel" (S. 61), so muss trotz des fehlenden Artikels vor "Erde" die Frage auftauchen: Wer ist was? An entscheidenden Stellen hat der Verfasser das Wort "Erde", wohl wegen seiner mythologischen Assoziationen, vermieden und statt dessen den Golem mit dem männlichen Namen "Stein" assoziiert: "Stein! Anfang allen Seins!" (S. 7); oder: "Er ist − / Der Golem! [...] Stein / Aus der Tiefe gehoben" (S. 33). Diese Verbindung, Golem-Stein, erinnert ihrerseits an Meyrinks Golem-Roman (unten VII, S. 199f.). In der Tat verrät dieser Operntext nicht nur starke Parallelen zu Holitschers Drama[17], sondern auch eine deutliche Beeinflussung durch die Golemfilme Paul Wegeners (unten V, S. 152ff.) und Meyrinks epochemachenden Roman. Diese heterogene Mischung stofflicher und inhaltlicher Elemente wird durch einen an Wagner gemahnenden Liebestod vervollständigt und durch expressionistische Stilmittel zusammengehalten.

Trotz der auffälligen Parallelen zu Holitschers "Ghettolegende" gestaltet sich der dreiteilige Aufbau dieses Musik-Dramas übersichtlicher als jene und scheint sich natürlicher aus den Hauptbestandteilen der Handlung zu ergeben. Erster Akt: Golembelebung durch den Rabbi, Lea lehrt den Golem das Geheimnis der Sprache. Zweiter Akt: ein Mordversuch des Golem scheitert an Leas epileptischem Anfall und führt zur Liebesbegegnung. Golem bietet jüdischen Flüchtlingen aus Spanien in Prag Schutz und Heimat an; Trennung der Liebenden durch den heimkehrenden Rabbi. Dritter Akt: Golemaufstand, Wiedervereinigung der Liebenden, ihre Vermählung und ihr Tod. Dieses Handlungsschema zeigt trotz des Liebesydills im Mittelteil Merkmale dramatischen Aufbaus. Der kritische, von Mordversuch zu Liebe führende Übergang stellt Mittel- und Höhepunkt der Liebeshandlung dar, während der zur "Katastrophe" führende "Wendepunkt" erst am Ende des Mittelteiles eintritt. Innerhalb dieses dramatisch angelegten Handlungsverlaufes fehlt es jedoch nicht an blinden Motiven und schwachen Zusammenhängen. Nicht alle aus den verschiedenartigsten Quellen übernommenen Elemente liessen sich so natürlich in die Liebeshandlung integrieren wie etwa die Hinweise auf die Sohar-Mystik[18] von Trennung und Wiedervereinigung (S. 46). Die Golemschöpfung als solche wird nicht weiter motiviert als durch die Worte des Rabbi: "Dies Geschöpf / Wird ganz mein Eigen sein und mir gehorchen" (S. 15). Obwohl im Verlauf der Belebungsversuche, die der Rabbi im Beisein eines "Jüngers" an der Tonfigur des Golem vornimmt, auch aus dem Buche "Jezira" zitiert wird, kommt es nicht zu einer ritualistischen Schöpfungshandlung, sondern die Golembelebung geht aus einer Reihe von Experimenten mit magischen Mitteln hervor, von denen schliesslich nur der Pergamentstreifen mit dem 72-buchstabigen Gottesnamen[19] die gewünschte Wirkung hevorbringt.

---

17 Vgl. Beate Rosenfeld, S. 149f.
18 Ebd., S. 151, A. 33: "Fast sämtliche kabbalistischen Zitate Lions lassen sich bei Bischoff [Die Elemente der Kabbala. Berlin 1913ff.], oft sogar wörtlich, nachweisen."
19 Die kabbalistische Vorstellung von einem solchen Gottesnamen hängt mit 2. Mose 14

Die Versuche, den Golem zu beleben, werden durch einen Besuch Kaiser Rudolfs unterbrochen, der "schwermutgequält" sein Reich durchwandert. Er wird von Rabbi Löw mit einer magisch hervorgerufenen Vision Salomons und der Königin von Saba unterhalten. Diese Szene erinnert an die für den Kaiser heraufbeschworene Vision in Wegeners Film, bleibt aber in der Oper ein blindes Motiv, das hauptsächlich dazu dient, an die Stelle der hinter einem Vorhang versteckten Tonfigur den Golemschauspieler treten zu lassen. Auch das Prinzip dieser Auswechslung ist dem Film entliehen. Während aber dort die Kamera einfach den Blick der Zuschauer momentan von der Golemfigur ablenken konnte, muss in der Oper ein kaiserlicher Besuch eingeschaltet werden, um denselben Zweck zu erfüllen. Auch der die Liebesentwicklung des zweiten Aktes unterbrechende Besuch der jüdischen Flüchtlinge aus Spanien, die der Golem (an die Schülerszene in Goethes Faust erinnernd) im Gewande des Meisters empfängt, bleibt ein Intermezzo, das keine Folgen auslöst. Die spontane Regung des Mitleids, die der Golem hier zeigt, wird während des späteren Golemaufstandes nicht einmal auf negative Weise, also etwa durch Reue von Seiten des Golem oder seines Schöpfers wieder aufgegriffen.

Die Tatsache, dass die Golemfigur bereits als solche aus der Erde hervorgegraben wurde, erlaubt der Liebeshandlung schneller in medias res vorzudringen, indem sie den Schöpfungsprozess des Golem vereinfacht und abkürzt. (Ein Libretto sollte relativ kurz sein, da die Musik langsamer fortschreitet als das abstrahierende Wort allein.) Auch diese Idee des bereits halbfertig vorgefundenen Golem könnte auf den ersten, verlorenen Golemfilm Wegeners zurückgehen. Sie wird hier mit dem bereits von Meyrink benutzten Motiv der Golemwiederkehr verknüpft und lässt sich ausserdem in die mythischen Zusammenhänge zwischen Erde und Golemgestaltung miteinbeziehen. Schliesslich taucht im dritten Akt der Oper auch der Turm, bzw. die Sternwarte aus Wegeners Film auf. Dieser Ort dient jedoch nicht wie in den Golemfilmen einer bewegten "Jagd" und einem Sturz in die Tiefe (unten V, Sn. 154, 157), sondern die Sternwarte ergibt einen ebenso "überhöhten" wie "enthobenen" Schauplatz für die Handlung des letzten Aktes:

> Grosse Turmplattform, hinten sowie rechts und links Geländer. Darüber gestirnter Himmel mit Mondsichel: es ist Beginn der Nacht. Silberne Helle, in der im Hintergrund die Silhouette Prags deutlich erscheint. – Im Boden links Falltür, in der die Treppe des Turms mündet. Rechts ein Fernrohr – himmelwärts gerichtet – [...] halbkreisförmige Bank [...] mit weichen, leuchtend blauen Kissen bedeckt. [...] Beim Aufgehen des Vorhanges erst: Stille, Leere, nur Sternhimmel. Der Deckel der Bodentür hebt sich: [...] (S. 52)

Die Wahl dieses einfachen und wirkungsvollen Schauplatzes für die diverse Handlung des letzten Akts: Golemaufstand, Hochzeit und Liebestod, erweist

zusammen, wo jeder der drei Verse 19–21 aus 72 hebräischen Buchstaben besteht. Vgl. hierzu Gershom Scholem: Ursprung und Anfänge der Kabbala, S. 88f.

sich als geschickter theatralischer Kunstgriff. Denn nicht nur isoliert die Turmplattform die Hauptgestalten der Oper in einem ihren überhöhten Rollen angemessenen "kosmischen" Rahmen, sie gewährt auch gleichzeitig eine visuelle und akkustische Verbindung zu den unten tobenden Wirkungen des Golemaufstands. So liessen sich mehrere Bestandteile des auf visuelle Effekte abzielenden Filmes auch günstig für die Opernbühne verwenden.

Weniger überzeugend wurden dagegen einige Züge aus Meyrinks Roman in das Libretto eingebaut. Gerade weil die Golemgestalt auf der Bühne deutlich sichtbar und vernehmbar auftritt, bekommt ihr der gespenstisch und irrlichtig flackernde Zug des Meyrinkschen Golem nicht. Der durch das Verbot des Rabbi ("Nie seh Golem / Lea wieder") ausgelöste Aufstand des Golem wird zunächst teichoskopisch geschildert. Mehrere Juden fliehen auf die Sternwarte, wo der Rabbi Lea die Sternbilder deutet, und berichten von ihren Begegnungen mit dem Golem im Sinne von Meyrinks periodisch auftretender Golemerscheinung: "Plötzlich vor mir / Ein grauer Mann. / Ging langsam. / Schritt für Schritt [...] Und war verschwunden. [...] Ich aber ahnte, / Wusste / Sofort..." "Wer soll es gewesen sein?" "Der Golem" (S. 54f.). Die Botschaften vom Einbruch des Golem in die Welt des Ghettos steigern sich, bis endlich "Chöre" von Müttern, Greisen, Jünglingen usw. zur Sternwarte heraufdringen, um sich im Wechselgesang mit den Stimmen der oben sichtbaren Gestalten abzulösen. Hier erweist sich der Gesang als günstiges Medium der Vermittlung von Gleichzeitigkeit heterogener Geschehnisse und Erlebnisse.

Für den musikalischen Zweck des Librettos eignet sich der zusammengeballte, stark abkürzende Sprachstil des Expressionismus gut, zumal in einer nach-Wagnerianischen durchkomponierten Oper. Auch der an sich schon musikalischer Ausdrucksweise verwandte "Schrei" findet günstige Verwendung, als der "Jünger" vom Turm aus auf das in Flammen aufgehende Prag hinweist (S. 59). Abgesehen von seiner musikalischen Funktion verstärkt jedoch der mit verbrauchten Bildern durchsetzte Stil den Gesamteindruck des Textes, dass hier mit erprobten Mitteln ein bestimmter Effekt auf das Publikum angestrebt wird. Wieweit gehört aber gerade dies zum Aufgabenbereich des Librettos? Hier zeigt sich die Schwierigkeit, dem Libretto lediglich als literarischem Text gerecht zu werden. Wenn Ulrich Weisstein dies einerseits fordert ("The libretto should receive fairer treatment both with regard to its dramatic and its poetic qualities"), so räumt er andererseits ein: "Every drama is a *Gesamtkunstwerk* whose printed text resembles a musical score in that it merely suggests the theatrical possibilities which are inherent in it[20]." Die theatralischen und musikalischen Möglichkeiten, die sich in Lions Libretto andeuten, sind reichhaltig genug. So weit sie sich jedoch als stilistische und inhaltliche Bestandteile des Textes äussern und von dort her erfasst werden müssen, wirken sie überholt.

20 The Libretto as Literature. In: Books Abroad 35 (1961) S. 16ff.

Indem dieser Text deutlich auf seine Vorlagen in der Neuromantik, im expressionistischen Drama und Film, im pseudo-mystischen Bereich zurückdeutet, lebt er von den mit Wagner musikalische Gestalt gewinnenden Strömungen der "décadence de fin de siècle" und ihrer expressionsistischen Gegenbewegung, ohne diesen an sich zeitlosen Tendenzen eine eigene selbständige Gestalt geben zu können. Es ist jedoch keineswegs unmöglich, dass eine Vertonung dieses Librettos den fast überschwenglichen Reichtum an sinnlichem und erotischem Gehalt, den es anbietet, absorbieren könnte. Denn das eigentlich Neue besteht hier gerade in der Übertragung all der bereits benutzten Elemente in den Bereich des musikalischen Mediums. Leider ist die im Jahre 1926 in Frankfurt uraufgeführte Oper Eugen d'Alberts[21] inzwischen nicht mehr zugänglich.

Aus dem Libretto dieser ersten in der Tat ausgeführten Golem-Oper lässt sich der besondere Reiz des Golemstoffes für die musikalische Gestaltung zum Teil schon ablesen. Nicht nur der bunte historische und ethnische Hintergrund der Prager Sage (der Rubinstein-Hebbel besonders anzog), gerade auch ihr sagenhaft-mythischer Bereich ergibt ein geeignetes Milieu für die Oper aus Gründen, die Ulrich Weisstein folgendermassen formuliert hat:

> What the critics of opera most violently object to in the genre is the artificiality of the conventions which gave rise to it and which make its existence possible. People don't sing in real life, these critics say; why should they do so in the theatre? [...] Many champions of opera, anticipating this common objection, sought to assign to it a realm sufficiently remote from ordinary life to make these conventions tolerable. The musical theatre, in their opinion, should never engage in realistic modes but should restrict itself to the presentation of mythological, pastoral, or otherwise "marvelous" scenes and actions[22].

Über die allgemeinen Vorzüge des Stoffes hinaus stellt das in der Golemsage fest verwurzelte Stummheitsmotiv eine Anregung zur musikalischen Modifizierung dar. Ähnlich wie die Sprache selbst erst dort kostbar wird, wo sie fehlt oder auf ein Minimum beschränkt bleibt, so muss auch auf einer elementareren Ebene eine gesungene Tonfolge gerade da einen besonderen Reiz ausüben, wo sie nicht vorausgesetzt werden kann. Der ursprünglich stumme Golem, der allmählich in einem "tönenden Netz" (Borges) gefangen wird, das hier gleichzeitig das verbindende Netz menschlicher Mitteilung und Liebe ist, muss für die Oper ebenso reizvoll zu gestalten sein, wie der erste "Augenblick" und die ersten Bewegungen des starren Lehmkörpers für den Film. Aber auch auf diesen Übergang von Starrheit zu Bewegung braucht die Schaubühne der Oper nicht zu verzichten, wie sich an Lions Libretto gezeigt hat.

---

21 Vgl. über den Komponisten und sein Werk: Die Musik in Geschichte und Gegenwart I (1949–51) 293–295. Aufschlussreich ist auch die Besprechung von Artur Holde: Der Golem. Uraufführung im Frankfurter Opernhaus. In: Allgemeine Musikzeitung (1926) S. 983f.
22 The Essence of Opera. London 1964, S. 9.

Der Bühneneffekt des sich bewegenden und tönenden "Steines", wie er von Lion gestaltet wurde, lässt sich vielleicht in einigen Zügen mit der Bühnenwirkung vergleichen, die Don Giovannis "steinerner Gast" hervorruft. Lion mag nicht nur Meyrinks Gestaltung des Golem als Doppelgänger, sondern auch das Vorbild Leporellos vorgeschwebt haben, als er den furchtsamen "Jünger" von seiner Begegnung mit dem aufständigen Golem erzählen liess:

> Er traf
> Mich, erkannte
> Deinen Helfer,
> Folgte mir nach.
> Ich floh durch dunkle Gänge
> Er blieb hinter mir.
> Tapp — tapp.
> [...]
> Ich lief.
> Er auch
> Lief.
> Ich schaute nicht mehr um,
> Jedoch ich hörte:
> Tapp, tapp,
> Das Dröhnen seines Schritts. (S. 57)

Die übernatürliche Grösse und Schwere, die steifen, automatenhaften Bewegungen und die fehlende Sprache des Golem sind statische Aspekte des Stoffes, die sich hervorragend zu visuellen und akkustischen Kontrastwirkungen eignen. Dazu kommt, nach Bedarf, das dynamische Motiv des Golemaufstands mit seinen Gefahrmomenten und bunten Volksszenen und schliesslich die augenblickliche Verwandlung des tobenden Ungeheuers in toten Lehm. Hatte der biblische Schöpfungsmythos die Vorstellungskraft der mittelalterlichen "Chassidim" zu ritueller Nachvollziehung dieses Wunders angeregt, so scheint noch von der sagenhaften Überlieferung dieses Rituals eine Anregung zur "Reinszenierung" auszugehen.

Bereits ein Jahr vor der Uraufführung von d'Alberts Golem-Oper wurde H. Leivicks Drama in hebräischer Sprache in Moskau von der Habimah Truppe aufgeführt. Für die Darbietung auf der Bühne arbeitete man die acht Szenen von Leivicks "dramatischem Gedicht" in drei Akte und einen Prolog um[23]. Schon in dieser Bearbeitung fehlen die Szenen "Unbidden" und "In the Cave", also jene besonders traumhaft expressionistischen Teile, die nicht unmittelbar zur Entwicklung des Handlungsverlaufes beitragen. Bemerkenswert ist, dass trotz des Wegfallens der besonders "musikalisch" gestalteten Szenen aus der Bühnenhandlung die Habimah-Aufführungen von Leivicks Drama bereits mit Bühnenmusik ausgestattet waren. Diese erste Musik zu Leivicks Drama wurde von dem

---

23 Joseph Gregor: Der Schauspielführer. Bd. V, S. 203f.

russischen Komponisten Moses Milner[24], einem der Begründer der "Gesellschaft für jüdische Volksmusik" geschrieben. Gleichfalls beeinflusst durch die Tradition jüdischer Volksmusik und durch die Habimah-Aufführungen von Leivicks Drama schrieb im Jahre 1932 der aus Russland stammende Geiger Joseph Achron[25] eine Golem-Suite für Orchester. Nach diesen von jüdisch-russischen Emigranten ausgehenden Anregungen zur Vertonung von Leivicks Drama ist es kaum erstaunlich, dass es auch in New York zur musikalischen Gestaltung des Golemstoffes kam, wo Leivicks Drama bald bekannt geworden war. Im Jahre 1941 wurde in der Carnegie Hall ein von dem Pianisten Vladimir Heifetz[26] komponiertes Oratorium "The Golem" uraufgeführt, das auf Leivicks Drama und die Habimah-Produktion desselben zurückging. Schliesslich wurde im Jahre 1962 nicht nur ein Ballett von Francis Burt, "Der Golem"[27], in Wien aufgeführt, es kam auch in der New York City Opera zur Première einer neuen Golem-Oper von Abraham Ellstein[28]. Das von Sylvia Regan in enger Zusammenarbeit mit dem Komponisten geschriebene Libretto[29] geht auf den Text von Leivicks Werk und eine Adaption von Joseph Buloff zurück. Ein Vergleich dieses zeitgenössischen Golem-Librettos mit Leivicks "dramatischem Gedicht" soll einige der Schwierigkeiten und Schwächen, aber auch die teilweise sehr geschickte Durchführung dieser Gattungstransformation aufzeigen.

Eine der Hauptaufgaben und Schwierigkeiten bei der Umarbeitung des 132 Druckseiten umfassenden Dramas in ein Libretto ist offensichtlich die notwendige Kondensierung der Vorlage auf solche Weise, dass die der Opernbühne angemessenen Bestandteile des Originals erhalten bleiben. Bei der Auswahl dieser Bestandteile könnte theoretisch eine Berücksichtigung besonders dynamischer oder vornehmlich meditativer Aspekte des gegebenen Textes überwiegen. Sylvia Regan hat offensichtlich auf eine "dramatische", d.h. hier handlungsreiche Rezeption der Vorlage besonderen Wert gelegt und ist in dieser Beziehung sogar über die Gegebenheiten des Leivickschen Textes hinausgegangen. Anderseits beweist die Verfasserin eine feine Auffassungsgabe für den Gebrauch besonders atmosphärischer Bilder in Leivicks Text. Ihre Bemühung, sowohl den dramatischen Erfordernissen der Bühne als auch den anspruchsvollen

---

24 Vgl. EEJ XI, 1586.
25 Vgl. EEJ II, 211f.
26 Vgl. The International Who is Who in Music. Hg. J. T. H. Minze. Chicago ⁵1951.
27 EEJ VII, 756.
28 Vgl. David Ewen: The New Encyclopaedia of the Opera. New York 1971, S. 277. Der Komponist, Abraham Ellstein, ist durch eine ein-aktige Oper: "The Thief and The Hangman" bekannt und als Verfasser von etwa 30 Operetten für das "Yiddish musical theater".
29 Sylvia Regan (Mrs. Ellstein) ist u.a. die Verfasserin einer erfolgreichen Broadway Komödie: "The Fifth Season". Sie lebt in New York als Witwe des 1968 verstorbenen Komponisten. Mrs. Ellstein hat mir freundlicherweise das Libretto (The Golem. Opera in Four Acts. New York 1962) übersandt. Alle Zitate aus dem Libretto sind dem unpaginierten Programmheft desselben entnommen.

Einzelheiten in Leivicks Werk gerecht zu werden, resultiert schliesslich in einem Libretto, das ein Kritiker der Aufführung — allerdings ohne Kenntnis der stofflichen Vorlage — als "sehr redselig" bezeichnet hat[30]. Die Betrachtung des Librettos wird zeigen, inwieweit diese "Redseligkeit" zu rechtfertigen ist und wie trotz erfolgreicher Zusammenfassung der Leivickschen Vorlage dieser Eindruck zustande kommen konnte.

Die acht Szenen von Leivicks Werk sind hier in eine Oper von vier Akten integriert worden. Der erste, aus drei "Szenen" bestehende Akt hält sich eng an die ersten drei Szenen von Leivicks Drama: "Clay", "Walls", und "Through Darkness". Die Ausgangssituation der Golemschöpfung im Morgengrauen am Ufer des Flusses[31] wird fast wörtlich übernommen, ebenso wie das warnende "Create me not!" der Golemerscheinung. Die Klage des noch ungeschaffenen Wesens, das in Dunkelheit und chaotischer Formlosigkeit verharren möchte, und die dadurch hervorgerufenen Zweifel des Golemschöpfers werden in einem Duo vereint und auf diese Weise zueinander in innere und äussere Beziehung gesetzt. So sind zunächst die vorwiegend atmosphärischen Aspekte aus Leivicks erster Szene durchaus beibehalten worden. Offenbar wurde jedoch ihre gleichzeitig "verdichtende" Funktion nicht erkannt. Denn ähnlich wie der acht Jahre später erschienene Roman von Abraham Rothberg (unten VII, S. 224ff.) verzichtet das Libretto nicht darauf, den bei Leivick gerade durch die symbolische Verwendung des Tagesgrauens ausgesparten Vorgang der Golembelebung darzustellen. Die ritualistische Handlung dieses Vorgangs ist dem "Volksbuch" entliehen. Die Jünger des Rabbi umschreiten mit dem Meister als "Feuer, Wasser, Luft" das vierte Element "Erde" und rezitieren dabei sieben (kabbalistische) Attribute der Gottheit[32]. Ausserdem wird der Golem auch durch den ihm vom Rabbi einverleibten "Schem" zum Leben erweckt. Der spannungsreiche Übergang im Golem von Starrheit zu Bewegung wird jedoch nicht gezeigt, sondern durch einen "deus ex machina" Effekt ersetzt: eine blitzartige Lichterscheinung gefolgt von "black-out".

Überlieferungsgemäss ist der Golem im Libretto zunächst stumm, und zwar im Doppelsinne des englischen Wortes "dumb". Wie von der Aufnahme dieses Motivs in die Oper zu erwarten war, reizt gerade die Stummheit des Golem dazu, den allmählichen Übergang zur sprachlichen bzw. melodischen Äusserung der Kreatur zu gestalten. Ähnlich wie bei Leivick erlernt der Golem zuerst seinen eigenen Namen ("Yossef") und den Namen seines Schöpfers ("Rabbi") und wehrt sich bühnenwirksam gegen die "Wände" seiner äusseren und inneren Gefangenschaft. Geschickt wird das klangreiche Wort "Rabbi" zu einer Art Kampf- und Hilferuf des Golem verwendet, dessen Abhängigkeit von seinem Schöpfer ja bei Leivick ausführlich vorgezeichnet ist. Im Gegensatz zu Leivick widersteht jedoch das Libretto nicht der naheliegenden Versuchung, die "dumbness" des Golem komisch zu gestalten. So beantwortet das nur zweier Namen mächtige Geschöpf alle an ihn gerichteten Fragen mit "Yossef" oder mit

---

30 Artur Holde: Abraham Ellstein: 'The Golem'. Uraufführung in der New York City Opera. In: Neue Zeitschrift für Musik 123 (Juni 1962) S. 292f., hier S. 293.
31 Im Libretto, wie bei Leivick, wird der Fluss bei Prag irrtümlicherweise als der "Main" bezeichnet.
32 Es handelt sich hier um Namen, die mit den "unteren sieben Sefirot" in Verbindung gebracht werden. Vgl. Gershom Scholem: Ursprung und Anfänge, S. 122ff.

"Ra-a-a-a-a-abi" und entpuppt sich auf diese Weise als eine Art "leimener Golem", eben als komische Figur. Dieser Aspekt des Golem ist zwar in der Überlieferung der Sage durchaus angelegt (oben I, S. 40), aber keineswegs in Leivicks Drama, aus dem der Golem eher als tragische Gestalt hervorgeht. Die Vermischung des Leivickschen Vorbildes mit den komischen Zügen eines "leimenen Golem", so geschickt sie an sich im Libretto durchgeführt wird, vermindert durch ihren distanzierenden Effekt die Spannung des inneren Konfliktes, den der Golem bei Leivick für seine eigene Person und diejenige seines Schöpfers auslöst.

In der dritten Szene des ersten Aktes tritt der Vorlage getreu der Narr Tanchum auf, dessen unheimliche Narrenweisheit das Libretto scharf nachzeichnet. Im Vergleich mit Leivicks Szene "Through Darkness" fehlt jedoch dem Libretto das Zwielichtige, das durch die expressionistischen Golemträume in ihrer dunkel-hellen Gegensätzlichkeit ausgelöst wird. (Der Golem führt in dem modernen Text keinerlei Traumleben.) Mit der dritten Szene betritt das Libretto auch handlungsmässig eigene Wege, die zunächst der Verkürzung und engeren Plotgestaltung dienen. Deborah ist im Libretto mit "Yacov", dem Schüler des Rabbi, verlobt und nimmt selbständigere Züge an als "Devorale" bei Leivick. Die vorausdeutende Traumbegabung des Rabbi (und des Golem) wird gerade ihr, der Frau, unterschoben. So wird etwa die Erscheinung des Propheten Elijah durch eine Traumerzählung Deborahs vorweggenommen. Der Rabbi selbst aber verfolgt im Libretto eine eindeutige Linie der Tat:

> More and more do I grow impatient
> With all your bad dreams and ill-rumors.
> Perhaps there must come a time
> Of FINAL [sic] impatience;
> An hour of determination,
> When we will do more than fast and pray;
> When we will lift a finger
> To defend ourselves.
> [...]
> We are an old and weary people,
> Tied and fettered
> By the six hundred and thirteen laws
> Of the Torah.
> [...]
> It may be we are not yet too old or too weary,
> To bear all wonders upon ourselves —
> And if, in these wonders,
> There was one amongst us, NOT bound
> By the six hundred and thirteen laws
> Of the Torah?
> One who would in that hour of determination,
> Raise up his whole hand
> With ALL his fingers?
>
> (Bashevi and Citizens):
> Where, Rabbi — where in this world
> Is there such a man?
> (The GOLEM comes out of house,
> an axe over his shoulder).

Die modernen Anklänge in der Rede des Rabbi sind unüberhörbar. Der weitere Verlauf des Dramas erweist jedoch den Irrtum der Golem-Rettung.

Der zweite Akt des Librettos entsteht aus einer Kombination der vierten, fünften und sechsten Szene sowie Teilen der dritten Szene von Leivicks Drama. Die Verschmelzung dieser Szenen wird hauptsächlich durch die in der Vorlage angelegte Einheit des Ortes, des "Fifth Tower", bewerkstelligt. Aber obwohl dieser Akt durch keinen örtlichen Szenenwechsel unterbrochen wird, heben sich die wichtigsten Momente der drei Leivickschen Szenen: "Beggars", "Unbidden" und "Revelations" durch die Anordnung der Auftritte deutlich ab. Die Bettlerszene wird von einem gemeinsamen Chor der bunten Gestalten eingerahmt, der das Milieu der mittelalterlichen Ruine übersichtlich werden lässt: "Wind — wind [...] how cold and cruel the wind [...]" Im Gegensatz zur Vorlage gibt es im Libretto unter den Bettlern auch Frauen. Eine Frau findet sich in der Rolle von Leivicks "sick man", dessen zweideutige Fieberreden hier in den Gesang der "vier Frauen" übergehen: "There is a God in heaven — / How can he look down and see / Poor beggars perish [...]" Der bei Leivick durch die Verschränkung und Wiederholung bestimmter Zeilen hervorgerufene Eindruck der Doppelbödigkeit wird im Libretto durch sichtbare "Doppelbödigkeit" und musikalische Gleichzeitigkeit ersetzt. Auf einer höheren "Gallerie" der Ruine erscheint "Tadeus" und erklärt seinen Gehilfen, dass die unten sichtbare Armut und Krankheit nur vorgetäuscht sei. Durch die Gleichzeitigkeit dieser bei Leivick völlig getrennten Auftritte entsteht ein grotesker Effekt: während unten ein fiebernder Mensch nach einem Tropfen Wasser schreit, heisst es oben: "They live here like masters"; während von unten ertönt: "There is no one here but beggars", singt oben Tadeus: "Royal feet once trod these broken floors". Schliesslich erscheint auf einer dritten Ebene der Ruine der Narr Tanchum mit der schrillen Warnung an die Bettler, dass man sie bald vertreiben werde. Die Bettler klagen im Chor, werden jedoch bald durch den Auftritt des Golem unterbrochen. In einer etwas ironischen Umkehrung von Ursache und Wirkung wird der Neuankömmling wegen seiner Stummheit und Eintönigkeit als "Golem" beschimpft, bis schliesslich alle in den Gesang ausbrechen: "Go away, Golem! / Go, go, go, Golem! [...]" Gegen diesen zu einer rhythmischen Vertonung einladenden Anti-Golem Chor (den der Golem sich im dritten Akt noch einmal selbst zusingt[33]) ertönt hier gleichzeitig der Protest- und Hilferuf des Golem: "Ra-a-a-a-a-bi!" Wie gerufen erscheint der Maharal und weist den Golem als seinen Diener aus. Elemente aus Leivicks dritter Szene, wo sich der Golem über das Verhalten des Ghettovolkes beklagt, sind günstig in diesem Auftritt verwendet worden. Die Abgrenzung und Isolierung des Golem von den ihn umgebenden Menschen tritt im Libretto klarer zutage und scheint besser begründet als bei Leivick. Durch die strenger durchgeführte Sprachunfähigkeit des Golem zeigt sich dieser lediglich als Objekt, während er bei Leivick durch das Berichten seiner Träume auch starke subjektive Züge annahm. Es wirkt daher wie

---

[33] Es handelt sich hier um eine reizvolle Abwandlung der Leivickschen Golemvisionen von Gespaltenheit und Verdoppelungen aus der Szene: "In the Cave" (oben III, S. 122f.). Nachdem der Golem im Libretto Tadeus und seine Gehilfen unter dämonischem Gelächter aus den unterirdischen Gewölben verjagt hat, erschrickt er plötzlich vor seinem eigenen Schatten an der Wand: "Who is that? (As He moves further away, the SHADOW grows larger) The size of him. A giant. Who are you? Where did you come from? When you are spoken to, why don't you answer? (Shrugs) A Golem. (Backing away) Go away, Golem — go, go, go, Golem!"

ein Bruch in der Einheit der Golemgestalt, wenn diese gegen Ende des Aktes in Anlehnung an Leivick plötzlich über Einsamkeit und Verlassenheit klagt. Aber diese Klage, die sich vor allem in einer modern anmutenden Identitätsfrage äussert, ("Who am I? What am I? [...] Tell me, when you look at me, / What do you see?") soll den Golem des Librettos nicht etwa als komplexes, menschenähnliches Wesen ausweisen, sondern ihn lediglich soweit "vermenschlichen", dass er Deborahs Mitleid erwecken und ihre weiblichen Reize hervorbringen kann.

Vor dem Auftritt des Golem mit "den Frauen" erfolgt in Leivicks Bettlerszene der Auftritt des Messias mit dem Propheten Elijah, ihre Vertreibung durch den Maharal und die szenenfüllende Klage des "Messias in Ketten" über sein unzeitiges Kommen. Mit (vielleicht allzuviel) taktvoller Zurückhaltung gegenüber dem modernen Publikum haben die Libretto-Verfasser versucht, diesen von Leivick mit expressionistisch-religiöser Intensität gestalteten und letztlich ungelösten Messiaskomplex in das Libretto aufzunehmen. Während bei Leivick die Messiasgestalten wie wirkliche Menschen auftreten und so die Grenze zwischen Mythos und Wirklichkeit verunsichern, erscheint im Libretto dem Maharal lediglich eine Vision des Propheten Elijah, der als "tiny gnome like Old Man [...] in a sudden blaze of golden Light" auftritt. Die bei Leivick angelegte Idee, dass der Golem einen unzulänglichen Ersatz der Tat für die Ankunft des Messias darstellt, wird im Libretto deutlich herausgearbeitet. Da aber der legendäre "Messias in Ketten" nicht selbst auftritt, fehlt die rührende Unzulänglichkeit seiner Erscheinung im Kontrast zu den Aufgaben, die der Maharal mit Hilfe des Golem zu lösen sucht. Hatte Leivick die verschiedenen Erlösergestalten deutlich und sichtbar gegeneinander ausgespielt, um sie letzten Endes alle zu verwerfen und nur das menschliche Leiden und Mitleiden gelten zu lassen, so bleibt es im Libretto bei einer blossen Warnung, dass der Rabbi die "letzte Stunde" voreilig heraufbeschwöre und so den langen frommen Traum der Väter zerstöre. Auf diese Weise wird aus der bei Leivick zwischen Mythos und Wirklichkeit schwebenden Frage nach messianischer Rettung im Libretto ein märchenhafter Traum. Sobald aber dem Messiasgedanken lediglich eine subjektiv warnende Funktion zuerkannt wird (Yacov: "Sees visions, speaks to empty air. I fear for him"), ist die von Leivick noch als echtes Problem aufgeworfene Frage nach messianischer Rettung einseitig beantwortet und erweist sich dadurch als uninteressant. Ob allerdings die moderne Opernbühne der geeignete Ort ist, die bei Leivick aufgegriffenen, religiös verankerten Erlösungsmythen sichtbar gegeneinander auszuspielen, kann hier nicht entschieden werden.

Aus der Modifizierung des Leivickschen Problemkreises messianischer Rettung ergeben sich nun weitere Konsequenzen für den Verlauf des Librettos. Leivicks siebte Szene *(In the Cave)* wird vollends überflüssig, da die drei Messiasgestalten wegfallen, die den innersten Kreis dieser Visionen einnehmen. Obwohl das Libretto einige Aspekte der Höhlenszene verarbeiten konnte, musste es also im wesentlichen auf die möglicherweise sehr bühnenwirksame Folge expressionistischer Tänze verzichten. Der eine "Totentanz", mit dem es im dritten Akt diese Visionen anzudeuten sucht, wurde bereits bei der zweiten Aufführung der Oper ausgelassen[34].

Obwohl sich die von Leivick vorgeschriebenen Tänze auf der Opernbühne also nicht durchgesetzt haben, besteht doch ein Höhepunkt der Oper in einer Tanzszene. Die Begegnung zwischen Deborah und dem Golem im zweiten Akt kombiniert erfolgreich mehrere Versuche des Leivickschen Golem, sich Devorale zu nähern. Da der Golem im Libretto stumm und "dumb" bleibt, geht hier die Initiative von Deborah aus, die mit dem freudlosen Dasein des Golem Mitleid empfindet. Sie schildert und demonstriert ihm die Freuden ihrer bevorstehenden Hochzeit mit Yacov, die durch Wein und Tanz ausgelöst werden. Der Golem, von ihrer Begeisterung und ihrem Beispiel ergriffen, tanzt und singt ihr nach und zieht sie endlich in seine Arme, gerade als der Maharal mit Yacov und Isaac zurückkehrt. Das Dionysisch-Rauschhafte, das in dem rebellischen Golem-Monolog der sechsten Szene bei Leivick angelegt ist (oben III, S. 115f.), wird hier, durch Tanz und Gesang den Sinnen unmittelbarer zugänglich, auf die Opernbühne übertragen. Offenbar gehörte dieser Auftritt, in dem der Golem aus seiner Stummheit und Starrheit zu Gesang, Bewegung und Liebe hingerissen wird, zu den erfolgreichsten Momenten der Oper[35].

In mehrfacher Hinsicht kann der zweite Akt als der gelungenste Teil des Librettos gelten. Nicht nur integriert er auf ökonomische Weise vier lange "Szenen" aus Leivicks Gedicht, er erzielt auch mehrere günstige Transformationen der Leivickschen Gegebenheiten für die Opernbühne. Dazu gehören die Chöre, in denen die Bettler des *Fifth Tower* zusammengefasst werden in ihrem Elend und ihrer instinktsicheren Ablehnung des Golem. Dazu gehört auch die musikalische Montage der verschiedenen Perspektiven, aus denen die Bettler gesehen werden. Schliesslich entspricht die Tanz- und Gesangsszene zwischen Deborah und dem Golem auf natürliche Weise der Synästhesie von Musik und Bühne, während sie gleichzeitig dazu angelegt ist, den weiteren Verlauf der Handlung entscheidend zu motivieren.

Konnte diese Szene als Höhepunkt der Golementwicklung angesehen werden, so folgt zu Anfang des dritten Aktes der Wendepunkt in dieser Entwicklung. Er kommt dadurch zustande, dass der Golem Blut für Wein hält und also "trunken" wird von Blut. Deborah hatte dem Golem die rote Farbe des freudeerweckenden Weines an ihrem Halstüchlein demonstriert. Der Golem, der dieses Tüchlein wie ein Symbol der Freude zurückbehalten hat, erkennt seine Farbe in dem Blut wieder, das er im Keller der Synagoge versteckt findet. Am Ende der ersten Szene des dritten Aktes wiederholt er die Worte Deborahs, ehe er die Flasche mit der roten Flüssigkeit an die Lippen setzt: "Sparkling red as this kerchief, / Warm and sweet to the lips — / Wine — wine — wine —" Diese Überblendung von Wein und Blut und ihres berauschenden Effekts geht in ihrer mythisch-symbolischen Verwendung durchaus auf Leivick zurück (oben III, S. 123f.). Die folgenden, durch die Bluttrunkenheit des Golem ausgelösten Gewalttaten gehen jedoch über Leivicks Vorlage hinaus.

---

34 Vgl. Golem and Ghosts. In: Opera News 26 (May 5, 1962) S. 27.
35 Vgl.: New York City Opera Puts on Two New Works. In: The Times. (April 2, 1962).

Die auf Befehl des Maharal aus dem "Fifth Tower" in die unterirdischen Gewölbe der Synagoge evakuierten Bettler sind Zeugen der ersten Gewalttat des "betrunkenen" Golem, der Erwürgung des Narren Tanchum. Auch bei Leivick wird Tanchum ein Opfer des Golem. Dort erscheint es jedoch als ironischer Zufall, dass gerade der Narr noch im letzten Augenblick dem "Retter" zum Opfer fällt. Das Libretto versucht diese Zweideutigkeit der Golemrettung gleichfalls zum Ausdruck zu bringen: "Messiah!" ruft Tanchum herausfordernd, während der Golem "Salvation!" schreit und ihn erwürgt. Die Botschaft ist klar genug: "Sheds innocent blood, and cries salvation", kommentiert einer der Bettler. Die tragische Ironie ist jedoch weniger pointiert als bei Leivick, wo Tanchum — während sich die Gemeinde schon anschickt, ihre wunderbare Errettung zu feiern — als das einzige sichtbare Opfer der Golemaxt mit seiner Frage auftritt: "Who can save?" Aus der einen "Gegen-Gestalt" des Leivickschen Narren als "Lord of the Ruins", Herr des Leidens und Verkörperung des Mitleidens wird im Libretto lediglich das erste Opfer des blutberauschten Golem.

Tanchums Tod erhält jedoch im Libretto insofern dramatische Funktion, als er nicht genügt, den Rabbi davon zu überzeugen, dass der Golem ein ungeeigneter "Retter" ist. Die Reaktion des Golemschöpfers auf den Tod des Narren kennzeichnet seine moralische Verirrung: "If the Almighty One, blessed be His Name / Has seen fit to bring this poor fool / To the end of his days, / We must accept his will."

Der Tod Tanchums bildet im Libretto nicht das Ende (wie im Drama), sondern lediglich den Anfang einer Reihe von Gewalttaten des Golem, die sich im vierten Akt fortsetzt. Dort wird berichtet, wie der vermeintlich Betrunkene während des Sabbathgottesdienstes in die Synagoge einbricht "lashing heads right and left" und das ewige Licht zertrümmernd. Dann bedroht der Golem den Maharal selbst und erwürgt schliesslich dessen Enkelin Deborah. Der traditionelle Golemaufstand wird im vierten Akt durch ein neues Motiv erweitert, das hier deutlich die Funktion eines retardierenden Moments der letzten Spannung hat: statt den Golem durch Entfernung des "Schem" oder allein durch sein Wort zu bändigen, sperrt der Maharal sein Geschöpf in einen magischen Bannkreis ein:

(Picks up his staff, traces a circle of fire around GOLEM)
AVDI ATTAH AVDI TI'H'YEH —[36]
[...]
I call upon the ancient curse
Invoked by Salomon
To enchain Ashmodai,
Emperor of the Forces of Evil!
Encircled within this wall
Of Holy Fire,
You will not break loose from here!

Deborah jedoch versucht, dem Golem zu helfen "[to] break through the wall of his [the Maharal's] will". Dabei wird sie selbst in den magischen Kreis hineingezogen und vom Golem erdrosselt, der später ihren Tod ebenso wenig versteht, wie er Tanchums Tod verstanden hatte. Auf ähnliche Weise wie im Drama Holitschers oder dem Libretto von Ferdinand Lion bringt erst der Tod der Tochter bzw. Enkelin den Rabbi zur Einsicht, dass er in seinem Schöpfer- und Retterwahn gefehlt hat:

36 "Du bist mein Knecht. Du wirst immer mein Knecht sein."

> Mine is the guilt,
> And he shall not bear it.
> In my impatience, born of despair,
> I strayed from the ways of Your people,
> Whose paths are patient, peaceful,
> And eternally faithful.

Der Schluss des vierten Aktes kehrt wieder zu Leivicks Vorlage zurück. Der Golem wird unter dem versöhnlichen Befehl seines Schöpfers zur ewigen Ruhe zurückgeschickt "midst the sands, the pebbles / And the still waters". Wie bei Leivick erklingt am Ende der Gesang des Sabbathpsalmes aus dem Hintergrund der Synagoge.

Die weit über Leivicks Vorlage ausgedehnte Gewalttätigkeit des Golem gestaltet zwar das Libretto handlungs- und bewegungsreicher und erzeugt eine gewisse "plot-tension"[37]; sie zerstört jedoch die gehaltliche Ausgewogenheit des Leivickschen Dramas. Der Golem des Librettos bringt zu wenig "Rettung" und zu viel Verderben. Obwohl die formale dramatische Linie von der Schöpfung des Golem zum Höhe- und Wendepunkt seiner Existenz und von dort zur "Katastrophe" und dem "dénouement" durchgeführt ist, fehlt es an einer Gegenbewegung oder an einem Gegengewicht gegen die allzu eindeutige Verfehlung dieser Golemschöpfung. Die Alternative, d.h. die Greueltaten, die eine falsche Ritualmordanklage ausgelöst hätte, treten nicht deutlich genug in Erscheinung, um die genannte "Verzweiflung" aufzuzeigen, aus der die Golemschöpfung hervorging. Bei Leivick geschieht dies zunächst in der Szene "Through Darkness", wo die allgemeine Angst vor drohenden Greueln sich aller bemächtigt. Dann kommt die Verzweiflung der Situation auch in der lyrischen Klage des "Messias in Ketten" zum Ausdruck, der durch sein vorzeitiges Erscheinen und Verharren vor den Toren Prags beweist, dass ein längeres Warten und Dulden unmöglich erscheint. Während es in Leivicks Drama deutlich wird, dass die Gemeinde für eine wunderbare Rettung zu danken hat, herrscht am Ende des Librettos ausschliesslich der Golem-Terror vor. Das vom Maharal durch den Golem vollbrachte "Wunder" wirkt hier nicht nach. Es wird niemals klar, ob es wirklich gelingt, die Anschläge des Tadeus zu vereiteln, oder was aus dem Sack mit der Leiche des Kindes geworden ist, den einer der Bettler statt seines eigenen Sackes irrtümlich mitgenommen hat. Auf diese Weise wird der dramatische Konflikt, den der Maharal als Schöpfer und Fürsprecher des Golem erzeugt, vermindert.

In den zwei letzten Akten findet zudem eine Verschiebung der Motive der Golemschöpfung statt. Konnte der Rabbi bis dahin als tragische Gestalt gelten, die das Gute gewollt und das Böse geschaffen hat, so erweist sich in den letzten Akten sein Unternehmen als grundsätzliches Abirren vom rechten Weg. Nicht

---

37 Vgl. Robert J. Landry: Henry Ford's Fortune Backs 'Golem', Opera based on Yiddish Folklore. In: Variety (March 28, 1962) S. 2ff.

nur die Bettler und Reb Bashevi, auch die Frau und Tochter des Rabbi versuchen im vierten Akt den "Kabbalisten" aus seiner Weltentfremdung herauszureissen. Deborah wirft einen warnenden Traum (den stark entstellten Golemtraum vom Ende der Leivickschen Szene "Revelations") gegen ihn ins Gewicht. Seine Frau wirft ihm vor, dass er über dem Studium kabbalistischer Schriften seinen Glauben verloren habe. Er wird als unbelehrbarer Fanatiker mystischer Lehren geschildert und als Usurpator des messianischen Glaubens: "YOU will bring Redemption? For this we have a Messiah." Maharal: "The Messiah is a myth, / A dream, a delusion! [...] I knew that I would bring Redemption / To my people!" Solche von Bücher- und Rettungswahn verblendeten "Helden" lassen sich zu leicht auf einen gemeinsamen Nenner bringen, der im besten Falle "Faust" heisst, im zweitbesten "Frankenstein"[38]. Für das Publikum, das diesen gemeinsamen Nenner erkannt zu haben glaubt, wird dann das Libretto trotz seiner Reichhaltigkeit an Handlung zu wortreich[39] und "redselig".

Vielleicht sollte ein modernes Bühnenstück einige Fragen offen lassen. In dieser Hinsicht erscheint Leivicks Drama moderner als das Libretto in seinem Gefolge, gerade weil das erstere keine endgültige Antwort findet auf Tanchums Frage: "Who can save?" Das Libretto dagegen weist zwar jede Art von Golem-Rettung eindeutig ab, wird auf diese Weise jedoch dem auch heute noch unüberwundenen "Erlösungsproblem" nicht gerecht. Das moderne Libretto hat die zahlreichen "Dunkelheiten" in Leivicks Text entweder durch psychologische Zusammenhänge aufgeklärt oder sie völlig beseitigt. Die so resultierende "Rationalität" im Handlungsablauf ist gewiss ein dramaturgischer Vorteil. Jedoch sind gerade die Leivickschen Traumszenen mit ihren mythischen und psychologischen "Dunkelheiten" dem Golemstoff besonders adäquat. Gegenüber dem reichhaltigen "dramatischen" Geschehen in dieser modernen Version von Leivicks Werk konnten sich dessen vorwiegend meditative Aspekte kaum noch erfolgreich durchsetzen. Wenn es aber zutrifft, dass die Oper in erster Linie *dramma per musica* gestaltet[40], so bildet dieses Libretto eine Grundlage, die sich *per musica* bewähren sollte.

38 Monster. In: New Yorker 38 (March 31) S. 131–133.
39 Ebd. S. 131.
40 Vgl. Joseph Kerman: Opera as Drama. New York 1956, S. 8ff.

V. DER GOLEM IM STUMMFILM VON 1920 UND IM FERNSEHSPIEL VON 1971

Seinen ersten weitverbreiteten Ruhm und sein Debüt in den Vereinigten Staaten verdankt der Golemstoff der Filmbühne. Im Jahre 1915, wenige Tage vor Abbruch der diplomatischen Beziehungen zwischen den USA und Deutschland, erschien in New York Paul Wegeners erster Golemfilm unter dem Titel: "The Monster of Fate"[1]. Seitdem ist der Golemstoff im Ganzen siebenmal verfilmt worden[2], aber nur die drei ersten Stummfilme entstanden in Deutschland. Allerdings sind diese ersten Golemfilme Paul Wegeners, von denen leider nur der letzte aus dem Jahre 1920 erhalten ist, historisch die wichtigsten geblieben. Sie fallen in die Blütezeit des deutschen Stummfilms, die als klassische Periode der deutschen Filmgeschichte gilt und eine Sonderstellung in der Entwicklungsgeschichte des Filmes überhaupt einnimmt[3]. Die meisten späteren Monsterfilmserien, z.B. "Frankenstein", verdanken diesen ersten Golemfilmen manche Anregung. Der oft hervorgehobene Zusammenhang zwischen der Golemsage und der Frankensteingestalt besteht vor allem hier, in der Geschichte des Films, nicht bereits in der Konzeption des Frankenstein-Romans von Mary Shelley, der die Golemsage — entgegen allen diesbezüglichen Behauptungen — vermutlich nicht bekannt war[4].

Die relativ häufige Verfilmung des Golemstoffes — das 20. Jahrhundert hat mehr Golemfilme als Golemromane hervorgebracht — legt die Frage nahe, worauf die besondere Affinität dieses Stoffes zur Film- bzw. Fernsehbühne

---

1 Carlos Clarens: An Illustrated History of the Horror Films. New York 1967, S. 12.
2 Vgl. Denis Gifford: Movie Monsters. London 1969, S. 146.
3 Kenneth Macgowan: Behind the Screen. New York 1965, S. 219ff.
4 Vgl. John Cohen: Golem und Roboter. Übers. Wingert-Uhde. Frankfurt 1968, Sn. 33, 54, wo behauptet wird, "dass der Roman *Frankenstein* von Mary Shelley [...] von der Golem-Legende beeinflusst wurde". Der Verfasser hat mir auf meine Anfrage mitgeteilt, dass er für diese Behauptung keine Quellen anführen kann. Vgl. auch: The Golem: Mystical Tales from the Ghetto of Prague by Chayim Bloch. Transl. Harry Schneidermann. New York 1972, S. 8, wo Paul Allen schreibt: "The Golem story [found] literary expression [...] in a variant form in Mary W. Shelley's *Frankenstein.*" Es ist wohlbekannt, dass Mary Shelley in Genf (1816) eine traumartige Inspiration ihrer Frankensteinfabel hatte, kurz nach der gemeinsamen Lektüre der "Fantasmagoriana ou Recueil d'Histoires d'Apparitions De Spectres, Revenans, Fantômes, etc. traduit de l'allemand, par un Amateur" (Paris 1812). Diese "Fantasmagoriana", deren Übersetzer (oder Verfasser?) Jean Baptiste Benoit Eyries heisst, werden offenbar als die deutsche Quelle aufgefasst, aus der die Bekanntschaft Mary Shelleys mit der Golemsage hervorgehen könnte. Tatsächlich enthalten aber diese Erzählungen keinerlei Anspielung auf die Golemsage. — Auch weitere Quellenstudien zu Mary Shelleys Roman ergeben keine Bestätigung der Annahme, dass sie mit der Golemsage vertraut war. Vgl. Maria Vohl: Die Erzählungen der Mary Shelley und ihre Urbilder. In: Anglistische Arbeiten 4 (1913). Auch: B. R. Pollin: Philosophical and Literary Sources of *Frankenstein*. In: Comparative Literature 17 (1965) S. 97—108.

zurückzuführen ist. Sicherlich spielt die Tatsache eine Rolle, dass sich der Film im Laufe des 20. Jahrhunderts zu einem der beliebtesten Ausdrucksmedien entwickelt hat. In gesellschaftlicher Hinsicht nimmt er heute wahrscheinlich die Rolle der Oper im 19. Jahrhundert ein. Dazu kommt, dass gleich zu Anfang dieser Entwicklung der Golemstoff in Paul Wegener einen begabten Filmpionier fand, dem es auf "Die künstlerischen Möglichkeiten"[5] des neuen Mediums ankam. Nach Wegeners ersten erfolgreichen Golem-Stummfilmen mussten sich die Verfilmungen dieses Themas mehren. Der erste gelungene Golemfilm begründete seine eigene Tradition, die sich bis heute in vielen Monsterfilmen fortgesetzt hat.

Die Tatsache, dass Wegener den Golemstoff dreimal verfilmte und den Golem selbst dreimal gespielt hat, lässt darauf schliessen, dass es sich bei dieser frühen Kombination zwischen Stoff und Film nicht lediglich um einen Zufall handelte. Eine genauere Betrachtung von Wegeners Golemfilmen, soweit sie heute noch zugänglich sind, kann einige Aspekte des Stoffes erschliessen, die seine frühe und erfolgreiche Rezeption durch die Filmbühne erklären.

Über die erste im Jahre 1914 entstandene Filmversion der Sage lässt sich nur aus Wegeners eigenen Äusserungen, aus denen einiger Zeitgenossen und aus wenigen erhaltenen Einzelphotographien eine Vorstellung gewinnen. Paul Wegener war mit der Golemsage nicht nur als Kandidat für die Titelfigur von Holitschers Drama bei Max Reinhardt in Berlin bekannt geworden[6], sondern vermutlich auch in Prag, als er dort im Jahre 1913 die Hauptrolle in dem Film "Der Student von Prag" spielte. Schon dieser Film enthält einige Elemente, die auch die Golemsage kennt, etwa den Prager Schauplatz, den jüdischen Friedhof und das Doppelgängermotiv romantischer Überlieferung, an dem hier zum ersten Mal die Überlegenheit der Filmtechnik dem Theater gegenüber unter Beweis gestellt wurde. Nach dem Erfolg des "Studenten von Prag" wurde dann der erste Golem-Film gedreht, der im Januar 1915 herauskam. Den Inhalt dieses inzwischen verlorenen Filmes fasst Kai Möller folgendermassen zusammen:

> Die in den Wirren des Dreissigjährigen Krieges verlorengegangene Figur des Golem wird bei einer neuzeitlichen Brunnengrabung wiedergefunden. Ein jüdischer Antiquitätenhändler erwirbt und erkennt sie und bringt sie durch den Zauberspruch, den er einem alten Buch entnimmt, zum Leben. So tritt die mythische Figur in unsere Tage. [...] Der Händler hat den Koloss, der ihm untertan ist, zum Hüter seiner Tochter bestellt, die eine heimliche Liebesverbindung unterhält. Eines Abends tritt der eifersüchtige Wächter aus der Gefangenschaft des Hauses in die Freiheit, er tappt, ein riesiges Gespenst, durch die dunklen Gassen und folgt dem Judenmädchen auf das Schloss, wo sein Erscheinen eine Panik unter den Gästen des Sommerfestes auslöst. Kugeln durchbohren ihn und können ihm nichts anhaben, ein Dolch bleibt in seiner Brust stecken. Mit übermenschlicher Kraft schüttelt er die Angreifer ab und verfolgt das Mädchen und ihren Liebhaber, den Grafen,

---

5 Paul Wegener: Die künstlerischen Möglichkeiten des Films. Rede vom 24. April 1916. In: Paul Wegener: Sein Leben und seine Rollen. Hg. Kai Möller, Hamburg 1954, S. 102–114.
6 Vgl. Arthur Holitscher: Mein Leben in dieser Zeit, S. 42–81.

bis auf den Turm des Hauses. Hier gelingt es dem Mädchen, ihm den Schem aus der Brust zu reissen, und leblos stürzt das Ungetüm in die Tiefe[7].

Diese Inhaltsangabe zeigt weniger Ähnlichkeiten mit Holitschers Golem-Drama, als die Plagiatsanklage des Dichters vermuten lässt[8]. Die Figur Rabbi Löws wird durch einen zeitgenössischen Antiquitätenhändler ersetzt, der Schauplatz ist nicht das Haus des Rabbi, sondern Stadt und Schloss, die dem Golem mehr Bewegungsfreiheit gestatten und ein andersartiges Milieu darstellen als Holitschers Ghetto-Legende. Immerhin besteht eine Art Liebesverhältnis, der Golem wird auch hier dem Menschlichen angenähert, indem er Eifersucht empfindet. Er scheint jedoch weniger eine tragische als eine unheimliche Gestalt darzustellen, deren Existenz durch den filmisch wirkungsvollen Sturz in die Tiefe eine angemessene Lösung findet. In der "Jagd" auf den Golem hatte Wegener offenbar schon früh ein dem "Filmischen" entgegenkommendes Moment erkannt[9], und eine solche Jagd ist ja im Aufstandsmotiv der Prager Sage vorgeprägt, also stofflich gegeben. Der wichtigste Unterschied des Filmes gegenüber Holitschers Drama liegt darin, dass bei Holitscher die Annäherung des Golem ans Menschliche sich unmittelbar in die Fähigkeit überträgt, Sprache zu erlernen, während der Golem im Film trotz des Erwachens menschlicher Gefühle in ihm ein sprachloses "Ungetüm" bleibt, dem nur mit rascher und geschickter Bewegung beizukommen ist.

In seiner Rede über "Die künstlerischen Möglichkeiten des Films" hat Paul Wegener erklärt, was ihm bei der Ausführung seines ersten Golemfilmes vorschwebte:

> Nach einigen missglückten Films, über die ich lieber schweigen will, hatte ich meine Idee des *Golem*, dieser seltsam mythischen Tonfigur des Rabbi Löw aus dem Kreis der Prager Ghettosage, und mit ihm kam ich noch mehr in das Gebiet des rein Filmmässigen hinein – hier ist alles aufs Bild gestellt, auf ein Ineinanderfliessen einer Phantasiewelt vergangener Jahrhunderte mit gegenwärtigem Leben – und immer klarer wurde mir die eigentliche Bestimmung des Films, die Wirkung allein aus der photographischen Technik heraus zu suchen. Rhythmus und Tempo, Hell und Dunkel spielen im Film eine Rolle wie in der Musik. Und als letztes Ziel schwebte mir eine Art kinetische Lyrik vor, bei der man auf das Tatsachenbild als solches überhaupt verzichtet[10].

Der Vergleich des filmischen Mediums mit dem musikalisch-lyrischen überrascht insofern, als man heute eher dazu neigt, den Film mit den "pragmatischen" Dichtungsarten zu vergleichen oder ihn als eine Kombination derselben anzusehen[11]. Erstaunlicherweise hebt jedoch auch ein zeitgenössischer Beobach-

---

7 Paul Wegener: Sein Leben und seine Rollen, S. 117.
8 Arthur Holitscher: Mein Leben, S. 62; es geht aus Holitschers Anklage nicht hervor, welchen der Golemfilme Wegeners er meint, denn er erwähnt nur "einen Film", den sich Wegener aus dem Stoff "zurechtgezimmert" habe.
9 Vgl. Siegfried Kracauer: Theory of Film. The Redemption of Physical Reality. New York 1968, S. 41f., wo die "Jagd" ("the chase") als "cinematic subject par excellence" bezeichnet wird.
10 Paul Wegener: Sein Leben und seine Rollen, S. 111.
11 Vgl. Käte Hamburger: Die Logik der Dichtung. Stuttgart ²1968, S. 176–186.

ter jenes ersten Golemfilms, Arnold Zweig, in seiner sonst sehr ablehnenden Kritik gerade die "lyrischen" Qualitäten dieses Werkes hervor:

> Dieser echte Golem steht in einem sonst herzlich dummen Film [...] Vom Film allgemein zu reden: jeder "dramatische" Film ist ein ins Visuelle umgesetzter Schauerroman. Rein episch erzählend wie er, ebenso brutal spannend, ebenso die niederen Kräfte der Imagination anstachelnd, ebenso nur sinnlich wirksam, lediglich den funktionellen Genüssen des Menschen dienend. Mit dem Drama hat er nicht einmal das Gereimtwerden gemein – [...] Was diesen Film beredenswert macht, ist ja doch nur die Gestalt, die Wegener dem Golem gab – die erschütternde Gestalt eines Halbwesens, das danach ringt, aus dem dumpfen Sein in die lebendig fühlende Beziehung zur Welt zu kommen, Mensch zu werden, sich Rechenschaft zu geben, fallenden Regen, duftende Blume, Teich im Monde, geschmeidig schöne Frau aus grober Wahrnehmung zu erlösendem Gefühl zu reinigen. Hier, im Lyrischen, gab Wegener der Film die Möglichkeit, die keine Bühne gibt: in der Stimmung der traumatmenden Erde als Kreatur zu stehen und langsam in Staunen, in dumpfer Freude, in Erschütterung die Arme zu heben – ein unvergessliches Bild. Tiefe Trauer war um dieses Geschöpf der Unzulänglichkeit; ein schwermütiges Bemühen um das ewig Unzulängliche, als habe das Tier einen Vertreter entsandt, um die Menschenwelt in seiner Seele zu spiegeln, als seien dem Tier in einer zauberischen Mitternacht die Tore des Erfühlten, des Schönen, der beseelten Landschaft geöffnet worden: aber es steht ratlos und voll Qual, voll Sehnens davor, und vermag nicht zu erfassen, und die Stunde ist vorbei[12].

Es ist bemerkenswert, wie diese Filmkritik zunächst noch von den Ansprüchen des Theaters ausgeht. Wenn Zweig feststellt, dass "jeder 'dramatische' Film ein ins Visuelle umgesetzter Schauerroman" sei, der mit dem Drama nichts gemein habe, so scheint er damit ein negatives Werturteil über den Film im Allgemeinen äussern zu wollen. Sicher trifft diese Annahme für seine Zeit vielfach zu, und sie wird neuerdings noch von Mario Paz bestätigt, der schreibt: "Indeed it was reserved for the film of our day to realize successfully effects that the horror-novelists tried to achieve[13]." Obwohl Zweig dem ersten Golemfilm das Dramatisch-Künstlerische völlig abspricht und den Stoff entschieden in eine epische Vergangenheit zurückverweist, lässt er doch das Stimmungsmoment des Filmes gelten: "Im Lyrischen gab [...] der Film die Möglichkeit, die keine Bühne gibt." Diese Art "Lyrik", die Wegener als "kinetische Lyrik" bezeichnet hatte, ist offenbar ganz unabhängig vom Wort, sie besteht aus einer lediglich durch Bilder und Bewegung projizierten menschlichen Haltung, aus einer "Stimmung" ohne menschliche Stimmen. Man spürt an den letzten Worten des Kritikers Zweig, wie sich der Dichter in ihm bemüht, diese Stimmung in Worte zu übertragen. Der "lyrische" Effekt der Golemgestalt ist offenbar auch von der Fabel des Filmes, also von dem handlungstechnischen Zusammenhang, in der sie steht, relativ unabhängig, da Zweig allen Verdienst daran dem Golemdarsteller Wegener zuspricht. Es ist ein Effekt, der durch Geste und Bewegung allein und nicht durch das gesprochene Wort zum Ausdruck kommt. Aber gerade die

---

12 In: Die Schaubühne 11 (1915), S. 225–227.
13 Introductory Essay: Three Gothic Novels. Hg. Peter Fairclough. Penguin Books 1970, S. 32.

Unfähigkeit zur Sprache (und damit zum echten Menschsein) ist in dem altüberlieferten Stummheitsmotiv der Sage gegeben, sodass sich hier eine Beziehung *eo ipso* zwischen dem Stoff der Golemsage und dem Stummfilm offenbart. Hatte das Stummheitsmotiv in den Golemopern eine Modifizierung durch "Töne" herausgefordert, so geht es im Stummfilm noch unmittelbarer in das Medium der Bewegung und des visuellen Ausdrucks über.

Offenbar hat aber Wegener auch komische Möglichkeiten des Golemstoffes gesehen. In einem gleichfalls verlorenen Experiment aus dem Jahre 1917, "Der Golem und die Tänzerin", versuchte er den Stoff in eine Filmkomödie umzubiegen, indem er seine Golemrolle in dem früheren Film selbst parodierte. Nach Denis Gifford handelte es sich bei dieser Fortsetzung um " 'A cheerful caprice in four acts' — as well as incorporating clips from the original. Wegener plays himself visiting a cinema to see *The Golem.* The dancer Olschewska (Salmonova) asks for the Golem figure to add to her collection, so he dons the costume once more and has himself sent to her hotel [...]"[14] In der Idee des Films im Film und des Golemspielers gegenüber dem gespielten Golem, die zur Verwechslung zwischen dem toten und lebendigen Golem führt, klingt eine barock-moderne Freude am Spiel mit dem Spiel an. Das aus der Romantik bekannte Doppelgängerverhältnis des Golem zu anderen wird hier auf ihn selbst bzw. seinen Darsteller ironisch zurückgebogen, sodass die Filmbühne hier zu einer Bühne ironischer Selbstbespiegelung wird. Der Golem als vielfach reflektierte Doppelgängererscheinung erinnert auch an die gespenstischen Doppelgänger des Helden in Meyrinks Roman (unten VII, S. 211f.). In Wegeners "Sketch" dient die Doppelgängerrolle des Golem jedoch keinem selbsterzieherischen moralischen Zweck, sondern eher einem hädonistischen. So modern dieser zweite Versuch Wegeners mit dem Golem auch anmutet, so kann doch nichts Endgültiges darüber gesagt werden, da auch dieser mitten im ersten Weltkrieg entstandene "Sketch" verloren ist. Aus den erhaltenen Einzelphotographien geht lediglich hervor, dass die äussere Erscheinung des Golem mit der steinernen Perücke, den schweren Stiefeln, dem breit gegürteten Überrock und dem Davidstern als Amulett auf der Brust sich durch die drei Verfilmungen hindurch immer gleich blieb.

Das Abhängigkeits- oder Spannungsverhältnis zwischen dem Golem und seinem sagenhaften Schöpfer hat offenbar Wegener zunächst nicht besonders gereizt. Dies ändert sich auch nicht wesentlich in dem Golemfilm von 1920, obwohl nun Wegener die Handlung ganz in die sagenhafte Vergangenheit zurückverlegt, als hätte er Arnold Zweigs Kritik gekannt und beherzigt. Das frühere Ziel des "Ineinanderfliessens einer Phantasiewelt vergangener Jahrhunderte mit gegenwärtigem Leben" wird damit aufgegeben zugunsten einer sagengemässeren epischen Vergangenheitsperspektive. Aber selbst die Miteinbe-

---

14 Movie Monsters, S. 41.

ziehung des historischen Rabbi Löw ändert nicht viel an der Selbständigkeit des Wegenerschen Golem, der um seiner selbst, d.h. um seiner sichtbaren Erscheinung willen da zu sein scheint, und dem die Beweggründe, die seiner Schöpfung und Existenz im Film angehängt werden, kaum etwas von seiner Eigenständigkeit rauben können. "Der Golem wie er in die Welt kam", dieser Titel des Filmes von 1920 deutet zwar auf die neue historisch-epische Perspektive hin, lässt aber dem Golem noch eine gewisse Selbständigkeit, denn es heisst nicht wie so oft: "Der Golem des hohen Rabbi Löw." Auch in dieser historisierten Golemversion werden sich noch einige Elemente "kinetischer Lyrik" nachweisen lassen.

Rabbi Löw, Stütze seiner Prager Gemeinde, Zeitgenosse Rudolfs II, Astrolog, Zaubermeister und Vater einer hübschen Tochter liest drohendes Unheil in den Sternen. Das Unheil trifft ein in Form eines kaiserlichen Ediktes, demzufolge die Juden Prag verlassen sollen. Der Rabbi schickt den vom Anblick seiner Tochter betörten Überbringer, Ritter Florio, mit der Bitte um eine kaiserliche Audienz zurück und modelliert heimlich an einem Golem. Zusammen mit seinem Famulus beschwört er den Geist Astaroth, der das magische Wort offenbart, das dem Golem Leben verleiht. Ein Pergamentstreifen mit dem Wort "aemaeth" wird in einer sternförmigen Kapsel dem Tonkoloss in die Brust gepresst, der augenblicklich zum Leben erwacht und sich als brauchbarer Diener erweist.

Beim Rosenfest auf dem Hradschin zeigt der Rabbi dem Kaiser und Hofstaat eine Vision seiner Vorfahren, warnt aber davor, zu lachen. Bei der Erscheinung Ahasvers, des ewigen Juden, brechen jedoch alle in Gelächter aus, und die Decke des Saales droht einzustürzen. Erst als der Kaiser das Edikt gegen die Juden rückgängig macht, stützt der Golem Rabbi Löws mit starken Armen die einstürzende Decke. Da der Golem nun seine Pflicht erfüllt hat, entfernt der Rabbi die Kapsel, um ungünstigen Einflüssen der Planeten vorzubeugen.

Nach der Entdeckung, dass Mirjam und der Ritter Florio die Nacht zusammen verbracht haben, belebt der eifersüchtige Famulus aufs Neue den Golem. Dieser verfolgt den Ritter auf den Turm des Hauses, von wo er in seinen Tod stürzt. Der Golem steckt das Haus in Brand, rettet aber die ohnmächtige Mirjam. Dann wandert er aus dem Ghetto und findet spielende Kinder. Ein kleines Mädchen reicht ihm einen Apfel. Der Golem hebt das Kind auf, es erblickt die im Sonnenlicht glänzende Kapsel, entfernt sie, und der Golem fällt leblos zur Erde. Nachdem Rabbi Löw das um sich greifende Feuer gebannt hat, findet er seine Tochter wohlbehalten, und auch die leblose Form des Golem wird gefunden und in dankbarer Prozession in das Ghetto zurückgetragen.

Auch dieser in die historische Vergangenheit zurückprojizierte Gang der Handlung lässt an der von Zweig geforderten Authentizität der Sage manches zu wünschen übrig. Aber die schlichte Prager Sage könnte ebensowenig eine mehrstündige Filmhandlung bestreiten, wie sie allein eine Opernhandlung oder einen Roman auszufüllen vermag. So wurden auch hier Motive aus heterogenen Quellen zu einer längeren und überaus bewegten Handlungsstruktur verknüpft. Eine wichtige Rolle spielt wiederum das Liebesmotiv, das an die seit der Neuromantik so beliebte Tochter des Golemschöpfers anknüpft. Aber im Gegensatz zu den Dramen und Opern ist der Liebhaber des Mädchens nicht etwa der Golem selbst, sondern ein Aussenseiter, der im Famulus bereits einen eifersüchtigen Rivalen vorfindet. Dass die ganz auf äussere Gestik angewiesenen Liebesszenen zwischen dem schönen Judenmädchen (Lydia Salmonova) und dem eitlen Ritter (Lothar Müthel) heute zum Teil klischeehaft wirken, ist dem historisch-phantastischen Hintergrund des Filmes zuzuschreiben, der nicht lebensnah und realistisch sein will, sondern sagenhafte Überlieferung zu gestalten sucht. Die Motivierung der Golemschöpfung durch die drohende Austreibung der Prager Juden passt gut in den Rahmen der Sage, da Ausweisungen von Judengemeinden im 16. Jahrhundert häufig waren und es leicht auf ein Wunder zurückgeführt werden konnte, wenn dies zu Zeiten Rabbi Löws in Prag nicht geschah. Auch die Verknüpfung der Golemschöpfung und -zerstörung mit Astrologie lässt sich aus dem Milieu des 16. Jahrhunderts herleiten, nicht etwa aus der Golemüberlieferung selbst. Die Episode von der für den Kaiser heraufbeschworenen Vision der jüdischen Patriarchen geht auf die *Sippurim* zurück, wo sie als Vorwegnahme der "Camera obscura" ausgelegt wird[15]. Im Film bleibt es zwar ein magisches Ereignis, das aber nun in der Tat durch eine "camera obscura" bewerkstelligt wird. Natürlich erinnert diese magisch hervorgebrachte Vision auch an die Faustsage, und überhaupt wird in Wegeners Film aus Rabbi Löw eine Art faustischer Zaubermeister. Die Beschwörung des Geistes Astaroth[16] gemahnt an die Erdgeistbeschwörung in Goethes Faust-Drama, und endlich erfüllt der Famulus die Doppelfunktion eines eifersüchtigen Liebhabers und eines "Zauberlehrlings", der den Golemaufstand verursacht. Denn der Golem wird nicht rasend, weil er am Sabbath ruhen sollte, sondern dank der unklugen Handlung des "Zauberlehrlings", der den vom Meister bereits gewissenhaft entlebten Golem für seine eigenen Zwecke noch einmal ins Leben zurückruft. Es zeigt sich, dass lediglich die Begegnung des Golem mit dem Kinde, dessen unwillkürliches Opfer er wird, ein völlig neues Motiv sowohl der Sage als auch der literarischen und historischen Überlieferung gegenüber darstellt.

Gerade dieses Motiv wurde von späteren Filmen aufgegriffen und kehrt z.B. in dem ersten grossen Frankensteinfilm von 1931 wieder, allerdings mit verändertem Ausgang. Im Gegensatz zu seinen Nachfolgern der Frankensteinserie ist jedoch der Golem von 1920 durchaus kein "Monster". Wegeners Golem wirkt nicht grauenerregend durch seinen blossen Anblick wie etwa Frankensteins monströses Geschöpf, er erweckt vielmehr trotz seiner Grösse und Schwere, wie auch in dem von Zweig geschilderten Film, einen sympathischen Eindruck. Wo der Golem in Wegeners Film seine Riesenkräfte zerstörerisch anwendet, wie etwa bei der Jagd auf Mirjams Liebhaber, dienen sie dazu, den Übeltätern ihre

---

15 Prag 1842, S. 26—28.
16 "Name der phönizischen und kanaanäischen Göttin Astôret, Astarte [...], dann als höllischer Geist in den Volksglauben übergegangen". Nach: Handwörterbuch des deutschen Aberglaubens I, S. 629. Vgl. auch RGG I, "Anath", "Aschera", "Astarte", "Baalath".

verdiente Strafe heimzuzahlen. Eine Parallele zu der von Zweig hervorgehobenen "Lyrik" der Golemerscheinung zeigt sich vor allem bei der Begegnung mit dem zutraulichen Kind. Während später im Frankensteinfilm das Kind ein Opfer des "Monsters" wird, geschieht in Wegeners Film noch das Umgekehrte: das angebliche Monster wird ein Opfer des zierlichen Kindes. So läuft der Inhalt des Golemfilmes von 1920 kaum auf einen "Schauerroman" hinaus, sondern eher auf eine Art Erlösungsgeschichte. Einer der wenigen Untertitel des Filmes hebt hervor, dass die Ghettobewohner "dreimal in einem Tag" gerettet werden; zuerst von der Ausweisung durch das kaiserliche Edikt, dann vom Feuer und schliesslich von dem Rettungswerkzeug, dem Golem selbst.

Um diesem Film gerecht zu werden, muss man sein Handlungsgefüge vor allem als Ausgangsbasis für möglichst viele "kinetische" Effekte verstehen. Gerade die "wunderbaren" Aspekte der Golemüberlieferung, die bisher nur der Phantasie und subjektiven Vorstellungskraft zugänglich waren, sollten hier objektiv durch das untrügliche Kamera-Auge erfasst werden. Das Wunder der Golemschöpfung mehr als der Warnungscharakter der Sage sollte sichtbare Gestalt annehmen. Daher gab man sich mit dem geheimnisvollsten Moment der Sage, wo die tote Lehmfigur unter der Einwirkung des "Schem" mit einem Mal Symptome des Lebens zeigt, die grösste Mühe. Der Augenblick, der buchstäblich mit dem ersten "Augenblick" und dem ersten "Moment" des eben noch leblosen Golems zusammenfällt, sollte einen Höhepunkt des Filmes darstellen und wurde mit besonderer Sorgfalt vorbereitet[17]. Die Wirkung des magischen Wortes auf den toten Körper sollte unmittelbar und unzweideutig werden. Als "nascent motion" hat Siegfried Kracauer[18] den besonderen filmischen Reiz beschrieben, der aus der Kontrastwirkung zwischen Stillstand und Bewegung hervorgeht. Dieser Vorgang wird hier in vollendeter Weise erfüllt, denn "nascent motion" (entstehende Bewegung) ist im Falle der Golemschöpfung gleichbedeutend mit "nascent life" (entstehendem Leben). Diese filmische Möglichkeit ist also im Stoff der Golemsage selbst angelegt, d.h. der spannende Übergang von der eben noch leblosen Masse zu den ersten lebenverkündenden Bewegungen entspricht ganz und gar dem Medium des Filmes.

Auch die anderen "besonderen Effekte", deren Ermöglichung durch Trickphotographie und mühsame technische Vorbereitung von dem Co-Regisseur Carl Boese nachträglich beschrieben wurde[19], bemühen sich um das Sichtbarmachen von Vorgängen aus dem phantastischen Bereich des *Hören-Sagens*. Dazu gehört vor allem die Beschwörung des furchtbaren Geistes Astaroth. Diese Szene mit dem flammenden Zauberkreis, der feuerspeienden Geistermaske, dem allmählich

---

17 Vgl. Lotte Eisner: The Haunted Screen. Expressionism in the German Cinema and the Influence of Max Reinhardt. Transl. Roger Greaves. Berkeley and Los Angeles 1969, Sn. 72, 74.
18 Theory of Film, S. 44.
19 Lotte Eisner: The Haunted Screen, S. 64–74.

sichtbar werdenden Wort *aemaeth* und dem zuletzt in Flammen aufgehenden Mantel des Famulus stellt einen Höhepunkt des Filmes dar, obwohl die Golemüberlieferung keine solche Prozedur vorschreibt.

Der Film bedient sich jedoch nicht nur des magischen Zeremoniells, sondern auch des religiösen, das sich aus dem Stoff der Sage ergibt. Man sieht das Gebet der Gemeindeältesten in ihren langen, faltigen Gewändern und wallenden Bärten im flackernden Licht eines siebenarmigen Leuchters nur als Bewegung. Schliesslich bedient sich der Film auch des höfischen Zeremoniells, das durch die Besiegelung des Edikts und den Besuch am festlichen Kaiserhof wirksam miteinbezogen wird. All diese zeremonielle Handlung, die aus dem historischen Hintergrund der Sage hervorgeht, kommt dem Medium des Stummfilmes besonders entgegen.

Wegener hatte davon gesprochen, dass "Hell und Dunkel im Film eine Rolle [spielen] wie in der Musik". Die Lichteinwirkungen im Golemfilm von 1920 sind in mehrerer Hinsicht bemerkenswert. Technisch gesehen bedient sich dieser Film noch natürlich gegebener Lichteffekte wo irgend möglich. So verwendete man z.B. die grösste Mühe auf das Einfangen echter Sonnenstrahlen. Diese dringen bis in das unterirdische Gewölbe, wo der Golem "in die Welt kommt", und dessen von Hans Poelzig entworfene Kulissen man mit einem "dunklen Mutterschoss" verglichen hat[20]. Das Gewölbe wird durch verschiedenartige Lichtquellen, aber immer auf "natürliche" Weise beleuchtet. Einmal zeichnet das Sonnenlicht den Schatten eines Gitterfensters auf dem Gewande des Rabbi ab, dann wieder erscheinen die Menschen im Licht der unruhig spielenden Flamme auf dem Alchimistenherd des Rabbi. Diese Flamme wächst zum furchterregenden Feuer an, als der Golem einmal den Blasebalg für den Famulus zieht und natürlich zu stark zieht, bis der Meister zurückkehrt und dem "Zauberlehrling" mit dem rechten Wort an den Golem zu Hilfe kommt. Es ist dieselbe Flamme, an der der Golem schliesslich die Fackel entzündet, um das Haus und beinahe das Ghetto in Brand zu stecken. Während der Beschwörungsszene wird das dunkle Gewölbe durch den magisch flammenden Zauberkreis erleuchtet. Das Charakteristische an diesen "natürlichen" Beleuchtungseffekten ist die Bewegung und Bewegtheit, die sie hervorrufen. Die Gestalten und Vorgänge erscheinen nie lediglich als solche, sondern immer in einem anderen Licht. In der Abend- und Morgendämmerung heben sich die Figuren des Rabbi und seines Golem als scharfumrissene Silhouetten auf dem Wege zum Hradschin von ihrer Umgebung ab. Wie ein Merkmal der Welt ausserhalb des Ghettos taucht an diesem Wege der

---

20 Carlos Clarens: An Illustrated History of the Horror Films, S. 20: "A vaulted womb of a room." Die von Hans Poelzig, dem Architekten des Berliner Schauspielhauses entworfenen Kulissen sind verschieden beurteilt worden. Rudolf Kurtz (Expressionismus und Film. In: Lichtbildbühne. Berlin 1926, S. 83) schreibt: "Poelzigs Golemstadt hat vom Aspekt einer mittelalterlichen Siedelung nichts und von einem gotischen Traum alles." Dagegen erklärt Lotte Eisner (The Haunted Screen, S. 58): "The success of these sets owes very little to abstraction [...]"

barock-geschwungene Umriss eines Marienbildes auf, desselben Bildes, in dessen Nähe der Golem später die spielenden Kinder findet.

All dieses Spiel mit Licht und Schatten dient jedoch nicht dazu, die Atmosphäre des Filmes unheimlich aufzuladen oder scharf profilierte Kontraste zu schaffen, wie etwa in dem ein Jahr früher entstandenen "Kabinett des Dr. Caligari". In Wegeners Film bewirkt der dynamische Lichtzauber vielmehr eine versöhnliche Atmosphäre von Übergängen, die auf den Inhalt des Filmes zurückwirkt. Dieses Licht- und Schattenspiel, das Dinge und Menschen immer in einem neuen und anderen Licht erscheinen lässt, hebt die Neigung des filmischen Mediums zum Unbestimmten, nicht endgültig Definierten hervor, zu dem was Kracauer "the indeterminate" nennt[21], und kann in diesem Sinne als "lyrisches" Element des Filmes bezeichnet werden.

Im Ganzen bleibt der Eindruck, dass Inhalt und Darbietungskunst in diesem Film aufeinander bezogen und voneinander abhängig sind. Die mythische Gestalt des Golem, indem sie im Film einfach wagt, konkret und sichtbar ins Leben zu treten, schafft sich in diesem Prozess eine ihr angemessene sichtbare Welt. So genügt sich das Sichtbarwerden der sagenhaften Golemschöpfung selbst, es drängt sich nicht als symbolische Verkleidung oder bildhafte Überhöhung einer tiefer verborgenen Wirklichkeit oder Wahrheit auf. Die Frage: was bedeutet, wofür steht dieser Golem und die ihn umgebende Welt, liegt keineswegs nahe. Sein Auftreten ist so konkret, so wenig doppelgänger-, traum- oder gespensterhaft, dass die Frage, ob dieser Film als typisch "expressionistisches" Werk gelten kann, berechtigt erscheint. An sich kommt der Stummfilm durch die "Hervorhebung des visuellen Elementes der Phantasie" dem expressionistischen Ausdruckswillen entgegen[22]. Wegeners Film projiziert jedoch im allgemeinen keine psychischen Zustände nach aussen. Seine Bilder weisen keine traumartigen Verzerrungen auf, und obwohl die Beleuchtung ausdrucksvoll erscheint, wirkt sie selten richtungsweisend auf innere Vorgänge. Auch die Kulissen sprechen keine eigensinnige Sprache, sondern entsprechen vor allem dem sagenhaften mittelalterlichen Milieu. Die Gestik und Mimik der Hauptdarsteller (mit Ausnahme Wegeners) wirkt zwar gelegentlich übertrieben, deutet jedoch nicht auf eine verborgene innere Problematik hin, sondern will lediglich dem Verständnis der äusseren Geschehnisse dienen. Rabbi Löw, Mirjam, der Famulus ebenso wie der Ritter Florian erscheinen im Grunde als unproblematische Menschen, bis zu einem gewissen Grade sogar als Stereotypen für "den Zaubermeister", "den Zauberlehrling" und "das heimlich verliebte Paar".

Anders steht es dagegen mit dem Golem. Er ist der Ausnahmemensch par excellence. Was in ihm vorgeht, bleibt geheimnisvoll und faszinierend, obwohl es von Wegener nur sparsam in Mimik und Gestik übertragen wird. Umso eindrucksvoller wirken daher einige Nahaufnahmen des Golem, die einen inneren

21 Theory of Film, S. 20.
22 Walter Sokel: Der literarische Expressionismus, S. 60.

Vorgang dieses rätselhaften Wesens gleichsam unter die Lupe nehmen: seinen stummen Schmerz über die entsetzte Zurückweisung von seiten der hübschen Hofdamen, oder seine Verachtung, als man ihn aufs Neue herauszufordern sucht. Wegener hatte offenbar früh erkannt, wie stark der Film jede schauspielerische Geste vergrössert und auch vergröbert. In dem 1916 gehaltenen Vortrag sagt er darüber: "Man muss im Film noch diskreter sein als man in den Kammerspielen des Deutschen Theaters ist. Ein Augen=Blick, eine klare Wendung des Kopfes können, wirklich erlebt ausserordentlich stark sein. Alles Leere und Affektierte wirkt auf der Riesenleinwand sehr bald wie eine Verzerrung[23]."

Der Gegensatz zwischen gefilmter Schauspielerei und echter Filmschauspielerei kommt in diesem Film unwillkürlich als Gegensatz zwischen den angeblich echten und dem künstlichen Menschen, dem Golem zum Ausdruck. Daraus ergibt sich ein merkwürdiger und fast ironischer Effekt: Die echten Menschen wirken künstlich, und der künstliche Mensch wirkt echt. Gewiss war eine solche Wirkung kaum geplant oder vorhergesehen, sie entspricht jedoch insofern dem expressionistischen Theater, als dieses oft auch nur *einen* echten, wenn auch grotesken Helden zeigt, im Verhältnis zu dem die anderen Gestalten unwirklich und klischeehaft wirken. So dient in diesem Film das historische Kostüm, die Zauberkunst, die Ghettoatmosphäre, ebenso wie die kaiserlichen Edikte, Hoffeste und selbst die Sternwarte auch im übertragenen schauspielerischen Sinne dazu, den Golem "in die Welt zu bringen" und lebendig werden zu lassen als einen "neuen Menschen" geheimnisvoller Herkunft. Der Golem kann in diesem Film so aufgefasst werden, als stelle er gleichsam die Entwicklung des "neuen Menschen" des Expressionismus dar. Diese Entwicklung führt vom Zustand unbedingten Knechttums über einige Momente eigensinniger Selbstbewusstwerdung zu einer Art wildem Freiheitsrausch und erreicht schliesslich in der Gegenüberstellung mit dem Kind ihre Krise. Die Beziehung zwischen diesen beiden kontrastreichen Wesen besteht dann letzten Endes darin, dass das Kind das ist, was der Golem sein sollte – ein natürliches Geschöpf. In diesem Sinne enthält die Schlussszene des Films einen Hinweis auf den eigentlichen "neuen Menschen", der auch im expressionistischen Drama oft nur im Keime erreicht wird[24]. Obwohl Paul Wegener selbst versichert hat, er habe mit dem "Golem" keinen expressionistischen Film schaffen wollen[25], so lässt sich doch in der Gegenüberstellung des Golem mit dem Kinde durch den ausdrucksvollen visuellen Kontrast der Wunschtraum der Expressionisten vom "neuen Menschen" wiedererkennen.

Die Tatsache, dass gerade die *stumme* Golemgestalt im Film in eine sichtbare Expression übergeht, zeigt aufs Neue die wichtige Rolle, die das Stummheits-

---

23 Paul Wegener: Sein Leben und seine Rollen, S. 107.
24 Vgl. Paul Edward Wyler: Der 'Neue Mensch' im Drama des Expressionismus. Stanford (= Phil. Diss.) 1943.
25 Lotte Eisner: The Haunted Screen, S. 30.

motiv für die Rezeption des Golemstoffes spielt. Bei der Betrachtung von Wegeners Stummfilm erweist sich dieses Motiv als ein so wesentlicher Bestandteil des Golem, dass anzunehmen ist, dass eine Art Bruch zwischen dem Stoff und seiner Darbietung entstehen müsste, wo es völlig fehlt. Eine gewöhnliche Sprachbegabung wird mit der Golemgestalt kaum vereinbar sein, soweit diese gerade als bildhafte Konkretisierung eines Unaussprechlichen dienen soll.

Die vier Tonfilme mit dem Golem, die inzwischen auf die frühen Stummfilme folgten, sind alle ausserhalb Deutschlands entstanden, drei von ihnen nach dem zweiten Weltkrieg. Denis Gifford gibt einige Inhaltshinweise:

> The first sound Golem [1936], made in Prague itself, was essentially a vehicle for Harry Baur as Rudolf II, dabbler in the black arts. Rabbi Jacob (Charles Dorat) revives [Rabbi] Low's Golem (Ferdinand Hart), and the limbering giant, bringing down prisons and palaces, made a smashing climax to an otherwise tiresome tale of intrigue.
>
> The first colour Golem was [...] made by the Czechs [1951] a return to comedy. At the end Jan Werich tames the stolid fiery-eyed puppet and uses it to supply fuel for his bakery!
>
> Roddy McDowall, a museum assistant living with his mummified mum, found the Golem (Alan Sellers) in the rubble of a London warehouse. He used It [1966] to kill his new boss, wreck Hammersmith bridge, and kidnap Jill Haworth. A nuclear bomb did for McDowell, but the Golem walked through it and out to sea[26].

Der Golemfilm mit Harry Baur (Direktor: Julien Duvivier) ist gelegentlich noch zu sehen[27], und der Film "It" wird noch im Fernsehen gezeigt. Als Titelfigur eines *Fernsehspiels* tauchte der Golem im Herbst 1971 auch im deutschen Filmbereich wieder auf. "Dreht euch nicht um, der Golem geht rum oder: Das Zeitalter der Musse", so lautete die zwei Abende füllende Fernsehkomödie von Dieter Waldmann (Regie: Peter Beauvais), die am 21. und 24. Oktober 1971 vom Südwestfunk gesendet wurde.

Streng genommen ist wohl das Fernsehspiel als ein vom Film getrenntes Medium aufzufassen, obwohl es sich ähnlicher Mittel bedient wie dieser. Es ist beachtenswert, dass das Fernsehen in der Regel nicht einfach Filme übernimmt, sondern mehr und mehr eigene, speziell für dieses Medium geschaffene Produktionen hervorbringt. Die Beobachtung, das Fernsehspiel sei, etwa dem Theater gegenüber, im Vorteil "in allen Gemütslagen, die auf der Neugier aufbauen und ein verstandesmässiges Erfassen voraussetzen"[28], erweist sich am Beispiel von Dieter Waldmanns Komödie als zutreffend. Denn diese spielt in der Zukunft des 23. Jahrhunderts und wendet sich so an die "Neugier" des Zuschauers, der die Welt zu einer Zeit sehen will, die er selbst nicht mehr erleben wird. Das Entfachen der Neugier ist jedoch nur *eine* Funktion des seine Handlung in die Zukunft verlegenden Fernsehspiels im Gefolge der Science

---

26 Movie Monsters, S. 44.
27 Vgl. New Yorker (July 1972) Sn. 13, 15f.
28 Hans Knudsen: Fernsehen und Theater. In: Rundfunk und Fernsehen 4 (1956/3) S. 239.

Fiction. Gleichzeitig soll die Darstellung einer zukünftigen Situation auch wie ein Zerrspiegel die gefährlichen Tendenzen gegenwärtigen Lebens vergrössern und zurückwerfen und auf diese Weise — aus sicherer utopischer Distanz — an das "verstandesmässige Erfassen" bestehender Mängel und Gefahren appellieren.

Waldmanns Stück geht von einem sorgfältig ausgearbeiteten und mit ausführlichen Bühnenanweisungen versehenen Drehbuch aus[29], das an sich schon ein relativ "spannendes" Lesedrama abgibt. Vielleicht als Erklärung für den im Titel enthaltenen Hinweis auf den Golem, der im Stück keineswegs unmittelbar auftritt, oder auch um die moralistische Absicht des Stückes von Anfang an ganz klar zu machen, schickt der Verfasser die folgende Einleitung voraus:

> Diese Geschichte geht von der alten jüdischen Sage des Golem aus, jenes künstlichen Menschen, den ein Wunderrabbi durch Zahlen- und Wortzauber zum Leben erweckt hatte, indem er ihm einen Zettel, auf dem die magischen Daten des Wissens standen, hinter die Zähne steckte oder an die Stirn klebte.
> Allabendlich musste der dienstbare Kunstmensch den Zettel wieder abliefern. Als der Rabbi dies eines Tages, vor dem Nachtgebet, vergass, geriet der Golem in Raserei, tobte durch die Strassen der Stadt, zerstörte, was ihm begegnete und erschlug am Ende den Rabbi selbst.
> Der "Zahlen- und Wortzauber" in meiner Geschichte beruht auf ernst zu nehmenden Spekulationen der modernen Wissenschaft. Ich habe ein Lustspiel, besser gesagt: eine Farce daraus gemacht, weil nur so mir die Darstellung des Golems, der bereits jetzt in den unglaublichen Erfindungen unserer Kybernetiker steckt, möglich erschien. (Ms. S. 3)

Dieses Vorwort zeigt, dass das Stück einen tendenziösen Zweck verfolgt. Als "Farce" soll es offenbar der gesellschaftlichen Selbstpersiflage dienen, aber gleichzeitig soll es auch vor akuten gesellschaftlichen Gefahren warnen. Eine tendenziöse Abweichung vom Inhalt der Prager Sage zeigt sich schon in der Beschreibung des "Schem" als eines Zettels, "auf dem die magischen Daten des Wissens standen". Hier ist offensichtlich nicht mehr das mystische Wissen um den schöpfungskräftigen Gottesnamen gemeint, sondern es geht um die praktisch angewandten Daten der Naturwissenschaft, die allerdings dem heutigen Durchschnittsmenschen ebenso "geheimnisvoll" und "schöpfungskräftig" vorkommen wie einst den Kabbalisten der "Schem". Der Golem soll "in den unglaublichen Erfindungen unserer Kybernetiker" stecken; dies erklärt ohne Umschweife, warum er nur als abstrahiertes Phantom und nicht als unmittelbar sichtbare Gestalt in den Vorgängen auf dem Bildschirm auftauchen wird. Auch in der Behauptung, der Golem habe am Ende den Rabbi selbst erschlagen, zeigt sich eine tendenziöse Vermischung der Prager und Chelmer Golemüberlieferung. Hier soll offenbar mit den drastischsten Mitteln gewarnt werden: kein glücklicher Ausgang, wie ihn die Prager Sage doch immerhin zulässt, ist zu erwarten.

Der Golemtitel stellt hier eine "Chiffre" dar, er trägt Verweischarakter. Er

---

29 Der Südwestfunk ("Produktionsgruppe Waldmann") hat mir freundlicherweise eine Kopie des Manuskriptes zur Verfügung gestellt. Leider kann ich Herrn Dieter Waldmann hier nicht mehr dafür danken, da er am 4. Dezember 1971 unerwartet gestorben ist. Die den Zitaten im Text beigefügten Seitenangaben beziehen sich auf dieses Ms.

soll dem Stück eine zweite Dimension, eine unheimliche Doppelbödigkeit verleihen, die bei allen oberflächlich bildlichen Eindrücken hohl und warnend nachhallt. Die Zweiteiligkeit des Titels erinnert an die Titel der paradigmatischen Weltanschauungstragödien der Barockzeit. War jedoch in den barocken Dramentiteln in der Regel ein Teil auf eine geschichtliche Person bezogen und der andere auf die von dieser Person verkörperte Haltung, so besteht hier eine scheinbar groteske Gegensätzlichkeit zwischen den beiden Teilen des Titels. "Dreht euch nicht um, der Golem geht rum" erinnert an ein altvertrautes Kinderspiel ("Dreht euch nicht um, der Plumpsack geht rum"), das nun zu einer scherzhaft warnenden Anrede an das Publikum umgebogen wird. Die zweite Titelhälfte dagegen bezeichnet einen utopischen Zustand: "Das Zeitalter der Musse", der durch den vorausgehenden Hinweis auf den Golem unheimlich in Mitleidenschaft gezogen wird. Es ist leicht einzusehen, warum gerade im Falle des Fernsehspiels dem Titel besondere Wichtigkeit zukommt, denn dieser soll bereits auf lange Sicht hin die Neugier des Publikums anregen. Schon ein Jahr vor der Sendung wurde Dieter Waldmanns Komödie unter diesem vielversprechenden Titel angekündigt. Der im Titel umgehende Golem, der heute in Deutschland eine Art Seltsamkeit sein dürfte, konnte also dazu dienen, die Neugier des Fernsehpublikums anzufachen und eine Art Dauerspannung auszulösen.

Das vom Jahre 2315 ausgehende Stück besteht insgesamt aus 59 Szenen. Die beiden ersten enthalten keinen Dialog, sondern zeigen einen älteren (aber nicht alt wirkenden) Mann, der anhand von Lichtsignalen durch Gänge und Korridore in den Verhörsaal eines Gerichtsgebäudes geleitet wird. Der Weltbürger "Sig Prun" wird dort von Computerstimmen darüber zur Rechenschaft gezogen, dass er sich im Alter von 120 Jahren noch nicht dem Gesetz entsprechend "liquidiert" hat. Von dieser Ausgangssituation her wird dann das Stück in Rückblenden aufgerollt, die gleichsam die Antworten des Angeklagten auf die Fragen des "Justizcomputers" in dokumentarischen Bildern darstellen. Weitere Verhörszenen unterbrechen gelegentlich den Gang der Handlung, und das Ende des Stückes bringt den von der Justizzentrale errechneten Urteilsspruch.

Wie sich bald herausstellt, besteht das Hauptverbrechen des Angeklagten darin, dass er gegen das Verbot der kybernetischen Regierung, Nachwuchs zu zeugen, dennoch heimlich einen Sohn gezeugt und aufgezogen hat. Diese "Schwarzgeburt" namens "Botho" stellt das menschliche Versehen im "Zahlen- und Wortzauber" dar, das zum Aufstand gegen das scheinbar so zweckmässig und vollkommen angelegte System selbst führt. Der Junge erwirbt zunächst nur das begrenzte Wissen seines Erziehers, eines affenartigen "Halbintelligenzlers". Als aber zufällig ein neuer Lerncomputer an ihm ausprobiert wird, entwickelt sich sein gesunder Menschenverstand so rapide, dass er nun alles in Frage stellt, wovon er sich umgeben sieht. Mit dieser Situation endet der erste Teil der Sendung. Im zweiten Teil unternimmt Botho einen selbständigen Ausflug aus seiner bisher einzigen Welt des "Kinderzimmers". Dabei lernt er — und mit ihm der Zuschauer — erstaunliche Bruchstücke aus der Welt des "Zeitalters der Musse" kennen. Schliesslich gerät er in ein öffentliches "Aggressionszentrum", wo man damit beschäftigt ist, Aggressionen "gefahrlos zu sublimieren". Als Botho aus Bauklötzen eine Brücke aufbaut, löst er eine Panik aus, denn die

Kinder wollen nun auch "Sachen machen". Dies führt allmählich zum Aufstand gegen die kybernetische Weltregierung. Der HI (Halbintelligenzler) zwingt seinen zurückkehrenden Schüler, ihn mit Hilfe des Lerncomputers zu unterrichten, während draussen die revolutionären Unruhen anschwellen. Die bisher verschlossenen "Archive der Vergangenheit" werden geöffnet, aber bei den Filmreportagen aus dem 20. Jahrhundert wenden sich die Müssigen enttäuscht ab. Am Ende verurteilt der Justizcomputer Prun "wegen unerlaubter Zeugung aussermassigen Nachwuchses, Geheimhaltung desselben sowie Verhehlung ihm bekannter umstürzlerischer Absichten seines Keimlings zur Umzüchtung in einen Halbintelligenzler". Die letzten Szenen spielen in einem alten Atombunker, wo eine Vereinigung von HIs "unter dem Vorsitz ihres Gründers Botho" tagt und Prun als neues Mitglied eingeschrieben wird. Die HIs verkünden, dass sie bald die herrschende Klasse des Alls sein werden, und die Sitzung schliesst mit Hurrarufen "mittelzivilisiert, wie bei allen Versammlungen".

Der Gang der Handlung erweist sich als relativ einfach, da es dieser "Komödie" weniger auf komplizierte Handlungsverküpfung als auf Milieuschilderung ankommt. Diese ist nicht nur im Medium des Bildes, sondern auch schon im Text breit ausgeführt und im Ganzen darauf abgestimmt, Antipathie zu erregen. Es soll eine langweilige, geschmacklose Welt gezeigt werden, ein "Zeitalter der Musse", in dem die Menschen sich selten ihrer Musse erfreuen. Ein Freizeitgestaltungstermin löst den anderen ab. Arbeit ist eine Seltenheit geworden. Halbintelligenzler verrichten die physische Arbeit, während die Computer das Denken leisten. Statt Ehen gibt es Wohngemeinschaften, und Kinder werden retortenmässig nach Zweckgesichtspunkten erzeugt. Da alle Weltbürger sind, gibt es keine Kriege mehr. Krankheiten werden elektronisch diagnostiziert und kuriert. Eine neue biologische Entdeckung garantiert den Menschen Unsterblichkeit, die sie nicht mehr wollen. Als seltsames Überbleibsel aus einer früheren Welt steht noch der Kölner Dom. An seine einstige Funktion kann sich jedoch niemand mehr erinnern. "Kosmos!" heisst der Ausruf, der sich an höhere Mächte zu wenden scheint.

Das Spiel wird in Farben geboten, die möglichst kitschig wirken. Alle tragen dieselbe, nur verschiedenfarbige Kleidung und die gleichen kurzgeschnittenen Perücken. Ausgesprochene Geschmacklosigkeit auch in dem primitiven alltäglichen Sprachjargon der Rollen soll dem Zuschauer das "Zeitalter der Musse" verleiden. Wie Gebrauchsgegenstände stehen die affenartigen "Halbintelligenzler" in Verschlägen bereit, alle Dienstleistungen zu verrichten. In ihren grellgelben Uniformen wirken sie unheimlich und "golemartig" und verbinden sich dann auch zu einer umstürzlerischen Gemeinschaft, ähnlich wie die Roboter in Carel Čapeks Bühnenstück: "R. U. R.", das gleichfalls von der Golemsage inspiriert sein soll[30]. Der eigentliche Golem dieses Stückes soll aber gerade der überall anwesende und nirgends unmittelbar sichtbare Computer sein, von dem ein jeder Weltbürger ein Armbanduhrexemplar wie ein Dingsymbol mit sich

---

30 Vgl. Karel Čapek: R. U. R. Transl. P. Silver (= Reader's Enrichment Series 46293) New York 1969, S. 8f.

herumträgt. So kann man den Golem in dieser Komödie auf zwei verschiedenen Stufen verkörpert sehen: als den vom Menschen selbst künstlich herangezüchteten "Halbintelligenzler", den "Untermenschen", der am Ende droht, sich seiner Welt zu bemächtigen, und als den vom Menschen selbst hervorgebrachten und ihm verstandesmässig überlegenen "Übermenschen" des Computer-Systems, das aus den "Erfindungen der Kybernetiker" hervorging. In diesem Sinne ist Dieter Waldmanns Zukunftsspiel unter dem Golem-Titel durchaus repräsentativ für einen Teil der "aufklärerischen" Unterhaltungsliteratur, die unter dem Namen *Science Fiction* immer ernsthaftere Ansprüche stellt[31]. Meistens wird in diesen Werken der Golem nicht expressis verbis erwähnt, aber die Idee, dass der Automat, der Roboter, der Computer in seiner vom Menschen geschaffenen Perfektion gerade auf Grund dieser Perfektion Schaden anrichten und den Menschen selbst verdrängen, also zu einem "Golemaufstand" mit unabsehbaren Konsequenzen führen könnte, taucht immer wieder auf[32].

Es ist klar, dass sich in der Golem-Computer Analogie die Motive der Golemsage im höchsten Grade reduziert finden. Der schöpferische Geist Gottes, das Schöpferwort, der "Schem", kurz: der geistige Bestandteil des mythischen Kernmotivs ist zur *mathematischen Formel* zusammengeschrumpft. Die individuelle Schöpfergestalt der Sage wird zum anonymen, oft für das Kollektiv der Naturwissenschaft stehenden Erfinder transmutiert. Die Stummheit des Sagen-Golems ist insofern vorhanden, als etwa der Computer keiner menschlich spontanen Sprachäusserung fähig ist, sondern lediglich einer programmierten, mechanischen[33]. Die Golem-Analogie ist in diesen Werken oft in das thematische Zwielicht einer "zweideutigen Rettung" getaucht.

Offenbar hat Dieter Waldmann, der in seinem "Quellennachweis" (Ms. II, S. 133) vor allem futurologische Sachliteratur aufzählt, Norbert Wieners Büchlein unter dem verweiskräftigen Titel, "God and Golem, Inc."[34] nicht gekannt. Auch in diesem vorwiegend technischen Werk über kybernetische Spekulation taucht der Golem lediglich als Titel-Chiffre auf und legt so die Idee nahe, dass die traditionellen Rollen von Gott und Golem sich allmählich gegenseitig aufheben. Als eine Art Rechtfertigung für die Identifizierung von Golem und Technik bzw. Wissenschaft in der zeitgenössischen Literatur kann auch die von

---

31 Vgl. Isaac Asimov: Plädoyer für Science Fiction. In: Der Spiegel (1972/11) S. 136–139.
32 Vgl. Isaac Asimov: I, Robot. The Day of the Mechanical Men — Prophetic Glimpses of a Strange and Threatening Tomorrow. New York 1961.
33 Vgl. Gershom Scholem: The Golem of Prague and the Golem of Rehovoth. In: Commentary 41 (Jan. 1966) S. 65: "There is still a long, long stretch ahead to that Utopian figure of a Golem, about whom the famous cartoon in the *New Yorker* spoke. It showed two scientists standing in great embarrassment before this end-of-days Golem as they scanned the tape giving out his latest information. The caption read: 'The damned thing says: Cogito, ergo sum'."
34 A Comment on Certain Points where Cybernatics Impinges on Religion. Cambridge Mass. 1964.

Gershom Scholem gehaltene Rede anlässlich der Einweihung des ersten in Israel gebauten Computers gelten, den er "Golem Aleph" (Golem No. 1) nannte[35].

Dieter Waldmanns Idee, seinem moralistisch warnenden Fernsehspiel über die Zweideutigkeit des technischen Fortschritts den Golem voranzustellen, ist also in der Grundkonzeption keineswegs neu. Immerhin ist bemerkenswert, wie das Motiv "zweideutiger Rettung" sich jeweils auf ganz verschiedene Bereiche beziehen lässt. Dass die Golemgefahr sich gerade im "Zeitalter der Musse" verbergen soll, dürfte eher für die gesellschaftliche Situation in Westeuropa kennzeichnend sein, während man sich z.B. in Nordamerika den Gefahren eines solchen Zeitalters weniger ausgesetzt fühlt.

Auch in der Ausführung seines Spiels hat sich der Verfasser altbewährter Kunstgriffe bedient. Das Ganze wird von einer Gerichtsverhörszene aus abgewickelt. Hier erkennt man etwa Kleists analytische Technik im "Zerbrochenen Krug" wieder, oder auch einige Aspekte aus Kafkas "Prozess". Die Rolle des Angeklagten während des Verhörs, das z.B. bei Kleist gerade aus der Sprache und ihren Schwächen lebt, übernimmt hier jedoch bequemerweise der Bildschirm. Kein Missverständnis ist möglich in der filmisch-dokumentarischen Wiederholung der Vorgänge aus der "zukünftigen Vergangenheit". Die analytische Methode ergibt auch die besondere Ironie dieser Zukunftskomödie, die aus der Zeitbehandlung hervorgeht. Denn was für die Zuschauer dieser Bilder noch 300 Jahre weit in der Zukunft liegt, sieht der Held des Stückes bereits aus der Perspektive hundertjähriger Vergangenheit. Alle sichtbaren Ereignisse, etwa die Einführung der "Einstunden-Woche" oder die "Kölner Revolution" zählen zur Zeit des Verhörs längst zur historischen Vergangenheit. Andererseits ergibt die Verhör-Technik ein günstiges Verhältnis zwischen "abgespielter" (ein paar Stunden) und "sich abspielender" Zeit (etwa 100 Jahre). Denn die "Verhörzeit" entspricht ungefähr der reellen Zuschauerzeit, sodass eine gewisse Einheit der Zeit gewahrt bleibt, die trotz der Verteilung des Stückes auf zwei Sendungen das Ganze in einem spannenden übersichtlichen Rahmen zusammenhält.

Auf welche Zeit zielt aber nun die moralistische Intention des Stückes? Wie bereits angedeutet, dient hier die Perspektive der Zukunft als Distanzierungsmittel. Der Zuschauer soll letzten Endes weniger vor einer Zukunft gewarnt werden, deren Erfüllung in der dargestellten Form ja immerhin zweifelhaft bleibt und die er ohnehin nie erleben wird; er soll vielmehr die Schwächen seiner eigenen Zeit im Zerrspiegel der Zukunft reflektiert sehen. Der Ausblick in die "Zukunft der Zukunft" in den letzten Szenen erweist sich dann wieder als eine Art Rückkehr in die Gegenwart: eine Zeit ist abzusehen, in der das Verhältnis zwischen Menschen und HIs sich umkehren könnte, sodass bei aller Veränderung schliesslich eine Art "éternel retour" zustande kommt, an den auch die letzten Worte des Stückes ("mittelzivilisiert wie bei allen Versammlungen") gemahnen.

---

35 The Golem of Prague and the Golem of Rehovoth. In: Commentary, S. 61–65.

Formal entspricht die Tatsache, dass die Handlung des Stückes in die Zukunft verlegt ist, durchaus den Spielregeln der modernen "Anti-Utopie", also der negativen Darstellung einer befürchteten zukünftigen Ordnung, wie sie sich etwa in den Romanen George Orwells findet. Auf diese in der Science Fiction häufig verwendete Darstellungsweise deutet auch das Vorhandensein des Staatsapparates, der "kybernetischen Weltregierung" hin und endlich das zentrale Problem der Existenz des Menschen in einer solchen "neuen Ordnung".

"Golemschöpfung" im übertragenen Sinne und natürliche Schöpfung werden in diesem Stück einander gegenübergestellt als zwei entgegengesetzte feindliche Mächte, die sich wie Richter und Angeklagter zueinander verhalten. Die Entscheidung zwischen dem kybernetisch errechneten "Gesetz" und dem "Verbrechen" des Angeklagten wird dem Zuschauer nicht leicht gemacht, denn der "Held" ist ein überaus mittelmässiger Bürger, der nicht etwa aus Ehrfurcht vor dem natürlichen Schöpfungsprozess die Regierung hintergeht, sondern aus gekränktem Ehrgeiz und menschlicher Schwäche: "Aber ich werde es ihnen zeigen! [...] Wenn die meinen ich reiche nicht aus ..." (Ms. I, S. 42, 45).

Hatte sich in Wegeners Stummfilm die Vorstellung vom Golem zur sichtbaren, bis an die Grenze des fühlenden menschenähnlichen Geschöpfes reichenden Gestaltung verwirklicht, so ist in der modernen Fernsehkomödie – rund 50 Jahre später – ein umgekehrter Prozess eingetreten. Der Golem ist zu einem *Titelhinweis* abstrahiert worden, der sich auch innerhalb der sichtbaren Bilderwelt nur noch "verstandesmässig" erfassen lässt. In diesem Sinne kann Dieter Waldmanns Komödie lediglich als indirekte Bearbeitung des Stoffes aufgefasst werden, die kaum noch zur gradlinigen Rezeption desselben zu zählen ist. Nur der Begriff des Golem bleibt, und ein Substrat des Gedankens, das für den nicht mit der Golem-Sage Vertrauten kaum schlüssig sein dürfte.

Vierter Teil:

**ERZÄHLERISCHE PROSA
IM ZWANZIGSTEN JAHRHUNDERT**

VI. GOLEMERZÄHLUNGEN

Es wurde bereits festgestellt, dass im 19. Jahrhundert der Golemstoff hauptsächlich in der Gestaltung von Erzählung und Gedicht auftrat und anfänglich eine starke Tendenz zur epischen Kurzform erkennen liess. Innerhalb der Prosatexte, die den Stoff verwerten, lässt sich nun eine ähnliche Dreispurigkeit verfolgen wie innerhalb der Gedichte. Ausser den bereits besprochenen Kurzformen der Sage bei Grimm und Brentano existiert die Gruppe eigentlicher Sagenerzählungen, die etwa den Sagen- und Legendenfassungen von Philippson und Tendlau entspricht. Hierzu zählt u.a. die kurze, in sich geschlossene Wiedergabe der Sage in Berthold Auerbachs Spinoza-Roman (oben II, S. 47f., A. 5), die Erzählung der Golemsage von L. Weisel in den "Sippurim", oder die Erzählung als Legende von Moritz Bermann[1].

Auch die vorwiegend metaphorische Funktion, die der Golem in einigen Gedichten als Doppelgänger, als Verkörperung seelenlosen Menschentums oder des "Unmenschlichen" schlechthin erfüllte, lässt sich in Prosatexten nachweisen, allerdings in breiterer Ausführung und in einen bestimmten erzählerischen Handlungsablauf integriert. Die Doppelgängerrolle des Golem in Achim von Arnims Erzählung "Isabella von Ägypten" gehört hierher, die Funktion der golemähnlichen Wesen in einigen Erzählungen von E. T. A. Hoffmann[2], und die Verwendung der Golemvorstellung zum satirischen Abbild kalter, zur Freundschaft unfähiger Unmenschlichkeit in Otto von Skepsgardhs Roman: "Drei Vorreden, Rosen und Golem-Tieck"[3]. Obwohl in diesen Texten die Golemgestalt motivische Funktion erfüllt und einen unerlässlichen Bestandteil im stofflichen Zusammenhang darstellt, gehen diese Werke nicht etwa von einer im Golemstoff selbst angelegten Problematik (z.B. derjenigen zwischen Schöpfer und Geschöpf) aus, sondern sie übertragen lediglich ein Element des Golemstoffes in ein ihm ursprünglich fremdes, grösseres stoffliches Gewebe. Schliesslich kommt in einigen Golem-Erzählungen auch das im Stoff angelegte dramatische Potential besonders zum Ausdruck. Dies wurde beispielsweise schon an der dramatisch konzipierten Erzählung Rudolf Lothars "Der Golem" bemerkt (oben

---

[1] Die Legende vom Golem. In: Alt und Neu. Vergangenheit und Gegenwart in Sage und Geschichte. Wien 1883, S. 405ff.
[2] Vgl. Die Geheimnisse. In: Sämmtliche Werke. Bd. XI. Serapionsausgabe: Berlin und Leipzig 1922, S. 135ff. Vgl. hierzu Beate Rosenfeld: Die Golemsage, S. 65–68.
[3] Berlin 1844. Der Golem taucht hier als minderwertiger Doppelgänger des satirisch angegriffenen Dichters Ludwig Tieck nur im "Ueberflüssigen Anhang" (S. 111–128) auf. Skepsgardh hat die Golem-Idee von Arnim übernommen, wie aus einer Äusserung seines Helden (des "Herausgebers") hervorgeht: "Denk an den von oben herab verketzerten und dann nachgeahmten Dichter Achim von Arnim. Diese Eine geistreiche Golem=Idee ist mehr wert —" (S. 127).

III, S. 98), trifft aber in einigen Zügen auch für die Erzählungen von Karl Baron von Torresani[4] oder Auguste Hauschner[5] zu.

Nach der Jahrhundertwende lässt sich dann eine Auffächerung und Ausweitung des bis dahin fast nur in Kurzform verwendeten Stoffes zu grösseren Formen feststellen. Einerseits entwickelt sich das dramatische Potential, das sowohl in einigen Gedichten wie in Erzählungen zum Vorschein kam, nun zur Gestaltung als Drama, Oper und Film. Andererseits erfüllt der Golemstoff zum ersten Mal die epische Grossform des Romans. Auf ähnliche Weise wie nach der Jahrhundertwende die Gedichtrezeptionen für längere Zeit ausblieben, scheinen auch die kurzen Prosaverarbeitungen der Golemsage im Laufe des 20. Jahrhunderts abzunehmen. Zu den von Beate Rosenfeld bereits aufgezählten auf dem Golemstoff fussenden Erzählungen[6] sind in den letzten vierzig Jahren in Deutschland wie im Ausland relativ wenige hinzugekommen, wenn man bedenkt, dass gerade die kurze Prosaerzählung — formal die "Kurzgeschichte" — zu den herrschenden literarischen Formen dieses Zeitraums zählt[7]. Dagegen hat sich die Tradition von Golemfilmen, Opern und Romanen — wenigstens im Ausland — viel deutlicher durchgesetzt.

Eine im Jahre 1909 entstandene Erzählung des hebräischen Dichters und Kritikers David Frischmann (1865—1922) "Ha-Golem"[8] scheint bisher wenig Beachtung gefunden zu haben, da sie in keiner Übersetzung vorliegt. Diese Erzählung verdient jedoch auf Grund ihrer eigenartigen meditativen Auffassung des Golemstoffes besondere Aufmerksamkeit.

Vom literaturgeschichtlichen Standpunkt aus lässt sich Frischmanns "Ha-Golem" ohne Schwierigkeiten in die Epoche der Neuromantik einordnen. Ähnlich wie in Rudolf Lothars Erzählung aus dem Jahre 1900 erscheint der Golem hier als ein bildschönes Geschöpf, das bereits im unbelebten Zustande in *Chava* (Eva) ein heisses Liebesverlangen auszulösen vermag: "This was nothing else but a man, made by the hand of man, seventy times more beautiful and seventy times more perfect than a man created by God[9]." Andere Aspekte der Erzählung, etwa der Besuch der Liebenden im *palace of the dead,* wo die Totenschädel an der Wand aufgereiht sind und eben ein Wurm in der leeren Augenhöhle eines Totenkopfes verschwindet, verraten die Vorliebe der literarischen *décadence* für Bilder von Tod und Verwesung in einem erotischen

---

4 Der Diener. Erzählung aus dem galizischen Garnisonleben. In: Deutsches Skizzenbuch. Münchs Novellenschatz. Bd. II. Charlottenburg 1904, S. 111—119.
5 Der Tod des Löwen. Mit Radierungen von Hugo Steiner-Prag. Leipzig, Prag 1922.
6 Die Golemsage, S. 177.
7 Vgl. J. Kuipers: Zeitlose Zeit. Die Geschichte der deutschen Kurzgeschichtsforschung. Groningen 1970.
8 Vgl. EEJ VII, 756.
9 Alle hier angeführten Zitate aus Frischmanns "Ha-Golem" sind einer unveröffentlichten Übersetzung der Erzählung ins Englische von Harris Lenowitz, Professor of Hebrew and Linguistics (University of Utah), entnommen.

Zusammenhang. Ähnlich wie in dem ein Jahr früher veröffentlichten Drama von Holitscher wird der Golem hier als denkender und fühlender Mensch aufgefasst. Frischmann geht jedoch noch weit über Holitschers Annäherung des Golem an das Menschliche hinaus. In seiner Erzählung wird der Golem der Prototyp des Menschen schlechthin, des Menschen in seiner inneren Gespaltenheit, die aus seinem irdischen u n d geistigen Schöpfungserbe hervorgeht.

Die Erzählung enthält keinerlei *plot* oder Handlungsgefüge, sondern sie stellt gleichsam eine Serie von lyrischen Variationen über das alte Thema von den "zwei Seelen" dar. Der Konflikt, der sich im Golem auf Grund seiner doppelten Genese aus Geistigem und Irdischem reflektiert, kann nie aufgelöst werden. "Master of the World! How will you complete all this? What will be its end? " Diese Frage gegen Ende der Erzählung, die nicht nur dem Schöpfer der Welt, sondern auch dem Erzähler von "Ha-Golem" gelten könnte, zeigt die Unauflösbarkeit des dargestellten Konfliktes, der auch in der Erzählung nicht zu einer Lösung geführt werden kann. Da die Erzählung am Bilde des Golem den Prozess der Wiederholung des "ursprünglichen" Konfliktes im Menschen darzustellen sucht, gestaltet sie sich auch formal durch das Mittel der Wiederholung. Dabei bleibt das Thema von der Gespaltenheit zwischen "Geist und Leben" immer deutlich erkennbar. Variiert werden lediglich die Situationen und Bilder, unter denen es auftaucht, und die Intensität und Frequenz, mit der die entgegengesetzten Einflüsse auf den Golem einwirken.

Als der hohe Rabbi Löw zu Beginn der Erzählung aus seiner Kammer hervortritt, wo er 28 Jahre mit kabbalistischen Studien verbracht hat, wird er plötzlich mit dem hellen Tageslicht konfrontiert, das ihn auf ähnliche Weise blendet wie die lebensprühende Erscheinung seiner Enkelin *Chava*[10]. Die komplementären Gegenspieler, denen sich das Geschöpf, der Golem, in der Folge ausgesetzt sieht, werden einander hier zum einzigen Mal unmittelbar gegenübergestellt. Im Laufe der Erzählung wird dann in dreimaliger Wiederholung der schöpferische und gleichzeitig zerstörerische Einfluss dieser Gestalten auf den Golem dargestellt. Die Struktur der Erzählung beruht daher im Wesentlichen auf dem Wiederholungsmoment der gegensätzlichen Einflüsse, die von den Bereichen des "Geistes" und des "Lebens" auf den Golem-Menschen ausgehen.

Die Erscheinung des Maharal nach so vielen Jahren der Abgeschlossenheit löst in Prag die seltsamsten Gerüchte aus. Man erzählt von einem Homunculus[11], den sich der hohe Rabbi in einer Glasflasche herangezüchtet habe, von Toten, die er mit Hilfe des "Schem" zum Leben erweckt habe, und von einem Golem, in dessen Gewalt es sei, die ganze Welt zu zerstören, solange er den heiligen Namen

---

10 Der Name "Chava" kommt von der hebräischen Wurzel für "Leben". Vgl. 1. Mose 3,20.
11 Das Wort "homunculus" kommt als solches in der Erzählung nicht vor; jedoch bezieht sich Frischmanns Beschreibung offensichtlich auf dieses paracelsische Geschöpf: "A young boy [...] told, that the Holy one [Rabbi Löw], while he was sitting in his solitude, had planted a seed in the middle of a bottle, which had sprouted and grown from it the body of a small man. And this small man had grown until the bottle became too small for him, and he had broken out. Then a complete man had come out which was now the best of the students of Rabbi Löw, the Great."

im Munde trage. Diese Anspielungen auf den Sagenkreis des künstlichen Menschen bleiben, ähnlich wie die Erwähnung Kaiser Rudolfs, der auf dem Wege sei, den Wunderrabbi aufzusuchen, ohne Folgen im weiteren Verlauf der Erzählung. Technisch gesehen dienen diese Erwähnungen sagenhafter Überlieferung jedoch dazu, die Darstellung der ursprünglichen Golemschöpfung durch den Maharal zu überspringen. Die Sagengerüchte erklären das Vorhandensein des Golemkörpers in der Kammer des Rabbi, der in der Erzählung zuerst den schöpferischen Impulsen Chavas ausgesetzt wird.

In keiner anderen Golemrezeption, die auf jene Epoche der Neuromantik zurückgeht, wird der Einfluss des weiblichen Elementes auf den noch unvollendeten Golem auf so unmittelbare Weise durchgeführt wie in Frischmanns Schilderung der Golembelebung durch Chava. Die "unlogische", parataktische Erzählweise, deren er sich bedient, trägt zweifellos den grössten Anteil an der gelungenen Darstellung dieser eigentlich recht unwahrscheinlichen Prozedur. Der Erzähler beschreibt, wie das junge Mädchen am Tage vor dem Sabbath Bücher und Wände im Gemach des Rabbi vom Staub der Jahre befreit. Sie singt, zwitschert und flattert zwischen den Gegenständen umher in Analogie zu den Vögeln draussen, deren Stimmen der Dichter ertönen lässt. Der Erzähler verweilt hier mindestens ebenso lange bei der Beschreibung der Einzelheiten, denen Chava ihren Staubwedel und ihre Gedanken widmet, wie das Mädchen selbst, sodass "erzählte Zeit" und "Erzählzeit" einander decken. Als Chava das Golembildnis zunächst als halbausgelöschte Skizze auf dem Ofen findet, ruft es in ihr für kurze Zeit die Frage wach, warum es den Juden verboten sei, Bildnisse zu machen, eine Frage, die sie so rasch vergisst, wie ihr Blick auf andere Dinge fällt. Als sie später das Gipsbild des Golem selbst hinter dem Ofen findet, entfernt sie neugierig die seidene Hülle und berauscht sich an dem herrlichen Körper:

> [...] and she devoured the image with her burning eyes. Especially the mouth caught her heart. It was made as if at any moment to open itself and to speak. [...] No, what particularly caught her heart was the forehead, not the forehead but the corners of his temples. Exalted God, how pleasant were those temples! It seemed to her that she saw also veins of blue branching off in the midst of these sweet temples. Suddenly her eyes fell on the hand of this body with its mighty muscles, and that broad chest. How much strength and how much heroism were planted in such a chest as this. And yet in another moment the eye had wandered from there and onwards to the navel. A burning fever suddenly poured over all her body and she stood and didn't move and didn't do anything and didn't think anything, even a single thought. Moment after moment passed. From the distance the sound of the rustling noisy tumult of water arose from the Moldavi.

Es wird klar, dass der Golemkörper Chava hier zu einem Liebesspiel inspiriert, das in einer klimaktischen Erfahrung gipfelt und so die wunderbare Belebung des Golem durch eine Art Liebesakt bereits vorwegnimmt. Die parataktische Konstruktion dieser Beschreibung, das liebevolle Verweilen bei den Einzelheiten des "Bildes" und die endliche Miteinbeziehung von Eindrücken aus der Natur sind typisch für die Erzählweise in diesem Werk. Gerade durch die geduldig ausmalende, wiederholungsreiche und langsam fortschreitende Aneinanderreihung von Einzelheiten ruft der Erzähler allmählich eine solche Spannung nach Bewegung und Leben hervor, dass der Leser, ähnlich wie das junge Mädchen selbst, es am Ende ganz natürlich finden muss, wenn der Golem unter ihren heissen Küssen und Liebesworten zum Leben erwacht:

> 'I love you, I love you, oh God how I love you!' And the great wonder was done. The Revealed Name had passed its power in a wondrous way to the young girl. And the young girl had passed it into the word, and the word had passed it into the image, and the image moved. The image opened its eyes finally, and Chava stood and was not at all surprised as if all this were quite natural and she had only been waiting a moment for it.

Das Erwachen des Golem zum Leben wird von einer wörtlichen Wiederholung der Vorgänge begleitet, die das Hervorgehen des Rabbi aus seiner Kammer begleitet hatte. Genau wie der Rabbi wird der Golem zuerst durch einen Sonnenstrahl und dann durch die Erscheinung Chavas geblendet. Diese Wiederholung deutet an, dass der Golem wie der Rabbi von diesem Augenblick an die geistige Welt verlässt, in der er bisher isoliert gewesen war. Dennoch erinnert sich der Golem sogleich an alles, was sein geistiger Schöpfer ihm noch am Abend zuvor mitgeteilt hatte über "names, wondrous thoughts, God, soul, heaven, holy books, mortifications, the work of the Creator, Rabbi Löw, the world to come, paradise", und er sehnt sich zurück aus diesem geistigen Bereich in seinen vorigen Zustand des Nicht-Seins und des Unbewusstseins. Aber wie durch einen inneren Motor wird er zu den Büchern und Studien getrieben, zu denen ihn sein Schöpfer angeleitet und gleichsam verurteilt hat. Da trifft ihn Chavas Stimme und mit dieser Stimme dieselbe Lebenslust, die ihn wenige Augenblicke zuvor selbst ins Leben gerufen hatte:

> 'Oh stupid Golem! Look at me for a moment ... look outside. How blue the skies are, how blue! And the trees waving! And their blossoms sometimes red, sometimes green, sometimes white! And the smells wafting about, and the winds sweeping about, and voices being carried through the air, and you don't know who or what or where. And the wind blows across your face and your heart swells and swells and the soul becomes fuller and fuller and you see suddenly and hear suddenly and understand suddenly everything. And what's left, what you don't yet know, the birds chirp to you and you, Golem, want to bury yourself in books? In dust and decay?'

Offensichtlich werden hier die sinnlichen Bereiche von Gesicht, Geruch, Gehör und Gefühl angesprochen, um den Eindruck des "Lebens" hervorzurufen, für das Chava steht. Der sinnliche, d.h. der tönende und klingende Anteil ihrer Stimme (die mit einer silbernen Glocke verglichen wird) wirkt auf das Geschöpf aus der geistigen Welt ähnlich wie auf sein mythisches Vorbild der verbotene Apfel. Zum ersten Mal bezweifelt der Golem die Weisheit seines Schöpfers, den Sinn der Studien und der Suche nach dem "grossen Geheimnis", hinter dem sich doch immer ein neues grösseres Geheimnis verbirgt. Chava, die Verkörperung sinnlichen und irdischen Lebens, scheint den Sieg über den Golem davonzutragen, wenn sich die beiden endlich aufmachen, um im Schutze des Waldes den Schöpfungsakt zu besiegeln und ihr eigenes "grosses Geheimnis" zu finden.

Am Ende dieses Teils der Erzählung hat der Golem bereits alles erlebt, was er je erleben wird. Was folgt, ist lediglich die Wiederholung derselben Einflüsse, aus denen seine Schöpfung hervorging, und die von nun an mit gesteigerter Intensität und zerstörerischer Zwiespältigkeit auf ihn eindringen.

Der zurückkehrende Rabbi findet sein Geschöpf lebend vor, von dem er doch den "Schem" entfernt zu haben glaubt. Aber weniger die Tatsache, dass der Golem lebt, als dass er leise Chavas Worte wiederholt: "How blue the skies are [...]" ruft das Entsetzen des geistigen Schöpfers hervor: "Is it possible, my Golem?! and speeches like these?!..." Erst nach dreitägigem peinlichen Schweigen holt der Maharal zu seinen Gegenargumenten gegen die Welt und die Lehren Chavas aus. "Woe to those who desert eternal life and busy themselves with fleeting things!" Diese Warnung wird mit den Gegenbildern zu Chavas Welt weiter ausgemalt. Die blauen Himmel werden sich bewölken, ein kalter Wind wird das Grün in der Natur ersterben lassen, und die Vögel werden aufhören zu singen. Diese Bilder irdischer Vergänglichkeit stehen im strengen Gegensatz zur geistigen Welt des Rabbi, die sich nie verändert und so eine Welt des "ewigen Lebens" darstellt. Die Worte und Vorstellungen seines geistigen Schöpfers wirken auf den Golem mit der gleichen Eindruckskraft wie früher die klingende Stimme Chavas. Es erscheint ihm jetzt, dass die Welt des Maharal die einzige Wahrheit verkörpert, und er begreift nicht mehr, wie er sich je in der Welt Chavas glücklich fühlen konnte.

Dies ändert sich jedoch bei der Wiederholung und Steigerung der Einflüsse aus jener anderen Welt, der Welt Chavas. In einer schwülen Sabbathatmosphäre, in der dem Golem nichts anderes zu tun bleibt, als sich schlafend und träumend den Eindrücken seiner Umgebung hinzugeben, steht Chava plötzlich vor ihm und spricht zu ihm, bis er aufs Neue ihrer Verführung verfällt. Hatte er dem Rabbi gegenüber wie automatisch die Worte Chavas wiederholt ("How blue the skies are [...]"), so wiederholt er nun Chava gegenüber die Worte des Maharal: "Woe to those who desert eternal life [...]" Dies zeigt, wie die gegensätzlichen Einflüsse sich im Golem überlagern, sodass allmählich jede seiner Erfahrungen durch die Erinnerung an ihren Gegenbereich durchsetzt und "zerstört" wird. Als daher Chavas Stimme dem alten Grundsatz *carpe diem* das Recht spricht, begreift der Golem, dass er als ein Körper mit zwei Seelen geschaffen wurde und stösst auf die Frage, welchem der ihm inhärenten Bereiche der Vorrang gebühren soll: "To heaven or to the earth? To the heart or to the brain? To the soul or to the body? To beauty or to wisdom? To poetry or to philosophy? To belief or to knowledge? To Chava or to the Maharal?" Hier zeigt sich der Dualismus der Schöpfung nicht nur im Golem, sondern in allen Bereichen menschlicher Existenz.

Nach dem Einfluss Chavas folgt erneut derjenige des geistigen Schöpfers. Die Gelegenheit, über die Vergänglichkeit irdischer Werte zu sprechen, ergibt sich anlässlich des Begräbnisses des reichen Prager Juden, Mordechai Meisl, des historischen und gleichfalls sagenumsponnenen Zeitgenossen Rabbi Löws. Bei der Grabrede des Maharal erscheint es dem Golem, als sei dieser Mann nur darum gestorben, die Lehre des geistigen Schöpfers zu bestätigen: "My son, heaven is the principal thing." Die widerstreitenden Lehren aus dem Einflussbreich des

Maharal und demjenigen Chavas werden durch entsprechende Vorgänge in der Natur untermalt und begleitet: unter dem Einfluss des Rabbi wird die Atmosphäre trübe, regnerisch und deprimierend, als solle die Vergänglichkeit aller Lebensfreude bestätigt werden, bei den Begegnungen mit Chava herrscht Sonnenschein und Frühlingsstimmung.

Hatte zuletzt der Maharal den Golem seiner Lehre unterworfen, so ist nun wieder die Reihe an Chava. "You can grasp me with your hand [...] you can't grasp heaven with your hand." Wie im Golem, so vermischen sich die gegensätzlichen Einflüsse aus beiden Welten schliesslich auch in der Natur und im äusseren Milieu zu Eindrücken des Verfalls, die als Stilmittel der literarischen "décadence" erkennbar sind. Mitten in seinen Liebesabenteuern mit Chava sieht sich der Golem gezwungen, die Totenschädel, Symbole der Vergänglichkeit, zu betrachten, und mitten im weissen Blütenregen mit der Geliebten drängt sich der Gedanke an den Tod auf. Das "Geheimnis" der Liebenden erfüllt sich jetzt umgeben von den Irrlichtern aus den sumpfigen Gasen des verfallenden und verwesenden Waldes, und die Nacht "begräbt" ihr Geheimnis.

Die Häufung all dieser widersprüchlichen und unvereinbaren Eindrücke, denen der Golem in zunehmendem Masse ausgesetzt wird, erzeugt gegen Ende der Erzählung eine quälende Spannung nach Lösung, sei es auch in Form einer Katastrophe. Aber keine Hoffnung auf Lösung des "ursprünglichen" Zwiespaltes stellt sich ein. Die zuletzt wieder einsetzenden Bemühungen des Maharal um sein Geschöpf werden lediglich intensiver und gleichsam verführerischer ("In words softer than silk he spun out what he thought and what he felt [...]"), je mehr dieses Geschöpf *like a sick man* an dem ihm eingeschaffenen Zwiespalt zwischen Geist und Leben zu zerbrechen droht. Zum dritten Mal heisst es in bezug auf die Lehre des Maharals: "The Golem felt that every word was truth and righteousness as the teaching from heaven", ebenso wie das Geschöpf unter dem Einfluss der Worte Chavas dreimal geglaubt hatte, sie verleihe seinen ureigensten Gefühlen Ausdruck. Auch die Fragen, wem der Vorrang gebühre und was ein Mensch wählen solle, "the earth or heaven? [...]" kehren in wörtlicher Wiederholung wieder und deuten das Vergebliche und Zermürbende des Konfliktes an. Der Wiederholung derselben Gegensätze entspricht in der Natur die Wiederholung der Jahreszeiten und Jahre. Das Leben des Golem erscheint wie ein Buch, das zur Hälfte von der Hand des Maharal und zur anderen Hälfte von Chavas Hand beschrieben wurde. Diese Schilderung, dass der Golem ein Buch schreibe, das im Grunde nicht sein eigenes Werk sei, trifft sich mit der Funktion der Sprache bzw. der traditionellen Sprachlosigkeit des Golem in dieser Erzählung. Der Golem spricht zwar, doch sind es nicht seine eigenen Worte, sondern Wiederholungen der Worte Chavas oder des Maharal, aus denen seine meist als uneigentlich bezeichneten ("like speaking from a dream", "he mumbled", "he murmured") Äusserungen bestehen. Ähnlich wie sich in dieser Erzählung die mythischen Bereiche der Schöpfung in den Gestalten des Rabbi und Chavas und in der Existenz des Golem reflektieren, so wirkt sich auch auf der sprachlichen Ebene des Geschöpfes ein Reflektionsprozess aus, der schliesslich zur Analogie von dem uneigentlichen Buch der "Golem-Memoiren" führt.

Zu Beginn des neuen Jahres *(Rosch ha-Schanah)*, anlässlich der "Taschlikh"-Feier, bei der die frommen Juden eine geistige Erneuerung anzudeuten suchten, indem sie ihre Sünden in einer symbolischen Geste in fliessendes Wasser warfen[12], zieht der Golem die Konsequenz aus der Unvereinbarkeit und Untrennbarkeit der beiden "Seelen" in ihm. Das aus geistigen und irdischen Elementen hervorgegangene Geschöpf kann sich offensichtlich nicht von allen Sünden befreien, ohne sich gleichzeitig von seinem irdischen Körper zu befreien. Der Lehmkörper des Golem wird jedoch von den Fischern wieder aus der Moldau hervorgezogen und an den Ort seiner Belebung, in das Haus des Maharal zurückgetragen. Hier zeigt sich, warum der gespaltene menschliche Zustand, die "condition humaine" in dieser Erzählung an der Sagengestalt des Golem dargestellt wird. Denn gerade als Golem kann das Geschöpf auf anschauliche Weise durch denselben geistigen u n d irdischen Schöpfungsprozess immer wieder aufs Neue zum Leben erweckt werden und ist so zu einem "éternel retour" des alten Zustands verurteilt. Der unaufhörliche Schöpfungskreis kann also vom Hause des Rabbi aus von Neuem beginnen: "To some extent, the Rabbi, Reb Löw ha-Gadol, revived him with his Revealed Name, somewhat Chava — with her words." So wird die ewige Wiederkehr des alten Golem in seinem qualvoll gespaltenen Zustand eine Allegorie für die Existenz des Menschen: "And when I was in Prague, they showed him to me, and he is still alive unto this day. And even more — I have seen him also in other cities."

Die nähere Betrachtung von Frischmanns Golemerzählung zeigt, dass dieser Text rein inhaltlich anhand des Golemstoffes kaum etwas Neues aussagt. Während viele der traditionellen Sagenmotive völlig fehlen oder nur eingangs flüchtig angedeutet werden, geht Frischmann direkt auf das mythische Kernmotiv, auf die Schöpfung aus Erde und Geist zurück. So zeigt er anhand der Golemschöpfung das Dilemma, zu dem auch der Mensch durch seine im Schöpfungsmythos verbildlichte, ihm inhärente Dualität verurteilt ist. Dem Dichter ist dabei eine überraschend ausgewogene Darstellung der Gegensätze gelungen. Er tendiert nicht zu einer Antwort, sondern zeigt beide Seiten mit gleicher Intensität und überlässt es so letzten Endes dem Leser, sich für den geistigen oder irdischen Bereich zu entscheiden oder auch einzusehen, dass eine Entscheidung zwischen diesen Bereichen nicht möglich ist. Der eigentliche Reiz der Erzählung liegt zuletzt weniger in dem alten Thema von der Dualität zwischen Geist und Leben als in seiner Darstellungsweise und in der Erzähl-

---

12 Vgl. Leo Trepp: Das Judentum. Hamburg (= Rowohlt 325/26) 1970, S. 199: "Am Nachmittag [von 'Rosch ha-Schanah'] pflegt man einen seltsamen Brauch. [...] Die Leute ziehen zum Fluss und sprechen dabei des Micha [7,19] Verse: 'Ja, werfen wirst du all ihre Sünden in die Strudel des Meeres'."

technik. In dem Masse, in dem diese auf stilistischen und strukturellen Mitteln der Aneinanderreihung und Wiederholung beruht, muss Frischmanns Erzählung als vorwiegend "lyrisch" angelegter Text gelten, der vielleicht gerade darum bisher nicht übersetzt wurde, weil die hebräische Sprache dieser Gestaltungsweise so viel mehr entgegenkommt als die lateinischer Klarheit verhafteten europäischen Sprachen.

Soweit sich das Wiederholungsmoment in dieser Erzählung als *Golemwiederkehr* auswirkt, in dem Sinne, dass der Golem auch heute noch und nicht nur in Prag zu finden ist, lässt es sich in abgewandelter Form auch in einigen modernen Prosabehandlungen der Sage nachweisen.

Im deutschen Sprachraum finden sich zwei neuere Golemerzählungen, die von der Vorstellung einer Golemwiederkehr ausgehen und durch ihre auffallend ähnlichen Titel zu einem Vergleich und einer Gegenüberstellung auffordern. Es handelt sich um den 1934 von Egon Erwin Kisch als "Geschichte" herausgegebenen Text: "Den Golem wiederzuerwecken"[13] und die Titelgeschichte aus Friedrich Torbergs 1968 erschienener Sammlung: "Golems Wiederkehr"[14].

Die in die Sammlung "Geschichte aus sieben Ghettos" aufgenommene Erzählung von E. E. Kisch wurde ursprünglich in seiner Reportagensammlung von 1925 *Der rasende Reporter*[15] unter der Überschrift: "Dem Golem auf der Spur" veröffentlicht. In der "Reportage", die sich zur "Geschichte" entwickelt, liegt eine verhältnismässig selten als literarische Form anzutreffende, mit der Kurzgeschichte verwandte, neuartige Prosaform vor. Es gilt nun festzustellen, wie es dem Verfasser gelungen ist, die disparaten Aussagebereiche von "Sage" und "Reportage" in der Form einer kurzen "Geschichte" miteinander zu verschmelzen.

Die einfache Form der Sage zeichnet sich nicht nur dadurch aus, dass sie an die zeitliche Dimension der Vergangenheit gebunden ist, sie tritt auch — gerade als Volkssage — oft in enger Beziehung zu einem fest umrissenen Ort auf, sei es nun ein altes Gebäude oder eine bestimmte Landschaft. Die Golemsage ist in ihrer heute bekanntesten Version vor allem mit der Stadt Prag verknüpft und innerhalb dieser mit dem Ghettoraum und der Altneusynagoge. Obwohl nun in der "Geschichte" Kischs von 1934 der Ich-Erzähler nicht mehr ausdrücklich in der Rolle des "Reporters" auftritt, so wirkt doch diese Rolle noch deutlich nach. Es handelt sich bei dem Erzähler um einen offensichtlich aus Prag kommenden und mit der Stadt wohlvertrauten Menschen, der um objektive Berichterstattung im Rahmen gegenwärtiger und beweisbarer Wirklichkeit bemüht ist und dem es am ganzen Komplex der lokalen Golemsage vor allem auf das "Beweisstück", die

---

13 In: Geschichten aus sieben Ghettos. Amsterdam 1934, S. 197—216. Jetzt auch in der Neuausgabe aus der DDR: E. E. Kisch: Gesammelte Werke: Geschichten aus sieben Ghettos. Eintritt verboten. Nachlese. Berlin & Weimar 1973, S. 123—136.
14 Golems Wiederkehr und andere Erzählungen. Frankfurt 1968, S. 135—185.
15 Berlin 1925, S. 262—276.

tote Lehmfigur des Golem, ankommt. Die Vergangenheit, die mit der Sage verknüpft ist, interessiert ihn nur insofern, als sie sich auf die Gegenwart unmittelbar auswirkt. Die altvertrauten Prager Gerüchte vom Golem ziehen seine Aufmerksamkeit erst im Rahmen einer grundsätzlich realistischen Situation des ersten Weltkrieges auf sich.

Im Krieg verknüpfen sich die Erfahrungen von geographischem Raum und historischer Zeit besonders eng. Das geht schon daraus hervor, dass "Schlachten" gewöhnlich durch eine Ort- und eine Zeitangabe bezeichnet werden, nicht aber durch die Namen der Beteiligten. So geht auch Kischs Erzählung nicht so sehr von Menschen aus wie von Elementen des Ortes und der Zeit, die sich gleich anfangs zur Darstellung historisch bedeutungsvoller Wirklichkeit verbinden. Dabei geht jedoch die örtliche "Definierung" der zeitlichen und menschlichen voraus. Die anonyme Figur "Er", mit der die Erzählung beginnt, wird erst durch die immer stärker eingeengten Ortsangaben genauer bezeichnet und individualisiert. Der den Anbau der hölzernen Synagoge in einem "Nest" in den Waldkarpathen bewohnende Jude wird mit seiner Familie noch innerhalb seiner Wohnung durch einen Vorhang von den einquartierten Russen, Deutschen und Österreichern örtlich abgegrenzt. Im Gegensatz zur genauen Beschreibung des Ortes wird die Zeit nur indirekt vermittelt. Ausdrücke wie "Kompanie in Reservestellung", "Trommelfeuer", "Einquartierung" lassen jedoch im Zusammenhang mit dem Ort in den Waldkarpathen leicht einen Zeitpunkt im ersten Weltkrieg erraten.

Zur Umgebung des Juden gehören im übertragenen Sinne auch die hebräischen Bücher hinter dem Ofen. Diese Bücher deuten eine eigenartige, sprachlich verschlüsselte Tradition an, die geeignet ist, eine Verbindung zu vergangenen Zeiträumen herzustellen. Der Ich-Erzähler hebt sich zunächst durch sein Interesse an den hebräischen Drucken aus der Menge der Einquartierten hervor, sodass es zu einem Gespräch zwischen den beiden Hauptfiguren der Erzählung kommt, von denen der eine den Bereich sagenhafter Überlieferung, der andere den Bereich realistischer Gegenwart vertritt. Das verbindende Element zwischen beiden ist der Ort Prag, der den Knotenpunkt sowohl für die Dimensionen der Sage als auch für den Wirklichkeitsbereich der Reportage bildet.

Wichtig ist, dass der Jude Prag in einem anderen Sinne "kennt" als der Erzähler. Der erstere hat's "gelernt" und erhebt den Anspruch, Prag auf Grund seiner theoretischen Studien besser zu kennen als der Erzähler, der sich lediglich auf seine "Er-fahrung" der Stadt berufen kann. Durch das Medium der Bücher des Juden erschliesst sich dann dem Erzähler zum ersten Mal die Spur der Tradition, die sich hinter dem sagenhaften Prager Golem verbirgt. In einem Reiseführer entdeckt er auf dem Stadtplan von Prag eine vorgezeichnete Wegspur, deren Bedeutung er allerdings nicht sogleich erkennt: "Im Stadtplan fanden sich Bleistiftstriche, die die Altneusynagoge mit zwei Gässchen der Judenstadt verbanden und von dort durch die Neustadt und die Vorstadt Zizkow zum Rande der Karte führten." (S. 198). Das ganze Golemgeheimnis wird hier bereits auf kleinstem Raum umrissen, denn diese Ortsangaben stellen den gesamten räumlichen Verlauf des noch zu erzählenden Geschehens wie im Keime dar. Das heisst, dass die Erzählung in ihrem räumlichen Verlauf bereits genau vorgezeichnet ist, sie bedarf nur noch der zeitlichen, gegenwärtigen Reinszenierung. Denn die gefundene Spur bezeichnet ja einen Weg, der in der sagenhaften Vergangenheit schon einmal zurückgelegt wurde und den es lediglich in der Gegenwart noch einmal zu wiederholen gilt, um "tatsächlich" zu erkennen, wohin er führt.

Durch die Aufgabe der Nachvollziehung des bereits vorgezeichneten Weges ergibt sich die Einteilung der Erzählung in drei Teile. Der erste Teil führt mit Hilfe der Anregungen geheimnisvollen Quellenmaterials aus den Büchern des Juden zunächst zur Altneusynagoge in Prag. Unter dem Quellenmaterial spielt die in einem "dunklen Lederband" enthaltene Information eine wichtige "dokumentarische" Rolle. Dieser Lederband, den der Jude dem Erzähler überlässt, dadurch andeutend, dass er in seinen Forschungen schon weiter fortgeschritten ist, enthält offensichtlich die hebräische Version des "Volksbuches" von den "Wundern des Maharal mit dem Golem". Es wird hervorgehoben, dass der Inhalt dieses Bandes von einem Wissenschaftler als "Aberglauben", von dem Herausgeber aber als "bewiesene Tatsachen" eingeschätzt wird. Der um Objektivität bemühte Erzähler versucht nun dieser Kontroverse gegenüber einen möglichst neutralen Standpunkt zu beziehen, indem er weitere "dokumentarisch" belegte Daten zur Sagengeschichte des Golem ausführlich zitiert[16]. Hier zeichnet sich eine ähnliche Erzählhaltung ab wie in den Werken von Jorge Luis Borges. Durch die Vermischung sagenhafter und historischer Elemente, echter und Pseudo-Quellen verwirren sich die Ansprüche von Sage und Wirklichkeit. Im Gegensatz zum "Labyrinth Maker"[17] sucht jedoch der Reporter das Beweisstück, die möglicherweise noch auffindbare Lehmfigur des hohen Rabbi Löw. Ausführlich erzählt er also jene Episode aus dem "Volksbuch" nach, die von der Zerstörung des Golem handelt[18]. Diese auf die *Jezira* Überlieferung zurückgreifende Beschreibung wird mit der Tradition der Golemzerstörung, welche die deutschen Romantiker kannten, verglichen. Der christliche Clemens Brentano habe gemeint, "nur das Wort erschaffe und belebe", und es genüge, das "an" von dem "Anmauth" [sic] auszulöschen, um den Golem zu Lehm zu verwandeln. Das "Legendenbuch" (das "Volksbuch" also) wisse es jedoch besser: der Golem könne nur durch siebenmaliges Umwandeln wieder in Lehm

---

16 Der Erzähler zitiert die "Memoiren" von "Rabbi Isak Kohen", des Schwiegersohnes von Rabbi Löw, und auch den Historiker David Gans über die Audienz des Rabbi am Hofe Rudolf II. (Vgl. oben I, S. 33).
17 Vgl. Ana Maria Barrenechea: Borges, The Labyrinth Maker. Transl. Robert Lima. New York 1965.
18 Vgl. Chayim Bloch: The Golem, S. 192–194.

verwandelt werden. Wie die Episode im "Volksbuch" schliesst der Bericht aus dem "dunklen Lederband" mit dem Verbot Rabbi Löws, den Dachboden der Altneuschule hinfort zu betreten.

Damit scheint überzeugend dargelegt zu sein, dass die Reste des Golem auf dem Dachboden der Altneusynagoge zu suchen sind und die theoretische Erkundung der Golemspur abgeschlossen. Der erste Teil der Erzählung kehrt jedoch noch einmal andeutungsvoll zu dem "galizischen Okkultisten" zurück, der zu wissen scheint, dass dies nicht das Ende "der Geschichte von dem Golem" sein konnte. Aber als solle auch sein Wissen ad absurdum geführt werden, wird noch mitgeteilt, dass zweieinhalb Jahre später der Jude Frau und Sohn durch die Einwirkungen des Krieges verloren hatte und es nach dieser Erfahrung entschieden ablehnte, den Golem weiterhin zu suchen. "Soll ich ihn suchen?" fragt der Erzähler etwas unsicher. "Machen Sie was Sie wollen" ist die Antwort. (S. 204). Die Verknüpfung des kriegsbedingten Schicksals des Juden mit der Suche nach dem Golem führt durchaus über die Grenzen eines strengen Reportageberichtes hinaus und erhebt das lokale Abenteuer der Golemsuche zur repräsentativen Bedeutung im Rahmen eines grösseren Wirklichkeitsbereiches, nämlich demjenigen des Krieges.

Der Jude — im Gegensatz zum Erzähler — hat am Ende des ersten Teiles den Erfahrungsraum der Golemsage in dieser Erzählung bereits ausgeschritten. Mit dem Verlust von Sohn und Weib hat die ihm aus der Sagenüberlieferung bekannte Golemspur in seinem Fall ihr Ende erreicht. So bleibt die eine Hauptfigur der anderen am Ende des ersten Teils der Erzählung um die in den folgenden Teilen für den Erähler noch zu realisierenden Stationen voraus.

Die Erforschung der vorgezeichneten Spur führt den Erzähler im zweiten Teil auf den Dachboden der Altneuschule. Trotz warnender Berichte von Vorgängern auf diesem Weg — erzähltechnisch spannungserregende, inhaltlich vorausdeutende Elemente der Erzählung — erwirbt der unerschrockene Golemjäger den Schlüssel zu dem nur von aussen erreichbaren Dachboden und klettert, "die Blicke erstaunter Passanten im Rücken", auf feuerleiterartigen Eisenklammern hinauf. Oben findet er zwar nicht die gesuchte Lehmfigur, aber die Atmosphäre des Ortes vermittelt ihm neue Aufschlüsse.

Der Dachboden des altersgebrechlichen Synagogengewölbes, auf dem "Schwämme" und eine Fledermaus gedeihen, wird mit der von oben gesehenen Gewölbestruktur eines christlichen Domes verglichen. Dem jüdischen Raum fehle "die Höhe", das "mystische Düster" und die architektonische Glätte, mit der die Gewölbebogen auch an der "den Betern unsichtbaren Aussenseite" etwa im St. Veits Dom ineinandergefügt seien. (S. 207). Um sich im Dachboden der Altneuschule zu bewegen, muss der Forscher sich vorsichtig durch tiefe Staubschichten und Spinngewebe hindurchtasten. — Es wird deutlich, dass die detaillierte Beschreibung des sagenumwobenen Ortes im Rahmen dieser Erzählung keine rein berichterstattende Funktion erfüllt. Der Verfasser ist vielmehr bemüht, durch den Vergleich jahrhundertealter Räume übergeordnete Einsichten herauszuarbeiten; auf ähnliche Weise, wie er schon vorher die lokale Golemtradition mit der Auffassung der deutschen Romantiker verglichen hatte. Dass im jüdischen "Raum" mit der Preisgabe der Sagentradition auch die gegenwärtige Welt einstürzen müsste, soll vielleicht mit der Feststellung angedeutet werden: "Wollte man sie [die Lehmfigur] exhumieren, so stürzte der Tempel ein." (S. 208). In einem weiteren Vergleich beschwört dann der Erzähler die Verwandtschaft zwischen der Prager Golemsage und Victor Hugos "Notre Dame à Paris" [sic] herauf. Der historische Raum Prags unter Rudolf II., in dem die Sage den Golem schaffen und bestatten liess, sei ähnlich wie der historische Raum von "Notre Dame de Paris" ein "Raum für Mystagogen" (S. 209). Die mit dem Ort Prag verbundene Golemsage dient also hier als Assoziationsmittel für bestimmte historische Zeiträume, die auf den gemeinsamen Nenner des "Mystagogentums" gebracht werden und sich schliesslich mit aktuellem Kriegsgeschehen überlagern.

Im dritten Teil der Erzählung steht der Golemsucher vor der Aufgabe, die vorgezeichnete Spur bis an den Stadtrand zu verfolgen. Dabei geht er wiederum auf die in den Büchern und Manuskripten seines Freundes entdeckte Sagentradition zurück. Der Jude selbst hatte, so erklärt der Erzähler, die Spur des Golem verfolgt, "um den starken Knecht wiederzufinden und wiederzuerwecken, den Versuch des Tempeldieners Abraham Chajim [aus den Zeiten Rabbi Löws] vollendend". (S. 211). Nachdem er diesen auch im "Volksbuch" beschriebenen[19] Versuch einer Wiedererweckung des Golem geschildert hat, lässt sich der Berichterstatter zu einer Interpretation dieser Sagen hinreissen, die er als "gewollt-ungewollte Allegorie" und "handschriftlich verschleisste Mystagogennarretei" bezeichnet. "Der Sinn der Golemsage, der Wille zur Macht und seine Überwindung" sei hier zur zweiten Potenz erhoben: "Dem Magier, der die Adamsschöpfung nachahmt, folgt der Diener, dessen Streben es ist, seinerseits einen Diener zu haben [...] Der Meister hat seinen Frevel selbst beseitigt, der Lehrling wird durch Aberglauben an seinem abergläubischen Beginnen gehindert." (S. 213). Es bleibt jedoch nicht bei dieser abstrakt allegorischen Sinngebung der Golemsage, da der Erzähler seine gegenwärtige Rolle in ihr noch nicht zu Ende gespielt hat. Die auf dem Stadtplan Prags vorgezeichnete Sagenspur muss auch in der gegenwärtigen Wirklichkeit bis zum Ende verfolgt werden.

Der "Galgenberg" genannte Ort, wo der jüngsten Sage nach der Golem begraben wurde, hat inzwischen seine eigene Geschichte hervorgebracht. Diese geht in der Vorstellung des Erzählers eine Verbindung mit der Golemsage ein. Auf ein "Volksfest", an dem der letzte "Armesünder" dort gehängt wurde, folgte im Jahre 1866 der Kanonendonner von Königgrätz, und dieser erinnert an den Kanonendonner von Uzok, unter dem der Erzähler zuerst auf die Spur des Golem stiess. Hier schliesst sich der Kreis der Erzählung, indem ihre verschiedenen zeitlichen Ebenen von den Zeiten des hohen Rabbi Löw bis 1918 zu ihrem Ausgangspunkt von 1915 zurückkehren und vom Endpunkt der Golemspur aus übersehbar werden. Denn der Berichterstatter ist, "eine Fährte aus Rudolf II. okkultistisch gelaunter Zeit verfolgend", gleichzeitig am geographischen und historischen Ende der Golemspur angekommen.

Anfang und Ende des Krieges (1914–18), zwischen denen sich auf der Gegenwartsebene die "erzählte Zeit" des Berichtes ausspannt, stehen in einem ähnlichen Verhältnis zueinander wie die durch die vorgezeichnete Spur verbundenen sagenhaften Begräbnisstätten des Golem. Bei der Suche in der Altneu-

19 Ebd. S. 195–198.

synagoge wurde zunächst der "Raum der Mystagogen" erkannt, bei dem Besuch auf dem "Galgenberg" findet der Erzähler nur noch "verrusste Liebespaare" und "rachitische Kinder". Von einer auf kleinstem Raum vorgezeichneten Spur der Golemsage ausgehend, entstand also ein kunstvolles Netz übergeordneter räumlicher und zeitlicher Entsprechungen. Es zeigt sich, dass die Struktur der Erzählung in erster Linie räumlich fundiert ist. Die verschiedenen einbezogenen Zeitschichten sind funktionell abhängig von örtlichen Gegebenheiten. Innerhalb des konstanten geographischen Raumes, für den der Prager Stadtplan eine Art Miniaturvorlage bildet, überlagern sich die durch Geschichte und Sage bedingten Versuche, "den Golem wiederzuerwecken", mit ähnlichen Resultaten. Das an einen bestimmten Ort gebundene Wiederholungsmoment ist ein Bestandteil von vielen Sagen und Gespenstergeschichten. Dieselbe Örtlichkeit bringt Neuinszenierungen ähnlichen Geschehens hervor. Von dieser Sagenqualität ausgehend gelingt es Kisch, die Ereignisse des ersten Weltkrieges als eine durch dilettantische "Mystagogen" herbeigeführte Wiederholung des Versuches, "den Golem wiederzuerwecken", darzustellen. So verbirgt sich unter der Form objektiver Berichterstattung schliesslich eine soziale Botschaft. Vom Ziel der Golemspur auf dem "Galgenberg" aus mündet der "Wille zur Macht", der die Wiedererweckungsversuche des Golem hervorbrachte, in sein letztes Resultat: "blutleere" Menschen, die abends müde aus ihren Fabriken in ihre Wohnungen hinter der Stadt gehen und so das im Golem verkörperte Knechttum wiederspiegeln. Diese vom Standpunkt des Galgenbergs gewonnene Sicht führt dann zu der Einsicht, die der Jude schon viel früher gewonnen hatte, dass der Golem besser begraben bliebe.

Formal verbirgt sich diese am Ende der Erzählung angedeutete Botschaft im Gewand einer "Reportage", die mit anerkannten Mitteln dieses Genres arbeitet: Ich-Erzählung, zufällige Entdeckung aufschlussreicher aber zum Teil irreführender Manuskripte, unerschrockener Einsatz des Berichterstatters, der bereit ist, allen Gerüchten auf den Grund zu gehen. Das Abenteuer des Erzählers, der trotz des Vorhandenseins genauer kartographischer Angaben den lange gesuchten Schatz am Ende nicht hebt, erinnert ein wenig an das Schema in Robert Louis Stevensons "Treasure Island". Im Gegensatz zum Abenteuerroman bedingt jedoch hier der Reportagecharakter die Kürze der Form. Theoretisch könnte dieser Bericht zwar durch "Amplifikation", also durch Anreihung weiterer Stationen und Abenteuer, zum Roman ausgebaut werden, würde in diesem Prozess jedoch den Wirklichkeitsanspruch einer "Reportage" einbüssen.

Der Reportagecharakter von Kischs Erzählung erwies sich als so überzeugend und erfolgreich, dass diese bisher meistens als kuriose Fortsetzung zur Prager Golemsage, nicht aber als literarische Leistung bewertet wurde. So schreibt z.B. Johannes Urzidil im Kapitel "Golem-Mystik" seines Büchleins *Da geht Kafka*[20] folgendes:

20 Erweiterte Ausgabe. München 1966, S. 70.

Egon Erwin Kisch behauptete einmal, den Dachboden der Altneusynagoge aufgesucht und dort die Reste des Golem entdeckt zu haben. Was aber Kisch, an dessen Reportervermessenheit nicht gezweifelt werden muss, dort möglicherweise vorfand, waren eben zerfallene ausgedörrte Lehmtrümmer, also: Golem. Ob nun diese Lehmtrümmer tatsächlich die Restbestände des Kunstmenschen des Hohen Rabbi Loew waren, dürfte schwer erweislich sein.

Was also Kisch im übertragenen Sinne schrieb, von der möglicherweise in dem Konglomerat aus Kalkstaub und Feuchtigkeit verborgenen Lehmfigur, bei deren Exhumierung der Tempel einstürzen müsste, ist hier ganz buchstäblich aufgefasst worden. Auch Joseph Wechsberg in seinem Buch: "Prague: The Mystical City"[21] entnimmt Kischs "Reportage" mehrere Aspekte seiner Schilderung der Golemsage, u.a. den Vergleich mit Victor Hugos "Notre Dame de Paris". Wechsberg bezeichnet Kischs "Kletterpartie" zum Dachboden der Altneusynagoge als "journalistic stunt [that] became a memorable experience" und fügt später, gewiss mit Berechtigung, hinzu: "Kisch, a true child of Prague [...] knew better than to destroy a cherished local legend". Eine etwas sorgfältigere Betrachtung von Kischs Bericht hat jedoch gezeigt, dass es sich bei seiner "Geschichte" weder um die berüchtigte "Reportervermessenheit" noh um einen "journalistic stunt" handelt, sondern um ein bewusst in die einschlägige Form der "Reportage" gekleidetes Beispiel "engagierter Literatur", dessen Kunstgriff vor allem in der geschickten Handhabung der "Einheit des Ortes" gegenüber der Vielheit der Zeit besteht.

In bezug auf das motivische Gewebe des Golemstoffes hat in Kischs Erzählung der Sagenort eine erstaunlich selbständige Motivkraft angenommen. Die durch die örtliche Konstanz bedingte Wiederholung des Sagengeschehens, kurz das "Wiederholungsmotiv" der Sage, kann als fruchtbare Anreicherung des 20. Jahrhunderts für den Motivkomplex des Stoffes angesehen werden. Im Keime taucht dieses Motiv schon in Meyrinks Golemroman (unten VII, S. 197ff.) auf, wird aber dort hauptsächlich astrologisch begründet und nicht so sehr durch die in der Sage selbst angelegte Tendenz zu Wiederholung. Bei Kisch dagegen findet sich das Wiederholungsmotiv in einen durchaus realistischen Zusammenhang integriert.

Auch in Friedrich Torbergs Erzählung "Golems Wiederkehr" ist die sagenhafte Überlieferung in realistisches Gegenwartsgeschehen absorbiert worden. Wurde Kischs Erzählung aus der Sicht nach dem ersten Weltkrieg niedergeschrieben, so entstand Torbergs Erzählung im Gefolge des zweiten Weltkriegs bzw. der Nazizeit. Das Prag der Gegenwart des 20. Jahrhunderts — und innerhalb von Prag der Raum des Judenviertels und der Altneuschule — bildet den Spielraum beider Erzählungen. In beiden Erzählungen überlagern sich dank der Assoziationskraft des gegebenen Raumes die Zeitschichten von Sage und Gegenwart, d.h. beide Erzählungen bedienen sich des Wiederholungsmotives zum Zweck zeitlicher Überblendung.

21 New York 1971, S. 38—40.

Ähnlichkeit und Unterschied in der Auffassung des Stoffes gehen schon aus der Ähnlichkeit und dem Unterschied der Titel hervor. Aus der forcierten "Wiedererweckung" im Titel von Kischs Erzählung wird eine spontane "Wiederkehr" bei Torberg. Während es in Kischs Erzählung schliesslich abgelehnt wird, "den Golem wiederzuerwecken", bringt bei Torberg des "Golems Wiederkehr" eine Rettung. So besteht trotz des vorherrschenden Wiederholungsmomentes ein grundsätzlicher Unterschied in der Rolle des Golem, der einmal als der "fremdem Willen bedingungslos untertane und für fremden Nutzen arbeitende Roboter" abgelehnt wird, zum anderen aber als "Retter" und "Märtyrer" auftritt. Ein wichtiger Unterschied zwischen den beiden Erzählungen liegt schliesslich in ihrer Erzählhaltung und ihrer Form. Während Kischs "Reportage" als Ich-Erzählung gefasst ist und gleich von einer aktuellen und realistischen Situation ausgeht, begibt sich Torbergs Erzählung nicht sofort, wie viele moderne Kurzgeschichten, in medias res, sondern ist sorgfältig in einen sagenhaften Rahmen eingefügt. Durch das dreimal wiederkehrende "Es wird berichtet" am Anfang von Torbergs Text wird der Abstand zwischen dem Zeitraum der Sage und "unserer Zeit" gleichzeitig aufgehoben und zum Bewusstsein gebracht, und aus der formalen Gleichschaltung der ungleichen Bereiche von Sage und jüngst vergangener Wirklichkeit erwächst zuerst die Ironie, die Torbergs Erzählung prägt. Die Vergangenheit der Nazizeit wird mit derselben erzählerischen Distanz behandelt ("Es wird berichtet") wie die sagenhaften Vergangenheiten des 16. und 18. Jahrhunderts, und diese Distanz ermöglicht es, die jüngste Vergangenheit in einem ironischen Licht zu sehen. Das Gemeinsame der eingangs zitierten und einen Zeitraum von 400 Jahren umspannenden Überlieferungen ist durch den Prager Raum gegeben. An dieses der Sage und Wirklichkeit gemeinsame Element knüpft sich dann auch die weitere Erzählung. Die Vorgänge aus der jüngsten Vergangenheit konzentrieren sich im Prager Ghettoraum und dem Raum der Altneusynagoge zu einer realistisch dramatischen Handlung, um am Ende wieder zum distanzierten "Es wird berichtet" des sagenhaften Rahmens zurückzukehren.

Obwohl dem erzählten Geschehen die bekannte Tatsache zugrunde liegt, dass Hitler geplant hatte, in Prag eine Art Museum für jüdische Vergangenheit anzulegen, um nach der Vernichtung der Juden zu beweisen, dass er im "Sinne der Menschheit" gehandelt habe, so bleibt doch die Schilderung dieses Wirklichkeitsgeschehens gleichsam von der Sage unterhöhlt. Schon der Titel weist ja darauf hin, dass irgendwo in dem gegenwärtigen Geschehen eine Golemspur auftauchen muss, und diese zeigt sich dem aufmerksamen Leser recht bald in der Gestalt des "geistig nicht ganz auf der Höhe befindlichen Bursche[n] namens Josef Knöpfelmacher". Dieser wird von dem "Aufklärungsreferat", das mit Hilfe von "Judenpersonal" die Erforschung jüdischer Vergangenheit betreibt, als "Botengänger, Handlanger, Lastenträger" angestellt, mit Arbeiten betraut, "die Körperkräfte und Ausdauer fordern, [...] und überhaupt für alles verwendet, wofür sich niemand andrer gerne verwenden liess". (S. 144). Der Name "Josef", die geistige Schwäche und überdurchschnittliche körperliche Stärke, die Knechtsfunktion, alles dies deutet auf die Verwandtschaft Knöpfelmachers mit dem Sagengolem hin. Anlässlich der zweiten Erwähnung Knöpfelmachers wird der Eindruck seiner Ähnlichkeit mit der Sagengestalt noch verstärkt durch das — für die Golemsage typische — Stummheitsmotiv: "[...], denn sein Wortschatz war ein geringer und ging binnen kurzem in ein kehliges Lallen über, das ihm ganz offenkundig Pein und Ärger bereitete." (S. 146f.) Im Gegensatz zu dieser Knöpfelmacher wie den Golem gewöhnlich kennzeichnenden Sprachunfähigkeit vollzieht sich bei späterer Gelegenheit eine unerwartete und aufschlussreiche Wandlung mit Knöpfelmacher, die auf die Kraft des Geistes anspielt, die der Gottesname auf den Golem der Sage ausübt:

> 'Kodausch — kodausch — kodausch — adonaj zewoaus' [Heilig, heilig, heilig ist der Herr der Heerscharen] sagt Knöpfelmacher ohne den Kopf zu heben, das schwerfällige Schulhebräisch kommt ihm nur mühsam von den Lippen, er hat noch nie so viele Worte pausenlos hervorgebracht und hat noch nie so laut und deutlich gesprochen. [...] Und das ist jetzt ein anderes Grinsen als sonst. Es ist beinahe ein Lächeln und liegt beinahe leuchtend über seinem stumpfen breitflächigem Gesicht, das er noch sekundenlang aufwärts gekehrt hält, dem Mond- und Sternenhimmel zu, als hätte er wirklich von dorther die Eingebung zu jener Antwort empfangen, die ihn so stolz macht, die Eingebung und die Beseligung und die Erschöpfung. (S. 175)

Diese Stelle bezeichnet den Wendepunkt der Erzählung in ihrer Beziehung zum Golemtitel. Die Reinkarnation des Sagen-Golem in der Gestalt Knöpfelmachers verselbständigt sich von dieser durch den Gottesnamen hervorgerufenen "Eingebung" an zur Gestalt eines "Retters" und "Märtyrers" innerhalb des Gegenwartsgeschehens. Das der Golemsage eigentlich fremde Märtyrermotiv wird hier mit dem Rettermotiv durch den gemeinsamen Sagenort der Altneusynagoge verknüpft. Denn schon früh in der Erzählung waren die Leiter des "Aufklärungsreferats" anlässlich eines Besuches der Altneuschule darüber aufgeklärt worden, dass "die Wände dieses Gotteshauses tatsächlich nicht gesäubert werden dürfen, weil sie das Blut der Märtyrer tragen, die hier den Tod gefunden haben". (S. 153). Auf die Erwähnung mittelalterlicher Judenverfolgungen, bei denen die Menschen, die sich in die Altneuschule flüchteten, dort umgebracht wurden[22], folgt dann die pointierte Frage Kaczorskis: "Sagten Sie Märtyrer? Sagten Sie Menschen?" und sein geheimer Entschluss, auch ohne höheren Befehl diese Synagoge in Brand stecken zu lassen, "damit die siebenhundertjährige Legende ihrer Unzerstörbarkeit den Juden nicht länger zum Trost gereiche und nicht zur Widerstandskraft". (S. 184). Dieser Plan wird durch Knöpfelmacher vereitelt, dem es auf Grund der oben beschriebenen "Eingebung" gelingt, die in den Dachboden der Synagoge geworfenen Brandfackeln rechtzeitig auszutreten. Da

---

22 Vgl. hierzu, wie zu den anderen von Torberg angeführten Sagen über die Altneusynagoge: Sippurim. Neuausgabe. Wien und Leipzig 1926, S. 5—17.

seine grossen Fussspuren für diejenigen des auf dem Dachboden aufbewahrten Golem Rabbi Löws gehalten wurden, wird Knöpfelmacher schliesslich in der Synagoge auf brutale Weise umgebracht.

Das Bemerkenswerte dieser Beziehungen zwischen Sage und Gegenwartsgeschehen liegt in der vollkommenen Integrierung der Sagenbestandteile in den Bereich der Wirklichkeit des 20. Jahrhunderts. So bildet Knöpfelmacher nicht etwa einen irrealen Fremdkörper im Handlungsverlauf, sondern er stellt im Zusammenhang des "Aufklärungsreferats" und seines "Judenpersonals" eine völlig logische Gestalt dar. Denn im Gegensatz zu der relativ menschenarmen Berichterstattung Kischs zeichnet sich Torbergs Erzählung durch grösseren Reichtum an scharf umrissenen Charakterskizzen aus. In der Schilderung der systematischen Anordnung des "Judenpersonals" einerseits und der "Parteigenossen" andererseits reflektiert sich auf ironische Weise die nationalsozialistische Vorliebe für systematische Übersichtlichkeit. Die Charaktere in Torbergs Erzählung erweisen sich aber zugleich auch als Typen. So stehen z.B. die am schärfsten umrissenen Figuren des Preussen Kaczorski und des Bayern Vorderegger für zwei typische Aspekte des deutschen Nazitums. Aber auch die Vertreter der vier Gruppen, in welche die zur "Aufklärungsarbeit" herangezogenen Juden eingeteilt werden, haben repräsentativen Charakter. So stellt der Prager Raum, in dem sich die Erzählung abspielt, einen typischen Ausschnitt eines umfassenderen historischen Raumes dar.

Die Ironie, die in Torbergs Erzählung einen Abgrund überbrückt, tritt auf inhaltlicher und stilistischer Ebene auf. Das im übergeordneten Sinne Ironische der Handlung wird an einer Stelle deutlich definiert, wo von "jener Aktion" der Nazis die Rede ist, deren Durchführung unter so seltsamen und unerklärlichen Umständen missglückte, "dass sie das Gegenteil des angestrebten Zwecks bewirkte, und dass den alten Legenden, die sich um den Golem und die Altneuschul ranken, eine neue hinzugefügt wurde". (S. 150). Darüber hinaus ergibt die scheinbar einmütige Zusammenarbeit zwischen Juden und Deutschen zwecks "Entlarvung" der Juden eine vielfach ironische Situation. Nicht nur die Unkenntnis der Juden in bezug auf die Motivierung der Deutschen, auch die Unkenntnis der Deutschen in bezug auf jüdische Religion und Geschichte erzeugt ironische Aspekte. Denn um die jüdische Tradition gegen die Juden selbst ins Feld zu führen, müssen sich die Deutschen notgedrungen einige Kenntnisse dieser Tradition aneignen. So müssen sie sich gleichsam auf die "Schulbank ihrer Opfer setzen", wo sie sich dann prompt an "Kenntnis" jüdischer Dinge gegenseitig zu übertreffen suchen. Während es nun dem "Aufklärungsreferat" nicht besonders schwer fällt, historische Daten nach Belieben in einem antisemitischen Sinne auszulegen, ergeben sich unerwartete Schwierigkeiten mit den scheinbar harmlosen "Mythen und Legenden", zu denen in Prag vor allem die Sagen über den Golem des Rabbi Löw gehören. Nur Kaczorski wittert in diesen unterhaltenden "Histörchen" eine verborgene Gefahr und stellt z.B. anlässlich der Erzählung der

Golemepisode vom Wasserholen die scharfsinnige Frage, "ob er denn wirklich darauf aufmerksam machen müsse, [...] dass die Juden da ganz einfach die alte deutsche Ballade vom Zauberlehrling gestohlen hätten?" (S. 150). Die Schwierigkeit, die Sagen vom Golem gegen die Juden ins Feld zu führen, liegt offenbar in der bereits in ihnen enthaltenen Selbstironie. So kann auch Kaczorski nicht umhin, "die Geschichte" unterhaltend zu finden, "wie der Golem einmal seinem Schöpfer die Stiefel auszog und dabei das Übergewicht bekam, sodass der Rabbi von dem lehmigen Koloss beinahe erdrückt worden wäre". (S. 149). Aus dem ironisch verkehrten Verhältnis zwischen den zu belehrenden Henkern und den zu ihrer Belehrung unentbehrlichen Opfern geht schliesslich "Gewöhnung" hervor, d.h. eine gewisse Bequemung an den *status quo*. So kommt es, dass den Bayern Vorderegger an der durch Kaczorski veranlassten Deportation der Juden Fischl und Taussig zwar nicht das Prinzip stört, aber doch die Tatsache, dass sich sein preussischer Gegenspieler einfach erlaubt, ihn seiner besten Mitarbeiter zu berauben. Aus persönlichem Ärger über den *Scheisskaczorski* engagiert also Vorderegger schliesslich den ihm zufällig begegnenden Knöpfelmacher zu einem Spaziergang auf den jüdischen Friedhof, wohin der andere ihn nicht begleiten wollte.

Es gehört zur Charakteristik des Bayern Vordereggers, dass er die ihm unbehaglichen Erfahrungen aus der Welt zu trinken sucht. Damit hängt es zusammen, dass die zunächst der kalten Sachlichkeit Kaczorskis entgegenkommende hypotaktische Erzählweise sich am Ende mehr und mehr auf die glücklich betrunkene Sicht Vordereggers einstellt, die sich stilistisch durch eine primitive Parataxe äussert. In dem Masse, in dem Vordereggers Betrunkenheit zunimmt, nehmen die klaren Umrisse des erzählten Geschehens ab und scheinen mit der nächtlichen Umgebung des Prager Ghettoviertels zu verschwimmen. Der Text besteht hier grösstenteils aus inneren Monologen Vordereggers, sodass die bisher benutzte Erzählervergangenheit nicht nur in die Gegenwart, sondern auch in eine Art Ich-Erzählung aus der Perspektive Vordereggers übergeht. Diese Änderung tritt zugleich mit dem "Wendepunkt" der Erzählung ein, jener Wandlung, die mit Knöpfelmacher unter dem Einfluss der hebräischen Inschrift vor sich ging. Knöpfelmacher gewinnt nun Vorderegger gegenüber einen weiten Vorsprung, sodass der Bayer ihm ständig nachrufen und nacheilen muss, um ihn und den Weg nicht völlig zu verlieren. Da taucht statt des gesuchten Knöpfelmachers plötzlich Kaczorski vor ihm auf, sodass sich diese beiden Gegenspieler schliesslich doch auf dem Wege zum Judenfriedhof zusammenfinden, vor dessen Mauern es dann zu einer gespenstischen Gegenüberstellung kommt:

'Nun?' fragt Kaczorskis eiskalte Stimme. 'Wollen wir nicht hineingehen?'
Vorderegger antwortet nicht.
'Also doch Angst vor Gespenstern, wie?'
'Nein', sagt Vorderegger. 'Vor Ihnen.'
Und macht einen Schritt auf Kaczorski zu, und vielleicht hat der grüne Mond sein Gesicht verzerrt und seine Gebärde — oder vielleicht die Gebärde, mit der Kaczorski seitwärts trat

und hinter sich griff —: die beiden Schüsse fielen zur gleichen Zeit, und die beiden Körper schlugen zur gleichen Zeit aufs Pflaster hin. (S. 183)

Bald nach diesem inmitten von lokalen Sagenassoziationen und mythischen Anspielungen[23] erreichten dramatischen Höhepunkt kehrt die Erzählung wieder in den distanzierenden Rahmen der Vergangenheitsüberlieferung zurück: "Es wird berichtet [...]"

Durch ihre formale Geschlossenheit, ihren eindeutig auf ein bestimmtes Ziel zuführenden Handlungsablauf und durch den deutlich erkennbaren Wendepunkt genügt diese Erzählung durchaus den formalen Ansprüchen einer Novelle. Zweifellos schildert sie "eine sich ereignete unerhörte Begebenheit", und sucht man nach einem "Falken", so bieten sich die zwei weissen Tauben an, die Knöpfelmacher nach dem Besuch der Altneuschul auf dem First des Synagogendaches erblickt; ein sagenhaftes Symbol dafür, dass die Altneuschul, der Ort, in dem alle Fäden der Erzählung sich verknüpfen, wie durch ein Wunder aufs Neue vor der Zerstörung durch das Feuer bewahrt bleiben sollte[24].

Torbergs Erzählung zeigt, dass es sich bei einer Golemrettung nicht unbedingt um eine zweideutige Rettung handeln muss. Knöpfelmacher, die zeitgenössische Reinkarnation des Golem, trägt keine gefährlichen Züge, sondern entspricht eher der literarischen Tradition des *weisen Narren*. Die Motive des Golemaufstands fehlen. Allerdings gibt es auch keinen eigentlichen Golemschöpfer, obwohl das Moment der Inspiration durch den Gottesnamen erhalten bleibt. Rabbi Jehuda Löw ben Bezalel wird zwar in dem anfänglichen Sagenbericht erwähnt, jedoch weniger, um seine Schöpferrolle hervorzuheben, als die Sage zu betonen, dass er die Lehmfigur des Golem auf dem Dachboden der Altneusynagoge aufbewahrt habe. Indem die Überlieferung der Golemsage sich zuletzt an diesen Ort geknüpft hat, der das Beweisstück der einmal erfolgten Golemschöpfung enthalten soll, ist die Möglichkeit einer Golemschöpfung zeitlos geworden. Das mit dem Sagenort verbundene Wiederholungsmotiv hat in gewissem Sinne den ursprünglichen sagenhaften Golemschöpfer ersetzt. In diesem Sinne schrieb schon vor der Jahrhundertwende der jiddische Dichter Isaac Loeb Peretz in einer parabolischen Erzählung der Prager Golemsage: "The *golem,* you see, has not been forgotten. It is still here! But the Name by which it could be called to life in a day of need, the Name has disappeared. And the cobwebs grow and grow, and no one may touch them[25]."

---

23 In dem Ausdruck von der verzerrten Gebärde liegt vermutlich eine Anspielung auf Kains Brudermord; vgl. 1. Mose 4,5f.
24 Vgl. Sippurim. (Neuausgabe), S. 16f.: "Es ist merkwürdig, dass sich der ehrwürdige Bau Der Altneuschul' bei den vielen Feuersbrünsten, von denen die Judenstadt verheert wurde, unversehrt erhielt. Während der Feuersbrunst des Jahres 1558 will man zwei weisse Tauben auf dem Gipfel dieser Synagoge gesehen haben, die erst nach dem gänzlichen Erlöschen des Feuers, als die Altneusynagoge eines besonderen Schutzes nicht mehr bedurfte, sich in die Lüfte emporschwangen und bald in den Wolken verschwanden.
25 The Golem. Transl. Irving Howe. In: Great Jewish Short Stories. Ed. and introd. Saul

Allerdings ist die Rettungsfunktion von Torbergs moderner Golemgestalt keineswegs dieselbe, die der Golem noch bei Peretz erfüllt, wo er einen totalen Vernichtungskrieg gegen die Feinde der Juden führt, der nur durch den Anbruch des Sabbath zum Stillstand kommt. Bei Torberg geht es weniger um die Menschen als solche als um die alte Sagen- und Legendentradition selbst. Hier findet sich eine gewisse Entsprechung zu Kischs Bemerkung, dass der Tempel einstürzen müsste, wollte man die Lehmfigur des Golem exhumieren. Denn umgekehrt müsste mit der Zerstörung des Tempels auch die Sagentradition untergehen. Diese aber hat sich auch unter den Anstürmen der Naziverfolgungen bewährt, ja sie ist gerade durch diese Anstürme aufs Neue befestigt worden.

Es ist aufschlussreich, die erzählenden Behandlungen der Golemsage daraufhin zu überprüfen, wann und wo sie sich abspielen. Bei der Mehrzahl erweist sich die Zeit als das Ende des 16. Jahrhunderts und der Ort der Handlung als die Stadt Prag. Dass der Stoff sich auf Grund des Wiederholungsmomentes der Sage in unsere Zeit übertragen lässt, ging aus den zuletzt besprochenen Erzählungen deutlich hervor; dass er nicht an den Raum der Stadt Prag gebunden, sondern durchaus raumübertragbar ist, zeigt die gelungene Kurzgeschichte von Avram Davidson: "The Golem"[26]. Hier wird der Golemstoff bis unter die Palmen einer sonnigen kalifornischen Kleinstadt verpflanzt:

> The gray-faced person came along the street where old Mr. and Mrs. Gumbeiner lived. [...] Anyone who attended the movies in the twenties or the early thirties has seen that street a thousand times. Past these bungalows with their half-double roofs [...] Under these squamous palm trees [...] Across these pocket-handkerchief-sized lawns [...] On this same street – or perhaps on some other one of five hundred streets exactly like it.

Die auf dieser Strasse daherkommende "graugesichtige Person" erweist sich als ein Golem, oder doch als ein naher Verwandter desselben, der dann im Verlauf der Erzählung zu einem "echten" zeitgenössischen Golem modifiziert wird. Bis auf die anfängliche Beschreibung der Örtlichkeit anhand von Kinoklischees aus den zwanziger Jahren besteht diese Erzählung aus einem Dialog zwischen Mr. und Mrs. Gumbeiner. In diesen Dialog mischt sich jedoch auf störende Weise eine dritte Stimme ein, eben die Stimme jener Person mit dem grauen Gesicht, die sich ohne jegliche Einladung den vor ihrem Haus sitzenden alten Leuten zugesellt hat. In dem "Dialog zu dritt" – denn trotz der dritten Stimme bleibt es hier bei einem Dialog – gestaltet sich eine groteske Situation. Die Teile, aus denen sich das Gespräch zusammensetzt, also der Dialog einerseits und die ungebetene Stimme andererseits, sind völlig inkommensurabel. Sie passen ebenso wenig zueinander wie etwa die Stimmen aus einem Vogelnest und einem Radioapparat.

Obwohl es dem Fremden nicht gelingt, mit seinen bedrohlichen, meistens

---

Bellow. New York 1963, S. 140f. Vgl. auch: The Image. In: Stories and Pictures by Isaac Loeb Perez. Transl. Helena Frank. Philadelphia ³1943, S. 449f.

26 In: The Jewish Caravan. Great Stories of Twenty-five Centuries. Ed. Leo W. Schwarz. New York, Chicago, San Francisco 1965, S. 647–651.

schon nach wenigen Worten unterbrochenen Phrasen den geringsten Eindruck auf Mr. oder Mrs. Gumbeiner zu machen, so geben seine einzelnen Worte der selbstgenügsamen Unterhaltung des Ehepaars doch gelegentlich eine andere Richtung:

> 'Gumbeiner, when are you going to mow the lawn?'
> 'All mankind —' the stranger began.
> '*Shah!* I'm talking to my husband. . . . He talks *eppis* kind of funny, Gumbeiner, no?'
> 'Probably a foreigner,' Mr. Gumbeiner said, complacently.
> 'You think so?' [. . .] I suppose he came to California for his health.'
> 'Disease, pain, sorrow, love grief — all are naught to . . .' Mr. Gumbeiner cut in on the stranger's statement.
> 'Gall bladder,' the old man said. 'Guinzburg down at the *shule* looked exactly the same before his operation. [. . .]'
> 'I am not a human being!' the stranger said loudly.
> 'Three thousand seven hundred and fifty dollars it cost his son, Guinzburg told me. [. . .]'

Das fremde Element, das sich hier gewaltsam in das nachmittägliche Idyll der Alten eindrängen will, wird von dem völlig in seiner eigenen Welt eingesponnenen Ehepaar kaum wahrgenommen und überhaupt nicht anerkannt. Die Geschlossenheit ihres Dialogs reflektiert die Geschlossenheit ihrer Welt. Andererseits ist der Fremde unfähig, die in dem anspruchslosen Gespräch der Alten mitschwingenden Emotionen richtig einzuschätzen. Er wählt also genau den falschen Zeitpunkt, um Mrs. Gumbeiner als "foolish old woman" zu bezeichnen, die statt zu lachen, sich vor seiner Zerstörungskraft fürchten sollte; denn das Lachen Mrs. Gumbeiners ist aus einer sentimentalen Liebelei mit Mr. Gumbeiner hervorgegangen. Dieser aber, der soeben die Höhe seines ehelichen Selbstgefühls erreicht hat, versetzt dem Beleidiger seiner Frau eine solche Ohrfeige, dass dessen Kopf gegen die Hauswand prallt und seinen Inhalt offenbart: Drähte und Federn. "I *told* you he was a *golem*, but no, you wouldn't listen," the old man said. [. . .] "All right, all right . . . You broke him, so now fix him." Unter Reminiszenzen an grossväterliche Erzählungen vom Golem des "Moreynu Ha-Rav Löw" [*MaHaRaL:* unser Lehrer, der Meister Löw] zu Prag wird der Golem in Ordnung gebracht. Nicht nur werden einige Drähte seines Mechanismus wieder angeschlossen, auch das Tetragrammaton wird dem allzu redseligen Androiden auf die Stirn geschrieben. Und siehe da: er benimmt sich nun auch sprachlich so, wie es einem Golem geziemt: "If you want to stay here, you got to do like Mr. Gumbeiner says." "Do-like-Mr.-Gumbeiner-says . . ." "*That's* the way I like to hear a *golem* talk." Statt Holz zu hacken und Wasser zu holen wie der Golem des 16. Jahrhunderts, wird der zeitgenössische Golem in der herbstlichen Nachmittagssonne Kaliforniens schliesslich dazu angestellt, den Rasen zu mähen.

Abgesehen von ihren gesellschafts-satirischen Aspekten stellt diese Erzählung deutlich eine Parodie auf die Golem-Ideen der Science Fiction dar. Der Androide — ehe er wieder zum "echten" stummen Golem reduziert wird — deutet selbst die Beziehungen seiner Herkunft zu anderen Science Fiction-Kreaturen an, als er von seinem Schöpfer, einem Professor Allardyce berichtet: "In his library [...] I found a complete collection of stories about androids, from Shelley's *Frankenstein* through Capek's *R. U. R.* to Asimov's —" Die Vorstellung von der Gefahr der Technik, welche das Science Fiction Geschöpf in dieser Erzählung so aufdringlich zu vermitteln sucht, kann jedoch nichts ausrichten in einer durch Tradition gefestigten und geschlossenen Welt. Hier wird nicht der Mensch zum Diener des technischen Golem, sondern der anmassende Androide wird wieder zum Golem der Sage, zum Diener des Menschen. Diese Weisheit, die Mr. und Mrs. Gumbeiner so unbekümmert und selbstverständlich in die Tat umsetzen, beruht letzten Endes auf der Tradition von dem Gottessiegel, das dem Menschen die Kontrolle über das künstliche Geschöpf verbürgt. So wird auch in der Schilderung der Prager Golemsage durch Mr. Gumbeiner das Moment der geistigen Kontrolle stark betont. Der "Schem" ist hier nicht nur ein magischer Zettel, sondern wird dem Geschöpf wie ein Siegel direkt auf die Stirn geschrieben, ähnlich wie in der polnischen, durch Grimm überlieferten Sagenversion. "And one time only he disobeyed the Rabbi Löw, and Rabbi Löw erased the *Shem Ha-Mephorasch* from the *golem's* forehead and the *golem* fell down like a dead one." Aus dem gefährlichen Golemaufstand ist hier ein kleiner Ungehorsam geworden, der sofort die Zerstörung des Geschöpfes nach sich zieht.

Obwohl Mr. Gumbeiner, wie er selbst betont, nicht gerade Rabbi Löw ist, so hindert ihn doch nichts daran, auch diesem zeitgenössischen "Golem" den heiligen Namen auf die Stirn zu schreiben und im übrigen, so gut er es vermag, seinen Mechanismus in Ordnung zu bringen. Denn ähnlich wie Gott den Menschen nach seinem Bilde schuf, schafft der Mensch den Androiden nach seinem Bilde. Das die Menschheit bedrohende technische Monster der Science Fiction entspricht ebenso dem "Bilde" seiner Schöpfer wie der harmlose Golem-Knecht demjenigen von Mr. und Mrs. Gumbeiner, die den drohenden Eindringling aus dem Bereich der Technik den Massstäben ihrer eigenen traditionsgefestigten Vorstellung anzupassen wussten.

Die hier behandelten Golemerzählungen gingen alle von der Voraussetzung der Wiederholbarkeit der Golemschöpfung aus, die ihrerseits zunächst eine ritualistische Wiederholung des Schöpfungsmythos darstellte. Während in Frischmanns Erzählung die Schöpfung des Golem noch der Abbildung des mythischen Schöpfungsaktes diente und um die Frage kreiste, die nur der Mythos beantworten kann: "Why did he make me — one body with two souls?", erweist sich die Wiederholung der Golemschöpfung bei Kisch und Davidson als amateurische Nachahmung auf menschlich-zeitgenössischer Ebene. Diese Nachahmungsversuche führen jedoch zu unterschiedlichen Resultaten. Bei Kisch wird der "Wille zur Macht und seine Überwindung" in den misslungenen Wiederholungsversuchen des sagenhaften Schöpfungsaktes "zur zweiten Potenz" erhoben. Bei Davidson dagegen steht die Nachvollziehung der Golemschöpfung im Zeichen einer begrenzten Tradition, die auf Grund des in ihr überlieferten "geistigen Moments" die einseitige Entwicklung des Gefahrmotivs aufhebt. Die Divergenz dieser verschiedenartigen Möglichkeiten wird in der kurzen Erzählung der Sage von I. S. Peretz bereits angedeutet: "The *golem,* you see, has not been forgotten. It is still here! But the Name by which it could be called to life in a day of need, the Name has disappeared[27]." Die Betonung liegt hier allerdings auf dem Zusatz: "In a day of need." Dass die Inspiration des "Namens" im Notfall doch nicht vergessen war, hat F. Torberg in seiner Erzählung "Golems Wiederkehr" zu zeigen gesucht.

27 Great Jewish Short Stories, ed. Saul Bellow, S. 140f.

VII. DER GOLEM IM DEUTSCHEN UND AMERIKANISCHEN ROMAN DES ZWANZIGSTEN JAHRHUNDERTS

Welche Wege haben von den erzählenden Kurzformen der Sage schliesslich zur Grossform des Romans geführt, in der der Golemstoff nicht mehr nur als einzelner motivischer Bestandteil auftritt, sondern eine umfassende, tragende Funktion erfüllt?

Fasst man das gegen Ende des 19. Jahrhunderts entstandene "Volksbuch" als den ersten eigentlichen Golemroman auf, so steht man vor einer epischen Ausführung des um dieselbe Zeit von Isaac Loeb Peretz präzis formulierten Gedankens: "Great men were once capable of great miracles. [...] What are we to do[1]?" Eine beliebig fortzusetzende Reihe von Rettungsepisoden oder "Wundern" wird hier durch die sagenhafte Golemerschaffung und -zerstörung des Maharal von Prag zusammengehalten. Diese untereinander austauschbaren Wunderepisoden bilden zusammen eine Art Abenteuerroman, dem jegliche innere Kohärenz fehlt. In der neuartigen Motivierung der Golemschöpfung als Mittel im Kampf gegen die Ritualmordlügen lässt sich jedoch deutlich die auf die Gegenwart vom Ende des 19. Jahrhunderts bezogene Frage erkennen: "What are we to do?" So stellt diese Legendensammlung letzten Endes eine Projektion zeitgenössischer Probleme in eine bessere Vergangenheit dar, in der "grosse Männer noch grosser Taten fähig waren".

Das Verhältnis zwischen der Gegenwart, aus der heraus erzählt wird, und der sagenhaften Vergangenheit, v o n der erzählt wird, verschiebt sich im Laufe des 20. Jahrhunderts immer mehr zugunsten der Gegenwart. Ein wesentlicher Unterschied zwischen den erzählenden Behandlungen der Golemsage im 19. und 20. Jahrhundert könnte dahingehend zusammengefasst werden, dass das Zeitbewusstsein im Verhältnis zu dem Sagenstoff im Laufe des 20. Jahrhunderts ein anderes geworden ist. Die meisten Erzählungen aus dem 19. Jahrhundert behandeln den Golemstoff auf der Ebene seiner eigenen sagenhaften Vergangenheit, d.h. ihre Handlung spielt im 16. Jahrhundert. Diese Werke überlassen dem Stoff gleichsam die zeitliche Führung, sie folgen ihm auf seine eigene zeitliche Ebene hinab. Die zuletzt besprochenen Golemerzählungen aus dem 20. Jahrhundert dagegen holen den Sagenstoff in ihre zeitgenössische Gegenwart herauf, sie transponieren ihn auf eine neue zeitliche Ebene. Die zeitgenössische Ebene des 20. Jahrhunderts bleibt die Basis der modernen Erzählungen, auch wenn diese im Prozess zeitlicher Überblendung von Sage und Gegenwart gelegentlich in die Sagenvergangenheit hinabtauchen. Auf der Ebene zeitgenössischer Gegenwart weitet sich dann der Sagenstoff gleichsam zu einem weitmaschigen Netz aus, das mit aktuellem Handlungsgewebe beliebig ausgefüllt wird.

---

1 Great Jewish Short Stories, S. 140f.

Es wurde bereits hervorgehoben, wie sich die Verbindung zwischen den zeitlichen Ebenen der Sage und der Gegenwart durch die Konstanz des Sagenortes ergeben kann, der eine Wiederholung gleichen oder ähnlichen Geschehens bedingt. Eine solche Wiederholung kann aber auch von anderen analogischen Vorstellungen ausgehen. So soll z.B. im Bereich der Astrologie die gleiche Konstellation der Planeten eine entsprechend regelmässige Wiederkehr gleicher oder ähnlicher Ereignisse hervorbringen. Im menschlich-persönlichen Bereich stellt auch der Traum eine Möglichkeit dar, Zeiträume auf geheimnisvolle Weise zu überspringen, sei es in Richtung der Vergangenheit durch zurückdeutendes Erinnern oder in Richtung der Zukunft durch vorausdeutendes Sehertum.

Der erste, der sich all dieser Wiederholungsmechanismen bediente, um Ereignisse aus der unbestimmten Vergangenheit der Golemsage in seine zeitgenössische Gegenwart hinüberzublenden, und der auf diesem Wege schliesslich zur grösseren Form des Romans gelangte, war Gustav Meyrink mit seinem Roman "Der Golem"[2]. Dieses 1915 erschienene Werk stellt den ersten Roman eines Verfassers dar, der bis dahin nur satirische Kurzgeschichten veröffentlicht hatte[3]. Auch der Golem-Roman war zuerst als Erzählung geplant und offenbar auch ausgeführt worden[4]. Über die Entwicklung des Romans aus einer kurzen Erzählung hat später Meyrinks Freund, Alfred Schmid-Noerr, folgendes berichtet:

> Einmal, um 1908, war eine kleine Erzählung für den Simplizissimus fällig. Der Golem-Stoff drängte sich vor, gut für solch eine kurze Novelle. Ein phantastisches Rankenwerk mochte sie einspinnen, um sie den Lesern schmackhaft zu machen. Das Rankenwerk begann zu wuchern. [...] Der betäubte Dichter gab nach, schrieb, wusste nicht weiter, blieb völlig stecken: hoffnungslose Sache. Eckstein, ein Wiener Kaufmann und Jugendfreund, guter Kopf und Schachspieler: der allein könnte weiterhelfen! Wie herbeigezogen trat Eckstein ins Haus. Entwarf sogleich ein Schachnetz auf Papier, setzte die Romanfiguren sinngerecht ein, zeigte Züge und Spielfortgang. Das festgefahrene Phantasieschiff ward wieder flott. [...] Wieder war Not. Ein riesiger, kunstgewerblicher Papierkorb nahm ganze Stösse beschriebener Foliobogen auf, sechs-, siebenmal warf Meyrink das gesamte, fertiggeschriebene Manuskript dorthinein, fing immer wieder von vorne an.
> Volle sieben Jahre hat Gustav Meyrink an dem luftigen Gerank des Golem geschrieben. [...] Der Prager Schriftsteller Max Brod, ein intimer Kenner des "unterirdischen Prag", zumal in seiner jüdischen Schicht, half, gleichfalls wie herbeigerufen aus den Nöten. Die phantastische "Golem-Traumrhapsodie ohne festes Thema" wuchs zusammen [...][5]

---

2 Mit 19 Illustrationen von Hugo Steiner Prag. München, Wien 1972. Alle Seitenangaben, die den Zitaten und Illustrationshinweisen aus diesem Roman im Text unmittelbar beigefügt werden, sind dieser Ausgabe entnommen.
3 Des Deutschen Spiessers Wunderhorn. München 1913.
4 Arnold Zweig schreibt in seinem im März 1915 erschienenen Artikel: Der Golem. (In: Die Schaubühne, S. 225): "Meyrink, dessen Roman vor dem Krieg (vor vielen vielen Jahren) im ersten Jahrgang der Weissen Blätter stand [...]"
5 Die Geschichte vom Golem. In: Münchener Merkur, 16. Januar 1948.

Die hier verwendeten Metaphern von dem "phantastischen Rankenwerk", das den zur kurzen Erzählung neigenden Golemstoff einspinnen sollte, das sich aber dann zum "luftigen Gerank des Golem" auswuchs, sind sehr aufschlussreich. Denn es ist keineswegs eindeutig, ob die Golemsage den eigentlichen "Stoff" dieses Romans bildet oder lediglich das "luftige Gerank" um eine mehr oder weniger obskure Mitte. Hatte der Golemstoff anfänglich dem Handlungsschema der Erzählung zugrunde gelegen, so ist er im Laufe der Entwicklung zum Roman jedenfalls in "luftiges Gerank" übergegangen, das zwar überall aber nirgends in einem festen Zusammenhang fassbar wird.

Will man bei dem Bilde Schmid-Noerrs vom "Gerank des Golem" bleiben, so lässt sich geltend machen, dass ein jedes Rankenwerk zunächst ein Gerüst braucht, an dem es Halt und Richtung findet und das ihm endlich eine ganz bestimmte Form vorschreibt. In Meyrinks Roman fehlt es nicht an einem solchen strukturellen Rahmen. Wie Wolfgang Kayser bereits angedeutet hat, ist "für die eigentliche Struktur des Romans [...] die Ganzheit des Judenviertels als des umfassenden Raumes entscheidend"[6]. Hier zeigt sich dieselbe Voraussetzung einer konstanten Örtlichkeit, von der auch in den neueren Erzählungen von Kisch und Torberg das Wiederholungsmotiv ausging. Bei Meyrink ist jedoch die scheinbar feste Gegebenheit des Ortes ihrerseits durch den Traumcharakter der Handlung verunsichert. Denn nur der Traum ist an die Lokalität des Ghettos gebunden. Der Träumer, der nicht Pernath heisst, wohnt ausserhalb desselben und auch der nicht mehr geträumte Pernath, wie aus dem Schlusskapitel des Romans hervorgeht. Bei den wenigen Gelegenheiten, wo der geträumte Pernath das Ghetto verlässt, z.B. bei seinen Zusammenkünften mit Angelina, wird deutlich hervorgehoben, dass die Judenstadt eine "dunkle" und "finstere" Welt für sich darstellt, die von Hradschin und Dom durch mehr als den Fluss getrennt ist. Pernath aber kann aus dieser Ghettowelt nicht ausbrechen, ohne dadurch heimatlos zu werden "hier und drüben, diesseits und jenseits des Flusses" (S. 203). Aus diesen Andeutungen geht hervor, dass die Welt des Prager Ghettos hier nicht nur einen geographischen Ort darstellt, sondern gleichzeitig eine Traumwelt, also eine Innenwelt.

Die Existenz des Golem ist an diesen Raum des Ghettos gebunden. Es handelt sich bei Meyrink jedoch weniger um eine sagenhaft historische Verbindung als um eine "atmosphärische". Nicht durch die objektiv fassbare, aus historischen Zeiten in die Gegenwart hineinragende Wirklichkeit des Ortes wird hier eine Wiederholung des Sagengeschehens ausgelöst, sondern durch die subjektiv erfahrene traumhafte Atmosphäre, die diesen Ghettoraum ausfüllt. Die hier zusammengedrängten Häuser und Menschen erscheinen austauschbar: die Häuser als die "eigentlichen Herren der Gasse", und die sie bewohnenden, schemenhaften Menschen "wie aus Stücken wahllos zusammengefügt" (S. 31). Das

---

6 Das Groteske: Seine Gestaltung in Malerei und Dichtung. Oldenburg 1961, S. 156.

subjektiv traumhafte Erlebnis dieser Welt ruft assoziativ die Erinnerung an die Golemsage hervor, die für das "gedankenlose automatische Dasein" steht, das die Menschen im Ghetto zu führen scheinen und das wie der Golem entseelt zusammenfallen müsste, "löschte man irgendeinen winzigen Begriff [...] in ihrem Hirn aus" (S. 31). Der Golem steht also hier gleichzeitig für die Existenz aller und jedes einzelnen im Ghetto, und dies erklärt seine Doppelfunktion im Roman als Abbild der "Massenseele" (S. 55) und als unwillkürliche Doppelerscheinung des Athanasius Pernath. Mit dieser Doppelfunktion des Golem in dem traumhaften Bereich des Ghettos hängt es zusammen, dass trotz aller Golemerlebnisse und -spekulationen, von denen berichtet wird (Kapitel "Punsch"), das Golemphänomen nie klar definierbare Umrisse annimmt.

Wie bereits angedeutet stellt das Ghetto sowohl einen Aussenraum wie auch einen Innenraum im Romangeschehen dar. Von dem Ich-Erzähler der Rahmensituation aus gesehen, bildet es einen traumhaften Innenraum, zu dem er normalerweise keinen Zugang hat. Von Pernath, dem Traumhelden aus, stellt es einen Aussenraum dar, in dessen Zentrum das Haus in der Altschulgasse liegt mit dem Zimmer ohne Zugang, worin jeweils die Erscheinung des Golem verschwindet. Auffällig ist, dass in diesem Roman die Gestalt des Golem nur in dem traumhaften Innenraum des Ghettos auftritt und kein einziges Mal in den Rahmenkapiteln ausserhalb des Traumes erwähnt wird. Ausserhalb des Traumbereiches taucht statt der belebten Erscheinung des Golem lediglich die Vorstellung von dem "Stein, der wie ein Stück Fett aussah", auf. Der Stein, die tote anorganische Materie, soll offenbar im Traum zum Golem belebt werden, und so kommt es, dass an der Schwelle zum Traum der Schläfer sich nicht der Stimme erwehren kann, die aus dem Stein "ein Stück Fett", also etwas Organisches zu machen sucht. Im Halbschlaf zeigen sich dann Steine, die Form und Farbe von Lebewesen annehmen wollen: sie wirken wie "steingewordene Versuche eines Kindes, plumpe gesprenkelte Molche nachzubilden", oder wie "Taschenkrebse", die "Dinge von unendlicher Wichtigkeit zu sagen" haben (S. 8). Als der Traumheld später einmal das Haus bei der "Mauer zur letzten Laterne" erblickt und darin einen "steinalten Mann" mit den Zügen des Golem (S. 205), erfährt er: "Wer bei Tag hinaufgeht, sieht dort nur einen grossen, grauen Stein — dahinter stürzt es jäh ab in die Tiefe" (S. 211). Die Bilder vom Stein und vom Golem lösen also einander ab wie gewöhnliches Tagesbewusstsein und Traumerlebnis. Dies erklärt auch die verwirrende Aussage am Ende des dritten Kapitels, dass die Stimme von dem Stein den Träumer nicht mehr erreichen könne, weil das soeben Erlebte (der Besuch des Unbekannten, des Golem) "wirkliches Leben" gewesen sei, die Stimme aber aus dem Reich des Schlafes stamme. Als der im Traum Wiedergeborene, "Athanasius Pernath", verliert der Erzähler den Stein ganz aus den Augen und beggenet an seiner Stelle dem Golem. Im Moment des Erwachens taucht dann wieder der ursprüngliche Stein auf, und zwar als das glänzende, glatte Fenstersims des Zimmers, in dem im

Traum der Golem verschwand. Der jeweils an der Schwelle des Traumes erscheinende Stein erweist sich damit gleichzeitig als Schwelle zu den Räumen des Innern und der Vergangenheit, in die er im Traum als belebter Golem einen Einblick gewährt.

Das Phänomen des Golem kennzeichnet jedoch nicht nur den Traumbereich des Ghettos, es beschwört auch verschiedene Zeitschichten herauf. Diese Golemfunktion zeitlichen "Wieder-Holens" wird durch das astrologisch begründete Motiv einer periodischen Golemwiederkehr zum Ausdruck gebracht. Der Ich-Erzähler aus dem Bereich der Wirklichkeit und Pernath, der Traumheld, unterscheiden sich nicht nur durch die verschiedenen äusseren und inneren Räume, die ihnen zugänglich sind, sondern auch durch die verschiedenen Zeiträume, in denen sie leben. Der Tempuswechsel zwischen dem ersten und zweiten Kapitel aus der Gegenwart in die Vergangenheit und dem vorletzten und letzten Kapitel aus der Vergangenheit zurück in die Gegenwart deutet die Zeitschichtung an, die Wirklichkeit und Traum unterscheidet. Die historische Vergangenheit, in der Pernath mit Bezug auf den Rahmenerzähler lebte, soll in Anlehnung an das Motiv der periodischen Golemwiederkehr etwa 33 Jahre her sein (S. 303)[7]. In dem Zeitraum zwischen der Erzählergegenwart und der geträumten Vergangenheit wurde jedoch das historische Ghetto abgerissen. Der Erzähler rekonstruiert also im Traum eine Umgebung, die in Wirklichkeit gar nicht mehr existiert und die er offenbar nie gesehen hatte. Auch genügt eine einzige Stunde der Erzählergegenwart, um darin ein ganzes Menschenleben aus der Vergangenheit nachzuträumen bzw. nachzuerleben (S. 301). Indem der Ich-Erzähler auf diese Weise im Traum eine Vergangenheit in allen äusseren Einzelheiten erleben kann, die in der Wirklichkeit seiner Gegenwart räumlich oder zeitlich kaum noch vorhanden ist, erweist sich die "innere" Dauer als zäher und beständiger als die äussere Materie, der Traum wird beweiskräftiger als die Wirklichkeit.

Die vom Erzähler im Traum heraufbeschworene Vergangenheit ist ihrerseits doppelt geschichtet. Denn der der Vergangenheit angehörige, geträumte Pernath versucht in seine eigene persönliche Vergangenheit zurückzufinden, die als seelische Krankheit durch Hypnose "eingemauert" wurde (S. 62). Auf unterirdischen Wegen gelingt es dem Traumhelden, in das eingemauerte Zimmer seines Innern einzudringen und sich dort mit dem ihm unbekannten Teil seiner selbst, seiner generischen und persönlichen Vergangenheit auseinanderzusetzen, die ihm zunächst als Golem, als der "Unbekannte" (S. 63) begegnet war. Auf diese Weise werden im Traum der intimste Innenraum und die am relativ weitesten zurückliegende Vergangenheit durch das Bild der normalerweise unzugänglichen Golemkammer aufeinander bezogen.

---

7 Diese Zeitrechnung geht nicht ganz auf, denn das Alter Pernaths wird zweimal (S. 61 und S. 83) als etwa 40—45 Jahre angegeben. Im Schlusskapitel — 33 Jahre später — wird er dann (S. 303) auf 90 Jahre geschätzt, während er höchstens 78 Jahre alt sein könnte.

Der Effekt der Überlagerung und Ineinanderblendung verschiedener Zeitschichten, der sich im Motiv der Golemwiederkehr kristallisiert, reflektiert sich in der Wiederholung und Neuinszenierung der Familienschicksale der Ghettobewohner. So zog eine undefinierbare Kraft den Marionettenspieler Zwakh trotz besserer Erziehung zu den schäbigen Holzpuppen seiner Vorfahren zurück (S. 51). Das Schicksal der rothaarigen Rosina ist eine Wiederholung desjenigen ihrer Mutter und Grossmutter (S. 58f.). Schliesslich scheint es, als irre das Schicksal all der Hausbewohner, zu denen auch Pernath gehört, im Kreise umher, um immer wieder zu demselben Punkt zurückzukehren (S. 59), ähnlich wie einmal im räumlichen Sinne vom Golem berichtet wird, "er habe auf seinem Wege einen Kreis beschrieben und sei zu dem Punkt zurückgekehrt, von dem er ausgegangen" (S. 52). So bildet die Golemvorstellung eine Art Koordinatensystem für die räumliche und zeitliche Struktur des Romans, indem sie einerseits die lebendige Traumwelt des Ghettos von der Welt der toten Materie und Wirklichkeit trennt, andererseits aber die Zeiträume von Gegenwart und Vergangenheit zueinander in Beziehung setzt. Die auf diese Weise geschaffenen Handlungs- und Zeiträume lassen sich dann mit "phantastischem" und "luftigem Gerank" aus mystischen und pseudo-mystischen Elementen, aus echten und manierierten Traumbestandteilen ausfüllen.

Das Traumgeschehen, das Meyrinks Golem-Roman ausfüllt, tritt mit Wirklichkeitsanspruch auf. "Meyrink vermeidet es, das im Traum wiederholte und vom Erlebenden [Pernath] selber erzählte Leben traumhaft darzustellen[8]." Man könnte also fragen, wozu dann überhaupt die in den Rahmenkapiteln durchgeführten Trennungen und Übergänge zwischen Wirklichkeit und Traum dienen sollen. — Ähnlich wie die tote Materie, der "Stein" der Wirklichkeit, erst innerhalb des Traumbereiches als Golem lebendig wird, so erlebt auch das "Ich" sich selbst erst innerhalb des Traumes. Daher die symptomatische Frage des Ich-Erzählers an der Schwelle zum Traum: "Wer ist jetzt 'ich'?" (S. 9). Die Bereiche von Wirklichkeit und Traum sollen sich hier ihre gewohnten Ansprüche streitig machen. Auf diese Weise versucht Meyrink zu zeigen — und hierin steht er in einer deutlich vorgezeichneten und später teilweise durch die Surrealisten übernommenen Tradition —, dass nicht die Wirklichkeit, sondern der Traum der eigentliche Zustand des "Wachens" und Erkennens sei, eben weil er die Grenzen des Zeitbewusstseins und der Erinnerung zu sprengen vermag, die den Erkenntnisbereich der Wirklichkeit beschränken. Indem aber der Traum eine Welt zeitlicher und örtlicher Räume erschliessen soll, die dem begrenzten Wirklichkeitsbewusstsein nicht zugänglich sind, dient er als Erkenntnismittel und setzt daher selbst mehrere Bewusstseinsschichten voraus. Zunächst muss es eine eigentlich unbewusste Traumschicht geben, welche Bilder, Gestalten und Handlung hervorbringt, in denen sich verdrängte "traumata" projizieren und

---

8 W. Kayser: Das Groteske, S. 135.

objektivieren. Darüber hinaus soll aber auch ein bewusstes Verständnis dieser Traumoffenbarungen, also eine "Traumdeutung" stattfinden. Diese durchaus widersprüchlichen Funktionen, das Verbildlichen von Unbewusstem und das Bewusstmachen und Interpretieren desselben, werden bei Meyrink in einem einzigen Erzählprozess durchgeführt, der im Ganzen als "Traum" gelten soll. Inwieweit kann dieser Prozess tatsächlich Traumanspruch erheben, inwieweit verrät er eine bewusste Manipulation von aussen? In welchem Verhältnis stehen schliesslich diese mehr oder weniger bewussten Schichten des Traumerlebens im Gefüge des Romans zueinander?

Soweit das geschilderte Traumgeschehen als echter Traum, d.h. als eine spontane Projektion innerer, unbewusster Vorgänge des Träumers gelten soll, müsste es irgendein "traumatisches" psychologisches Muster erkennen lassen. Daher soll die Traumerzählung hier zunächst auf ihren *unbewussten* Gehalt hin untersucht werden. Es ist klar, dass eine derartige "Traumdeutung" sehr frei über die im Roman auftretenden Figuren verfügen darf, denn als reine Traumwesen steigen diese alle aus dem Unbewussten des einen Träumers bzw. Ich-Erzählers auf, dessen *Ich* sich mit ihrer Hilfe vielleicht rekonstruieren lässt. Die Identifizierung des ursprünglichen Erzähler-Ichs mit demjenigen des Athanasius Pernath stellt unter diesen Umständen lediglich eine Verhüllungstendenz des Traumes dar: das Erzähler-Ich will sich keineswegs als solches preisgeben, sondern es sucht sich unter dem "Hute" eines möglichst in der Vergangenheit lebenden Fremden zu verbergen.

Es entspricht den von der Traumwelt hervorgebrachten Stilisierungen, dass ihre Geschöpfe in konstanten, leicht übersehbaren Anordnungen auftreten. In diesem Fall heben sich mehrere Dreiergruppen unter der Traumbevölkerung hervor. Eine recht traditionell stilisierte Dreiergruppe ("La Bohème") stellen zunächst die drei Künstlerfreunde Pernaths dar: Zwakh, der Marionettenspieler und Erzähler Prager Geschichten; Vriesländer, der Marionettenschnitzer und Maler, und Prokop, der Musiker. Weiterhin fällt auf, dass im Traumleben Pernaths drei Frauen eine Rolle spielen: Rosina, Angelina, Mirjam. Diese Frauen sind oder waren mit drei Männern verbunden, die, wie sich zeigen wird, in bezug auf Pernath eine Vaterrolle spielen. Schliesslich setzt sich eine weitere Dreiergruppe aus Pernath selbst, dem Studenten Charousek und dem Lustmörder Laponder zusammen. Obwohl diese drei Männer in der Traumwelt als getrennte Individuen auftreten und getrennte Handlungsfunktionen erfüllen, lässt sich unschwer ein innerer Zusammenhang zwischen Pernath und Charousek einerseits und Pernath und Laponder andererseits erkennen. Dieser Zusammenhang wird im Schlusskapitel, also schon aus sicherer Distanz zu den Geschehnissen des Traums, einmal flüchtig bestätigt. Dem Aufschlüsse über den geträumten Pernath suchenden Ich-Erzähler wird dort mitgeteilt: "Wenn ich nicht irre, galt er [Pernath] seinerzeit für verrückt. — Einmal behauptete er, er hiesse — — warten Sie mal — ja: Laponder! Und dann wieder gab er sich für einen gewissen —

Charousek aus (S. 308)." Es zeigt sich also klar genug, dass Charousek und Laponder Projektionen aus dem Unbewussten des Helden darstellen, die ihm peinlich sind und die er in völlig fremde Gewänder hüllt, um sie so weit wie möglich von sich zu weisen.

Der auffallendste Zug, der Pernath und Charousek traumpsychologisch miteinander verbindet, ist ihr diametral entgegengesetztes Vaterverhältnis. Offensichtlich hat der Traumheld es seinem Ich-Vertreter Charousek überlassen, sich mit seiner negativen Vatervorstellung in der Gestalt des Trödlers Wassertrum abzuquälen, während er selbst in Schemajah Hillel einen idealen Lehrmeister und Seelenführer, also eine positive Vatergestalt gefunden hat. In beiden Fällen ist die Abhängigkeit gegenüber den Vaterfiguren stark ausgeprägt. Pernath fällt es schwer, eine Entscheidung zu treffen, ohne Hillels Rat einzuholen. Aber auch Charousek spürt seinem "bösen Vater", dem Trödler, auf Schritt und Tritt nach, versucht an ihm Rache zu nehmen und verblutet sich am Ende auf seinem Grab. Sein Racheprojekt, dem er sein ganzes Leben widmet, wird — seltsam aufschlussreich — am Ende durch eben die Feile vereitelt, die Pernath selbst einmal als Mordinstrument für Wassertrum erwogen hatte.

Als der Konflikt Charousek-Wassertrum sich schon seinem Ende nähert, tritt Laponder in Pernaths Leben auf. Dieser "Lustmörder", vor dem der Held zunächst ebenso grosse Abscheu an den Tag legt, wie er Befremden vor Charouseks seltsamem Gebaren geäussert hatte, geht gefasst seiner Hinrichtung entgegen, um sich auf diese Weise mit seinem Opfer zu vereinen. Es wird nie aufgeklärt, wer Laponders Opfer war, aber tagelang befürchtet Pernath, es könne seine eigene Geliebte, Mirjam, gewesen sein. Diese Angstvorstellung verrät seine innere Identifizierung mit Laponder. Hatte dieser sein Opfer töten müssen, um sich dann durch eigene Wahl mit ihr im Tode zu vereinen, so musste Pernath Mirjam durch seine Gefängnishaft verlieren, ehe sich seine Gefühle für sie als "Liebe" (S. 248) erklärten. Erst im Augenblick seines "Todessturzes" von dem brennenden Haus in der Stellung des "Gehenkten" (also in Analogie zu dem Ende Laponders) findet er Mirjam wieder. Die Tatsache, dass Laponder im Schlaf mit Mirjams, Hillels und Charouseks Stimme spricht und Pernath als Medium dient, deutet gleichfalls auf die engen Beziehungen hin, die zwischen Pernath und Laponder bestehen. Stellte Charousek Pernaths unbewusstes Vaterverhältnis dar, so scheint Laponder eine Möglichkeit seines Verhältnisses zum weiblichen Geschlecht zu verkörpern, über die allerdings nicht viel mehr feststeht, als dass sich in ihrer Vorstellung Liebe und Tod miteinander verbinden.

Wie steht es also mit Pernaths Verhältnis zu den Frauen, die im Traum in Erscheinung treten? Unter diesen spielt zunächst Angelina eine aufschlussreiche Rolle. Sie kommt in Brief und Person zu dem Traumhelden wie eine Botin ("Angelina") aus der anderen Welt jenseits des Ghettos, die zugleich zur Welt seiner verlorenen Kindheit gehört. Angelina berichtet dem Traumhelden, dass sein "lieber seliger Vater" sie als Kind unterrichtet habe (S. 92). Pernaths

Verhältnis zu dieser Frau ist also mit seinem Verhältnis zum ursprünglichen, jetzt verstorbenen Vater verwoben, dessen Bild sich nach der "Einmauerung" seiner geistigen Krankheit in die zwei entgegengesetzten Vaterbilder von Hillel und Wassertrum aufgespalten hat. Der Anlass zu jener geistigen Krankheit wird nur andeutungsweise erwähnt, als "eine Liebe, die für [sein] Herz zu stark gewesen" (S. 101). Angelina knüpft an diese Liebe an, ja sie scheint selbst die frühe Geliebte gewesen zu sein, eine Art Märchenprinzessin aus einem verlorenen Kindheitsparadies (S. 100). In der gegenwärtigen Traumwelt wird ihr illegitimes Liebesverhältnis zu Savioli von Aaron Wassertrum, dem "bösen Vater", bedroht, und Pernath muss alles aufbieten, sie vor diesem zu schützen. Diese Situation scheint Anklänge an eine frühe traumatische Situation zu enthalten. Vermutlich war es damals auch ein "böser Vater", der die Erfüllung des unerlaubten Liebesverhältnisses vereitelt hatte. In der gegenwärtigen Traumsituation überlässt Pernath die aktive Auseinandersetzung mit jenem "bösen Vater" dem Studenten Charousek, der ihm bei seinem Treffen mit Angelina in einer Mönchsstatue des Doms erscheint. Während nun "Innozenz Charousek" den Trödler uneingeschränkt hassen und auf den Tod verfolgen darf, verteidigt Pernath seine Liebe auf passive Weise. Er unterzieht sich einer langen, peinlichen Untersuchungshaft, um Angelinas Eskapaden mit anderen Männern nicht preiszugeben.

Der "liebe selige Vater", von dem Angelina schrieb, ist in Schemajah Hillel für Pernath wieder auferstanden. Dessen Tochter, Mirjam, ist vielleicht ein Traumbild des dem Helden ursprünglich bestimmten armen aber "guten" Mädchens, dem er das berauschende Vorbild Angelinas vorgezogen hatte. Aber ähnlich wie Schemajah Hillel nur die akzeptablere Seite des ursprünglichen Vaterbildes verkörpert, die durch die abgespaltene und scheinbar völlig unabhängige Existenz des "bösen Vaters" zu ergänzen ist, so findet sich auch das Gegenstück zu Hillels Tochter Mirjam in Rosina, der Tochter des Trödlers. Obwohl Pernath nie etwas mit diesem rothaarigen Gassenmädel zu tun haben will, scheint ihn Rosina doch durch ihre blosse Existenz ständig zu bedrohen. Pernaths zweideutiges Verhältnis zu ihr spiegelt sich vielleicht in demjenigen ihrer beiden halbwüchsigen Verehrer: dem taubstummen Jaromir und seinem Zwillingsbruder Loisa. Der Traumerzähler weiss die Abhängigkeit dieser Brüder von Rosina ebenso eindrucksvoll zu schildern wie er sie entrüstet ablehnt. So scheint Rosina für Pernath denjenigen Aspekt des Weibes darzustellen, den er zwar bewusst ablehnen möchte, dem er jedoch "unwillkürlich" immer wieder zum Opfer fällt. (Vgl. S. 20, 186, 215).

Bezeichnenderweise ist Rosina eine Tochter Wassertrums, der trotz seiner ausgesprochenen Hässlichkeit als der Verführer fast aller verstorbenen und verschollenen Mütter in dieser Traumwelt gilt. Nicht nur Wassorys, Charouseks und Rosinas Mütter waren seine Opfer, auch Mirjams verstorbene Mutter soll er geliebt haben. Dass auch Mirjam durch ihre Mutter in einem fast intimen Verhältnis zu Wassertrum steht (S. 192–194), erscheint seltsam; es betont jedoch die traum-logischen Beziehungen, die nicht nur zwischen den gegensätzlichen Vatergestalten, Hillel und Wassertrum, sondern auch zwischen ihren Töchtern, Rosina und Mirjam, bestehen. Ähnlich wie beide Vaterbilder im verstorbenen Vater Pernaths vorgebildet waren, sind offenbar beide Mädchengestalten in einer Vorgängerin Angelinas, jenseits des Traumbereiches angelegt: Mirjam, das idealisierte, wundergläubige und hilfsbedürftige Wesen, und Rosina, die gefährliche Verführerin. Für Pernath bleibt im Traum das Verhältnis zu diesen beiden Aspekten der Frau ebenso unerfüllt wie seine Liebe zu Angelina selbst. Rosina muss er verabscheuen, nicht zuletzt weil er gleichzeitig der Mönch Charousek ist, der sich nur hasserfüllt dem Bereich des "bösen Vaters", aus dem sie stammt, nähern darf. Als er ihr einmal dennoch verfällt, will er sich bald darauf das Leben nehmen (S. 215ff.). Was hindert ihn aber an der Vereinigung mit Mirjam? Die Erklärung hierfür muss in seiner Traumprojektion Laponder zu suchen sein. Wie dieser es vorwegnimmt, kann der Held mit Mirjam nur im "Tode", d.h. in einer anderen, dem gegenwärtigen Zustand nicht mehr angehörigen Existenz vereinigt werden.

Die ideelle Vereinigung mit Mirjam liegt als Ziel des Traumes an der Schwelle zum Erwachen. Ehe der Träumer sie realisieren kann, müssen seine problematischen Abspaltungen, Charousek und Laponder, den "Weg des Todes" gegangen sein. Dieser Ausdruck, der auch in Hillels Erklärungen vorkommt (S. 85), gehört einer bewussteren Schicht des Traumes an, die sich zwar gleichfalls als Trauminhalt ausgibt, mit dem spontaneren unbewussten Traumgehalt jedoch nicht mehr viel zu tun hat. Dass ein solcher unbewusster Traumgehalt vorhanden ist, geht aus der bisher betrachteten Konstellation der Traumfiguren hervor, und es zeigt sich, dass diese Traumschicht vom okkulten oder mystischen Bereich des Traumromans relativ unabhängig ist. Das Verhältnis der Traumfiguren zum Traumhelden ergibt ein in sich abgeschlossenes "traumatisches" Muster. Dieses aus tieferen psychischen Schichten hervorgegangene Traummaterial wird jedoch in der Traumerzählung von einem bewusst angelegten, "mystischen" Erlösungsprozess überlagert, der sich bis zur Schlussvision ausserhalb des Traumes fortsetzt, in der Pernath und Mirjam als Unsterbliche vereinigt erscheinen. Um übersehen zu können, in welchem Verhältnis dieser bewusst angelegte "Erlösungsweg" zu den unbewussteren Elementen der Traumerzählung steht, welche Funktion er in bezug auf diese erfüllt und wie er mit dem "luftigen Gerank" der Golemvorstellung verknüpft ist, müssen die Hauptstationen dieses Prozesses noch andeutungsweise verfolgt werden.

Sieht man von der ungewöhnlichen Verwandlung des träumenden Ich-Erzählers in den geträumten Athanasius Pernath ab, die eher strukturelle Bedeutung hat, so fällt als das erste "übernatürliche" Ereignis der Traumerzählung der Besuch des Fremden auf, der Pernath das Buch "Ibbur" bringt. Dieser Fremde, der wie ein Doppelgänger des Helden auftritt, obwohl er nicht Pernaths Aussehen "eines altfranzösischen Edelmannes" (S. 61) trägt, sondern sich durch asiatische Züge auszeichnet (S. 27), wird später als der Golem identifiziert (S. 49). Indem Pernath versucht, sich an die Stelle des Fremden zu versetzen, um sich dadurch an sein Aussehen zu erinnern, wird er sich selbst fremd, er wird ein anderer, der doch auch er selbst ist. Es ist wohl dieser Vorgang der Selbstverdoppelung, auf den zunächst mit dem Ausdruck "Ibbur", "Seelenschwängerung", angespielt wird. Dieser aus der lurjanischen Kabbala stammende Begriff[9] wird von Meyrink sehr frei für seine "mystischen" Zwecke verwendet. Der im allgemeinen Meyrinks erklärendes Sprachrohr darstellende Schemajah Hillel erläutert später den Vorgang folgendermassen: "Du hast das Buch 'Ibbur' genommen und darin gelesen. Deine Seele ist schwanger geworden vom Geist des Lebens (S. 85)." So wird die Wahrnehmung des eigenen Doppelgängers, die vom psychoanalytischen Standpunkt aus als ein krankhaftes Symptom gilt, hier als die erste Stufe auf dem "Erlösungsweg", ja geradezu als die Voraussetzung des traditionellen "Erkenne dich selbst!" aufgefasst.

Der Traumheld blättert in dem Kapitel "Ibbur" (erst später ist immer vom "Buche Ibbur" die Rede) und erlebt beim Anblick der hebräischen Buchstaben eine Art mythische Vision, die Offenbarungen aus dem "kollektiven Unbewussten" darzustellen scheint. Eine spätere Stelle klärt auch über diesen Vorgang auf: "Buchstaben zu empfinden, sie nicht nur mit den Augen in Büchern zu lesen — einen Dolmetsch in mir selbst aufzustellen, der mir übersetzt, was die Instinkte ohne Worte raunen, darin muss der Schlüssel liegen, sich mit dem eigenen Innern durch klare Sprache zu verständigen (S. 111)." Der Golem, Überbringer des Buches "Ibbur", stellt also mehr als eine unheimliche Doppelgängererscheinung dar. Er soll als Vermittler einer überpersönlichen Vergangenheit gelten, die dem Traumhelden hier zum ersten Mal als solche bewusst wird, indem sie ihm sichtbar gegenüber tritt. Dieser Erkenntnisprozess kann dann als "Seelenschwängerung" bezeichnet werden, da er aus der Begegnung mit dem Fremden als etwas Permanentes zurückbleibt, ähnlich wie das Buch "Ibbur" selbst.

Das nächste irrationale Erlebnis, das dem Traumhelden widerfährt, hängt mit der Entdeckung seiner hypnotisch verdrängten Geisteskrankheit zusammen, also mit dem Vorgang, der ihn um das Bewusstsein seiner persönlichen Vergangenheit gebracht hat. Dieser krisenhaften Entdeckung geht die Erläuterung der Golemsage im Kreise der Künstlerfreunde voraus. Während Vriesländer an einem Marionettenkopf schnitzt, der am Ende die Züge des Golem trägt, verwandelt sich Pernath selbst in diesen Kopf, an welchem geschnitzt wird. Wieder findet also eine Identifizierung des Traumhelden mit dem Golem statt. Pernath soll sich

---

9 Vgl. Erich Bischoff: Die Kabbalah. Einführung in die jüdische Mystik und Geheimwissenschaft. Leipzig 1923, S. 80f.: "Ausserdem hat Lurja [1534—72] noch die eigentümliche Lehre vom *Ibbur* (der 'Seelenschwängerung'), d.h. von der (vorübergehenden) Zugesellung einer schon einmal im Erdendasein gewesenen Seele zur Seele eines lebenden Erwachsenen." Das Wort "Ibbur" bedeutet sonst "Übergang" bzw. (engl.) "transition" oder "transmigration". Vgl. Jack Hirschmann ("Afterword" in: Gustav Meyrink: The Golem. Transl. Madge Pemberton. Prague & San Francisco 1972), der erklärt: "The term comes from Chaim Vital's *Book of Transmigrations.*"

auch hier seiner selbst als ein aus alter Überlieferung hervorgegangenes Geschöpf und in diesem Sinne als ein Golem bewusst werden. Denn wie Hillel etwas später erklärt, bedeutet der Golem "die Erweckung des Toten durch das innerste Geistesleben" (S. 85). Diese Erweckung, die bereits in dem Übergang vom toten Stein zum belebten Golem angedeutet wurde, vollzieht sich an Pernath in mehreren Stadien. Sie beginnt mit seinem ersten Wahrnehmen des Doppelgängers mit den fremdartigen Zügen des Golem und führt über die Erweckung aus seinem ohnmachtartigen Zustand durch die geistigen Kräfte Hillels bis zur augenfälligen Identifizierung mit dem Golem in der geheimnisvollen Kammer des Hauses in der Altschulgasse. Bei dieser Begegnung mit dem Golem, die gleichzeitig in der bisher unzugänglichen Golemkammer seines Innern stattfindet, verwandelt sich der Held rein äusserlich in seinen geheimnisvollen Doppelgänger, als er die in der Kammer aufbewahrten Kleider anzieht, um sich zu wärmen. Nun aber, wo er von den Draussenstehenden tatsächlich für den Golem gehalten, also objektiv als solcher angesehen wird, ist er es für sich selbst offenbar nicht mehr. Der äussere Komplex der Golemsage entpuppt sich bei dieser Gelegenheit als ein Spuk, der sich abstreifen lässt wie ein Bündel alter Kleider. Durch diese letzte Identifizierung mit der Golemgestalt scheint der Held seine generische, überindividuelle Vergangenheit zu überwinden.

Zur gleichen Zeit und in demselben Raum, in welchem sich dieser Doppelgänger entlarvt und entschärft, taucht jedoch ein neuer Opponent auf, der in anderer Weise die Doppelgängerrolle des Golem übernimmt. Es ist der Pagat auf der Spielkarte, der Gestalt angenommen hat und mit des Erzählers eigenem Gesicht zu ihm hinüberstiert. Im Gegensatz zur früheren Golemerscheinung trägt dieser Pagat nun tatsächlich die Züge des Helden selbst, was insofern einleuchtet, als das ganze Kartenspiel einst von ihm selbst "in Wasserfarben ungeschickt von Kinderhand gemalt" wurde (S. 117–118)[10]. Keine überindividuelle Vergangenheit gilt es in diesem Doppelgänger zu überwinden, wie in dem Sagengolem, sondern die eigene, ganz persönliche Vergangenheit, die in Pernaths Fall als Krankheit abgekapselt wurde. Stellte also das Buch "Ibbur" Abbildungen aus der umfassenderen kollektiven Vergangenheit dar, so sollen nun die Tarockkarten das persönliche "Bilderbuch" wiedergeben, dessen erste Karte den Menschen in seiner dualen Beschaffenheit vorstellt: er weist mit einer Hand nach unten, mit der anderen nach oben. Hillels Belehrungen fehlen auch diesbezüglich nicht: "Und so wie der Pagat die erste Karte im Spiel ist, so ist der Mensch die erste Figur in seinem eignen Bilderbuch, sein eigener Doppelgänger" (S. 130)."

Der Übergang von der Golemsage zum Tarockspiel erscheint auf den ersten Blick etwas willkürlich und unvermittelt. Aber Meyrink hat hier – vielleicht ohne sich selbst darüber ganz klar gewesen zu sein – einen glücklichen Griff

---

10 Es ist eine alte Sitte, dass die Bilder auf den Tarockkarten erst vom Besitzer des Kartenspiels mit Farben versehen werden.

getan. Denn die kabbalistischen Grundlagen der Golemüberlieferung gehen auf die Buchstabenmystik des Buches "Jezira" zurück (oben I, S. 14), und auch die Identifizierung der Tarocktrümpfe mit den 22 Buchstaben des hebräischen Alphabets soll auf das Buch *Jezira* zurückgehen[11]. Dass überdies gerade der Buchstabe *'aleph*, mit dem der Pagat identifiziert wird, im Anschluss an die Golemsage auftaucht, könnte einen Zusammenhang mit dem Emeth-Motiv der Sage nahelegen. Da aber Meyrink in seinem Roman als Quelle kabbalistischer Lehren lediglich den "Sohar" erwähnt, wird der Verfasser in dem Bilde vom Pagat kaum etwas anderes gesehen haben, als die Tarockausleger seiner Zeit darüber andeuten. Bei Papus[12], den Meyrink kennen musste, taucht in einem allgemeinen Schema der Bedeutungen des Pagats u.a. der ägyptische Gott Osiris auf. Dieser wird auch bei Meyrink mehrmals hinzugezogen (S. 212, 311), um eine symbolische Rolle für die Erweckung des Helden zu einem neuen Leben zu spielen. Interessant bleibt in diesem Zusammenhang die im Roman nirgends aufgeklärte Frage, warum Laponder in seiner Vision des alten Buches (S. 274) den Anfangsbuchstaben desselben als A und nicht, wie von Pernath erwartet, als I bezeichnet.

Indem der Traumheld sich mit dem Spiegelbild seines Selbst, das ihm aus der Spielkarte gegenübertritt, buchstäblich "auseinandersetzt", überwindet er auch diesen Doppelgänger: er "steckte ihn in die Tasche — den Pagat" (S. 120). Die ursprünglich mit dem Golem identifizierte Doppelgängererscheinung wird also im Laufe des Traumgeschehens (in Hillels Worten, S. 131) "gebannt und verfeinert", ein Prozess, der dazu führen soll, dass der Traumheld "gut Freund mit sich selbst" wird.

Die nächste Verfeinerung oder Modifikation des Golemdoppelgängers wird als "Habal Garmin", "Hauch der Knochen", bezeichnet und von Hillel folgendermassen charakterisiert: "Wie er in die Grube fuhr, unverweslich im Gebein, so wird er auferstehen am Tage des letzten Gerichtes (S. 131)[13]." Aus den

---

11 Vgl. The Book of Formation (Sepher Yetzirah) including The 32 Paths of Wisdom, Their Correspondence with the Hewbrew Alphabet and the Tarot Symbols. Transl. Knut Stenring. London 1923.
12 Gérard Encausse: Le tarot des Bohèmiens. Paris 1889, S. 118.
13 Nach Beate Rosenfeld (S. 166, A. 41) handelt es sich um einen aramäischen Ausdruck "Havlo de Garme" (Hauch der Knochen), der "die untere Seele" bedeutet, "die ein Mittelding zwischen Körper und Seele ist, das beim Tode des Gerechten mit seinen Knochen vereinigt bleibt". B. Rosenfeld weist darauf hin, dass Meyrink diesen Begriff im Sinne des kabbalistischen "zelem" (Bild) oder "ezem" (Selbst) benutzt zu haben scheint. Dieser Terminus wird in Gershom Scholems Artikel: Eine kabbalistische Erklärung der Prophetie als Selbstbegegnung (in: Monatshefte für Geschichte und Wissenschaft des Judentums (1930) S. 285f.) folgendermassen erklärt: Die "Lehre vom zelem, als eben diesem principuum individuationis, das im Unterschied zu den erwähnten Seelenteilen ["nefesch", "ruach" und "neschama", vgl. oben I, S. 12] nicht der Seelenwanderung unterliegt, sondern [...] mit jedem Dasein neu [...] sich gestaltet. Dieses Zelem wird auch im Sohar deutlich als die reine Wesensgestalt, als das Selbst des Menschen beschrieben."

Doppelgängererscheinungen, welche zunächst die generische, dann die persönliche Vergangenheit objektivierten, wird also hier etwas Permanentes, Unvergängliches, das auf Zukunft und Unsterblichkeit hinweist. Der als "Habal Garmin" bezeichnete Doppelgänger erscheint zum ersten Mal im Kapitel "Angst". Ein unheimliches Phantom ohne Kopf hält dem Helden Körner hin, die er annehmen oder ablehnen muss. Pernath schlägt sie endlich dem Phantom aus der Hand, dass sie auf den Boden rollen. Später erklärt Laponder, der offenbar ähnliches erlebt hat, dass diese Körner "magische Kräfte" bedeuten[14]. Während Laponder aber "den Weg des Todes" wählte, indem er sie annahm, hat der Traumheld durch seine Handlung den "Weg des Lebens" gewählt (S. 275)[15] und erlebt schliesslich die "Krönung" seines letzten Doppelgängers, das "Königwerden des eigenen 'Ichs' " (S. 279). So deutet die Erscheinung des letzten Doppelgängers auf das Ziel der "mystischen" Entwicklung hin, das Laponder erklärt hatte: "Die Seele ist nichts 'Einzelnes' — sie soll es erst werden, und das nennt man dann: 'Unsterblichkeit' (S. 280)." Offenbar handelt es sich um einen Prozess zunehmender Individualisierung, dessen höchste Stufe zugleich ein Aufheben aller Objektivierungen, einen Übergang in eine andere Welt bedeutet: "Wenn er [Habal Garmin] gekrönt sein wird, dann — reisst der Strick entzwei, mit dem Sie durch die äusseren Sinne und den Schornstein des Verstandes an die Welt gebunden sind", hatte Laponder prophezeit (S. 280). Dieser Vorgang, der eine Wiederholung des vor 33 Jahren auf der Suche nach dem Golem stattgefundenen Ereignisses darstellt (S. 53), erfüllt sich am Ende des Traumes auf konkrete Weise. Nachdem Pernath seinen "gekrönten" Doppelgänger erblickt hat, bricht Feuer in seinem Hause in der Altschulgasse aus. Er flieht aufs Dach und lässt sich an einem am Schornstein befestigten Seil herunter. Das Seil reisst, und das geträumte Leben endet. An der Schwelle zur anderen Welt der "Unsterblichkeit" bzw. Wirklichkeit gewinnt der Traumheld noch einen Blick in die geheimnisvolle Golemkammer (seines Innern), die er nun "blendend erleuchtet" findet (S. 300). Diesem Ziel des Traumes entspricht dasjenige, das durch das Bilderspiel mit den Tarockkarten angedeutet wurde. Seit der Auseinandersetzung mit dem Pagat ist diese Karte aus dem Deck verschwunden (S. 187). Der Pagat soll erst in der Karte des "Gehenkten" wiederauftauchen und

---

[14] Carl Gustav Jung (in: Psychologie und Alchimie. Zürich 1951, S. 121) vergleicht die Körner, die das Gespenst in Meyrinks Roman dem Helden anbietet, mit Goldkörnern, die man wegen ihrer Unansehnlichkeit und Materialität begreiflicherweise verwerfe, die aber offenbar im übertragenen Sinne auch den "lapis" darstellen können.

[15] Auf diese glückliche Wahl des Traumhelden scheint auch die aus dem Hebräischen übernommene Inschrift: "CHABRAT ZEREH AUR BOCHER" (S. 170) hinzuweisen, die allerdings kaum eine sinnvolle Aussage ergibt.

[16] Nach Papus (= Gérard Encausse: Le tarot des Bohémiens, S. 158) bedeutet der Gehenkte, der dem hebräischen Buchstaben *lamed* entspricht: "1. Equilibre de la Nécessité et de la Liberté: La Charité. — La Grâce (Puissance conservatrice de l'Amour). 2. Equilibre de la Puissance et du Courage. Reflet de la Prudence: L'Expérience Acquise (Savoir). 2. [sic] Equilibre de la Manifestation potentielle, et de la Vie réfléchie. Reflet

sich als solcher im Traumgeschehen realisieren. Dies geschieht zunächst auf der Stufe Laponders, der den "Weg des Todes" gewählt hat und tatsächlich gehenkt wird. Pernath aber erreicht dieses Ziel im Augenblick seines Sturzes von dem brennenden Haus gleichsam auf umgekehrte Weise: "Einen Augenblick hänge ich, Kopf abwärts, die Beine gekreuzt, zwischen Himmel und Erde" (S. 300). Damit entspricht er genau dem Vorbild des "Gehenkten" im Tarockspiel[17]. Der Traumheld soll also — wie in den Gesprächen mit Laponder und Hillel vorweggenommen wurde, eine höhere geistige Entwicklungsstufe erreichen. Diese ist nicht nur durch ein Aufheben von Gegensätzen gekennzeichnet, wie die vielfachen Anspielungen auf die Vorstellung vom Hermaphroditen nahelegen, sondern auch durch "Unsterblichkeit", Unabhängigkeit von Zeit und Raum. Für den Ich-Erzähler wird dieses Ziel ironischerweise gerade in dem Augenblick erreicht, als er erwacht, also tatsächlich erst wieder in die Welt der Wirklichkeit zurückkehrt. Die Traumgestalt Pernaths aber — nun mit Mirjam vereint — bleibt auch nach dem Traum als Vision eines "erlösten" Zustandes erhalten.

Bei einem Vergleich der hier angedeuteten Entwicklung mit dem "psychologischen" Traumgehalt fällt die Diskrepanz dieser beiden Traumschichten auf. Die spontane, unbewusstere Traumschicht kam völlig ohne gespenstische Erscheinungen aus, aber auch ohne abstrakte Erklärungen und ohne eine eigentliche Entwicklung. Auf dieser Ebene hätte der Traum fast jederzeit abbrechen können, und doch wäre durch die Konstellation seiner Figuren das Grundmuster erkennbar geblieben. Die bewusstere, erklärende Traumschicht dagegen stellt trotz ihres Reichtums an phantastischen Erscheinungen letzten Endes eine Abstraktion dar. Trotz der Bemühungen, "das Seil zu zerreissen, mit dem der Held an den Verstand gebunden ist", bleibt es hier gleichsam bei einer verstandesbezogenen Entwicklung.

Es muss zugegeben werden, dass die beiden Traumschichten nicht immer so eindeutig getrennt bleiben, wie es hier dargestellt wurde. Viele Golemszenen wirken durchaus traumhaft, wie etwa die Vorstellung, dass der Held in fremden Kleidern durch die Gassen der Judenstadt läuft und einen Menschenauflauf

---

de fluide astral: La Force Equilibrante". Ausserdem finden sich (ebd. S. 152) folgende Hinweise: "Ce jeune homme est toujours notre Bateleur [Pagat] dont nous avons suivi les transformations à travers les arcanes 1, 6, et 7. Semblable au soleil placé au milieu des signes du Zodiaque (six de chaque côté, les six branches coupées) notre jeune audacieux est encore suspendu entre deux décisions d'où naîtra non plus son avenir physique [...] mais bien son avenir spirituel."

17 Es ist möglich, dass sich Meyrink (ähnlich wie Pernath, S. 187) auch an anderen Tarockkarten für seine bildhaft-allegorischen Darstellungen inspiriert hat. Nicht nur fällt auf, dass das 18. Kapitel des Romans dieselbe Überschrift trägt wie der 18. der Tarocktrümpfe: "Mond"; auch dem Todessturz des Traumhelden vom brennenden Haus mag ausser dem "Gehenkten" noch die 16. Trumpfkarte zum Vorbild gedient haben. Dort stürzen zwei Männer von einem vom Blitz getroffenen, brennenden Gebäude ["La Maison de Dieu"], der eine gekrönt, der andere ungekrönt (vgl. Papus, S. 173/74). Zu dieser Situation würde die Bemerkung des Rahmenerzählers (S. 302) passen, dass er sich im Augenblick des Sturzes von Pernath getrennt habe.

verursacht, oder auch die, dass er sich in einer unzugänglichen Kammer von einer Spielkartenfigur bedroht glaubt. Die bewusste Wahrnehmung jedoch, die im Golem oder Pagat einen persönlichen Doppelgänger erkennt und diese Doppelgänger abstrakt deutet, gehört eben wegen ihrer Bewusstheit nicht mehr zur echten Traumwelt.

Statt nach einem übergeordneten Sinnzusammenhang, der alle Bestandteile des Romans miteinander verbindet, empfiehlt es sich hier nach dem Funktionszusammenhang der unterschiedlichen Traumschichten zu fragen. Je deutlicher und ausführlicher die Erklärungen und Rationalisierungen in der Traumerzählung hervortreten, umso gewaltsamer scheinen sie den unbewussteren Traumgehalt verdrängen zu wollen. So liegt die Vermutung nahe, dass die eine positive Entwicklung bezeichnende Schicht der Traumerzählung, die sich des Golem, des Pagat, des Gehenkten, des Habal Garmin, des symbolisierenden Spiels mit dem Hermaphroditen und Osiriskult und aller ihrer okkulten Erklärungen bedient, der Überlagerung und Verhüllung des "echten" Traumgehaltes zu dienen hat. Der "mystische" Entwicklungsweg stellt gleichsam das phantastische Rankenwerk dar, das schon die ursprüngliche Erzählung "den Lesern schmackhaft machen" sollte. (Vgl. oben S. 197). Die zahlreichen eingestreuten Erklärungen tragen dazu bei, die Aufmerksamkeit der Leser vor allem auf die okkulten übernatürlichen Erscheinungen zu lenken. So kommt es, dass in dieser Traumwelt Meyrinks selten etwas anderes gesucht wurde als eben das Beziehungsspiel zwischen den Phänomenen aus dem okkult-mystischen Bereich, zu denen hier auch die Golemüberlieferung zählt.

Technisch gesehen wirkt die okkulte Schicht des Traumromans als Bindemittel zwischen Traum und Wirklichkeit. Mit ihren bewussten Abstraktionen und ihrem eindeutigen Entwicklungsgefüge ragt sie in die kausal bestimmte Wirklichkeit hinein; mit ihren Bildern aus der Welt des Aberglaubens, der Sage und der Gespenster geht sie in den Traum über. Die unter dem Zeichen des Golem zusammengeschmiedete Kette gespenstischer Doppelgänger erfüllt in diesem Sinne eine doppelte Funktion: die Scheinoffenbarungen dieser gespenstischen Visionen umgeben den Traumhelden wie eine Barrikade, die den Blick zu den tieferen Offenbarungen des Traumes versperrt. Gleichzeitig aber weisen diese Doppelgänger als solche auf die Projektionen und Abspaltungsprozesse in der unbewussteren Traumschicht hin. Eine Art Doppelgängerverhältnis besteht schliesslich auch zwischen dem Ich-Erzähler als Träumer und Pernath, dem Geträumten, sodass sich das Doppelgängermotiv bis in den Rahmen des Romans auswirkt[18].

18 Vgl. hierzu C. G. Jung: Psychologie und Alchimie, S. 79f.: "Der Hut als das den Kopf Bedeckende hat im allgemeinen die Bedeutung des den Kopf *Einnehmenden*. Wie man bei der Subsumption 'alle Begriffe unter *einen Hut* bringt', so überdeckt der Hut wie eine Obervorstellung die ganze Persönlichkeit und teilt dieser ihre Bedeutung mit. [...] Meyrink verwendet dieses Motiv im "Golem", wo der Held den Hut des Athanasius

Für dieses komplizierte und vieldeutige System von Doppelgängern, das bei Meyrink aus der Vorstellung vom Golem hervorgegangen ist, wird man durchaus den Begriff des "barocken Doppelgängertums" in Anspruch nehmen dürfen, der die dichterische Technik einer bewussten Spielerei mit dem Doppelgängereinfall bezeichnen soll. Robert Rogers hat versucht, zwischen den Funktionen des "barocken Doppelgängers" einerseits und des "latenten Doppelgängers" andererseits zu unterscheiden:

> Baroque doubles succeed better than the ordinary manifest ones because the treatment bedazzles, befuddles, or drugs the reader into a state of confusion in which the reality-testing functions of the ego are in abeyance, allowing him to participate in the situations portrayed in a less critical fashion. In contrast to baroque doubles, latent ones do not necessitate these essentially defensive techniques on the part of the artist. Having no call to disarm the reader beforehand, the creator of latent doubles has more freedom in his characterization and can take us down to the depths without knowing we have left the surface[19].

Im Falle von Meyrinks "Golem" lassen sich beide Arten von Doppelgängern nachweisen. An der Oberfläche dieses Traumromans kommen die Doppelgängererscheinungen offen zutage, treten zwar als Traumgespenster auf, werden aber bewusst gehandhabt. Dank ihrer Übergänge ineinander, ihrer Verwandlungen und Variationen kann das "Rankenwerk" aus diesen Doppelgängern als "barock" bezeichnet werden. Dies trifft auch dort zu, wo das Doppelgängermotiv bis in die Rahmengeschichte hinübergespielt wird und teilweise einem selbstironisierenden Zweck dient, wie etwa bei der Hutverwechslung. Unterhalb dieses Spieles mit Doppelgängern und verhüllt durch seine Prätentionen existiert jedoch noch eine Schicht latenter Doppelgänger, die aus subjektiven Abspaltungen des Traum-Ichs sowie aus objektiven Projektionen seiner Vorstellungen von andern bestehen.

Der strukturgebende Rahmen der Prager Ghettowelt, in den die verschiedenen Traumebenen dieses Romans eingespannt sind, stellt eine geeignete Schwelle für die Übergänge zwischen Traum und Wirklichkeit dar. Denn diese räumliche Welt darf sowohl auf historische Wirklichkeit wie auf stilisierte und phantastische Überlieferung Anspruch erheben. Im Rahmen dieses Raumes sind die Einflüsse von Traum und Wirklichkeit im "Golem" schliesslich auf einen adäquaten Nenner gebracht, da die Sagen, die um ihn kreisen, einerseits an historische Situationen anknüpfen, andererseits aber als eine Art Wunsch- und Angsttraum ihrer Urheber gelten können.

> Pernath aufsetzt und infolgedessen in ein fremdes Erleben versetzt wird. Es ist deutlich genug im "Golem", dass es das Unbewusste ist, welches den Helden in phantastische Erlebnisse verstrickt. Hypothetischerweise soll schon hier die Bedeutung der Golemparallele hervorgehoben werden: Es ist der Hut eines Athanasius, eines Unsterblichen, eines Zeitlosen, als welcher ein allgemeingültiger, immer existierender Mensch, der sich vom einmaligen, sozusagen zufälligen Individuum unterscheidet, anzusehen ist."

19 The Double in Literature: A Psychoanalytic Study. Detroit (= Wayne State University Press) 1970, S. 171f.

Man hat gelegentlich hervorgehoben, wie wenig "von der jüdischen Tradition, selbst in ihren verfallenen und von der Sage verwandelten Formen, in dieser einigermassen berühmt gewordenen Romangestalt" des Meyrinkschen Golem steckt[20]. Vom historischen Standpunkt aus ist dies ein berechtigter Einwand, vom literarischen Standpunkt aus nicht unbedingt. Der Golemstoff hat in diesem Roman gerade durch seine verzerrte Wiedergabe die grösste Elastizität bewiesen. Um die epische Grossform des Romans auszufüllen, bedurfte die Golemsage allerdings einer Vermischung mit anderen heterogenen Elementen. Was dabei in der Alchimistenküche des Autors entstand, war zwar kein Gold und wohl kaum der von ihm so heiss gesuchte "Stein der Weisen"[21], aber doch eine seltene und irgendwie gelungene Verschmelzung der verschiedenartigsten Elemente. Jorge Luis Borges, der Meyrinks Roman kennt und gelegentlich zitiert hat[22], soll einmal behauptet haben, dass es nur vier grundlegende Einfälle in der ganzen phantastischen Literatur gibt: "The work within the work, the contamination of reality by dream, the voyage in time, and the double[23]." Die letzten drei dieser Kunstgriffe hat Meyrink in seinem Golemroman erfolgreich verwendet.

Meyrinks phantastischer Roman über den Golem hat seinerseits die Aufmerksamkeit bildender Künstler auf sich und damit auf die Golemsage gelenkt. Schon in den Jahren 1906–1908, als Meyrinks Text nur in unvollständiger Konzeption vorlag, zeichnete Alfred Kubin elf Illustrationen zu dem geplanten Werk, die er dann im Jahre 1909 mit den Zeichnungen zu seinem eigenen phantastischen Roman: "Die andere Seite" vermischte[24]. Später hat der Illustrator Hugo Steiner-Prag 25 Lithographien unter dem Titel "Prager Phantasien" zu Meyrinks "Golem" geschaffen, die einigen Ausgaben des Romans teilweise als Illustrationen beigefügt wurden.

Die Frage, wie diese Illustrationen die von Meyrink weitschweifig aufgelöste und gleichsam atmosphärisch verflüchtigte Golemvorstellung wieder in konkrete Bilder eingefangen haben, verdient Beachtung, zumal bereits (oben V, S. 152ff.) festgestellt wurde, mit welchem Erfolg zur gleichen Zeit auch das Medium des

---

20 Gershom Scholem: Zur Kabbala und ihrer Symbolik, S. 210.
21 Vermutlich kann der "Stein", der sich in Meyrinks Traumroman in den Golem verwandelt, auch als der "lapis" der Alchimisten aufgefasst werden. Meyrink selbst hat eine angeblich von Thomas von Aquin stammende "Abhandlung über den Stein der Weisen" übersetzt, herausgegeben "und mit einer ausführlichen Einleitung versehen" (München-Planegg 1925). Hierin verteidigt er nicht nur Thomas von Aquin als Alchimisten, er berichtet auch von alchimistischen Rezepten und Experimenten, die er teilweise selbst ausgeführt habe.
22 With Margarita Guerrero: The Book of Imaginary Beings. Transl. Norman Thomas die Giovanni. New York 1969, S. 113f. Vgl. auch oben II, S. 74.
23 Labyrinths: Selected Stories and Other Writings, S. XIV.
24 München 1968. Vgl. hierzu die Äusserungen Kubins in einem unveröffentlichten Brief an Hans von Müller vom 30. Dezember 1908 (im Kubin-Archiv in Hamburg) und in seinem Aufsatz: "Wie ich illustriere". Zitiert bei: Richard Arthur Schroeder: Alfred Kubin's *Die andere Seite. A Study in the Cross-Fertilization of Literature and the Graphic Arts.* Indiana University (= Phil. Diss.) 1970, S. 127.

Filmes den Golemstoff aufgriff. Ähnlich wie für die Verfilmung der Sage wird für die Illustrationen zu Meyrinks Roman ein Reiz darin gelegen haben, die "wunderbaren", phantastischen, nur der subjektiven Vorstellungskraft zugänglichen Aspekte des Stoffes bildlich zu objektivieren.

Es scheint, dass gerade "phantastische" Texte von jeher besonders zum Illustrieren herausgefordert haben, während der Film im Laufe seiner Entwicklung immer mehr von dem Bereich physischer Wirklichkeit angezogen wurde. Bildungs- oder Erziehungsromane, historische Romane, die grossen Prosawerke des Realismus sind offenbar seltener und mit weniger nachhaltigem Erfolg illustriert worden als gerade die Texte aus dem Grenzbereich zwischen Phantastik und Wirklichkeit, aus der Welt des Märchens oder der sagenhaften Überlieferung. Jorge Luis Borges, ein Meister im Bereich des Phantastischen, hat sich einmal zu der Frage geäussert, welche Funktion Illustrationen in bezug auf einen literarischen Text erfüllen sollten. "The pictures should be, let's say, around the text, no? — they should never overlap the text[25]." Die Illustrationen sollten also wegen ihres starken visuellen Eindrucks eine ergänzende, nicht eine überlagernde Funktion erfüllen. Die sogenannte "phantastische" Literatur bietet zweifellos den weitesten Spielraum zu visuellen Ergänzungen an.

Dass die Zeichnungen Alfred Kubins zu Meyrinks noch unvollendetem Werk diese Bedingung in der Tat erfüllten, geht schon daraus hervor, dass diese Bilder sich nicht mehr eindeutig unter den mit ihnen vermischten Illustrationen zu "Die andere Seite" identifizieren lassen. Richard Arthur Schroeder hat in seiner Dissertation versucht, unter den 51 Illustrationen in Kubins Roman diejenigen elf herauszusuchen, die mit den Figuren, Situationen und Geschehnissen in Meyrinks "Golem" starke Ähnlichkeit aufweisen. Er findet acht Zeichnungen, bei denen dies der Fall zu sein scheint. Die übrigen ursprünglich für Meyrinks Roman gezeichneten Bilder vermutet er in einer Gruppe von neun "marginal cases, i.e. those illustrations which may have been among the original eleven intended for *Der Golem,* but which cannot be classified as such with any certainty, due to the indefinite nature of their relevance to the content of Meyrink's narrative"[26]. Obwohl die von Schroeder getroffene Auswahl und Identifizierung der Bilder in mehreren Fällen anfechtbar ist[27], bleibt doch die

---

25 Richard Burgin: Conversations with Jorge Luis Borges. New York, Chicago, San Francisco 1969, S. 54.
26 Rudolf Arthur Schroeder: Alfred Kubin's *Die andere Seite.* S. 131.
27 In der Gruppe von Illustrationen, die Schroeder (S. 128) als "thematically [...] entirely unrelated to Meyrink's novel" bezeichnet, findet diese Verfasserin drei Bilder, die Beziehungen zu Meyrinks Roman aufweisen könnten: 1. Mann am Fenster (Kubin: Die andere Seite, S. 25; bei Schroeder Nr. 4: "Narrator pondering Gautsch's visit".) Diese Fensterszene könnte auch Pernath darstellen: "Ich wollte meine Gedanken von Rosina losreissen und sah von dem offenen Fenster meiner Stube hinab auf die Hahnpassgasse" (S. 13). 2. Ein Mann wird von einer Menschenmenge auf enger Strasse verfolgt. (Kubin, S. 137; bei Schroeder Nr. 12: "Narrator's misadventure in the French Quarter of Perle".) Diese Szene könnte die Verfolgung Pernaths in Golemkleidern in der Judenstadt

Tatsache bemerkenswert, dass sich Kubins Zeichnungen zu Meyrinks Roman ohne Schwierigkeiten in seinen eigenen Traumroman übertragen liessen. Offenbar wurde dieser, wie auch Schroeder hervorhebt, auf indirektem, d.h. graphischem Wege durchaus von Meyrinks Werk beeinflusst.

Da die Identität der Zeichnungen unsicher bleibt und diese sich überdies auf ein sehr frühes, unvollständiges Stadium des Romans beziehen, lässt sich nicht genau feststellen, welche Aspekte des Meyrinkschen Textes Kubin besonders zur graphischen Gestaltung herausgefordert haben. Es scheint jedoch, als habe er die "atmosphärischen" Züge des Werkes, in denen gerade die Dinge ein unheimliches Eigenleben annehmen, der Darstellung von Individuen vorgezogen. Das metallbeschlagene "Buch Ibbur", das gleichsam aus sich selbst heraus lebendig wird und Visionen hervorbringt (Kubin, S. 71), die Häuser im Prager Judenviertel, die ein seltsames Eigenleben führen (Kubin, S. 53), die Steine, die lebendige Gestalt annehmen wollen (Kubin, S. 193), und endlich die Einwohner des Ghettos, soweit sie als Typen, nicht aber als Individuen beschrieben werden (Kubin, S. 201). Der im Text angestrebte unheimliche Eindruck entsteht in Kubins Zeichnungen vor allem durch die Verwendung von ungewöhnlichen Licht- und Schatteneffekten. So ist die Riesenspinne, die vielleicht den Trödler Wassertrum darstellen sollte (Kubin, S. 213), in einen hellen Lichtkreis getaucht, der jedes Härchen an ihren langen, biegsamen Beinen erkennen lässt. Die anderen Bestandteile des Bildes, Häuserwände und der Oberkörper eines menschlichen Kadavers bleiben dagegen undeutlich im Schatten verborgen. Die ungewöhnlichen Grössenverhältnisse und die überraschenden Lichteffekte bewirken, dass die Phantasie des Lesers durch die graphische Darstellung nicht etwa eingeengt wird, sondern Anregungen zu weiteren Vermutungen und Vorstellungen erhält. Die Chiaroscuro-Effekte, deren sich Kubin schon sehr früh bediente, stellen später auch ein wesentliches Element im Golemfilm Paul Wegeners dar. Es ist aufschlussreich, die ursprünglichen Illustrationen zu "Die andere Seite" mit denjenigen zu vergleichen, die Kubin kurz nach dem zweiten Weltkrieg für eine Neuausgabe seines Romans sich selbst nachschuf[28]. Die starken hell-dunkel

---

darstellen: "Ich drehte mich um und sah ein wimmelndes Heer totenblasser, entsetzenverzerrter Gesichter sich mir nachwälzen" (S. 122). 3. Mann am Cafétisch (Kubin, S. 137; bei Schroeder Nr. 16: "Narrator after his encounter with Melitta".) Ist dies der mit Selbstmordgedanken umgehende Pernath? "Stunden und Stunden sass ich in dem Kaffeehaus und glaubte vor innerer Nervosität wahnsinnig werden zu müssen — aber wohin sollte ich gehen?" (S. 227). Unter den "marginal cases" (Schroeder S. 131f.) kommen die Bilder (Kubin, S. 94 und S. 133) kaum für Rosina in Frage, da diese bei Meyrink als vierzehnjähriges, verwahrlostes Mädchen mit "süsslichem Grinsen" beschrieben wird, deren Äusseres, einschliesslich ihrer "roten Haare", dem Helden "widerwärtig" ist (S. 11). Rosina taucht niemals in einer kultivierten Umgebung auf wie die Dame bei Kubin, S. 133.

28 Vgl. die Illustrationen in Alfred Kubin: The Other Side. Transl. Denver Lindley. New York 1967. Diese Ausgabe enthält eine zusätzliche Titelblattzeichnung, die überraschende Ähnlichkeit mit einem der ersten Sätze aus Meyrinks Roman aufweist: "Wenn der Vollmond in seiner Gestalt zu schrumpfen beginnt und seine rechte Seite fängt an zu

Kontraste fehlen in den 1947 entstandenen Zeichnungen, die Einzelheiten treten deutlicher und aus näherer Perspektive in Erscheinung; aber viele der "traumhaften" Züge, die man wohl als expressionistisch bezeichnen darf, haben sich verloren.

Auf ähnliche Weise wie in den Zeichnungen Kubins und in Wegeners Golemfilm dominiert das Spiel mit Licht und Schatten in den Steinzeichnungen von Hugo Steiner-Prag, die er, durch die Lektüre des Meyrinkschen Romans angeregt, im Jahre 1916 schuf. Im Vorwort zu einer Ausgabe des Romans von 1931 richtet Steiner-Prag u.a. folgende Worte an den Verfasser des Golem-Romans:

> In einer wilden Sturmnacht des Winters 1916, auf einer einsamen Nordseeinsel, las ich das erstemal das Buch, dem Sie den Namen dieses rätselhaften Gebildes ["Golem"] gegeben haben. Ich las es von der ersten bis zur letzten Seite, atemlos und ohne aufzuhören. Je länger ich las, umso lebendiger standen diese ganzen versunkenen Jugendjahre wieder auf, vermischten sich ihre Gestalten und ihre ganze merkwürdige Welt mit den Geschehnissen Ihrer Erzählung. Ich hatte einst mit vielen dieser Menschen in dunklen Stuben gesessen, mit ihnen die Nächte durchwacht, und in den winkligen Gassen der alten Stadt war ich ihnen oft begegnet. Alle erkannte ich wieder. [...] Ihr Buch war das alte Prag, seine Gestalten geschaffen nach den Menschen unserer Zeiten.
> In jenem Jahr 1916 erschienen dann meine 25 Steinzeichnungen zu Ihrem "Golem", von denen einige in verkleinerter Nachbildung in dieser neuen Ausgabe enthalten sind[29].

Die Zeichnungen Hugo Steiner-Prags sind also nicht, wie die Illustrationen Kubins, randglossenartig in den Text eingefügt, sondern sie stellen jeweils vollständige Tableaus dar. Die Gestalt des Golem taucht öfter auf, dem Text entsprechend durch schiefstehende orientalische Augen, einen kahlen Schädel und bartloses Gesicht charakterisiert. In einem scharf profilierten Golem-Portrait (nach S. 96) kommt das "Zeitlose" der Meyrinkschen Golemgestalt besonders zum Ausdruck, vielleicht zum Teil durch den rahmenartigen Überhang, der aus Schnee und Eiszapfen zu bestehen scheint. (Vgl. dazu den Text S. 55: "Und in Eisblumen am Fenster bilden sich Züge starrer Gesichter.") Stirn, Augenbrauen und Nase dieses Golemkopfes scheinen wie aus einem Stück geschnitzt oder modelliert. Vermutlich handelt es sich um den von Vriesländer geschnitzten Golemkopf, mit dem Pernath sich identisch glaubt. Tatsächlich wirkt dieser Golem wie aus glattem "Stein" geformt. Da nur die untere Gesichtshälfte beleuchtet ist, erinnert der Kopf ein wenig an eine Totenmaske. Dennoch wirkt er nicht etwa abstossend, sondern vor allem fremdartig, als wären seine Züge in einer andersartigen Welt als der unsrigen ausgeprägt worden.

Obwohl die Zeichnungen Steiner-Prags einen grösseren Reichtum an mensch-

---

verfallen – wie ein Gesicht, das dem Alter entgegengeht, zuerst an einer Wange Falten zeigt und abmagert –, dann bemächtigt sich meiner um solche Zeit des Nachts eine trübe, qualvolle Unruhe." (S. 4) Kubins Titelblattzeichnung zeigt ein Vollmondgesicht, dessen rechte Seite dunkel und "verfallen" aussieht, über dem Titel: "Die andere Seite".

29 Gustav Meyrink: Der Golem. Mit acht Illustrationen und einer Einführung von Hugo Steiner-Prag. Bremen 1931.

lichen Gestalten aufweisen als diejenigen Kubins, stellen auch seine Menschen öfter Typen als Individuen dar. Sie werden öfter durch die Situation, in der sie erscheinen, gekennzeichnet als durch individuelle Züge. Auf dem Bild, das die Hahnpassgasse darstellt (nach S. 16), fällt das Übergewicht der Häuser gegenüber dem Menschen auf. Die Figur eines alten Mannes unter einem Torbogen, vermutlich der Trödler Wassertrum, könnte irgendeinen Einwohner des Ghettos darstellen, der von dem Gewicht der ihn umgebenden, hohen alten Häuser fast erdrückt wird. Auf dem "Der Weg ins Grauen" betitelten Bild (nach S. 160) erscheint auch der Traumheld als undefinierbare Gestalt. Man erkennt ihn daran, dass er den unterirdischen Stufengang hinabsteigt, der gleichzeitig den Weg ins verborgene Innere darstellt. Die Verteilung von Licht und Schatten ist hier besonders aufschlussreich. Vor der Gestalt liegen die nach unten führenden Stufen im Dunkel, hinter ihr werden sie durch unsichtbare Lichtquellen beleuchtet.

Im Allgemeinen ist es dem Zeichner gelungen, die scheinbar verschwommensten und unvorstellbarsten Szenen des Textes mit überraschend einfachen Mitteln sichtbar zu gestalten, ohne ihnen dabei das Fluidum der Unsicherheit und Unheimlichkeit zu rauben. Dies gilt etwa für die Begegnung des Traumhelden mit seinem Doppelgänger, dem Pagat aus dem Tarockspiel in der vom Mondlicht erhellten Golemkammer. Pernath und sein verzerrtes Spiegelbild finden sich hier (nach S. 176) zu beiden Seiten eines Gitterfensters symmetrisch angeordnet: der erstere ganz im Dunkel kauernd, der Doppelgänger dagegen im hellen Mondlicht, das die Gitterstäbe des Fensters auf ihm abzeichnet. Sein grell beleuchtetes Gesicht gleicht nicht nur dem Traumhelden, sondern weist auch eine gewisse Ähnlichkeit mit den Zügen des Golem auf, mit dem der Traumheld seinerseits auf dem Bilde "Das Buch Ibbur" (nach S. 48) eine gewisse "Verwandtschaft" verrät. Auch den im Kapitel "Angst" beschriebenen Zustand hat Steiner-Prag visuell festgehalten. Das Tableau (nach S. 224) scheint die metaphorische Redewendung nachzubilden, dass einem "die Angst im Nacken" sitze. Ein helles gespenstisches Wesen von den Umrissen des Helden, aber ohne eigene Dimensionen, erscheint hinter der im dunklen Zimmer stehenden Gestalt Pernaths. Sein Kopf füllt die Nackenhöhlung des Helden, und es starrt mit seinen entstellten Gesichtszügen über seine Schulter hinweg. So wird der im Text hervorgerufene unheimliche Eindruck durch die Illustrationen keineswegs aufgehoben, sondern eher vertieft, da diese selbst andeutungsvoll und traumhaft bleiben. Der im Text noch verhältnismässig stark ausgeprägte Anspruch auf Wirklichkeit weicht in den schwarz-weiss Zeichnungen stärker dem Eindruck des Traumhaften. Dies stellt der sprachlichen Ausdrucksweise Meyrinks gegenüber, die nicht selten Gefahr läuft, ins Klischee zu verfallen, eine vorteilhafte Ergänzung dar. Denn die visuelle Darstellung gewinnt, je weiter sie sich von der Nachahmung der Wirklichkeit entfernt, an Originalität, während die Sprache im Umgang mit Bildern und Metaphern leicht auf ausgetretene Wege gerät. Die "phantastischen" Bilder zu Meyrinks Text zwingen gleichsam dazu, diesen ernst zu nehmen, und wirken so der Gefahr des durch die Sprache vorschnell angebotenen Klischees entgegen.

Da die Illustrationen als solche schon in stärkerem Masse traumhaft wirken, lässt sich nicht eindeutig feststellen, ob die vom Illustrator bevorzugten Szenen öfter zur "tieferen" oder zur "bewussteren" Schicht der Traumerzählung neigen. Die strategischen Figuren der tieferen Traumwelt sind jedenfalls deutlich vertreten: Charousek, Wassertrum, Schemajah Hillel, Rosina usw. Daneben finden sich vor allem die besonders phantastischen Situationen. Es ist wiederum ein Vorteil der visuellen Darstellung, dass sie schon ihrem Wesen nach kaum abstrahieren und in diesem Sinne Bedeutungen und Erklärungen liefern kann, sodass die Illustrationen von den interpretierenden Elementen der Traumerzählung unbehelligt bleiben.

Die Zeichnungen von Steiner-Prag weisen durchweg Längsformat auf, und in den meisten Fällen ist auch der Aufbau der Darstellung vertikal. Die abgebildeten menschlichen Gestalten wirken in der Regel übernatürlich gross und schlank, sodass sich deutlich die Vorliebe für den "gotischen Zug in die Höhe" erkennen lässt, der oft die expressionistische Malerei auszeichnet. Zweifellos unterstreichen sowohl Kubins wie Steiner-Prags Illustrationen zu Meyrinks Text die expressionistischen Aspekte seiner Epoche und bewirken so ein angemesseneres Verständnis seines zeitgenössischen Erfolges. Die Neuherausgeber des Romans[30] haben richtig erkannt, dass in diesem Werk die zeitgenössischen Illustrationen den Text nicht nur ergänzen, sondern auch wertvoller machen. Es ist lediglich ein wenig zu bedauern, dass die Qualität der Reproduktionen weit hinter derjenigen der illustrierten Ausgabe von 1931 zurückbleibt.

In jüngster Zeit hat Meyrinks Golemroman nicht nur in Neuauflagen und Übersetzungen erneutes Interesse ausgelöst, er wurde auch von Paul Kohl zu einem Hörspiel[31] umgearbeitet, das zuerst 1964 vom westdeutschen Rundfunk produziert, kürzlich wieder aufgegriffen wurde. Die Eignung dieses Romans zur Hörspielverarbeitung liegt nahe, denn durch die Aussparung der theatralisch-visuellen und episch-anschaulichen Elemente, unter ausschliesslicher Beschränkung auf die wechselnde Qualität der Stimmen im Hörraum, muss gerade dieses Medium die Phantasie des Hörers ansprechen, indem es ihr einen weiten Spielraum lässt. Die Aufspaltung des Meyrinkschen Ich-Erzählers in verschiedene "Stimmen", die als Traum- oder Halbtraumprojektionen aus den Dingen und Menschen hervorgehen, lässt sich im Hörspiel ebenso konkret wie traumhaft verwirrend nachvollziehen. Auch eine sparsame musikalische Untermalung ist im Roman bereits angelegt (beim Loisitschek, Prokop, Schaffranek usw.) und kann dazu beitragen, seine Stimmungselemente hervorzuheben. Die Frage bleibt

---

30 Gemeint ist die Ausgabe von Langen-Müller: München 1972.
31 Der Golem. Hörspiel nach dem gleichnamigen Roman von Gustav Meyrink (= Ms.).

dann, wie erfolgreich sich dieser zunächst so mühsam zum "luftigen Rankenwerk" (vgl. oben, S. 197) ausgesponnene Roman wieder auf eine nur 61-seitige Manuskriptfassung und eine Stunde Sendezeit reduzieren und verdichten lässt.

Der Hörer wird hier zunächst durch eine relativ ausführliche, wenn auch stark verallgemeinernde Einleitung über die Golemsage, ihre Beziehungen zu Prag und diejenigen des Schriftstellers Meyrink zu dieser Stadt in Kenntnis gesetzt. Überdies wird ihm der Hörspielinhalt durch eine interpretierende Zusammenfassung des Ganzen im voraus klar gemacht. (Dies dürfte sich zwecks späterer Identifizierung der blossen "Stimmen" als durchaus notwendig erweisen.) Schliesslich wurde die Sendung noch durch ein teilweise "technisches", teilweise dilettantisches Gespräch über den "Golem" zwischen dem (inzwischen verstorbenen) Literaturkritiker Willy Haas und Dr. Dieter Hesselblatt ergänzt. All diese abstrakte Umrahmung der eigentlichen Hörspielhandlung soll es offenbar dem modernen Hörer ermöglichen, sich von Meyrinks Roman in kürzester Zeit einen mehr oder weniger hinlänglichen Eindruck zu formen.

Obwohl es in der Einleitung heisst, dass der Hörspielautor die "Romanvorlage nur geringfügig" verändert habe, so gilt es hier doch zu betonen, dass die von Meyrink so wirkungsvoll verwendeten kabbalistischen bzw. pseudo-kabbalistischen Elemente völlig ausgeschlossen wurden. Zwar taucht in einer Szene des (an sich ganz durchkomponierten) Hörspiels auch die Stimme eines gewissen "Hillel" auf, aber nun nicht mehr in der Rolle des "Kabbalisten" Schemajah Hillel, sondern eher in derjenigen eines mit hypnotischen Kräften wirksamen Psychiaters. In der anfänglichen Zusammenfassung des Hörspiels wird der Archivar Hillel gar nicht erwähnt. Auch das "Habal Garmin" genannte Gespenst taucht nirgends auf, ebenso wenig wie der Pagat oder irgendeine der vielen, im Roman enthaltenen Anspielungen auf das Tarockspiel. Dagegen werden im Personenverzeichnis nicht nur "Pfauen", "Sklavinnen", "Königinnen", "eine Gemme" und "Perlen" als Sprechende aufgeführt, sondern auch "Formen", "Ziffern", "Ideen" und "Farben".

Zugunsten der kabbalistischen Elemente, die sich im Roman zu einer Art "mystischem" Erlösungsweg zu ergänzen suchen, wird im Hörspiel hauptsächlich die Kriminalhandlung des Romans in ihren traumhaften Erscheinungsformen hervorgehoben. Richtig werden Charousek und Laponder als latente Doppelgänger bzw. Spalt-Ichs des Träumers interpretiert, ebenso erscheinen Angelina und Mirjam als traumhaft getrennte Aspekte *einer* Frau. All diese Traumgestalten sind — wie es in der Einleitung heisst — "blutsmässig oder durch Ideen aneinandergekettet", und "der Knoten dieses Netzes" sei — nicht etwa der Golem — sondern der Trödler Wassertrum. So erweist sich durch das Fehlen der im Roman gegebenen kabbalistischen Bezüge die Identifizierung des Ich-Erzählers mit dem Sagengolem als durchaus krankhafter Wahn. Auch rein technisch wirkt die Übertragung der erzählerisch dargestellten Meyrinkschen Spukgestalt auf den Sprecher des Hörspiels gelegentlich forciert: so etwa die Stimme Pernaths:

"[...] Mein glattes mongolisches Gesicht. Ich schaue aus schrägstehenden Augen. Meine Hand hält ein geöffnetes Buch. Ich halte es ihm hin, [...]" (Ms. S. 10) Oder: "Ich [...] fühle wieder die seltsame Form meines Kopfes, die gelbliche Farbe meines Mongolen-Gesichtes. Ich schaue wieder aus schrägstehenden Augen. Ich tappe umher in den Trümmern. Traumbilder, die verwehen." (Ms. S. 59) Die Identifizierung des Erzählers bzw. Sprechers mit dem Golem wirkt hier eher peinlich-krankhaft als unheimlich-wirklich wie im Roman. Die Handlung des Hörspiels wird dann auch ausschliesslich dadurch motiviert, dass der ehemals geisteskranke Pernath "Einblick in seine verschüttete Vergangenheit" sucht und allmählich findet. Das "Gefängnis" in welchem der inhaftierte Pernath schliesslich seinem Spalt-Ich Laponder begegnet, wird im Hörspiel zu einer "irrenanstaltartigen" (Einleitung) Heilanstalt abgewandelt, in der das Motiv des "Verhörs" dann etwa im Kafkaschen Sinne zu einem Verhör über die gesuchte Vergangenheit umgedeutet wird. Im Gegensatz zum Roman, der ja auch zeitmässig nie ganz "aufgeht", wird im Hörspiel anhand der Rückblenden in die Vergangenheit eine zeitlich völlig abgeschlossene, abgerundete Kreisbewegung geschaffen. Denn der Ich-Erzähler im Hörspiel muss am Ende feststellen, dass er alles im Traum Erlebte "noch nicht" (Ms. S. 61) erlebt hat, "dass er sich wieder vor seiner Zeit befindet und alles Erlebte neu erleben muss — gemeinsam mit der Wiederkehr des Golem." (Einleitung). Auf diese Weise wird die Sagengestalt des Golem hier zu einer blossen Metapher für die ewige Wiederkehr des Gleichen reduziert.

Es fällt auf, dass die Rahmenerzählung im Hörspiel (in der auch die ironische Hutverwechslung fehlt) durch das Überwiegen des Geisteskrankheits- bzw. Irrenanstaltsmotivs ganz ähnlich gestaltet ist, wie der Rahmen zu dem expressionistischen Traumfilm vom "Kabinett des Dr. Caligari". Vom Standpunkt zeitgenössischer und stilistischer Parallelität ist gegen eine solche Angleichung kaum etwas einzuwenden. Allerdings sollte sich der Hörer darüber im Klaren bleiben, dass hier die "geringfügigen Veränderungen" gegenüber Meyrinks Roman zum Teil gerade die notorische Einzigartigkeit des letzteren ausmachen.

So ist Meyrinks Golemroman in mancher Beziehung einzigartig geblieben. Zwar hat er als Traumroman nicht nur Kubins "Die andere Seite" beeinflusst, er hat auch einen Dichter wie Jorge Luis Borges zuerst auf die Spur der Golemsage geführt, und Robert Neumann hat ihn in seinem Buch: "Mit fremden Federn"[32] parodiert. Dennoch hat die durch Meyrink ebenso berühmt gewordene wie entstellte Golemidee in Deutschland sonst kaum noch nennenswerte Nachfolge ausgelöst. Lediglich eine Erzählung von Horst Nottebohm, "Spuk"[33], weist noch deutlich auf Meyrinks Vorlage hin. Aber wie Beate Rosenfeld bereits ausgeführt hat[34], überschlägt sich hier die aus Traum, nächtlichem Prag, einem Trödler und

---

32 Der Parodien erster Band. West-Berlin (= Ullstein Nr. 294) 1969, S. 108–110.
33 In: Phantasien zur Nacht. Leipzig 1922, S. 31–53.
34 Die Golemsage, S. 168f.

seinem gespenstischen Golem gewaltsam zusammengesetzte Stimmung und verfehlt ihre Wirkung.

Meyrinks "barock" angelegtes "Golemgerank" mag in stofflicher Hinsicht hier und da sogar eine negative Nachfolge verursacht haben. Ein paar spätere Romane aus dem Prag um 1600 vermeiden ganz offensichtlich die Golemsage. So lässt Max Brod, ein guter Kenner Meyrinks[35], in seinem 1916 erschienenen Roman: "Tycho Brahes Weg zu Gott" zwar Rabbi Löw ben Bezalel eine wichtige Rolle spielen, erwähnt jedoch nirgends dessen sagenhaften Golem. Vermutlich hat Brod gewusst, dass die Golemsage sich erst viel später an den Prager Rabbi knüpfte, und hielt sie daher in seinem Entwicklungsroman mit historischem Anspruch für fehl am Platze.

In dem 1953 erschienenen "Roman aus dem alten Prag" von Leo Perutz: "Nachts unter der steinernen Brücke"[36], der sich aus echten und erfundenen Sagen um Rabbi Löw und den kinderlosen Habsburger, Rudolf II., zusammensetzt, fällt die untergeordnete Rolle der Golemsage besonders auf. Obwohl hier der Prager Rabbiner als ein zu vielen Wundern befähigter Kabbalist geschildert wird, ist von seiner Golemschöpfung nur beiläufig die Rede. Lediglich in der ersten Erzählung, "Die Pest in der Judenstadt", findet sich eine unmissverständliche Anspielung auf die Golemsage: "Da rief er seinen schweigenden Diener, das Werk seiner Hände, der den Namen Gottes zwischen den Lippen trug, und hiess ihn, den Koppel-Bär und den Jäckele-Narr in den Gassen suchen, denn er bedurfte ihrer (S. 19)." Erstaunlicherweise bleibt es bei dieser einen zurückhaltenden Erwähnung des Golem in diesem Roman voller kabbalistischer Wunder, die oft aus Projektionen verborgener seelischer Vorgänge auf Gegenstände und Lebewesen der äusseren Welt bestehen. Die Frage drängt sich auf, warum der Verfasser es vermieden hat, die Golemsage ausführlicher in das kunstvolle Sagennetz miteinzubeziehen, aus dem sein Roman besteht. Möglicherweise wollte er u.a. zeigen, dass die von Meyrink zum universalen Bedeutungsträger ausgeweitete Golemgestalt eine sensationelle Entstellung der Prager Sagenwelt bedeute, dass viel vom "cachet" des alten Prag, von der Vielfalt seiner Stimmungen und poetischen Möglichkeiten durch die Praeponderanz der Golemgestalt eher verdeckt als erfasst worden war und dass eine "hellere" Vision dieser Welt möglich sei, die sich bewusst von der unheimlichen Golemwelt Meyrinks distanzieren müsse.

Es bleibt noch zu erwähnen, auf welche Weise es in diesem Falle gelungen ist, das heterogene Sagenmaterial um Rabbi Löw und Rudolf II. in der Form des Romans zusammenzufassen. Die Einheit des Ortes ist auch hier für den strukturellen Zusammenhang des Ganzen ausschlaggebend. Der Ort, Prag, ist aber nun gleichsam in zwei polare Zentren aufgeteilt worden. Ausserhalb des

---

35 Vgl. Streitbares Leben. Autobiographie. München 1960, S. 291f.
36 Frankfurt 1953. Alle dem Text beigefügten Seitenangaben sind dieser Ausgabe entnommen.

Ghettos bildet die Gestalt des einsamen Habsburgers mit seinem historischen und sagenhaften "entourage" den Mittelpunkt verschiedenartiger Erzählungen. Innerhalb des Ghettos geht die auf Rudolf II. wirkende Anziehungskraft von der schönen Esther Meisl aus. Rabbi Löw spielt hier die Rolle des wunderkräftigen Vermittlers zwischen den Welten des Ghettos und des kaiserlichen Hofes, die in diesem Roman ebenso weite phantastische wie historische Kreise ziehen. Daher bilden die schicksalhaften Beziehungen des Kaisers zu Esther Meisl, deren Fäden durch die Hand des Rabbi laufen, nur ein traumhaft zartes und fragmentarisch angedeutetes Gerüst in dem überaus lockeren Zusammenhang des Ganzen. Die Handlung entwickelt sich zunächst aus fünfzehn völlig unabhängigen Erzählungen, von denen jede einzelne eine abgeschlossene Einheit für sich darstellt. Diese einzelnen "Kapitel", die man auch als "Novellen" bezeichnet hat[37], scheinen untereinander austauschbar zu sein und zunächst kaum dem Formbegriff des "Romans" zu genügen. Doch zeigt eine genauere Betrachtung ihre sinnvolle Anordnung und Komposition im Rahmen eines umfassenden Ganzen. So spielt die erste Erzählung, die bereits das Ende der Liebesbeziehung vorwegnimmt, im Ghetto. Die folgende konzentriert sich um die Adeligen am Hofe, bzw. "am Tische" des Kaisers; die dritte Erzählung spielt wiederum im Ghetto usw. Genau in der Mitte, an siebter Stelle, findet sich die Titelerzählung: "Nachts unter der steinernen Brücke". Hier treffen sich die Fäden zwischen dem Kaiserhof und dem Ghetto, die von dem Rabbi in die Welt des Traumes geleitet wurden, für kurze flüchtige Zeit. Das letzte Kapitel: "Der Engel Asael" bildet eine Art zusammenfassender Rahmenerzählung, die den Anfang der Liebesgeschichte enthüllt, deren Ende die erste Erzählung bereits angedeutet hatte. Im Epilog vollzieht sich schliesslich eine Übertragung aus der erzählten Zeit, der Wende zum 17. Jahrhundert, zur "Erzählerzeit", der Wende zum 20. Jahrhundert, als die Prager "Josephstadt" abgerissen wurde. Ein armer Nachkomme des reichen Meisl, der dem "Erzähler" Nachhilfe erteilt, erweist sich nicht nur als Erbe des vergilbten Meiselschen Testaments, sondern auch als Vermittler all der sagenhaften Erzählungen aus der Zeit seines reichen Vorfahrens. Während der junge Meisl das rätselhafte Dokument seines Ahnen hervorholt, zerfällt vor den Augen des Erzählers "Meisls Gut", die Gebäude und Strassen der Judenstadt, endgültig in Schutt und Trümmer.

So kann schliesslich dieser "Roman" auf zweierlei Weise gedeutet werden: einmal als eine Sammlung einfallsreicher Erzählungen, von denen eine jede ihren Schwerpunkt in sich selbst trägt; dann aber auch als ein kunstvoll gestaltetes Gewebe schicksalhafter Ereignisse, die durch den gemeinsamen Raum des alten Prag aufeinander bezogen sind. Einige Grundzüge des Golemstoffes sind wiedererkennbar: Die kabbalistischen Kenntnisse des hohen Rabbi Löw haben dazu gedient, seine Prager Gemeinde vor Vertreibung und Verfolgung zu retten.

[37] Frankfurter Verlagsanstalt zu Leo Perutz: Nachts unter der steinernen Brücke (Textklappe).

("Wenn ich bei dir [Rabbi Löw] keinen Gehorsam finde und keine Liebe bei der, an die ich immer denke, dann will ich die Juden allesamt als ein ungetreues Volk aus meinen Königreichen und Ländern vertreiben." S. 231). Aber gerade durch seine Rettungstaten ist der Rabbi selbst schuldig geworden: er hat "das Gleichgewicht der Welt" (S. 227) gestört. Die Art seines "Vergehens" ist hier jedoch in einen andersartigen Bereich hinübergespielt worden als in der Golemsage. Die menschliche Schwäche des Golemschöpfers liegt nicht mehr in seinem Wunsch nach einem starken Diener und nötigenfalls gewaltsamen Retter, sondern in seiner Nachgiebigkeit gegenüber der irrationalen Macht einer verhängnisvollen Liebe, für deren Schicksalhaftigkeit am Ende selbst der lehrende und verhörende "Maggid", der Engel Asael, Verständnis aufbringen muss.

In den letzten Jahren sind vor allem im amerikanischen Sprachraum einige Golemromane erschienen, die hier noch Beachtung erfordern. Der anspruchsvolle Titel des Erstlingswerkes von Myles Eric Ludwig: "Golem, A Hero For Our Time"[38] hält kaum, was er verspricht. Es ist nicht recht einzusehen, warum der zeitgenössische Held dieses Romans den Namen "Golem" tragen soll. Immerhin lassen sich darüber einige Vermutungen anstellen. "Golem", ein begabter junger Mann aus jüdischer Familie, Student und Doktorand der Psychologie in New York, versucht offenbar seine persönlichen Probleme durch seine "Schöpfer", d.h. seine Familie, Umgebung, jüdisch-religiöse Erziehung usw. zu erklären. Der Golem-Name, unter dem die meist sexuellen Abenteuer des Helden berichtet werden, wirkt hier wie ein gewaltsames Distanzierungsmittel des Erzählers von sich selbst. Gegen Ende des Romans tauchen dann etwas zusammenhangslos einige Anspielungen auf den Golem-Mythos auf, die durch das Vorausgegangene kaum überzeugend motiviert wurden: "We are all Adams, all Golems" und "Golem's the name; Myth's the game" (S. 268). Die letzte Äusserung soll offenbar auf den "Golemaufstand" hinweisen, der sich auf den letzten Seiten des Romans abspielt und auf seinen ersten Seiten bereits in Szene gesetzt wurde, wo es heisst: "Inside the synagoge [...] the congregation is involved in Yizkor, the memorial service. Each member, each organ standing and sitting at Rabbi Lowe's unspoken, lifted or lowered index-finger command." (S. 4). Ein tödlicher "Golemausbruch", der sich wie ein Racheakt gegen die Gesellschaft auswirkt, endet dann den Roman mit den aufschlussreichen Worten des Helden: "Look what you've made me do." (S. 277). Es ist anzunehmen, dass diese Anklage, die in den geschilderten Erlebnissen des Helden allerdings kaum begründet wird, nicht etwa ironisch gemeint ist, sondern durchaus ernsthaft.

Ausser der Tatsache, dass der Held sich als Opfer seiner "Schöpfer", also seiner Herkunft und Umgebung sieht und insofern Anspruch auf den Golemtitel

---

[38] New York, Toronto & Vancouver 1969. Alle dem Text beigefügten Seitenangaben sind dieser Ausgabe entnommen.

erhebt, lässt sich noch ein weiterer Aspekt des Romans für den Golemtitel geltend machen. Der Held bleibt sich durchaus seiner eigenen "Unechtheit" bewusst. Er erlebt sich und andere gewöhnlich in irgendeiner Rolle, meist aus dem Bereich der Fernseh-, Radio- oder Filmkultur, und bleibt daher letzten Endes immer in einer bewussten "Pose" (S. 3) befangen. Obwohl die Rolle des "Golem-Helden" einerseits selbst wie eine solche Pose wirkt, von der nicht mit Bestimmtheit zu sagen ist, ob sie Bewunderung oder Mitleid erregen will, so soll sie andererseits gerade diese "Unechtheit" andeuten, die alle, auch die extravagantesten und intimsten Erlebnisse des Helden kennzeichnet. In diesem Sinne will der Erzähler vermutlich seinen Helden als "Golem", d.h. als leere, unbeseelte Form aufgefasst wissen. " 'I feel like I'm in a goddamned movie' " (S. 6), mit diesen Worten beginnt die eigentliche Handlung des Romans, und dieser vielfach wiederkehrende Eindruck soll offenbar durch den Golem-Namen betont werden.

Die anerkannte Stärke des Romans, die in bezug auf seinen Golemtitel allerdings gerade seine empfindlichste Schwäche darstellt, liegt in der sprachlichen Gewandtheit des Erzähler-Helden. Alle, auch die intimsten und flüchtigsten Regungen, werden unmittelbar durch die Sprache erfasst, zergliedert, grell und deutlich beleuchtet und auf diese Weise schliesslich entwertet. Um als "Golem" gelten zu können, versteht sich der Held zu gut auf die aggressiven Möglichkeiten der Sprache. Der mit der Pistole durchgeführte "Golemaufstand" wird zur leeren, unnötigen Geste für einen Helden, der bereits alle in ihm verborgenen Probleme durch die Mittel des sprachlichen Ausdrucks nach aussen projiziert und gleichsam "verschossen" hat. Will man also die namentliche Anspielung auf die Golemsage hier nicht nur als "tinkling symbol"[39], sondern als anspruchsvolle Überhöhung der Aussage auffassen, so stösst man auf eine störende Diskrepanz zwischen Form und Gehalt. Ein "Held" ohne jegliche sprachliche Hemmungen, ja mit einer überdurchschnittlich scharfen und gewandten Ausdrucksfähigkeit, die sich nie — sei es durch ein zuwenig oder zuviel an Mitteilung — selbst problematisch wird, mag zwar in der "Pose" des Golem interessant erscheinen, kann aber den anspruchsvolleren Aspekten dieser Mythen- und Sagengestalt kaum genügen.

Im Jahre 1970 erschien dann der Roman von Abraham Rothberg: "The Sword of the Golem"[40]. Dieses Werk hält sich eng an die Überlieferung der Golemsage, wie sie in den USA durch H. Leivicks Drama und die Übersetzung von Chajim Blochs Volksbuchversion etabliert wurde. Im Gegensatz etwa zu Meyrinks Roman oder M. E. Ludwigs Version eines zeitgenössischen Golem-

---

[39] Phoebe Adams, in: Atlantic Monthly 224 (Sept. 1969) S. 126.
[40] New York 1970. Alle dem Text beigefügten Seitenangaben sind dieser Ausgabe entnommen.

Helden kann Rothbergs Roman sogar als ausgesprochen "traditionelle" Rezeption der Prager Sage gelten. Der Verfasser hat in seiner Widmung selbst angedeutet, dass ihm Leivicks Golem-Drama als Inspirationsquelle diente: "To all who have searched the past of the Golem and questioned his meaning; but most of all to the great Leivick, who breathed new life into the Golem's clay." Dieser Hinweis auf Leivick enthält auch eine indirekte Anerkennung des "Volksbuches", das von Leivick als Quelle benutzt wurde. Diese Legendensammlung erweist sich als die überwiegende stoffliche Quelle zu Rothbergs Roman. Während Leivick in seinem Drama nur eine Episode aus den "Wundern" aufgegriffen und vertieft hatte, gehen von den 27 Romankapiteln Rothbergs etwa 16 auf verschiedene Episoden aus den "Wundern" zurück. Dabei ist der Verfasser seiner Vorlage meistens so treu geblieben, dass er nicht nur Handlung und "Plot", sondern auch die Namen der Handelnden, die Länge der Gefängnisstrafen und andere Einzelheiten genau beibehalten hat. Andererseits hat er sich des Umstandes bedient, dass die einzelnen Episoden des "Volksbuches" untereinander austauschbar sind. Er hat also das übernommene Material auf völlig neue Weise angeordnet und zum Teil mit übergeordneten Handlungssträngen des Romangeschehens motivisch verknüpft.

Während sich im "Volksbuch" die Golemschöpfung des Maharal fast ausschliesslich positiv auswirkt, arbeitet Rothberg, in dieser Hinsicht Leivick folgend, die Zweideutigkeit, ja die im Titel angedeutete "Zweischneidigkeit" der Golemrettung heraus. Die Episoden aus den "Wundern" entwickeln sich also nicht, wie in der Vorlage, eindeutig zu Gunsten des Golemschöpfers und seiner Gemeinde. Schon die "Disputation", die in der Quelle den theologischen Ruhm Rabbi Löws fundiert, wird im Roman ein erneuter Anlass, die Juden schuldig zu sprechen. Diese "Disputation" resultiert bei Rothberg in einer Bücherverbrennung im Ghetto, die bereits die kommende Katastrophe ahnen lässt. Obwohl also Rothbergs Auswahl aus den "Wundern" die stoffliche Masse seines Werkes ausmacht, bleibt es hier nicht bei einer blossen Aneinanderreihung von Rettungsepisoden, sondern diese gestalten sich zunehmend schwieriger und zweideutiger und können am Ende nicht die Katastrophe verhindern, der Rabbi Löw gerade durch seine Golemschöpfung zu begegnen suchte.

Der innere Aufbau des Romans — dessen äusserer Schauplatz auf das Prager Ghetto gegen Ende des 16. Jahrhunderts beschränkt bleibt — lässt sich aus der spezifischen Anordnung der übernommenen "Wunder" ablesen. Alle erfolgreichen Rettungstaten des Golem werden noch vor seiner Flucht aus dem Hause des Rabbi ausgeführt. Zu diesen Rettungsabenteuern gehört im dritten Kapitel die Episode mit dem Schlächter, den der Golem dabei erwischt, wie er die Leiche eines Kindes in den Keller seines Gläubigers — hier Mordechai Meisl — zu schmuggeln sucht. Weiterhin findet sich im fünften Kapitel die Erzählung von den vergifteten Pessachbroten, und die Kapitel sechs bis zehn des Romans enthalten eine Schilderung der Episode, die in der englischen Version der

"Wunder" den Titel trägt: "The Renegade"[41]. Bei der Übernahme dieser Erzählung bedient sich Rothberg eines ähnlichen Mittels wie Leivick in seinem Drama zur Vertiefung der "Blutbeschuldigung", eine Episode, die Rothberg übrigens unberührt lässt. Während in der Vorlage lediglich berichtet wird, wie der Rabbi den Golem mit einem bestimmten Auftrag ausschickt und dann ungeduldig seine Rückkehr erwartet, begleitet der Roman den Golem auf seinem Abenteuer und zeigt, wie sich dieses im Einzelnen gestaltet. Statt des traumhaft gestalteten Ganges in die Tiefe in Leivicks Drama erlebt der Golem bei Rothberg eine Art Befreiung von seinen Dienerpflichten im Ghetto. Er lernt ein idyllisches Landleben kennen, das in einem Liebesabenteuer mit dem gesuchten Christenmädchen gipfelt. Entsprechend der Vorlage nimmt zwar diese Episode für alle von der Ritualmordanklage Betroffenen ein glückliches Ende, aber der Golem wird nach seiner gehorsamen Rückkehr ins Ghetto um die Erfüllung seines Liebesglückes betrogen. Die Begegnung des Golem mit Jitka wirkt sich dann insofern auf die weitere Entwicklung der Handlung aus, als sie den psychologischen Anstoss zu der Liebe zwischen dem Golem und des Rabbis Pflegetochter gibt. Da diese Liebe gewaltsam unterbunden wird, führt sie zur Flucht des Golem und letzten Endes zu seinem "Aufstand".

Die Flucht des Golem aus dem Hause seines Schöpfers, wo er hinfort nur noch gelegentlich auftaucht, stellt den Wendepunkt im Entwicklungsgefüge des Romans dar. Nach dieser Flucht kommen keine glücklich ausgehenden Rettungsabenteuer mehr zustande. Der Rabbi muss in die Verbrennung der heiligen Schriften einwilligen, um Schlimmeres zu verhüten. Anlässlich der christlichen Osterprozession kommt es dann zur blutigen Schlacht im Ghetto. Der Golem verteidigt zwar bei dieser Gelegenheit die Juden nach Kräften, da er aber die grausame Ermordung seiner Geliebten nicht verhindern konnte, gerät er in Raserei und erschlägt auch die Juden, die ihm in den Weg kommen, darunter den Schwiegersohn des Rabbi. Diese Entwicklung des Golemaufstandes inmitten des Pogroms, das der Golem verhindern sollte, und seine Motivierung unmittelbar durch das Liebesmotiv stellt des Verfassers zeitgenössische Abwandlung der Sage dar. Ähnlich wie bei Leivick kommt es zum Konflikt zwischen Schöpfer und Geschöpf, weil der Golem trotz seines menschlichen Potentials nur als Mittel zu einem "höheren" Zweck, nicht aber als Zweck in sich selbst existieren soll. Eindeutiger als in Leivicks Drama wird hier die dem Golem untersagte Liebe der Anlass zum Misslingen der Golem-Rettung. Aber obwohl die Lieben des Golem für den Geschehensablauf des Romans eine so entscheidende Rolle spielen, wirken sie sich darstellungsmässig weniger "lyrisch" aus als bei Leivick. Dies liegt nicht nur daran, dass die Liebe des Golem im Prinzip ja erwidert wird und daher weniger Anlass zu lyrischer Klage gibt, es hängt vor allem mit der Perspektive des romanhaften Erzählens aus distanzierter Vergangenheit einerseits und des

---

41 Vgl. Chayim Bloch: The Golem, S. 77—80; S. 96—105; S. 81—95.

unmittelbaren dramatischen Zeigens andererseits zusammen. Im Gegensatz zu dem rebellisch-expressiven Golem-Monolog im Drama kommt es im Roman lediglich zur Beschreibung eines Liebesidylls im "Garten der Toten". War Leivicks Golemgestalt ein in sich selbst zwischen "hellen und dunklen" Aspekten gespaltenes Wesen, so stellt der Golem in Rothbergs Roman an sich ein relativ unproblematisches Geschöpf dar, das sich kaum von einem gewöhnlichen Menschen unterscheidet. Die typischen Golemmerkmale der Stummheit und geistigen Unzulänglichkeit fehlen diesem Golem, der sich lediglich durch überdurchschnittliche Körperkräfte auszeichnet. Ja, der Verfasser legt sogar Wert darauf, die aussergewöhnliche Begabung und den Eifer des Golem beim Studium der heiligen Schriften hervorzuheben:

> A golem was supposed to have neither wisdom nor judgment, nor was he endowed with a will of his own or sexual feelings. Yet Joseph Golem had already evinced both a remarkable desire and capacity to learn and pray — Isaac said that he had never taught or studied with a more apt pupil, that already the Golem knew more than most of his students — and the Golem's glances at Kaethe left no doubt that powerful emotions surged within his frame. (S. 20)

Warum diese ausgesprochene Anthropomorphisierung des Sagengolems? Man kann sich in Rothbergs Roman gelegentlich nicht des Eindrucks erwehren, dass aus der von Mythos und Sage geprägten Golemgestalt ein *civil rights*-Fall geworden ist. Warum aber das Wunder einer Golemschöpfung bemühen, wenn sich der Golem — objektiv gesehen — durch nichts mehr als seinen kräftigeren Körperbau von anderen Menschen unterscheidet? Der Konflikt zwischen Schöpfer und Geschöpf, der in Leivicks Werk noch als echte dramatische Auseinandersetzung zwischen dem Rabbi und dem Golem zum Ausdruck kam, erscheint in Rothbergs Roman als ein psychischer Konflikt im Schöpfer selbst. Objektiv gesehen mag zwar der Golem sich kaum von anderen Menschen unterscheiden, aber in den Augen des Rabbi, des einzigen Menschen, der das Geheimnis seiner Herkunft durchschaut, bleibt das Geschöpf durch die Umstände seiner Hervorbringung bedingt. Es wurde zu einem bestimmten Zweck ins Leben gerufen und hat daher nur Lebensberechtigung, insofern es diesen Zweck erfüllt. Da aber der Rabbi nicht nur Reichweite und Risiko des objektiven Golemzweckes ermisst, sondern auch als menschliche Vatergestalt geschildert wird — er hat einen einzigen Sohn durch einen frühen Tod verloren — wird klar, dass das Unglück des Golem nicht etwa in dessen eigener Unvollkommenheit, sondern in einer inneren Konfliktsituation seines Schöpfers begründet ist. — Der zu einem bestimmten Zweck erschaffene Golem verhält sich erstaunlicherweise wie ein Mensch. Er darf aber kein Mensch sein, weil er zu einem bestimmten Zweck als Golem erschaffen wurde. Er verfehlt schliesslich seinen Zweck als Golem, weil er kein Mensch sein darf. — Diese etwas paradox anmutende Entwicklung versucht Rothberg auf psychologische Konflikte im Golemschöpfer zurückzuführen. Dabei bedient er sich der historischen Tatsache, dass Jehuda

Löwes einziger Sohn, Bezalel, neun Jahre vor seinem Vater in Köln starb, möglicherweise unter Umständen, bei denen väterlicher Ehrgeiz eine Rolle spielte[42]. Mehrfach wird bei Rothberg gerade von "Pearl", der sonst im Hintergrund des Geschehens bleibenden Gattin des Rabbi, die Erinnerung an den Sohn Bezalel wie anklagend heraufbeschworen:

> 'He [the Golem] makes me afraid, but I am more afraid of the way you treat him.'
> 'How do I treat him?'
> 'As if he were a *korban*, a bullock you were hastening to place on the altar of the Lord.'
> 'Is an *Akédah* not sometimes the duty of the Rabbi of Prague?' he asked, thinking not of the Golem but of Bezalel.
> 'You have already made your sacrifice, at Kolín. You are not the Patriarch Abraham, nor was Bezalel Isaac, nor what you did to him an *Akédah*. And the Almighty did not stay your hand.' Outraged, he made no rejoinder. [...] As if what had befallen Bezalel was something *he* had done [...] (S. 60)

In dem traumatischen Gespräch zwischen den Ehepartnern, das um den Unterschied zwischen einem "Akédah", dem "Binden" Isaaks, das von Abraham gefordert wurde (1. Mose 22,9), und einem freiwilligen "Opfer" kreist, deutet sich das Geflecht psychologischer Motivierungen an, mit dem Rothberg über seine Vorlagen hinausgeht. Rein stofflich und dem grundsätzlichen Problem nach, das, wie der Titel andeutet, das alte Problem einer zweideutigen Rettung bzw. eines "zweischneidigen Schwertes" ist, bewegt sich dieser Golem-Roman auf vorgeprägten Bahnen. Neuartig ist die psychologische Verknüpfung sagenhafter und historischer Elemente in einer modernisierten und doch durch die epische Vergangenheitsperspektive distanzierten Rabbi Löw Gestalt. Dieser Prozess rechtfertigt zwar die Romanform, trivialisiert aber bis zu einem gewissen Grad die Ansprüche des Stoffes.

Da die Zweischneidigkeit einer "Golemrettung" d.h. einer Rettung durch das "Schwert" oder den Krieg sich in der jüngsten Gegenwart als besonders aktuell erwiesen hat, mag bei der Wahl der Romanform für dieses durchaus "engagierte" Werk auch ein soziologischer Faktor mitgespielt haben. Der Roman ist zu seiner Verbreitung auf keine Bühne, keine Schauspielgruppe, keinen Sammelband und kein übergeordnetes veröffentlichendes Organ, sondern nur auf sich selbst angewiesen. Er wendet sich nicht an eine bestimmte Klasse von Experten oder Liebhabern, sondern verlangt zunächst kein weiteres Entgegenkommen von seiten des Publikums, als gelesen zu werden. Indem Rothbergs Roman die aktuelle Frage nach dem Gebrauch von Gewalt aufwirft, ohne eine Lösung vorzuschreiben, ebensowenig wie er eine Lösung für den inneren Konflikt des

---

42 Vgl. F. Thieberger: The Great Rabbi Loew of Prague, S. 43: "The family chronicles of Perles mention a case of personal opposition which Liwa had to encounter. Liwa wanted his only son Bezalel, who was generally considered a 'Chariff', i.e. very sharp, to deputize for him, in order to become one day his successor. The community, however, was against this. Greatly embittered, Bezalel left Prague and, in the Bohemian community of Kolin, founded his own Talmudic college. Shortly after, in 1600, he died. This was the heaviest blow which Liwa and his wife suffered in their long lives."

Golemschöpfers vorgibt[43], kann das Werk nicht nur als stofflich origineller, sondern auch als relevanter Beitrag zur zeitgenössischen Literatur gewertet werden.

Vom Gesichtspunkt der Gattungsexperimente mit dem Stoff der Golemsage erweist sich dieses Werk als ein interessantes Produkt; denn es kombiniert stoffliche Bestandteile einer neuromantischen Legendensammlung mit gehaltlichen Elementen aus einem "dramatischen Gedicht" der expressionistischen Epoche zur Universalform des Romans. Während das aus dem "Volksbuch" übernommene "epische" Prinzip der Aneinanderreihung von Episoden ebenso wie das im Aufbau des Werkes ersichtliche "dramatische" Prinzip sich günstig in diese Form integrieren liessen, erweisen sich die in den ersten Kapiteln von Leivick übernommenen "lyrischen" Momente als flach, denn sie erfüllen hier nicht mehr ihre ursprüngliche "verdichtende" Funktion. Wie bei Leivick wird der Golem zur Zeit des Tagesanbruchs am Moldauufer geschaffen, aber die Übergangsmomente zwischen Nacht und Tag dienen hier kaum noch dazu, die Praegnanz der Situation zu verbildlichen. Sie liefern lediglich die geeignete Hintergrundsmusik für einen Vorgang, der sich anschickt, den weiten Rahmen des Romans auszufüllen. Diesen grosszügigen epischen Rahmen füllt der Verfasser schliesslich dort am wirksamsten aus, wo er den blutigen Endkampf im Ghetto beschreibt (Kapitel 24 & 25). Hier ist der Erzähler nicht wie der Bühnendichter auf teichoskopische Mittel angewiesen, sondern er kann bei jeder blutigen Szene kurz Halt machen und typische Bilder aus allen Stadien des Kampfes wie mit der Filmkamera aus wechselnder Perspektive aneinanderreihen. In der Tat fordert Rothbergs Beschreibung des Bürgerkrieges im Ghetto durchaus die Riesenleinwand des modernen Farbfilmes heraus. Wenn die Theorie Käte Hamburgers[44] zutrifft, dass der Film sowohl dramatisierte Epik wie episierte Dramatik darstellt, so müsste sich Rothbergs modernisierte Romanbehandlung der Golemsage im Medium des zeitgenössischen Filmes am vorteilhaftesten weiterverarbeiten lassen.

Auch im Jahre 1971 ist in den USA "A New Novel of the Golem" erschienen. Es handelt sich um den Band von Sulamith Ish-Kishor: "The Master of Miracle"[45]. Das Buch ist mit Illustrationen von Arnold Lobel ausgestattet und in erster Linie als Erzählung für Kinder und Jugendliche gemeint. Die Prager Sage wird hier aus der Perspektive eines fünfzehnjährigen Jungen wiedergegeben, der die Golemschöpfung belauscht und selbst eine entscheidende Rolle bei der Zerstörung des Golem gespielt hat. Um diese Perspektive zu ermöglichen, bedient sich die Verfasserin der Erzählung einiger zeitlicher Akrobatik:

---

43 Ein Zitat, das die Hoffnungslosigkeit einer Lösung des inneren Konfliktes andeutet, taucht leitmotivartig auf: "What shall a man do to live? the Sages asked; and replying to their own question, declared: He shall deaden himself." (S. 95; S. 102; S. 146).
44 Die Logik der Dichtung, S. 176—186.
45 New York, Evanston, San Francisco, London 1971. Alle dem Text beigefügten Seitenangaben sind dieser Ausgabe entnommen.

Die Lehmreste des Golem sollen hier nicht auf dem Dachboden der Altneuschule, sondern auf demjenigen der Pinkas Synagoge aufbewahrt gewesen sein. Dieser wurde im Winter 1847–48 durch ein vom Blitz verursachtes Feuer zerstört. Hundert Jahre später, im Jahre 1948, wurde Israel von den United Nations als Staat anerkannt, und die Mauern der Stadt Jerusalem wurden wieder aufgebaut. — Wie hängt nun die Neubegründung des jüdischen Staates mit dem Feuer zusammen, das den Dachboden der alten Prager Synagoge zerstörte? Sulamith Ish-Kishors märchenhafte Umrahmung der Golemsage gibt die Antwort: Die Reste des Golem bewachend befand sich auf dem Dachboden der Pinkasschule — nur ausgewählten Personen sichtbar und hörbar — die Gestalt eines "zeitlosen", uralten Mannes, eben jenes Knaben Gideon ben Israel, der die Golemschöpfung des hohen Rabbi Löw miterlebt hatte und für die rechtzeitige Zerstörung des Golem verantwortlich gewesen war. Gideon, der seinerzeit das "Leben" des Golem nicht zerstören wollte, war dazu verurteilt worden, selbst nicht sterben zu dürfen, bis die verheissene Rückkehr Israels und der Wiederaufbau Jerusalems eingetroffen sei. Dank einer besonderen Gnade des Himmels wurde jedoch die sühnende Wartezeit Gideons durch das Feuer in der Pinkassynagoge genau um hundert Jahre verkürzt.

Nicht zum ersten Mal ist hier die Prager Golemsage auf märchenhafte Weise mit der Prophetie von der Rückkehr ins Heilige Land verknüpft worden. Schon im Jahre 1920 verwob die Schriftstellerin Irma Singer in ihrem Märchen: "Wohin der Golem die kranken Männer bringen liess"[46] die zionistische Hoffnung mit der Sage vom Golem. In diesem Märchen ist es der Golem selbst, der, durch den an seinem Gaumen hängen gebliebenen Buchstaben "Chet", der "Chajim" (Leben) bedeutet, zu periodischer hundertjähriger Wiederkehr verurteilt, vom "Leben" erlöst werden muss. Dies geschieht, indem er anderen "wirkliches Leben" schenkt. Darum versetzt der Golem vier kranke Männer auf märchenhafte Weise in das Land ihrer Väter, wo der Lahme gehend, der Blinde sehend, der Stumme sprechend und der, der das Leben in Büchern ergründen wollte, ein fröhlich pflügender Bauer wird. In der eingestürzten Behausung der Männer in der Hampassgasse zu Prag[47] aber finden sich die zerbrochenen Überreste des "erlösten Golem".

Das Motiv von der hundertjährigen Wiederkehr, die Beziehung der Golemsage auf das Schicksal der Juden im Exil und daher das mit dem Ende des Exils irgendwie zusammenfallende Ende der Sagengestalt des Golem sind Züge, die sich auch in dem märchenhaften Rahmen zu Ish-Kishors Roman finden, sodass es möglich erscheint, dass die Verfasserin mit dem Golemmärchen aus Irma Singers "Verschlossenem Buch" von 1920 vertraut war. Erzähltechnisch dient aber nun die Verbindung der Golemsage mit dem Ende des Exils dazu, die

---

46 Das verschlossene Buch. Jüdische Märchen. Wien, Berlin 1920, S. 42–45.
47 Hier lässt sich ein gewisser Einfluss des Meyrinkschen Golem-Romans feststellen. Irma Singers Märchen-Golem wird z.B. auch an den "schiefen Augen" erkannt.

sagenhaften Ereignisse aus dem 16. Jahrhundert in eine Gegenwartsperspektive subjektiver Erinnerung zu transponieren. Der über die Jahrhunderte hinweg sich erinnernde, unsichtbare "Geist" (?) Gideon ben Israels erzählt seine Lebensgeschichte, die Geschichte eines Waisenknaben unbestimmter Herkunft, der im Prager Ghetto des 16. Jahrhunderts aufwächst und das "Wunder" vom Golem unmittelbar miterlebt.

Der Titel des Buches, "The Master of Miracle", weist sowohl auf die "Wunder des Maharal mit dem Golem", also auf das "Volksbuch" als Quelle hin wie auch auf den mit der Golemsage verwandten Motivkreis vom "Zaubermeister" bzw. "Zauberlehrling". In der Tat verkörpert Gideon ben Israel[48] eine Art Zauberlehrlingsgestalt im Verhältnis zu Rabbi Löw, den "Master of Miracle". Nachdem der fünfzehnjährige Waisenknabe die magische und in einigen Zügen an Wegeners filmische Darstellung (oben V, S. 157ff.) erinnernde Belebung des Golem belauscht hat, wird gerade er vom "Meister" dazu berufen, die Rettungsaktion des Golem zu dirigieren und anschliessend das Geschöpf vermittels einer "mystischen" Befehlsformel zu zerstören. Aber nicht nur vergisst er zunächst über der Freude der gelungenen Rettung, den Zerstörungsbefehl auszuführen, er bringt auch später aus Mitleid mit dem menschenähnlichen Riesen die zerstörende Formel nicht über die Lippen. Der erfolgende "Golemaufstand" zeichnet sich durch eine Vermischung der Motive aus der Chelmer und Prager Sagenversion aus:

> And it had grown. It was now almost twelve feet tall! Surely it had grown by the natural fertility of earth, as a tree grows, but much faster because of the spark of directly God-given life within the clay. [...] Who could say how far it might go toward becoming human? And with its rate of growth if it should become less innocent, it could become dangerous, unmanageable. And not having a reasoning mind, what harm it might do! (S. 98)

Als es im Verlaufe des Golemaufstands endlich dem Meister gelingt, den alleszerstörenden Riesen mit den rechten Worten zu bändigen, wird Gideon in Analogie zu der von Grimm erzählten Version der Sage selbst das Opfer des zusammenstürzenden Lehmkolosses, dem er sich entgegengeworfen hat, um Leah, die Enkelin des Rabbi zu retten. Die fallende Golemmasse zerstört jedoch nicht sein Leben. Er erholt sich von seinen Verletzungen, bleibt aber wegen des erlittenen Gehirnschadens auf der geistigen Stufe eines Kindes stehn. Dies hindert jedoch nicht, dass der Waisenknabe schliesslich mit der Enkelin des Rabbi glücklich vereint wird.

Die Strafe des Nicht-Sterben-Dürfens erscheint fast zu hart für den schon im Sinne der polnischen Sagenversion bestraften "Zauberlehrling", der mehr aus Mitleid als aus Überheblichkeit gehandelt hatte. Dennoch endet die Erzählung ausdrücklich mit dem Gebet: "Blessed art Thou, O Lord, the righteous Judge"

---

48 Der Name geht auf einen Vorkämpfer des Königreiches Israel im biblischen "Buch der Richter" (Kap. 6–8) zurück: "[...] and named me Gideon from the Bible, for Gideon had great faith and was 'a mighty man of valor'." (S. 8).

(vgl. Jes. 11,4). Offenbar soll das Dilemma des Golemschöpfers der Sage, der den göttlichen "Meister" bei seiner Arbeit belauscht hat, hier auf der Stufe eines jungen Menschen für junge Menschen einsichtig gemacht werden. Die Schöpfer-Geschöpf Hierarchie aus Schöpfungsmythos und Golemsage ist in dieser Erzählung um eine weitere Stufe ausgebaut worden. War zunächst der Schöpfer Adams der "Meister des Wunders" und der Mensch in der Gestalt des sagenumwobenen Kabbalisten sein "Zauberlehrling", so hat sich nun das Verhältnis verschoben. Der Rabbi ist zum erhabenen und unnahbaren "Meister" und "Richter" erhoben worden, während der erst halberwachsene Waisenknabe mit der vollen Verantwortung für die gefährliche Schöpfung aus Erde und Geist betraut wird. Diesen Zug der auf das Kind übertragenen Verantwortung hat auch der Illustrator des Buches aufgefangen. Er zeigt zwar den jugendlichen Helden stets in dem seinem Alter entsprechend verkleinerten Massstab, jedoch nicht mit den Zügen und Proportionen eines Kindes, sondern in der Gestalt eines Miniatur-Erwachsenen, in der Art wie auch auf älteren Gemälden Kinder dargestellt und aufgefasst werden.

Stil und Handlung der Erzählung sind aus mehreren Gründen dazu geeignet, jugendliche Leser anzusprechen. Der unmittelbare und völlig paratakische Stil der Ich-Erzählung trifft sich mit der Erzählweise eines jungen Menschen, dessen Welt sich noch aus einer Aneinanderreihung von beobachteten Einzelheiten zusammensetzt und dem die umfassendere, reflektierende Übersicht über die Ereignisse, die den Erwachsenen auszeichnet, noch fehlt. Die Handlung weist einerseits stark märchenhaft-phantastische Züge auf: Gideon reitet z.B. auf den Schultern des unsichtbaren, mit Siebenmeilenschritten dahineilenden Golem, sodass es den Passanten erscheinen muss, als ob "a young man was riding through the air, some ten feet above them". (S. 86). Andererseits scheint der phantastische Golem dieser Erzählung mit einem modernen Computer-Mechanismus ausgestattet zu sein. Das mit dem Pronomen "it" bezeichnete, stumme, riesige Geschöpf reagiert nur auf richtige und richtig formulierte Befehle. Erhält es einen Befehl, hinter dem sich eine Dummheit oder ein Denkfehler verbirgt, so rührt es sich nicht von der Stelle. Erst wenn man diesem "Roboter" die richtige Handlungsweise aufträgt, kommt Bewegung in seine schweren Glieder. Wie eine magische Apparatur wartet diese Wunder-Schöpfung im Keller des Rabbi, bis sie gebraucht wird, und wartet später eine ganze Nacht lang, unsichtbar, an der Stelle, wo sie von Gideon vergessen wurde.

Indem einige um den Ritualmordverdacht kreisende Detektiv-Episoden aus der Vorlage von den "Wundern" mit Elementen einer Seeräubergeschichte durchsetzt werden, ergibt sich eine relativ spannende *Whodunit* Handlung. Schliesslich stellt der zweimal verwaiste Knabe Gideon auch insofern eine adäquate Heldengestalt für junge Leser dar, als er sich brav durchprügelt, wo er von Altersgenossen wegen seiner jüdischen oder undefinierbaren Herkunft angegriffen wird.

Obwohl die Länge bzw. Kürze der Erzählung der Ausdauer junger Leser angemessen ist, rechtfertigt sie die Bezeichnung "Novel", denn es handelt sich um eine autobiographisch erzählte, das Ziel der Selbsterkenntnis anstrebende Lebensgeschichte[49], also um eine Art Entwicklungsroman. Eine kleine, aus subjektiver Perspektive gesehene Welt, eben die Welt der Prager Judenstadt im 16. Jahrhundert mit ihrer Extravaganz an Armut und Reichtum, an sozialen und politischen Problemen, aber auch an romantischen Liebesbeziehungen, gruppiert sich anschaulich um den jungen Helden, der in ihr unschuldig schuldig wird. Die Liebesbeziehung Gideons zu Leah wird durch die Verwendung eines gelungenen Leitmotivs untermalt. In der Nähe von Leahs Haus "there was a green tree [...], its roots set into a pattern of tiles bright blue and dark blue" (S. 56). Dieses in hell- und dunkelblaue Kacheln eingefasste Bäumchen taucht regelmässig dann auf, wenn auf Gideons Gefühle für Leah angespielt werden soll. Vielleicht deutet dieses Bild die in der liebevollen Umgebung ihrer Familie verwurzelte Existenz Leahs an, die gerade dem Waisenknaben besonders anziehend und glücklich erscheinen muss: "I turned my steps, specially to pass by Leah's house and if possible to step on the blue tiling around her tree — it felt like good luck whenever I could do that." (S. 58f.) Wie ein Signal taucht dieses Leitmotiv zum letzten Mal während des Golemaufstands auf, bevor Gideon des Rabbis Enkelin unter Einsatz seines eigenen Lebens rettet. Aber obwohl es Gideon auf diese Weise gelingt, seine irdische Liebe heimzuführen, bleibt der Waisenknabe am Ende ohne Heimstatt in dieser oder der nächsten Welt bis zur Vorwegnahme der Heimkehr in das verheissene Land.

Hat es sich im Laufe des 20. Jahrhunderts erwiesen, dass die Golemsage in verschiedenen Gestaltungen in die Form des Romans integrierbar ist, so zeigt sich gleichzeitig, dass dies eine verhältnismässig späte und vermutlich kaum abgeschlossene Entwicklung unter den Gattungsexperimenten mit dem Golemstoff darstellt. Sicherlich hat das fiktive Legendenbuch von den "Wundern des Maharal mit dem Golem" einen entscheidenden Anstoss zu dieser Entwicklung gegeben, aber auch wohl die Tatsache, dass der Roman heute die weitverbreitetste Form nicht nur der erzählenden Dichtung, sondern der Dichtung überhaupt darstellt. Während der Golemstoff bisher allein die Grossform des Romans relativ selten auszufüllen vermochte, taucht die Sagengestalt des Golem häufig als "Bild, Begriff, Gleichnis oder [...] Motiv"[50] auf. Sie erfüllt also hier als einzelner "verdichtender" Bestandteil eine ähnliche Funktion wie in einigen der oben besprochenen Gedichtformen des 19. Jahrhunderts. Ausserdem finden sich die Motive vom künstlichen Menschen als Automaten oder künstlich hervorgebrachten Doppelgänger, die sich mit dem Motivkomplex des Golem-

---

49 Vgl. Georg Lukács: Die Theorie des Romans. Ein geschichtsphilosophischer Versuch über die Formen der grossen Epik. Berlin ²1963, S. 75—82.
50 Die Golemsage, S. 171—176.

stoffes überschneiden, häufig in älteren und neueren Science Fiction Texten, aber auch in anspruchsvolleren zeitgenössischen Romanen wie etwa "Tunc" und "Nunquam" von Lawrence Durrell[51].

Sollten die hier betrachteten Golem-Romane auf einen gemeinsamen Nenner gebracht werden, der sich aus dem Sagenstoff selbst ergibt, so liessen sie sich am eindeutigsten der Kategorie des "Raumromans" zuordnen. Auch die bei M. E. Ludwig eher mythisch aufgefasste Golemvorstellung, die aus dem "Hero for our Time" eine Art "Anti-Hero" macht, bildet hierin keine Ausnahme. Denn auch dieser zeitgenössische "Golem" durchwandert einen bestimmten abenteuerlichen Raum, kehrt aber letzten Endes, wie auch der Meyrinksche Golem, "zu dem Punkt zurück, von dem er ausgegangen".

51 Tunc. New York 1968; Numquam. New York 1970.

Ein Zwiegespräch

"Du, Vater, sag' mir, was ein Golem ist?"
Ein Fabelwesen, das ein Kabbalist
Aus Ton geknetet, das nicht trinkt noch isst,
Doch seinem Meister dient zu jeder Frist;
Zum Beispiel Holz zerkleinert, Unkraut jätet,
Nie müde wird, und sich auch nie verspätet.
"Das ist ja fein! Ist er auch immer brav?"
Ach nein! Er ist ja dümmer als ein Schaf.
Wenn man sich in der Zauberformel irrt,
Kann es geschehn, dass er meschugge wird
Und — seine Kräfte sind ganz unermesslich —
Alles zusammenschlägt, ob schön, ob hässlich.
Wenn ihn der Meister nicht alsbald vernichtet,
Dann wird die Gegend greulich zugerichtet:
Halb ausgebrannt; die Häuser krumm und schief;
Nach Leichen stinkend und — — radioaktiv.
"Hast du denn einen Golem je gesehn?"
Ich? Viele Male; ist auch dir geschehn.
"Wieso denn das? Ich kann mich nicht entsinnen..."
Warst du noch nie in einem Flugzeug drinnen?
Hab ich dich nie in unsern Ford verfrachtet?
Hast du den Fernseh-Bildschirm nie betrachtet?
"Wenn du das Golems nennst!" Sie sind es; nur,
Verhältnismässig harmlos, Miniatur.
Die überlebensgrossen, mörderischen,
Die findest du natürlich nicht dazwischen.
Die lauern, jeder tief in seiner Höhle,
Und warten dort auf Massenmord-Befehle.
Worauf sie über Meere, Länder springen,
Um ungezähltes Leben umzubringen.
Da unsere Gegner ganz das Gleiche treiben —
Wer weiss, wieviele Menschen übrig bleiben?
Und ob die nicht so gottserbärmlich leiden,
Dass sie die rasch Getöteten beneiden?
"Sind denn die Menschen völlig blöd und blind?"
Hab' ich gesagt, dass sie verständig sind?
Es liegt an euch! An dir und deinesgleichen,
Eine vernünftigere Lösung zu erreichen.
Inzwischen muss man sich, wie's geht, behelfen,
Muss heulen mit den atomaren Wölfen,
Sonst bringen sie dich ungewöhnlich schnell um.
Bedenke: Si vis pacem, para bellum!
"Papa, das alles find' ich gar nicht schön!"
Ich auch nicht; folglich lass uns schlafen gehn.
"Nie wissen, ob man morgen früh erwacht!"
Nun, wenn schon! Hoffen darfst du's. Gute Nacht!

BIBLIOGRAPHIE

I Texte und Quellen

Arnim, Ludwig Achim von. Isabella von Ägypten. Kaiser Karl des Fünften erste Jugendliebe. In: Sämtliche Romane und Erzählungen. Bd. II. München 1963.
Asimov, Isaac. I, Robot. The Day of the Mechanical Men – Prophetic Glimpses of a Strange and Threatening Tomorrow. New York (= Signet Books S 1885) 1961.
Auerbach, Berthold. Spinoza. Ein historischer Roman. Stuttgart 1837.
Bergmann, J. Die Legenden der Juden. Berlin 1919.
Bloch, Chajim. Der Prager Golem von seiner "Geburt" bis zu seinem "Tod". Wien 1919.
– The Golem Legends of the Ghetto of Prague. Transl. Harry Schneidermann. Vienna 1925.
– The Golem. Mystical Tales from the Ghetto of Prague. Transl. Harry Schneidermann. New York (= Rudolf Steiner Publications, Blauvelt 10913) 1972.
– Israel der Gotteskämpfer. Der Baalschem von Chelm und sein Golem. Berlin 1920.
Borges, Jorge Luis. El Golem. In: Obra Poetica 1923–1966. Buenos Aires 1966, S. 167–170.
– The Golem. In: Selected Poems 1923–1967. A Bilingual Edition. New York 1972, S. 110–115.
– Der Golem. In: Ausgewählte Gedichte. Übers. Otto Rolf. Wiesbaden 1963, S. 138–145.
– Las Ruinas Circulares. In: Obras Completas Bd. II, Ficciones. Buenos Aires 1968, S. 59–66.
– und Margarita Guerrero. The Golem. In: The Book of Imaginary Beings. Transl. Norman Thomas di Giovanni. New York 1969, S. 112–114.
Brentano, Clemens von. Erklärung der sogenannten Golem in der Rabbinischen Kabbala. In: Werke Bd. II. München 1963, S. 1122f.
Brod, Max. Tycho Brahes Weg zu Gott. Berlin, Wien, Leipzig 1931.
Capek, Karel. R. U. R. Transl. P. Selver. New York 1969.
Celan, Paul. Einem, der vor der Tür stand. In: Die Niemandsrose. Frankfurt 1963, S. 40f.
Davidson, Avram. The Golem. In: The Jewish Caravan. Hg. Leo Schwarz. New York 1965, S. 647–651.
Droste-Hülshoff, Annette von. Die Golems. In: Sämtliche Werke. Hg. Clemens Heselhaus. München 1966, S. 260–262.
– Halt fest. In: Sämtliche Werke. München 1966, S. 247f.
Durrell, Lawrence. Tunc. New York 1968.
– Nunquam. New York 1970.
Fantasmagoriana. Traduit de l'allemand par un Amateur. 2 Bände. Übers. J. B. B. Eyries. Paris 1812.
Foster, James R. The Golem. In: The World's Great Folktales. New York 1953. S. 266ff.
Frischmann, David. Ha-Golem. (Hebr.) In: Ba-Midbar 1923.
Gorion, Micha Josef bin. Der Born Judas. Legenden, Märchen und Erzählungen. 6 Bände. Leipzig 1921.
– Die Sagen der Juden. Mythen, Legenden, Auslegungen. Berlin 1935.
Grimm, Jakob. Kleinere Schriften Bd. IV. Berlin 1869, S. 22.
Hauschner, Auguste. Der Tod des Löwen. Mit Radierungen von Hugo Steiner-Prag. Leipzig, Prag 1922.
Hess, Johannes. Der Rabbiner von Prag (Reb Löb). Kabbalistisches Drama in vier Akten. Karlsruhe und Leipzig 1914.
Hoffmann, E. T. A. Die Geheimnisse. In: Sämmtliche Werke Bd. XI. Serapionsausgabe in 14 Bänden. Berlin, Leipzig 1922, S. 135ff.
Holitscher, Arthur. Der Golem. Ghettolegende in drei Aufzügen. Berlin 1908.
Hollander, John. Letter to Jorge Luis Borges: A Propos of the Golem. In: The Night Mirror. New York 1971, S. 37–39.

Horn, Daniel Uffo (pseud. Therese von M.). Der Rabbi von Prag. In: Libussa. Hg. P. A. Klar. 1842, S. 184–218.
Ish-Kishor, Sulamith. The Master of Miracle. A New Novel of the Golem. New York 1971.
Kalisch, Ludwig. Die Geschichte von dem Golem. In: Bilder aus meiner Knabenzeit. Leipzig 1872, S. 108–116.
Kisch, Egon Erwin. Den Golem wiederzuerwecken. In: Geschichten aus sieben Ghettos. Amsterdam 1934, S. 197–216.
— Gesammelte Werke. Geschichten aus sieben Ghettos. Eintritt verboten. Nachlese. Berlin & Weimar 1973, S. 123–136.
Kohl, Paul. Der Golem. Hörspiel nach dem gleichnamigen Roman von Gustav Meyrink. Ms. Zuerst 1964 vom westdeutschen Rundfunk produziert.
Kompert, Leopold. Der Golem. In: Sämtliche Werke Bd. VIII/IX. Leipzig, S. 28f.
Kubin, Alfred. Die andere Seite. Mit 51 Zeichnungen und einem Plan. München 1968.
— The Other Side. Transl. Denver Lindley. New York 1969.
Leiwik, Halper. Der Golem. (Jiddisch) Warszawa 1922.
— The Golem. A Dramatic Poem in Eight Scenes. In: The Dybbuk and Other Great Yiddish Plays. Transl. Joseph C. Landis. New York, London & Toronto 1966, S. 217–356.
— The Golem. A dramatic Poem in Eight Scenes. Transl. J. C. Augenlicht. In: Poet Lore 39 (1928) S. 159–289.
— Die Geule-Komedie. (Jiddisch) Chicago Ill. 1934
Liliencron, Detlev von. Der Golem. In: Bunte Beute. Berlin, Leipzig 1903, S. 35–37.
Lothar, Rudolf. Der Golem. In: Phantasien und Historien. München, Leipzig ²1904, S. 1–34.
Ludwig, Myles Eric. Golem: A Hero For Our Time. New York 1969.
Maugham, W. Sommerset. The Magician. A Novel. Melbourne, London, Toronto 1956.
Meltzer, David. The Golem Wheel. In: Dark Continent. Oyez, Calif. 1967, S. 31–43.
Meyrink, Gustav. Der Golem. Mit 19 Illustrationen von Hugo Steiner-Prag. München 1972.
— Der Golem. Mit acht Illustrationen und einer Einführung von Hugo Steiner-Prag. Bremen 1931.
— The Golem. Transl. Madge Pemberton. Prague & San Francisco 1972.
Münzer, Georg. Der Märchenkantor. Roman. Berlin 1908.
Neumann, Robert. Der Golem. Nach Gustav Meyrink. In: Mit fremden Federn. Der Parodien erster Band (= Ullstein Nr. 294) Frankfurt, Berlin, S. 108–110.
Nottebohm, Horst. Spuk. In: Phantasien zur Nacht. Leipzig 1922, S. 31–53.
Paracelsus, Theophrastus. De natura rerum. In: Werke Bd. V. Hg. Will Erich Peuckert. Darmstadt 1968, S. 53–133.
— Liber de Homunculis. In: Werke Bd. III. Darmstadt 1967, S. 427–438.
Philippson, Gustav. Der Golem. Gedicht. In: Allgemeine Zeitung des Judentums 5 (1841) S. 629–31.
Peretz, Isaac Loeb. The Golem. Transl. Irving Howe. In: Great Jewish Short Stories. Hg. Saul Bellow. New York 1969, S. 140f.
Perutz, Leo. Nachts unter der steinernen Brücke. Ein Roman aus dem alten Prag. Frankfurt 1953.
Rathenau, Walter. Rabbi Eliesers Weib. Legende. In: Reflexionen und Aufsätze. Berlin 1925, S. 357–359.
Reuchlin, Johannes. De Verbo Mirifico 1494. De Arte Cabalistica 1517. Ed. Hagenau. Faksimile Neudruck in einem Band. Stuttgart 1964.
Rothberg, Abraham. The Sword of the Golem. A Novel. New York 1970.
Salus, Hugo. Vom hohen Rabbi Löw. In: Die Ernte. München 1903, S. 91f.
Schudt, Jakob. Jüdische Merkwürdigkeiten Bd. II. Frankfurt 1714, S. 206–208.
Shelley, Mary Wollstonecraft. Frankenstein Or The Modern Prometheus. Ed. M. K. Joseph. London (= Oxford Univ. Press) 1969.
Singer, Irma. Wohin der Golem die kranken Männer bringen liess. In: Das verschlossene Buch. Jüdische Märchen. Wien, Berlin 1920, S. 38–45.
Sippurim. Prager Sammlung Jüdischer Legenden in neuer Auswahl und Bearbeitung. Wien, Leipzig 1926.

Skepsgardh, Otto von. Überflüssiger Anhang. In: Drei Vorreden, Rosen und Golem-Tieck. Roman. Berlin 1844, S. 111–128.
Storm, Theodor. Ein Golem. In: Sämtliche Werke Bd. I. Hg. A. Köster. Leipzig 1923, S. 190.
Tendlau, Abraham. Der Golem des Hoch-Rabbi Löw. In: Das Buch der Sagen und Legenden jüdischer Vorzeit. Frankfurt ³1873, S. 16–18.
Torberg, Friedrich. Golems Wiederkehr. In: Golems Wiederkehr und andere Erzählungen. Frankfurt 1968, S. 135–185.
Torresani, Carl Baron von. Der Diener. In: Deutsches Skizzenbuch. Münchs Hausschatz Bd. II. Charlottenburg 1904, S. 111–119.
Völker, Klaus. Hg. Künstliche Menschen. Dichtungen und Dokumente über Golems, Homunculi, Androiden und liebende Statuen. München 1971.
Vrchlicky, Jaroslav. Der hohe Rabbi Löw (Rabbinerweisheit). Lustspiel in drei Aufzügen. Übers. Edmund Grün. Prag 1886.
Waldmann, Dieter. Dreht euch nicht um – Der Golem geht rum! Oder: Das Zeitalter der Musse. Fernsehkomödie in zwei Teilen. (= Drehbuchmanuskript) Südwestfunk: Produktionsgruppe Waldmann. Baden-Baden 1971.
Wagenseil, Johann Christoph. Sota hoc est Liber Mischnicus de uxore adulterii suspecta. Altdorf 1674, S. 1198f.
Wassermann, Jakob. Christian Wahnschaffe. Roman in zwei Büchern. Berlin 1932/33.
Wiener, Oskar. Böhmische Sagen. Wien 1919.
Wünsche, August. Übers. Bibliotheca Rabbinica. Band I. Hildesheim 1967.
Zangwill, Israel. The Master of the Name. In: Dreamers of the Ghetto. Philadelphia (= The Jewish Publication Society of America) 1945, S. 221–288.
Zwillinger, Frank. Maharal. In: Geist & Macht. Vier Dramen. Wien 1973, S. 9–81.

II Oper und Film

Libretti:

Hebbel, Friedrich. Ein Steinwurf oder: Opfer um Opfer. In: Sämtliche Werke. Säkularausgabe Bd. III. Hg. R. M. Werner. Berlin 1911, S. 345–389.
Lion, Ferdinand. Der Golem. Musikdrama in drei Akten. Musik von Eugen d'Albert. New York (= Universal Edition) 1926.
Regan, Sylvia und Ellstein, Abraham. The Golem. Opera in Four Acts. Based on the work of H. Leivick. Adapt. J. Buloff. New York 1962.

Filme: [Einzelheiten vgl. Denis Gifford: Movie Monsters, S. 146; auch: Klaus Völker: Künstliche Menschen, S. 507–511]

1914 Der Golem (US: The Monster of Fate) Prod. Decla-Bioscop. Dir. Paul Wegener, Henrik Galeen.
1917 Der Golem und die Tänzerin. Prod. Union. Dir. Paul Wegener.
1920 Der Golem: Wie er in die Welt kam (US: The Golem) Prod. Union. Dir. Paul Wegener, Karl Boese.
1936 Le Golem (GB: The Legend of Prague) AB Film. Dir. Julien Duvivier.
1951 Cisaruv Pekar a Pekaruv Cisar (GB: The Emperor's Baker) Prod. State. Dir. Martin Fric. Drehbuch: Arnold Lustig.
1966 Le Golem. Prod. ORTF. Dir. Jean Kerchbon.
1966 It. Prod. Goldstar. Dir. Herbert J. Leder.

III Handbücher

Handwörterbuch des deutschen Aberglaubens. Hg. Bächtold-Stäubli. Berlin, Leipzig 1927–1942.

Dubnow, Simon. Weltgeschichte des jüdischen Volkes. Übers. A. Steinberg. Berlin 1927.
Ewen, David. The New Encyclopaedia of the Opera. New York 1971.
Encyclopaedia Judaica. Berlin 1928ff. Encyclopaedia Judaica. Jerusalem 1971/72.
Jewish Encyclopaedia. New York, London 1901—1906.
Jüdisches Lexikon. Berlin 1927—1930.
Kosch. Deutsches Literatur Lexikon. Bern ²1949—1958.
Die Musik in Geschichte und Gegenwart. 1949ff.
Who is Who in Music. Chicago ⁵1951.
Die Religion in Geschichte und Gegenwart. Stuttgart ²1932.
Scholem, Gershom. Bibliographia kabbalistica. Berlin 1933.

IV Untersuchungen

Adams, Phoebe. [Review of] Golem, A Hero for Our Time by Myles Eric Ludwig. In: Atlantic Monthly 224 (Sept. 1969) S. 126.
Andree, Richard. Zur Volkskunde der Juden. Bielefeld und Leipzig 1881, S. 180f.
Aquino, Thomas von. Abhandlung über den Stein der Weisen. Übers. & Hg. Gustav Meyrink. München 1925.
Asimov, Isaac. Plädoyer für Science-fiction. In: Der Spiegel Nr. 11/1972, S. 138—142.
Bab, Julius. Gustav Meyrink. In: Das literarische Echo 20 (2/1917) S. 73—79.
Bar Kochba: Verein jüdischer Hochschüler in Prag. Vom Judentum. Ein Sammelbuch. Leipzig 1913.
Barrenechea, Ana Maria. Borges the Labyrinth Maker. Transl. Robert Lima. New York 1965.
Beller, Manfred. Von der Stoffgeschichte zur Thematologie. In: Arcadia (1/1970) S. 1—38.
Bischoff, Erich. Die Elemente der Kabbala. 2 Bände. Berlin 1913ff.
— Einführung in die jüdische Mystik und Geheimwissenschaft. Leipzig ³1923.
Bokser, Ben Zion. From the World of the Cabbalah. The Philosophy of Rabbi Judah Loew of Prague. New York 1954.
Borges, Jorge Luis. Autobiographical Essay. In: The Aleph and Other Stories 1933—1969. Transl. N. Th. di Giovanni. New York 1970.
— Labyrinths. Selected Stories and Other Writings. Ed. Donald A. Yates and James E. Irby. Norfolk, Conn. (= New Directions) 1962.
Brüll, N. Ed. Über den Golem des R. Samuel. In: Jahrbücher für Jüd. Geschichte und Literatur 8 (1889) S. 27ff.
Buber, Martin. The High Rabbi Liva. In: Israel and Palestine. London 1952.
Burgin, Richard. Conversations with Jorge Luis Borges. New York 1968/69.
Buttenwieser, Moses. Transl. The Psalms. Prolegomenon Nahum M. Sarna. New York 1969, S. 534—545.
Celan, Paul. Der Meridian. Rede anlässlich der Verleihung des Georg-Büchner Preises. In: Ausgewählte Gedichte. Zwei Reden. Frankfurt ⁴1970, S. 133—148.
Chapuis, Alfred und Droz, Edmond. Automata. A Historical and Technological Study. Transl. Alec Reid. Neuchâtel, London 1958.
Clarens, Carlos. An Illustrated History of the Horror Films. New York 1967.
Cohen, John. Golem und Roboter. Über künstliche Menschen. Übers. Helga Wingert-Uhde. Frankfurt 1968.
Eisner, Lotte. The Haunted Screen. Expressionism in the German Cinema. Transl. Roger Greaves. Berkeley and Los Angeles (= Univ. of Calif. Press) 1969.
Exceptional Photoplays 1 (June 1921): The Golem. In: Bulletin no. 7, S. 3f.
F. M. Golem and Ghosts. In: Opera News 26 (May 5, 1962) S. 27.
Foucault, Michel. The Order of Things. Transl. of Les Mots et les choses. Ed. R. D. Laing. New York 1970.
Frank, Edward. Gustav Meyrink. Werk und Wirkung. Büdingen, Gettenbach 1957.
Frenzel, Elisabeth. Stoffe der Weltliteratur. Ein Lexikon dichtungsgeschichtlicher Längsschnitte. Stuttgart 1962.

- Stoff- und Motivgeschichte. Berlin 1966.
- Stoff-, Motiv- und Symbolforschung. Stuttgart ²1966.

Friedländer, M. H. Beiträge zur Geschichte der Juden in Mähren. Brünn 1876, S. 14—17.

Fromm, Hans. Die Ballade als Art und die zeitgenössische Ballade. In: DU 8 (4/1956) S. 84—99.

Gifford, Denis. Movie Monsters. London 1969.

Gregor, Joseph. Der Schauspielführer. Band V. Stuttgart 1957.

Grün, Nathan. Der hohe Rabbi Löw und sein Sagenkreis. Prag 1885.

Hamburger, Käte. Die Logik der Dichtung. Stuttgart ²1968.

Held, Hans Ludwig. Von Golem und Schem. Eine Studie aus der hebräischen Mystik. In: Das Reich 3 (1916) S. 334—379; 4 (1917) S. 515—559.

- Das Gespenst des Golem. Eine Studie aus der hebräischen Mystik mit einem Exkurs über das Wesen des Doppelgängers. München 1927.

Helt, Mary Elizabeth. The Golem Figure: Appearances in Twentieth Century Literature. Indiana University (= MA Thesis) 1970.

Heselhaus, Clemens. Deutsche Lyrik der Moderne. Düsseldorf 1961.

Hocke, Gustav R. Die Welt als Labyrinth. Manier und Manie in der europäischen Kunst von 1520 bis 1650 und in der Gegenwart. rde 50/51/52. Hamburg 1968.

Holde, Artur. Der Golem. Uraufführung im Frankfurter Opernhaus. In: Allgemeine Musikzeitung 1926, S. 983f.

- Abraham Ellstein: Der Golem. Uraufführung in der New York City Opera. In: NZFM 123 (6/1962) S. 292f.

Holitscher, Arthur. Lebensgeschichte eines Rebellen. Meine Erinnerungen. Berlin 1924.

- Mein Leben in dieser Zeit: 1907—1925. Der *Lebensgeschichte eines Rebellen* Zweiter Band. Potsdam 1928.

Hommage A Paul Celan. In: EG 25 (Juillet-Septembre) 1970; [enthält Beiträge von]: Renate Böschenstein-Schäfer, Beda Allemann, Gerhart Baumann, Jean Starobinski, Bernhard Böschenstein, Peter Horst Neumann.

Isaac-Edersheim, E. Messias, Golem, Ahasver: Drei mythische Gestalten des Judentums. In: IZPI 26 (1941) S. 50—80; 179—213; 286—315.

Jansen, Bella. Über den Okkultismus in Gustav Meyrinks Roman *Der Golem*. In: Neophilologus 7 (1922) S. 19—23.

Jolles, André. Einfache Formen. Tübingen ⁴1968.

Jung, Carl Gustav. Psychologie und Alchimie. Zürich ²1951.

Kämpchen, Paul. Von den Typen der deutschen Ballade. In: DU 8 (4/1956) S. 5—13.

Kanzog, Klaus. Der dichterische Begriff des Gespenstes. Bestimmung einer Motiv-Wort-Funktion. Berlin (= Phil. Diss.) 1951.

Kayser, Wolfgang. Das Groteske. Seine Gestaltung in Malerei und Dichtung. Oldenburg, Hamburg ²1961.

- Geschichte der deutschen Ballade. Berlin 1936.

Kerman, Joseph. Opera as Drama. New York 1956.

Kesting, Marianne. Maschinen als Menschen. Klaus Völkers Automaten-Anthologie. In: Die Zeit. 10. März 1972, S. 22.

Knudsen, Hans. Fernsehen und Theater. In: Rundfunk und Fernsehen 4, 3/1956.

Kracauer, Siegfried. Theory of Film. The Redemption of Physical Reality. New York (= Oxford Univ. Press) 1968.

- From Caligari to Hitler. A Psychological History of the German Film. Princeton Univ. Press 1947.

Kreuzer, Helmut. Trivialliteratur als Forschungsproblem. Zur Kritik des deutschen Trivialromans seit der Aufklärung. In: DVjs 41 (1967) S. 173—191.

Kühne, Gunther. Visionen eines verkannten Propheten. Zum 50. Todestag Walther Rathenaus. In: Die Zeit. 27. Juni 1972, S. 8.

Kuipers, J. Zeitlose Zeit. Die Geschichte der deutschen Kurzgeschichtsforschung. Groningen 1970.

Kurtz, Rudolf. Expressionismus und Film. In: Lichtbildbühne. Berlin 1926.

Landry, R. J. Henry Ford's Fortune Backs *Golem:* Opera based on Yiddish Folklore. In: Variety 226 (March 28, 1962) S. 2ff.
Levin, Harry. Thematics and Criticism. In: The Disciplines of Criticism. Festschrift for René Wellek. New Haven, London 1968.
Lieben, S. H. Meier Perls *Megillath Juchassim.* In: Jahrbuch der jüdisch-literarischen Gesellschaft 20, Frankfurt 1929, S. 315—336.
Lion, Jindrich. The Prague Ghetto. Transl. Jean Layton. London
Liptzin, Sol. The Flowering of Yiddish Literature. New York, London 1963.
Ludwig, Albert. Homunculi und Androiden. In: AfSt 137 (1918) S. 137—153; 138 (1919) S. 141—155; 139 (1919) S. 1—25.
— Der Golem. In: Die Literatur 26 (1923/24) S. 602f.
Lukács, Georg. Die Theorie des Romans. Berlin ²1963.
Lüthi, Max. Das europäische Volksmärchen. Form und Wesen. Bern, München ³1968.
Macgowan, Kenneth. Behind the Screen. The History and Techniques of the Motion Picture. New York 1965.
Madison, Charles. Yiddish Literature. Its Scope and Major Writers. New York 1968.
Maitlis, J. Dichter und Dramaturg H. Leiwick (1888—1962). In: AWJD 18/3, 19. Apr. 1963.
Michaelis, Johanna. Der Golem. In: Der Morgen 11 (10/1936) S. 452—457.
Milch, Robert. *The Sword of the Golem* by Abraham Rothberg. In: Saturday Review. Jan. 30, 1971.
Moskowitz, Sam. Explorers of the Infinite: Shapers of Science Fiction. Cleveland, New York 1963.
Müller, Joachim. Romanze und Ballade. In: GRM 40 (1959) S. 140—156.
Müller, Konrad. Die Golemsage und die Sage von der lebenden Statue. In: Mitteilungen der Schlesischen Gesellschaft für Volkskunde 20 (1918) S. 1—40.
Nagler, Alois. Hebbel und die Musik. Köln 1928.
Neumann, Peter Horst. Zur Lyrik Paul Celans. Göttingen (= Kleine Vandenhoeck Reihe 286/87) 1968.
— Legende, Sage und Geschichte in Achim von Arnims *Isabella von Ägypten.* Quellen und Deutung. In: Jahrbuch der deutschen Schillergesellschaft 12, Stuttgart 1968, S. 296—314.
Paffrath, Gertrude. Surrealismus im deutschen Sprachgebiet. Bonn (= Phil. Diss.) 1953.
Paneth, Otto. West-Östlicher Rückblick. Günzburg 1961.
Palatsky, Eugene. Ellstein's Golem. In: The Music Magazine 164 (May 1962) S. 24.
Papus (Pseud. für Gérard Encausse). Le Tarot des Bohemiens. Paris 1887.
Paz, Mario. Introductory Essay. In: Three Gothic Novels. Hg. Peter Fairclough. Penguin Books ²1970, S. 7—34.
Petrakis, Harry. *The Sword of the Golem* by Abraham Rothberg. In: New York Times Book Review, Febr. 21, 1971.
Peuckert, Will-Erich. Pansophie. Ein Versuch zur Geschichte der weissen und schwarzen Magie. Berlin ²1956.
Pinthus, Kurt. [Anonymer Anhang] Zu Gustav Meyrinks Werken. In: Gustav Meyrink. Gesammelte Werke in sechs Bänden. Bd. VI. Leipzig 1917, S. 328—382.
Plank, Robert. The Golem and the Robot. In: Literature and Psychology 15 (1965) S. 12—28.
Pollin, B. R. Philosophical and Literary Sources of Frankenstein. In: CR 17 (1965) S. 97—108.
Prang, Helmut. Formgeschichte der Dichtkunst. Stuttgart 1968.
Robinet, Andrée. Le Défi cybernétique. L'automate et la pensée. (= Les Essais CLXXIX) Paris 1973.
Rogers, Robert. The Double in Literature. A Psychoanalytic Study. Detroit (= Wayne State Univ. Press) 1970.
Rosenberg, Samuel. Happy Sesquicentennial, Dear Monster. In: Life, March 15, 1968.
Rosenfeld, Beate. Die Golemsage und ihre Verwertung in der deutschen Literatur. In: Sprache und Kultur der Germanisch-Romanischen Völker (= Germanistische Reihe 5) Breslau 1934.

Rotha, Paul. The Film till Now. A Survey of World Cinema. New York 1949.
Rouge, Gustave le. La Mandragore Magique, téraphin, golem, androïdes, homuncules. Paris 1912.
Rubinstein, Anton. Autobiography. Transl. Aline Delano. New York 1969.
Sargeant, W. Musical Events. In: New Yorker 38 (March 31, 1962) S. 131–133.
Schmid-Noerr, F. A. Die Geschichte vom Golem. In: Münchener Merkur, 16. Jan. 1948.
Schoedel, Siegfried. Studien zu den phantastischen Erzählungen Gustav Meyrinks. Erlangen (= Phil. Diss.) 1965.
Scholem, Gershom. Eine kabbalistische Erklärung der Prophetie als Selbstbegegnung. In: MGWJ 1930, S. 285–290.
– Die Geheimnisse der Schöpfung. Ein Kapitel aus dem Sohar. Berlin 1935.
– Major Trends in Jewish Mysticism. New York ²1946.
– Die Vorstellung vom Golem in ihren tellurischen und magischen Beziehungen. In: Eranos Jahrbuch 22 (1953) Zürich 1954, S. 235–289.
– Zur Kabbala und ihrer Symbolik. Zürich 1960.
– On the Kabbalah and its Symbolism. Transl. Ralph Manheim. New York 1960.
– Jewish Gnosticism, Merkabah Mysticism and Talmudic Tradition. New York 1960.
– Ursprung und Anfänge der Kabbala. (= Studia Judaica 3) Berlin 1962.
– The Golem of Prague and the Golem of Rehovoth. In: Commentary 41 (Jan. 1966) S. 62–65.
Schroeder, Richard Arthur. Alfred Kubin's *Die andere Seite*. A Study in the cross-fertilization of literature and the graphic arts. Indiana Univ. (= Phil. Diss.) 1970.
Silberer, Herbert. Der Homunculus. In: Imago 3 (1914) S. 37–79.
Sokel, Walter. Der literarische Expressionismus. Transl. Jutta & Theodor Knust. München 1960.
Sperber, Hans. Motiv und Wort bei Gustav Meyrink. In: Hans Sperber und Leo Spitzer: Motiv und Wort. Studien zur Literatur- und Sprachpsychologie. Leipzig 1918.
Staiger, Emil. Annette von Droste-Hülshoff. Frauenfeld ²1962.
Steig, Reinhold. Clemens Brentano und die Brüder Grimm. Bern 1969.
Stenring, Knut. [Transl. & Annot.] Sepher Yetzirah. The Book of Formation incldg. the 32 Paths of Wisdom, their correspondence with the Hebrew Alphabet and the Tarot Symbols. London 1923.
Strich, Fritz. Die Mythologie in der deutschen Literatur von Klopstock bis Wagner Bd. II. Bern, München 1970.
Swoboda, Helmut. Der künstliche Mensch. München 1967.
Thieberger, Frederic. The Great Rabbi Loew of Prague. His Life and Work and the Legend of the Golem. London 1955.
Trachtenberg, Joshua. Jewish Magic and Superstition. A Study in Folk Religion. New York 1939.
Trepp, Leo. Das Judentum. Geschichte und lebendige Gegenwart. Hamburg (= Rowohlt 325/26) 1970.
Trousson, Raymond. Le Thème de Prométhée dans la littérature européenne. Genève 1964.
– Plaidoyer pour la Stoffgeschichte. In: RLC 38 (1964) S. 101–114.
– Un Problème de littérature comparée. Les études de thèmes. Essai de méthodologie. Paris 1965.
Tymms, Ralph. Doubles in Literary Psychology. Cambridge 1949.
Urzidil, Johannes. Da geht Kafka. Erweiterte Ausgabe. München 1966.
Viëtor, Karl. Probleme der literarischen Gattungsgeschichte. In: DVjs 9 (1931) S. 425–447.
Vohl, Maria. Die Erzählungen der Mary Shelley und ihre Urbilder. Heidelberg (= Anglistische Arbeiten 4) 1913.
Waldmann, Günter. Der Trivialroman als literarisches Zeichensystem. In: WW 22 (1972) S. 248–267.
Wechsberg, Joseph. Prague: The Mystical City. New York 1971.
Weisstein, Ulrich. The Libretto as Literature. In: Books Abroad 35 (1961) S. 16–22.
– The Essence of Opera. Anthology. London 1964.
– Einführung in die vergleichende Literaturwissenschaft. Stuttgart 1968.

Wellek, René. Karel Čapek. In: Essays on Czech Literature. The Hague (= Slavistic Printings and Reprintings 43) 1963, S. 46–61.
Weltmann, Lutz. The Golem and His Creator. In: AJR Information. London (Sept. 1957) 1962.
Wiener, Norbert. God and Golem, Inc. A Comment on Certain Points where Cybernetics Impinges on Religion. Cambridge, Massachusetts (= M. I. T. Press) 1964.
Wollenberg, H. H. Fifty Years of German Film. London 1948.
Wyler, Paul E. Der "Neue Mensch" im Drama des Expressionismus. Stanford University (= Phil. Diss.) 1943.
Zglinicky F. von. Der Weg des Films. Die Geschichte der Kinematographie und ihrer Vorläufer. Berlin 1956.
Zweig, Arnold. Der Golem. In: Die Schaubühne 11 (1915) S. 224–28.

ABKÜRZUNGEN

AfSt	Archiv für das Studium der neueren Sprachen und Literaturen
AJR	Association of Jewish Refugees
AWJD	Allgemeine Wochenzeitung der Juden in Deutschland
CL	Comparative Literature
DU	Der Deutschunterricht
DVjs	Deutsche Vierteljahresschrift für Literaturwissenschaft und Geistesgeschichte
EG	Etudes Germaniques
EJ	Encyclopaedia Judaica 1928ff.
EEJ	Encyclopaedia Judaica 1972
GRM	Germanisch-Romanische Monatsschrift
IZPI	Internationale Zeitschrift für Psychoanalyse und Imago
MGG	Die Musik in Geschichte und Gegenwart
MGWJ	Monatsschrift für Geschichte und Wissenschaft des Judentums
NZFM	Neue Zeitschrift für Musik
RGG	Die Religion in Geschichte und Gegenwart
RLC	Revue de Littérature Comparée
WW	Wirkendes Wort